सच हुए सपने

सामाजिक उद्यमियों की प्रेरक कहानियां, जिन्होंने अपनी
समस्याओं के हल ढूंढ़ने के लिए नई राह तलाशी

सच हुए सपने

रश्मि बंसल

अनुवाद
उर्मिला गुप्ता

यात्रा बुक्स

वैस्टलैंड लिमिटेड
61, सिल्वरलाइन अलपक्कम मेन रोड, मदुरावोयल, चेन्नई-600095
93, प्रथम मंज़िल, शाम लाल रोड, दरियागंज, नई दिल्ली-110002

अंग्रेजी का प्रथम संस्करणः *'आई हैव ए ड्रीम,* वैस्टलैंड लिमिटेड, 2011
हिंदी का प्रथम संस्करणः वैस्टलैंड लिमिटेड, यात्रा बुक्स के सहयोग से, 2014

आई.एस.बी.एनः 978-93-84030-20-9

रश्मि बंसल दृढ़तापूर्वक अपने नैतिक अधिकार व्यक्त करती हैं कि उनकी पहचान इस पुस्तक के लेखक के रूप में हो।

टाइपसेटः अर्चना प्रिंटर्स, ईस्ट रामनगर, शाहदरा, दिल्ली-32, मोबाइलः 9811357243

मेरी बेटी निवेदिता के लिए,
खूब प्यार के साथ

'मेरा सपना है... एक दिन भगवान के सब बच्चे हाथ जोड़कर गाएंगे... हम आजाद हैं! हम आजाद हैं। धन्यवाद प्रभु आपका, आखिरकार हम सब आजाद हैं!'

--मार्टिन लूथर किंग जूनियर, 28 अगस्त,
1963 लिंकन मैमोरियल, वाशिंग्टन डी.सी.

आभार

मेरा हार्दिक आभार सुनील हांडा को--टीचर, दोस्त, फिलोस्फर और गाइड बनने के लिए। और बेस्ट पब्लिशर होने के लिए भी।

दीपक गांधी को मुझ पर भरोसा करने के लिए, मेरे साथ काम करने के लिए और इसे संभव बनाने के लिए।

मेरे दोस्त पीयुल मुखर्जी का शुक्रिया मेरे आलोचक और बेस्टफ्रेंड बनने के लिए।

आईआईएम अहमदाबाद के एलईएम के छात्रों का--सूर्या रघुनाथन, स्वास्तिक निगम, नुपुर मस्करा और सौरभ डाटर--दिल से प्रूफरीडिंग करने के लिए।

मदन मोहन का आभार, जिन्होंने पेपर के कई प्रिंट निकालकर दिए। और कभी नहीं कहा--बस हो गया।

एकलव्य फाउंडेशन के विपुट पटेल और राजीव मेहता का, जिन्होंने एक-एक बारीकी को उपलब्ध करवाया। आपका बहुत-बहुत शुक्रिया।

मेरी ट्रांसक्रिप्शन टीम--निखिल सहस्रबुद्धे, सूर्या रघुनाथन, मिहिर झा, संजीव प्रियम चंद्रन, मानसी तिवारी और अविनाश अग्रवाल। काम में जो प्यार और परफेक्शन आपने दिया उसके लिए बहुत-बहुत शुक्रिया।

बेहतरीन कवर डिजाइन के लिए रुपिंदर सिंह का आभार।

मेरे वर्चुअल असिस्टेंट अपूर्व दीक्षित का आभार। और ऑनलाइन मदद देने के लिए प्रणव शाह, पारस शाह और सानिया अग्रवाल।

मेरे दिमाग को तेज करने के लिए और हमेशा मेरे आसपास रहने के लिए मेरी बेटी निवेदिता को प्यार।

जिंदगी का पाठ पढ़ाने के लिए यतिन। और मुझे आध्यात्म की राह दिखाने के लिए।

मेरी सबसे बड़ी सपोर्ट मेरी मां। जिनकी मदद के बिना मैं कभी कैरियर बनाने की सोच भी नहीं सकती थी।

मेरी घरेलू मददगार--अतीत और वर्तमान की--जिनके बिना जिंदगी को इतने व्यवस्थित तरीके से नहीं जिया जा सकता।

आखिर में, लेकिन बेहद आभार मेरे नए प्रकाशक वैस्टलैंड को। खासतौर पर गौतम पद्मनाभन और पॉल विनय कुमार। उनके धैर्य और स्नेह के लिए।

और इस किताब में शामिल सभी बेमिसाल पुरुषों और महिलाओं को। अपने खूबसूरत और प्रेरणादायक सफर को मुझसे साझा करने के लिए।

मुझे आशा है आप इस किताब को देखकर, आशा का एक कदम तो उठा ही पाएंगे।

आपके लिए, आप ही जैसे लोगों की।

लेखिका की कलम से

दुनिया में दो तरह के इंसान हैं। एक जो सोचते हैं, और दूसरे जो महसूस करते हैं।

'चिंतक' एक बच्चे को सड़क पर भीख मांगता हुआ देखकर, खुद से कहते हैं कि 'यह मेरी समस्या नहीं है।'

जो महसूस करते हैं, वे बच्चे को कुछ दे देंगे, भले ही पैसे नहीं, लेकिन संवेदना का एक पल ही।

चिंतक सोचते हैं दुनिया बेहतर जगह है, सीमाओं के साथ।

'मेरा घर'

'मेरा परिवार'

'मेरा समुदाय'

'मेरा कल्याण'

उनकी सीमाएं वहीं तक रहती हैं।

लेकिन, वो जो पूरी दुनिया को एक ही मानते हैं।

भिखारी और धनी, संत और पापी। हम सब आपस में जुड़े हुए हैं, उस तरीके से जिसे हम समझ भी नहीं सकते।

और इस तरह दूसरों की सेवा करके, हम वास्तव में अपनी ही सेवा करते हैं।

अब हम भारत के मध्यवर्गीय लोग चिंतक होने की राह अपना लेते हैं।

हम गरीब, भूखे, बेघर, लाचार लोगों की तरफ से अपना दिल पत्थर कर लेते हैं।

क्योंकि वह समस्या 'हमारी' नहीं है।

और महसूस करने वाले लोगों का छोटा तबका अपनी तरफ से बेस्ट देने पर अमादा है। लेकिन इतना ही पर्याप्त नहीं है।

मगर हवा का रुख बदल रहा है।

अब मैं लोगों की एक नई नस्ल देख सकती हूं। चिंतन-महसूस करने वाले लोग, जो समस्या को देखकर जंग का ऐलान कर देते हैं।

ये लोग सोचते तो उद्यमी की तरह हैं, लेकिन काम समाजसेवी की तरह करते हैं।

और इस प्रकार यह 'सामाजिक उद्यमी' हैं।

ये आपके और मेरे जैसे लोग हैं, मदर टैरेसा जैसे नहीं। वे बिजनेस के नियमों का इस्तेमाल करके दुनिया को बेहतर बना रहे हैं।

एक ऐसी दुनिया जहां मुनाफे का लालच नहीं है। जहां लोग किसी बड़े मकसद के लिए साथ आए हैं। एक ऐसी दुनिया जहां 'मैं' का मतलब 'उनको' कुचलने से नहीं है।

क्योंकि आपका बैंक बैलेंस आपके जाने के बाद इसी दुनिया में रह जाने वाला है।

आपके कर्म ही आपको आगे ले जाएंगे।

तो आपके जीवन में कोई भी परेशानी क्यों न हो, किसी दूसरे के लिए कुछ पल निकालिए।

प्यार, हंसी और अच्छाई फैलाइए।

जितना ज्यादा आप दोगे, उतना ज्यादा ही आपको मिलेगा।

—रश्मि बंसल

समाज के लिए

सामाजिक उद्यम जो कमाई तो करते हैं, लेकिन मात्र मुनाफा कमाना ही उनका मकसद नहीं होता। यह उद्यमियों की नई पीढ़ी है, 'अच्छा' करने का नया मॉडल, जो मात्र चैरिटी नहीं है।

बदलाव के लिए

एक अकेला आदमी आंदोलन की शुरुआत कर देता है, जबकि पूरा संसार यही कहता रहता है, 'यह नहीं हो सकता'। बदलाव लाने वाले छोटे-छोटे कदम बढ़ाकर हालात को जैसे वो होने चाहिए, वैसे बनाते हैं।

आध्यात्मिक पूंजीवादी

सेवा का मार्ग भले ही पुराना रास्ता लगे, लेकिन आज भी ऐसे इंसान हैं, जो इसे चुनते हैं। क्योंकि वे मानते हैं कि निस्वार्थता और ईमानदारी से आप हर सीमा को पार कर सकते हैं।

अनुक्रम

समाज के लिए

सामाजिक उद्यम जो कमाई तो करते हैं, लेकिन मात्र मुनाफा कमाना ही उनका मकसद नहीं होता। यह उद्यमियों की नई पीढ़ी है, 'अच्छा' करने का नया मॉडल, जो मात्र चैरिटी नहीं है।

पृ.2 जाति से परे

बिंदेश्वर पाठक–(जन्म 1943) सुलभ इंटरनेशनल

बचपन में बिंदेश्वर ने जब अनजाने में किसी अछूत को छू दिया था, तो उनकी दादी ने उनकी शुद्धि के लिए उन्हें गाय का गोबर खिलाया था। उसी ब्राह्मण लड़के ने आगे चलकर 'सुलभ' आंदोलन का नेतृत्व किया। टॉयलेट-क्रांति और कभी उन्हें साफ करने वालों को समाज में सही जगह दिलवाने में।

पृ.36 कूड़े से कमाल

अनीता आहूजा–(जन्म 1960) कंजर्व इंडिया

दिल्ली की बहुत सी संपन्न महिलाओं की तरह, अनीता आहूजा भी सामाजिक कार्य करती हैं। लेकिन, कूड़ा बीनने वालों की स्थिति से प्रभावित होकर उन्होंने कुछ ऐसा करने की ठानी, जिससे उनका जीवन कुछ आसान हो सके। आज, अनीता और उनके पति, शलभ अपनी तरह का एक ऐसा प्रोग्राम चला रहे हैं, जिससे बेकार प्लास्टिक को रिसाइकल करके एक्सपोर्ट क्वालिटी के बैग बनते हैं, और कूड़ा बीनने वालों को अच्छी पगार।

पृ.52 मुनाफे से परे

विनीत राय–(जन्म 1971) आविष्कार सोलर वेंचर फंड

विनीत राय का 25 वर्ष की उम्र में जीआईएएन का सीईओ बनना एक संयोग ही था। एक ऐसा नेटवर्क जो जमीनी आविष्कारों की मदद करता है। वहीं से उन्हें ख्याल आया कि एक ऐसी कंपनी बनाई जाए, जो ग्रामीण उद्यमियों को लोन दे सके। आज आविष्कार ऐसी 23 कंपनियों को सपोर्ट कर रहा है, जो मुनाफा बनाकर–निवेशकों को लौटाती भी है–साथ ही सामाजिक मुद्दों को भी सुलझाती है।

पृ.72 लोगों को साथ बुन कर

सुमिता घोष–(जन्म 1960) रंगसूत्र

सुमिता की शादी आईआरएमए ग्रेजुएट, संजॉय घोष से हुई। उन्होंने एनजीओ सेक्टर में अपने कैरियर की तलाश की। 1998 में, संजॉय का कत्ल अल्फा ने कर दिया; तब सुमिता को अपने जीवन को एक नया आयाम देने की जरूरत आ पड़ी। आज, वह रंगसूत्र चला

रही हैं, एक ऐसा उपक्रम जो गांवों से क्राफ्ट और टैक्सटाइल लाकर फैबइंडिया के जरिए बाजार में बेचता है। बड़ी कंपनी है।

पृ.88 गांव का रास्ता

सलोनी मल्होत्रा–(जन्म 1981) देसीक्रू

इंजीनियरिंग में स्नातक करने वाली 23 वर्षीय सलोनी ने जीवन में कुछ अलग करने का निर्णय लिया। उनके दिमाग में तीन बातें घूम रही थीं–'ग्रामीण', 'तकनीक' और 'बिजनेस'–इन्हीं सबसे मिलकर बना देसीक्रू, भारत का पहला ग्रामीण बीपीओ। यह प्रोजेक्ट आईआईटी मद्रास के लिए भी गर्व की बात रहा, उन्होंने ही तो इस विचार को रोपित किया था।

पृ.106 पुकारते पहाड़

इशिता खन्ना–(जन्म 1977) स्पीति इकोस्फेयर

युवा इशिता प्रकृति संरक्षण के लिए पूरी तरह आदर्श और जोश से लबालब हैं। लेकिन उनका मानना है कि विकास के लिए सबको साथ खड़ा होना होगा। इकोस्फेयर के जरिए इशिता ने इको-टूरिज्म और बेरी प्रोसेसिंग का प्रचार किया--इससे पहाड़ी लोगों के लिए अपनी अमूल्य धरोहर को बचा पाना मुमकिन हो सका।

पृ.116 सौर ऊर्जा

हरीश हांडे–(जन्म 1967) सेल्को

हरीश हांडे एक 'पागल' वैज्ञानिक हैं। पीएचडी छात्र के तौर पर, उन्होंने श्रीलंका और भारत के ग्रामीण क्षेत्रों में दो साल बिताए। फिर उन्होंने अपनी कंपनी सेल्को शुरू की, जिसका काम था ग्रामीणों के लिए सस्ती और अच्छी सोलर लाइट बनाना। सेल्को कर्नाटक में 120,000 सिस्टम लगा चुका है, और उनकी योजना है कि निकट भविष्य में वह पूरे देश में अपनी लाइट लगाएंगे।

पृ.136 संवरती जिंदगी

संतोष पारुलेकर–(जन्म 1969) पीपल ट्री

संतोष एक सुव्यवस्थित आईटी प्रोफेशनल थे, जब तक कि उन्हें एक दिन अपने काम के सिलसिले में बाहर जाकर माइक्रोफाइनेंस को जानने की जरूरत नहीं आ पड़ी। आज, वह एक अलग तरह का सोशल एंटरप्राइज चला रहे हैं, जहां कम पढ़े-लिखे ग्रामीण युवाओं को उच्च दक्षताओं वाला कंस्ट्रक्शन वर्कर बना दिया जाता है।

पृ.154 नीली क्रांति

दीनबंधु साहू–(जन्म 1961) प्रोजेक्ट चिल्का

दीनबंधु साहू एक समुद्रीय जीवविज्ञानी हैं, जिन्होंने अपनी लेबोरेट्री से निकलकर वास्तविक दुनिया में पांव रखा। प्रोजेक्ट चिल्का के जरिए साहू ने उड़ीसा में बहुत से गांववालों को 'समुद्रीय खेती' करनी सिखाई। 'नीली क्रांति' का बीज बोकर, उन्होंने दुनियाभर के लाखों

लोगों में आशा की नई किरण का संचार किया।

पृ.166 **आशा की किरण**

आनंद कुमार--(जन्म 1973) सुपर 30

आनंद कुमार गणित के शिक्षक हैं, जो अपनी खुद की कोचिंग क्लास चलाते हैं। लेकिन 2002 में, उनका क्लासरूम एक अलग तरह के सामाजिक प्रयोग का हिस्सा बना। उन्होंने गरीब बच्चों को पढ़ाकर उन्हें आईआईटी जेईई के लिए तैयार किया। 2008 में, 'सुपर 30' के सभी छात्रों ने एग्जाम पास करके अंधेरे में आशा की किरण जगाई। भारत के गांवों और गलियों में छिपी सफलता की भूख को जगाया।

ध्रुव लाकरा--(जन्म 1980) मिरेकल कुरियर्स

ध्रुव लाकरा एक इंवेस्टमेंट बैंकर बन सकते थे। इसके बजाए उन्होंने खुद एक बहुत ही अनोखे आइडिया में इंवेस्ट कर दिया--एक कुरियर कंपनी, जिसमें सिर्फ बहरे लोगों को काम पर रखा गया। दो साल के कम समय में ही, मिरेकल कुरियर्स ने बड़ी सफलता हासिल कर ली। और ध्रुव का सपना है कि इस कंपनी को फेडैक्स जैसा बड़ा बनाना है, लेकिन सामाजिकता के साथ।

बदलाव के लिए

एक अकेला आदमी आंदोलन की शुरुआत कर देता है, जबकि पूरा संसार यही कहता रहता है, 'यह नहीं हो सकता'। बदलाव लाने वाले छोटे-छोटे कदम बढ़ाकर हालात को जैसे वो होने चाहिए, वैसे बनाते हैं।

माधव चवन--(जन्म 1954) प्रथम

राजनीतिक परिवार में पैदा हुए माधव चवन का लगभग कम्युनिस्ट लीडर बनना तय था। लेकिन बदलाव की हवा उन्हें भिन्न दिशा में ले गई। माधव अपनी पीएचडी पूरी करके भारत लौट आए और 'शिक्षा' को ही अपनी जिंदगी का मकसद बना लिया। आज, प्रथम इस क्षेत्र का सबसे बड़ा एनजीओ है, जो सरकार के साथ काम करते हुए लाखों बच्चों के जीवन पर अपनी छाप छोड़ रहा है।

अंशु गुप्ता--(जन्म 1970) गूंज

जनसंचार में प्रशिक्षित, अंशु गुप्ता ने समुदाय तक, अलग अंदाज में संदेश पहुंचाने का निर्णय

किया। व्यवस्थित तरीके से इकट्ठे किए, संवारे गए और गूंज द्वारा बांटे गए कपड़े बड़े समुदाय तक पहुंचते हैं। जिन्हें थोड़े सम्मान के साथ लोग पहन सकें।

पृ.246 **अपनी-अपनी जंग**

त्रिलोचन शास्त्री--(जन्म 1960) एसोसिएशन ऑफ डेमोक्रेटिक रिफॉर्म्स (एडीआर)

आईआईटी-आईआईएम स्नातक, त्रिलोचन शास्त्री कुर्सी पर बैठे उन आलोचकों में से एक हो सकते थे, जो राज्य की निराशा पर कोरी बहस करते रहते। लेकिन उनके सिंपल और हिम्मत के काम ने पीआईएल फाइल करके सामान्य जनजीवन के स्तर को कुछ ऊपर उठा दिया। और इससे धीरे-धीरे, लेकिन निश्चित तौर पर नेता चुनने की हमारी सोच में बदलाव आया है।

पृ.272 **प्यारी सी लड़की**

शाहीन मिस्त्री--(जन्म 1971) आकांक्षा

स्कूली समय में, शाहीन मिस्त्री अपने दोस्तों के साथ झोपड़पट्टी में रहने वाले बच्चों को पढ़ाने जाती थीं। एक कमरे की क्लास में 15 बच्चों को पढ़ाने से शुरू करते हुए, अब वे लोग 58 केंद्रों और 6 स्कूलों में 3500 बच्चों को पढ़ा रहे हैं। और भारत को बेहतर बनाने के लिए युवाओं को आगे आने के लिए प्रेरित कर रहे हैं।

पृ.298 **आजादी का नया पड़ाव**

अरविंद केजरीवाल--(जन्म 1968) परिवर्तन

आईआरएस ऑफिसर के तौर पर अरविंद केजरीवाल ने अपने ही विभाग के खिलाफ एक लड़ाई छेड़ दी थी। यह आंदोलन--'परिवर्तन' के झंडे तले--बाद में नागरिकों को सशक्त बनाने के लिए आरटीआई (राइट टू इंफॉर्मेशन एक्ट) का अगुआ बना। अरविंद का सपना 'सच्चा लोकतंत्र', जहां शासन की बागडोर एक बार फिर से आम आदमी के हाथ में हो।

पृ.320 **मन की आंखें**

भूषण पूनानी--(जन्म 1954) ब्लाइंड पर्सन्स एसोसिएशन (बीपीए)

युवा एमबीए भूषण पूनानी ने ब्लाइंड पर्सन्स एसोसिएशन में काम करके एक पारंपरिक कैरियर की राह चुनी। वह देखना चाहते थे कि क्या प्रबंधन के नियम सामाजिक क्षेत्र पर भी लागू हो सकते हैं। 31 साल बाद, बीपीए ने अपने लिए जो पैमाना निर्धारित किया है, उसे देखते हुए इसका जवाब 'हां' ही मिलता है।

आध्यात्मिक पूंजीवादी

सेवा का मार्ग भले ही पुराना रास्ता लगे, लेकिन आज भी ऐसे इंसान हैं, जो इसे चुनते हैं। क्योंकि वे मानते हैं कि निस्वार्थता और ईमानदारी से आप हर सीमा को पार कर सकते हैं।

पृ.340 दिव्य आहार

मधु पंडित दास—(जन्म 1956) अक्षय पात्र

आईआईटी के छात्र के रूप में, मधु पंडित एक बार खुदकुशी के मुहाने पर पहुंच गए थे। फिर, उन्होंने कृष्ण को जाना और आध्यात्मिकता की राह को अपना लिया। इस्कोन बंगलुरु के प्रमुख के रूप में, मधु आज अक्षय पात्र के अग्रेता हैं। एक ऐसा आंदोलन, जो मिशनरी भाव में आधुनिक प्रबंधन के समावेश से रोज 10 लाख बच्चों का पेट भर रहा है।

पृ.360 हम सब एक हैं

विनायक लोहानी—(जन्म 1978) परिवार आश्रम

आईआईएम कलकत्ता से स्नातक, विनायक ने कॉरपोरेट भारत से मुंह मोड़कर कुछ मानवता की सेवा करने का निर्णय लिया। वह कुछ है *परिवार आश्रम*, अनाथों, आदिवासियों और देह व्यापार करने वाले लोगों के बच्चों के लिए एक घर। आज विनायक 500 से ज्यादा बच्चों के घर का नेतृत्व करते हैं।

पृ.380 ज्ञान की मशाल

शिरिष जाधव—(जन्म 1968) बेलूर मठ

शिरिष जाधव आईआईटी से स्नातक हैं, वह जानते थे कि वह किसी पारंपरिक कैरियर के लिए नहीं बने हैं। कुछ समय तक उन्होंने सामाजिक कार्य किया लेकिन उनके मन की आवाज उन्हें मठ की तरफ पुकार रही थी। त्याग के पथ पर, शिरिष ने एक ज्योत जलाई। स्वार्थ के अंधेरे में उन्होंने उम्मीद की मशाल जलाई।

समाज के लिए

सामाजिक उद्यम जो कमाई तो करते हैं, लेकिन मात्र मुनाफा कमाना ही उनका मकसद नहीं होता। यह उद्यमियों की नई पीढ़ी है, 'अच्छा' करने का नया मॉडल, जो मात्र चैरिटी नहीं है।

जाति से परे

बिंदेश्वर पाठक
सुलभ इंटरनेशनल

बचपन में बिंदेश्वर ने जब अनजाने में किसी अछूत को छू दिया था, तो उनकी दादी ने उनकी शुद्धि के लिए उन्हें गाय का गोबर खिलाया था। उसी ब्राह्मण लड़के ने आगे चलकर 'सुलभ' आंदोलन का नेतृत्व किया। टॉयलेट-क्रांति और कभी उन्हें साफ करने वालों को समाज में सही जगह दिलवाने में।

अपने जन्मस्थान में बिताई गई गर्मियों की बहुत सी मधुर यादें मेरे मन में हैं।

लेकिन एक चीज जो शायद ही मैं कभी भुला पाऊं वह है शौचालय।

शौचालय बनाम जहन्नुम।

एक ऊंची सी जगह, जहां बीच में गड्ढा होता था। न फ्लश था, न नाली और न ही उस बदबूदार ढेर से बचने का कोई तरीका।

मेरी आंटी अक्सर कहतीं, 'विक्स लगा लो, फिर कोई बदबू नहीं आएगी।'

उसका तो कोई चांस ही नहीं था!

एक-दो दिन तो मैं शौचालय का इस्तेमाल ही नहीं करता था। लेकिन कोई कितने दिन इसे रोक सकता है?

फरवरी की एक खूबसूरत सुबह, नीले आसमान के नीचे बैठे हुए, यह विचार खुद ब खुद मेरे दिमाग में आया। मैं नई दिल्ली में पालम के पास सुलभ कॉम्प्लैक्स में हूं, शौचालय को समर्पित दुनिया के एकमात्र म्यूजियम में।

वह आदमी जिसने इस मिशन से, सामाजिक और साफ-सफाई दोनों ही स्तर पर दुनिया के पुराने सिस्टम को बदल दिया।

बिंदेश्वर पाठक लगभग 60 साल के आसपास होंगे। खादी कुर्ता और चूड़ीदार पजामा पहने हुए वह किसी गांव के स्कूल हेडमास्टर दिखाई देते हैं। और प्रतिदिन सुबह, वह सुलभ कैंपस में 'सुबह की सभा' को संबोधित करते हुए इसी भूमिका को निभाते हैं।

'आओ सब मिलजुल के बनाएं सुलभ सुखद संसार...!' पूरा सुलभ परिवार एक साथ गाता है।

गर्म चाय और पकौड़े के साथ।

अपने महंगे एयरकंडीशन ऑफिस में।

कुछ-कुछ बिहारीपन में बोलते हुए।

बिंदेश्वर पाठक अपनी कहानी बताते हैं।

और यह वाकई कमाल है, दिल को छू लेने वाली, बहुत ईमानदार, उतनी ही अच्छी, जितनी सच्ची।

जैसा कि बिंदेश्वर खुद कहते हैं, 'है कि नई?'

'जी, है तो सही और अगर है तो हमारे देश में आगे की पीढ़ी के लिए उम्मीद है।'

एक अकेला आदमी भी पर्वत हिला सकता है, चमत्कार कर सकता है। और वह आदमी आप भी हो सकते हैं...

जाति से परे

बिंदेश्वर पाठक
सुलभ इंटरनेशनल

बिंदेश्वर पाठक का जन्म बिहार के वैशाली जिले के रामपुर बाघेल गांव में हुआ।

'ब्राह्मण परिवार से हम आते हैं... जन्म से। यकीनन मुझे जातिवाद में भरोसा नहीं है।' लेकिन उस पर तो बाद में बात होगी।

बिंदेश्वर के दादा मशहूर ज्योतिष शास्त्री थे, और उनके पिता आयुर्वेद के डॉक्टर। समृद्ध और सम्मानित परिवार।

बिंदेश्वर संपन्न परिवार में पैदा होने वाले खुशकिस्मत बच्चे थे। वह बड़े से आंगन वाले आलीशान घर में पले-बढ़े थे। वहां 9 कमरे थे, जिसमें पूजा घर, एक अत्ता, और पानी निकालने के लिए एक कुंआ।

लेकिन, शौचालय नहीं था।

हर रोज सुबह 4 बजे, घर में काफी चहल-पहल होने लगती। घर की सभी महिलाओं को सूरज उगने से पहले अपने नित्यकर्म निबटाने होते थे।

'बचपन में, सोते हुए भी, मुझे घर में होने वाली हलचल की पूरी जानकारी रहती थी। किसी ने बाल्टी उठाई, पानी भरा...'

अगर घर की किसी महिला की तबियत खराब है, तो उसे तिनको की टोकरी या राख पुते हुए मिट्टी के बर्तन में निबटना होता था।

युवा बिंदेश्वर इस सबको नोटिस कर रहे थे, और उन्हें महसूस हो रहा था कि 'कुछ सही' नहीं है।

'घर की बहुत सी महिलाओं को दिन में सिरदर्द रहता, क्योंकि उन्हें दिनभर

पेशाब रोककर रखना होता था।' इसके अलावा, वह सुरक्षित भी नहीं था--घास में बहुत सांप भी होते थे।

बिंदेश्वर ने चार अलग-अलग स्कूलों में पढ़ाई की--उनमें से किसी में भी शौचालय नहीं था। न ही लड़कियां पढ़ने आती थीं।

उनकी याद में पहला 'पक्का शौचालय' पखाना था, उनके घर से कुछ दूर गांव के जमींदार का।

'उससे इतनी भयानक बदबू आती थी कि वहां से गुजरने वालों को अपनी सांस रोकनी पड़ती थी।'

जिसे उस गांव से बाहर रहने वाली मेहतरानी साफ करती थी। एक 'अछूत'। उस गांव में 'डोम'* परिवार रहा करते थे। एक बार अनजाने में छोटे बिंदेश्वर ने उनके परिवार के किसी सदस्य को छू दिया था और घर में तो मानो हड़कंप ही आ गया।

'दादी ने मुझसे गाय का गोबर, गोमूत्र, गंगाजल, रेत निगलवाया... उन्होंने कुछ लड़कों से मेरे हाथ पकड़वाए, और जबरन मेरे गले में सब उड़ेल दिया। मेरी मां मुझे जाने देने की विनती कर रही थीं, उन्हें लगा था कि मैं मर जाऊंगा।'

दादी ने जवाब दियाः 'घर में रहेगा कैसे?'

यह बहुत पहले की बात हैं, यद्यपि यह प्राचीन इतिहास की गाथा नहीं है। मुझे यकीन है कि भारत के कुछ भागों में आज भी इस इतिहास को दोहराया जा रहा होगा। उसी भारत में जहां *बालिका वधु* टीवी का कोई किरदार न होकर हमारे पड़ोस की ही कोई लड़की है...

पूरी कहानी का सार यह हैः ये सब उस जमाने में कॉमन था।

शौचालयों का न होना।

रामपंत बीमारियां।

छूआ-छूत।

'यकीनन मैंने कभी सोचा भी नहीं था कि एक समय मैं खुद इन समस्याओं का समाधान ढूंढूगा।'

लाखों लोगों ने इन हालातों का सामना किया होगा, लेकिन फिर भी बिंदेश्वर

---

* डोम लोगों को नीची जाति का माना जाता था, जिनका काम मुख्य रूप से तिनको की टोकरी बुनना था

'लोग जाति प्रथा को खत्म करना चाहते है, जो संभव नहीं है। इससे क्या होगा, जाति प्रथा की महत्ता और कठोरता कुछ कम हो जाएगी। पश्चिम बंगाल में भी तो यही हुआ।'

पाठक एक ही हैं। क्या वह बचपन से ही अलग थे? उन्हें कहां से इस बदलाव का विचार आया?

वैल, वास्तविकता कुछ हद तक सांसारिक होती है। युवा बिंदेश्वर को स्पष्ट नहीं था कि वह जिंदगी में क्या करना चाहते थे। दरअसल, आज के बहुत से युवाओं की तरह, उनकी महत्वाकांक्षाएं भी परिस्थितियों के तहत आकार लेती गईं।

परिवार की किस्मत ने करवट ली; उन्हें अपनी जायदाद बेचनी पड़ी।

'मेरे दिल ने कहा, मुझे कुछ ऐसा करना चाहिए जिससे हम समाज में फिर से अपना सिर ऊंचा कर पाएं! और आर्थिक स्थिरता भी।'

शिक्षा ही इससे निजात दिला सकती थी। बिंदेश्वर बी एन कॉलेज, पटना में फर्स्ट आए और उन्होंने तय किया कि भविष्य में वह लैक्चरार बनेंगे। एक ऐसा कैरियर जिसमें सम्मान भी था और स्थिरता भी। आज के डॉक्टर-इंजीनियर के समान।

बीए सोशियोलॉजी (ऑनर्स) में डिग्री के बाद, बिंदेश्वर क्रिमिनोलॉजी (अपराध विज्ञान) में स्पेशलाइजेशन करना चाहते थे। क्यों? क्योंकि यह एक नया विषय था और लोगों ने कहा था कि इससे आईपीएस या सीआईडी बन सकते हैं।

'मैं सच में लैक्चरार बनना चाहता था। एक समय होता है, जब आपको पता नहीं होता कि यह कैसे होगा? जिधर हवा आपको ले जाती है, आप चले जाते हैं।'

इसके अलावा, क्रिमिनोलॉजी में कोई लैक्चरार तब थे भी नहीं। तो एक तरह से अपना मनचाहा काम करने के लिए यह बेस्ट तरीका था।

आखरी इम्तेहान तक बिंदेश्वर क्लास में टॉप पर थे। लेकिन फाइनल में, किसी तरह उनके तीन पेपरों में बहुत कम नंबर आए और इस तरह वह क्लास

में चौथे स्थान पर आ गए। दरअसल, कुल मिलाकर उनकी फर्स्ट क्लास भी नहीं आ पाई।

बिंदेश्वर का सपना टूट गया। इसे वह अपने जीवन का 'टर्निंग पॉइंट' मानते हैं।

'यह महत्वपूर्ण है कि जीवन में मोड़ आने लगते हैं। पहले एक, फिर दूसरा, फिर तीसरा... अब किस मोड़ पर अटकेंगे आप, यह कहना मुश्किल है।'

और इसलिए आप थोड़ा-थोड़ा सभी चीजों में हाथ डालते रहते हैं।

बिंदेश्वर पहले एक स्कूल टीचर बने, फिर और भी कई काम किए और आखिर में अपना पारिवारिक बिजनेस ही संभाल लिया--आयुर्वेदिक दवाइयां बेचने का।

'यह मेरी निजी राय है, लेकिन मैंने महसूस किया कि उस समय भारत में बिजनेस मैन की कोई खास इज्जत नहीं थी।'

आपके पास पैसा, गाड़ियां और यहां तक कि अपने नाम का शिप भी हो सकता था। लेकिन लोग आपको *इज्जत* की नजर से नहीं देखते थे।

बिंदेश्वर एक घटना याद करते हुए बताते हैं, जब उन्हें अपने एक परिचित से मिलना था। वह बिंदेश्वर को अपने ऑफिस से कुछ दूर रिक्शे में मिले।

लेकिन जब कुछ मिनट बाद वे दोनों ऑफिस पहुंचे, तो वही आदमी उनसे कहने लगा, 'अरे, आप कब आए?'

हैरान बिंदेश्वर ये सोच रहे थे कि यह क्या हो रहा है?

उस आदमी ने समझायाः 'तुम दवाइयां सप्लाई करते हो, अगर ऑफिस वाले मुझे तुम्हारे साथ ऑफिस में आता देखते तो ठीक नहीं होता।'

उनकी बातों से बिंदेश्वर को बहुत ठेस पहुंची।

'इसका मतलब था कि जो काम मैं कर रहा था, वह इज्जतवाला नहीं था। जब किसी के साथ हम चल नहीं सकते... तो यह काम करने लायक नहीं है।'

यह दिसंबर 1967 की बात है। बिंदेश्वर ने एक बार फिर से अपने सपनों को पूरा करने की ठानी। उन्होंने अपना पसंदीदा विषय, अपराध विज्ञान, पढ़ने के लिए, सागर विश्वविद्यालय, मध्यप्रदेश में आवेदन दिया। और उनका चयन

भी हो गया।

जून 1968 में, बिंदेश्वर सागर जाने के लिए निकल पड़े। ट्रेन हाजीपुर जंक्शन पर रुकी, और वे चाय पीने के लिए ट्रेन से उतरे। बिंदेश्वर के कजिन स्टेशन पर थे, उन्होंने उनसे पूछा कि वह कहां जा रहे थे।

यह अजीब ही था, दरअसल बिंदेश्वर ने लखनऊ का टिकट लिया था–बिल्कुल ही विपरीत दिशा। उन्होंने कभी लंबा सफर तय नहीं किया था और उन्हें उसका कोई आइडिया भी नहीं था। गूगल मैप के समय में यह बड़ी अजीब बात लगती है... मजाक की। लेकिन बात है कुछ पाने की, कोशिश में खो जाने की। और अक्सर यह जानना आसान नहीं होता कि आपको जाना कहां है...

जैसाकि बिंदेश्वर कहते हैं, 'कुछ लोग पूरी तरह निश्चिंत होते हैं कि मुझे तो यही करना है, और वैसा ही करते हैं। लेकिन अगर आप देखो तो ज्यादा लोग करने कुछ जाते हैं और हो कुछ जाता है!'

और उनके मामले में तो यही बात हुई।

बिंदेश्वर ने अपने कजिन, और उनके वकील दोस्त को बताया कि वह एमएससी करने के लिए सागर जा रहे है, जिसके बाद उन्हें उम्मीद है कि वह लैक्चरार बन जाएंगे। और लैक्चरार की पगार उस समय 450 रुपए महीना थी।

वकीलसाब ने कहा कि उनके पास इससे बेहतर आइडिया है। वह 'बिहार गांधी जन्म शताब्दी समिति' नाम के एक संगठन को जानते थे, जो अगले साल 1969 में गांधी जी की जन्म शताब्दी मनाने की योजना बना रही थी। वहां बिंदेश्वर को 600 रुपए महीना की स्थायी नौकरी मिल सकती थी।

'हम तुम्हें दिलवा देंगे काम,' उन्होंने वादा किया था।

बिंदेश्वर के विरोध की अनदेखी करके, उन दोनों ने उनका सामान खींचकर उन्हें ट्रेन से उतार लिया।

'अभी आपको भरोसा नहीं होगा, लेकिन मैं एक तरफ अपना सामान खींच रहा था, और वे दोनों मिलकर दूसरी तरफ। और उन दिनों मैं बहुत कमजोर भी था, सिर्फ 48 किलो। तो आप सोच ही सकती हैं कि जीत किसकी हुई होगी!'

'ओरियंटल फिलॉसफी में धन के बजाय ज्ञान को प्राथमिकता दी गई है। मेरा मतलब है सिर्फ भारत में ही नहीं चीन, जापान, बांग्लादेश, बर्मा, लाओस, कंबोडिया, अफ्रीकी देश सभी में। पश्चिमी धारणा इसके ठीक विपरीत है।'

और इस तरह बिंदेश्वर पाठक पटना पहुंच गए। सालों बाद, उन्हें सागर विश्वविद्यालय में डॉ. हरिसिंह गौर मेमोरियल लैक्चर देने के लिए बुलाया गया।

'मेरे लैक्चर का विषय थाः अड़तीस बरस में सागर की यात्रा। 38 साल बाद मैं कैसे सागर पहुंचा। मैंने कहा सामान्य तौर पर किसी आदमी को बिहार से सागर पहुंचने में 1-2 दिन लगते हैं। तो मुझे 38 साल क्यों लगे--इस बीच में क्या कुछ हुआ--वह सब मैं आपको बताऊंगा!'

और कितना रोमांचक रहा वह सफर।

1968, पटना। युवा बिंदेश्वर की मुलाकात सरयु प्रसाद, जनरल सेक्रेटरी से हुई। प्रसाद 1952-57 में हाजीपुर से एमएलए रह चुके थे; उस दौरान वकीलसाब उनके इलेक्शन एजेंट थे। बड़े विश्वास से वह प्रसाद के पास गए, और बिंदेश्वर की सिफारिश की।

सबकुछ ठीक रहा, लेकिन जनरल सेक्रेटरी ने कहा कि वहां कोई नौकरी नहीं थी। लेकिन वकीलसाब कहां हार मानने वाले थे। रोज सुबह वह बिंदेश्वर को लेकर प्रसाद के घर पहुंच जाते। वहां चाय-नाश्ते के साथ कुछ इधर-उधर की बातें होतीं और फिर से वही सिफारिश दोहराई जाती।

इस बीच बिंदेश्वर सागर जाने के विकल्पों पर विचार करने लगे थे--जो कि उनकी मूल योजना थी।

'मैंने रजिस्ट्रार को फोन किया और कहां कि मुझे कुछ देरी हो गई। उसने कहां कि अब आपको यहां आने की कोई जरूरत नहीं है, हमने आपकी सीट किसी और को दे दी।'

एक तरफ कुंआ तो दूसरी तरफ खाई। बिंदेश्वर के पास अब इंतजार के सिवाय कोई चारा नहीं था। और कोई उम्मीद। आखिरकार प्रसाद जी पिघले

और युवक को नौकरी मिल गई। अंग्रेजी से हिंदी और हिंदी से अंग्रेजी में अनुवाद की।

'कितनी मेरी तनख्वाह रही होगी, इसको आज तक कोई आदमी सोच नहीं पाया है,' वह हंसते हैं।

'कारण यह कि मैंने बिना पगार के ही काम किया।'

आखिरकार, एक नौकरी, वह भी बिना पगार की। लेकिन फिर भी नौकरी तो थी। बिंदेश्वर ने 4 महीने तक उस पैसे से काम चलाया, जो उन्होंने विश्वविद्यालय में खर्च के लिए बचाए थे। आखिरकार, प्रसाद जी की नजर में बिंदेश्वर की लगन और काबिलियत आ ही गई, और उन्होंने उन्हें 200 रुपए महीना देना शुरू कर दिया।

बिंदेश्वर अब 'गांधी संदेश प्रचार' नाम की उप-समिति में काम करने लगे। 'गांधीजी को सादर प्रणाम' नाम की एक किताब का विमोचन हुआ। बिंदेश्वर को वह किताब इतनी अच्छी नहीं लगी लेकिन सेक्रेटरी ने उसे मंगवाने के लिए ऑर्डर दे दिया। अंदर ही अंदर कुछ राजनीति हुई और बिंदेश्वर का ट्रांसफर साफ-सफाई विभाग में कर दिया गया।

सजा के तौर पर।

यहां से बिंदेश्वर की वास्तविक यात्रा की शुरुआत हुई।

उनके जीवन के काम की।

'मुझे बताया गया--गांधी जी का एक सपना था, तुम उसको पूरा करो।'

बिंदेश्वर को बचपन की वह घटना याद थी, जब उनकी दादी ने अछूत के संपर्क में आने पर उन्हें गाय का गोबर और गोमूत्र खिलाकर शुद्धि करवाई थी। 'तो इनके साथ हम काम कैसे करेंगे,' बिंदेश्वर के मन में यही सवाल था।

फिर एक और बात कि वह इंजीनियर नहीं थे। तो वह यह समस्या कैसे हल कर सकते थे?

मल हटाने के लिए 'बकेट टॉयलेट' किसी भी तरह झेले नहीं जा सकते थे। इसका कोई न कोई विकल्प ढूंढ़ना जरूरी था।

जब वह इस घोर समस्या से जूझ रहे थे, उनकी सामाजिक पृष्ठभूमि इसके आड़े आती।

‘ब्राह्मण समुदाय मेरा मजाक बनाता था--हां भई, भंगीजी आ जाइए, आ जाइए। हमने सुना कि आप इन दिनों भंगी का काम कर रहे हैं।’

‘आप जिन लोगों के साथ काम करना चाहते हैं, उनमें अपनी पैठ बनानी पड़ती है। तभी वह आपके सामने सहजता से अपनी समस्याओं को रख पाएंगे। नहीं तो आप नहीं जान सकते।’

इसके लिए एक बार मिलना ही काफी नहीं होता। आपको उस दुनिया में खुद को डुबोना पड़ता है।

इस प्रकार एक ब्राह्मण अछूतों की कॉलोनी, बेतिया में रहने के लिए आ गया। किराये पर कमरा ढूंढ़ने की प्रक्रिया में बिंदेश्वर भोला राउत, उस क्षेत्र के संसद सदस्य, से मिले।

‘जब मैं कमरे में घुसा, वह खड़ा हो गया। वह बोला--आप मजाक कर रहे हैं! आप हमारे घर में रहोगे? ये कैसे हो सकता है?’

बिंदेश्वर अपनी बात पर अड़े रहे। लेकिन उनके इस अपरंपरागत तरीके से उनके घर में तूफान आ गया।

‘पिताजी बहुत दुखी थे। ससुर जी भी बहुत नाराज हुए। मैं आपको बता भी नहीं सकता कि उन्होंने क्या-क्या कहा। मैंने हर तरह के तानों और अपमान को शांति से सहा।’

बिंदेश्वर वहीं जमे रहे--पूरे तीन महीने--और इस दौरान होने वाली दो घटनाओं ने उनके दिल में घर कर लिया।

पहली घटना थी एक नई नवेली दुल्हन की। पहले ही दिन जब वह अपने मायके पहुंची, तभी उसके सास-ससुर और पति उस शौचालय साफ करने के लिए भेजने लगे।

‘वह बस रोये जा रही थी... शब्दों में उसका दुख बयान करना मुश्किल है। हमारी आंखों में भी आंसू आ गए तब। लेकिन वो लोग माने ही नहीं।’

और नई दुल्हन के पास कोई विकल्प ही नहीं था।

दूसरी घटना इसके 10 दिन बाद की है। बाजार में एक लड़के पर यूं ही अशिष्टता का आरोप लगाकर उसे घेरकर मारने लगे। पहले तो बहुत से लोग उसकी मदद के लिए भागे।

लेकिन फिर कोई चिल्लाया, 'यह भंगी कॉलोनी का लड़का है!'

अचानक से भीड़ छितरने लगी। वहां से गुजर रहे बिंदेश्वर और उनके दोस्तों ने उस लड़के की मदद की। लेकिन लड़के को गहरे जख्म लगे थे। उसने अस्पताल पहुंचने से पहले ही दम तोड़ दिया।

इन दो घटनाओं ने बिंदेश्वर की आत्मा को झकझोर दिया। यह ऐसा आघात था, जिसने उन्हें लोगों की बातों की परवाह न करने पर विवश कर दिया।

'तब मैंने तय किया, मुझे यह करना ही होगा। मैं अपनी जिंदगी महात्मा गांधी के सपने को पूरा करने में लगा दूंगा।'

ससुर जी उनके लिए सबसे बड़ी चुनौती के रूप में खड़े थे।

उन्होंने कहा, 'मुझे तुम्हारी चिंता नहीं है, लेकिन मुझे अपनी बेटी की फिक्र है--उसका क्या होगा? पटना विश्वविद्यालय से पढ़े-लिखे दामाद से हमने यह उम्मीद कभी नहीं की थी!'

बिंदेश्वर ने कहा कि वह इतिहास को बदलने के लिए दृढ़ थे। और कोई भी उन्हें उनके मिशन को पूरा करने से नहीं रोक सकता। उनका समाधान तार्किक था।

'जब तक हम सफल नहीं होते हैं, तब तक अपनी लड़की की चिंता आप करिए। और जब हम सफल हो जाएंगे, तो स्वाभाविक है कि हम उनकी चिंता करेंगे।'

पागलपन से भरा मिशन। एक ऐसा पहाड़ जिसे अकेले ही पार करना था। लेकिन मदद और 'उपकरण' ऐसे लोगों से मिले, जिनके बारे में उन्होंने सोचा तक नहीं था।

जब बेतिया जाने के लिए वह पटना छोड़ रहे थे--अछूतों की कॉलोनी--तब सरयु प्रसाद ने बिंदेश्वर को एक महत्वपूर्ण किताब दी। किताब का नाम था, 'इक्स्क्रीट डिस्पोजल इन रूरल एरिया एंड स्मॉल कम्यूनिटीज', और उसका प्रकाशन वर्ल्ड हेल्थ ऑर्गेनाइजेशन (डब्ल्यूएचओ) ने किया था।

उन्होंने कहा, 'मुझे तुम्हारे अंदर एक चमक दिखी है। इस काम को करो, मैं नहीं जानता कहां और कैसे, लेकिन तुम्हें मंजिल जरूर मिल जाएगी!'

बिंदेश्वर खुद भी कुछ नहीं जानते थे। लेकिन एक धुंधला सा विचार उनके मन में था, जिसकी तलाश में वह चल पड़े थे।

उसी दौरान राजेन्द्र लाल दास ने भी बिंदेश्वर को अपनी लिखी एक किताब दी। दास सर्वोदय आंदोलन का हिस्सा थे, और उनकी किताब में बेहतर टॉयलेट सिस्टम के स्वरूप पर बात की गई थी।

इस किताब में उन्हीं सवालों और अनुभवों को उठाया गया था, जो कब से बिंदेश्वर के दिमाग में घूम रहे थे, वह सब इकट्ठे होकर ऐसे ही सामने आ गए, जैसे सागर मंथन के समय अमृत निकलकर आया था। लगातार विचारों और सोच के संघर्ष से मानो जवाब सामने आने लगा था।

डब्ल्यूएचओ की किताब में एक वाक्य था, जो बिंदेश्वर के मन में अटक गया, 'लैटरिन डिजाइन के बहुत से विचारों में से वर्ल्ड पिट प्राइवी* सबसे ज्यादा, और सबके लिए उपयोगी जान पड़ता है।' इसमें प्रयुक्त 'सबके लिए' शब्द महत्वपूर्ण था।

लेकिन इसका मतलब यह नहीं था कि वह उपयोग के लिए एकदम तैयार है। उसमें अभी बहुत से आविष्कार, खोज और विकास की जरूरत थी।

'कुछ तो हमने डब्ल्यूएचओ की किताब से लिया और कुछ उसमें जोड़ा, तो आविष्कार हो गया। और बहुत सी बातें उसमें नहीं थीं, जिनको हमने निर्मित किया। फिर उसे विकसित करके लोगों को दिया, सरकार को दिया--इसलिए फिर विकास भी हो गया।'

आप किसी दूसरे का रोपित किया हुआ बीज लेकर उसे पानी देने लगते हैं। और मेहनत का फल तो मीठा ही होता है!

'मैंने महसूस किया कि जिंदगी में सबसे ज्यादा जरूरी है दिमाग को नियंत्रित करना। है कि नहीं? ज्ञान हासिल किया जा सकता है लेकिन इसे कैसे और कहां लगाना है, इसका निर्णय तो आपको ही करना होगा न।'

यही तो सुलभ तकनीक का आधार भी है। उनका मॉडल बिल्कुल सिंपल

---

* पिट प्राइवी को हम 'इंडियन स्टाइल टॉयलेट' के रूप में जानते हैं।

है: कम लागत का, कम पानी की जरूरत वाला और अपशिष्ट को भी संसाधन में बदलने वाला। जल्दी और कहीं भी बनाया जा सकता है, और उसकी साफ-सफाई के लिए किसी सफाई वाले की भी जरूरत नहीं है।

सुलभ दो डिब्बो में बना है, पहले में फ्लश करने के बाद मल कम्पोस्ट टॉयलेट में जाकर इकट्ठा हो जाता है।

एक ढलान वाला टॉयलेट पैन जिसकी सफाई (फ्लशिंग) बहुत आसान है, एक मग पानी से भी यह साफ हो जाता है। पैन वाई शेप चैनल के जरिए दो पिट से जुड़ा रहता है। जब एक पिट भर जाता है--इसमें महीने, साल लग सकते हैं, यह इस्तेमाल पर निर्भर करता है--तो मल दूसरे पिट में जाने लगता है।

इसके लिए किसी सीवर लाइन, या सेप्टिक टैंक की जरूरत नहीं है। और पहले पिट में मौजूद मल इतने समय में उर्वर खाद में बदल जाता है। इसमें न तो बदबू होती है, न कीड़े और न ही इसकी हाथ से सफाई की जरूरत होती है।

इसके लिए किसी 'आर एंड डी' टीम की भी कोई जरूरत नहीं होती। बिंदेश्वर ज्यादा काम खुद ही कर लेते हैं।

'मैंने पैन खुद अपने हाथ से बनाकर उन्हें पॉलिश भी किया,' वह याद करके बताते हैं। शुरुआती काम कुछ ही महीनों में खत्म हो गया; डिजाइन को फाइनल करने में 2-3 साल लग गए। दशक बीतते-बीतते इसमें कुछ सुधार आया, ज्यादा विविधता आई, और भिन्न मैटिरियल का इस्तेमाल होने लगा। लेकिन मूल आइडिया--आज भी--वही है।

सुलभ की सादगी ही इसकी सबसे बड़ी ताकत और सबसे बड़ी कमजोरी है।

जब बिंदेश्वर ने अपने शुरुआती प्लान के साथ सरकार के सामने प्रस्ताव दिया, तो उनकी पहली प्रतिक्रिया थी, 'यह नहीं चल पाएगा! फालतू है, बकवास है!'

अब तक आप समझ ही गए होंगे कि बिंदेश्वर आसानी से हार मानने वालों में से नहीं थे।

'मेरे विचार से जिंदगी में पांच चीजें बहुत जरूरी हैंः विजन, मिशन,
प्रतिबद्धता, योग्यता और क्षमता। एक बड़े सफल विचार के लिए
आपको इन पांचों को एकसाथ लाना होता है।'

उन्होंने पटना में स्थानीय प्रशासन से संपर्क किया। वहां दो आईएएस
ऑफिसर इंचार्ज थे। एक थे रमेश चंद्र अरोड़ा--इंजीनियर। उन्होंने सुलभ के
डिजाइन को पूरी तरह नकार दिया।

उन्होंने कहा, 'मैंने इंजीनियरिंग पढ़ी है और ऐसा कभी कुछ नहीं देखा।
यह नहीं चल सकता।'

फिर उन्होंने बिंदेश्वर से पूछा, 'क्या आप इंजीनियर हो?'

बिंदेश्वर ने जवाब दिया, 'नहीं, मैं नहीं हूं। लेकिन आप हमारे डिजाइन
को चैक करके क्यों नहीं देखते, देखिए तो सही, शायद बात बन जाए?'

अरोड़ा चिल्लाकर बोले, 'जब तक मैं पटना का इंचार्ज हूं, तब तक मैं
ऐसी बेकार की योजनाओं पर एक रुपया भी खर्च नहीं होने दूंगा।'

लेकिन दूसरे ऑफिसर--मि. पी एस कोहली, जो इंजीनियर नहीं थे--बचाव
में आगे आए।

उन्होंने कहा, 'अगर पाठक जी कह रहे हैं कि उनके पास एक नया
आइडिया है, तो हमें उनको एक मौका देना चाहिए। पटना में 200 सुलभ शौचालय
बनाकर देखते हैं। अगर यह चल निकला, तो इतिहास बना देगा। अगर नहीं,
तो फिर हम इसे बंद कर देंगे।'

'लेकिन नया आइडिया आए ही नहीं, इससे हम सहमत नहीं हैं।'

कोहली अरोड़ा से सीनियर थे, तो वहां से फाइल पास हो गई।

इस प्रकार 1970 में बिहार सरकार राजी हो गई--कागजों में--सुलभ शौचालय
बनवाने के लिए। इसके लिए सर्कुलर भी जारी कर दिया गया।

अब तक बिंदेश्वर ने सुलभ नाम से अपनी संस्था भी बना ली थी।

'सामान्यतः एनजीओ और सरकार के बीच प्यार-नफरत का रिश्ता होता
है। लेकिन सुलभ अलग है। शुरुआत से ही हमने हाथ से हाथ मिलाकर काम

'हम कॉन्ट्रेक्टर नहीं थे, हमारा काम उससे कहीं ज्यादा था। हमने
डिजाइन बनाने के साथ-साथ उसका निर्माण भी किया।
प्रेरणा, शिक्षा, बातचीत, ट्रेनिंग, फोलो अप—सुलभ
सबके प्रति जवाबदेह था।'

किया।'

दरअसल, सरकार सुलभ जैसे संगठनों के लिए बहुत मददगार रहती है।
शत्रुघ्न शरन सिंह जैसे राजनेता और बिहार के तत्कालीन मुख्यमंत्री दारोगा प्रसाद
राय का मानना था कि सरकार अकेले समाज में बदलाव नहीं ला सकती है।

उनकी सोच सीधी थीः अगर सरकार और एनजीओ साथ में काम करें
तो समाज में वास्तविक सुधार लाए जा सकते हैं।

तो सत्ता के शीर्ष का यह नजरिया कमाल का था।

दूसरा और सबसे मुश्किल हालात 1971 में सामने आए, जब बिंदेश्वर ने
70,000 रुपए के अनुदान के लिए आवेदन दिया। उसमें से 50,000 रुपए का
अनुदान मंजूर भी कर लिया गया, लेकिन तभी सरकार बदल गई। और मामला
ठंडे बस्ते में चला गया। बिंदेश्वर को दूसरे आईएएस ऑफिसर, रामेश्वर नाथ
से मिलने के लिए कहा गया।

'आज आप सुलभ का जो रूप देख रही हैं, वह उन्हीं सज्जन की वजह
से है। नहीं तो आज सुलभ की ग्रोथ ही नहीं हो सकती थी।'

जब बिंदेश्वर ऑफिसर से मिले, तो उन्होंने हंसते हुए कहा, 'आप कौन
हो?'

'सर, मैं सुलभ शौचालय संस्था का सेक्रेटरी हूं। आपने मुझे मिलने के
लिए बुलाया था।'

ऑफिसर ने कहा, 'मैं उम्मीद कर रहा था कि कोई 70 साल के बुजुर्ग
लाठी टेकते हुए आएंगे। कोई स्वतंत्रता सेनानी होंगे।'

उन्होंने कहा, 'आप जो काम कर रहे हैं, उसका इस देश पर कमाल का
प्रभाव पड़ेगा। लेकिन मुझे एक बात का डर है...'

'शताब्दी समिति के प्रेजीडेंट कौन थे?' उन्होंने पूछा।

'ऑफिस गवर्नर,' बिंदेश्वर ने जवाब दिया।

'और चेयरमैन?'

'ऑफिस सीएम।'

'आपने अनुदान में कितना पैसा मांगा था?'

'पांच लाख।'

'और मिला कितना?'

'ढाई लाख।'

'आपने आवेदन कब किया था?'

'अप्रैल में।'

'पैसा मिला कब?'

'अगले साल फरवरी में।'

रामेश्वर ने उस युवक को जिंदगी का सबक सिखाया। उन्होंने कहा, 'देखो। एक एनजीओ, जिसके प्रमुख गवर्नर और सीएम होते हैं, वह इसका आधा अनुदान तो वैसे ही हड़प जाते हैं। और आधा भी आवेदन के साल भर बाद मिल पाता है।'

तुम्हारा क्या होगा?

'आप 50,000 का अनुदान लोगे, तो भी फाइनेंशियल डिपार्टमेंट आपत्ति उठाएगा। आप बस इधर से उधर सफाइयां देते हुए भागते रहोगे। साल दो साल बाद आपको फिर से अनुदान के लिए हाथ फैलाना होगा।'

ऐसे काम नहीं चलेगा।

रामेश्वर ने सलाह दीः 'अनुदान मत मांगो। आप जो काम कर रहे हो, उसका पैसा लो।'

और इसी मॉडल को सुलभ ने अपना लिया। टॉयलेट इंस्टॉलेशन के लिए वह प्रति प्रोजेक्ट पैसे लेने लगे। उनके रख-रखाव के लिए वह इस्तेमाल करने वालों से शुल्क लेने लगे। अब इसे किसी अनुदान, सब्सिडी, लोन या दान की आवश्यकता भी नहीं है। सुलभ अपने पैरों पर खड़ा संगठन है।

आईएएस ऑफिसर ने एक चेतावनी भी दीः 'अगर आप फंड का गलत

इस्तेमाल न करें, तो आपका संगठन फलता-फूलता रहेगा।'

बिंदेश्वर ने भरोसा दिलाया, 'मैं फंड का कभी गलत इस्तेमाल नहीं करूंगा।'

ऑफिसर ने कहा, 'अभी एक ही बात जरूरी है--आपके पास कोई पैसा नहीं है। लेकिन वो कहते हैं न, जहां चाह वहां राह।'

रामेश्वर ने बिंदेश्वर को कहां कि वह उन्हें 'गारंटी' दे सकते हैं।

बैंक की गारंटी नहीं, बल्कि पर्सनल गारंटी।

'अगर आपको लगे कि आपके साथ धोखा हो रहा है, तो मुझे याद करना। मेरे शब्दों को याद रखना।'

बिंदेश्वर पाठक के लिए रामेश्वर नाथ 'भगवान के दूत' की तरह थे।

हमारे आसपास कई संदेश और कई दूत हैं, लेकिन क्या हम उनकी सुन रहे हैं?

सामान्यतः नहीं।

यकीनन, इसके बाद भी बिंदेश्वर का संघर्ष थमा नहीं। रामेश्वर ने उन्हें हरी झंडी दिखा दी, लेकिन फिर उनका ट्रांसफर हो गया। अगला ऑफिसर इस विचार के बिल्कुल खिलाफ थे। दो साल गुजर गए। फाइल दो बार लौटकर वापस आ गई।

तीसरी बार जब ऑफिसर को सुलभ की फाइल मिली, तो उन्होंने उस पर एक नोट लिख दियाः 'अगर यह फाइल मेरे पास दोबारा लाई गई, तो मैं उसे लाने वाले आदमी को बर्खास्त कर दूंगा।'

आखिरकार, बिंदेश्वर एक कांग्रेसी एमएलए को जानते थे। उनके जरिए उन्होंने तत्कालीन प्रधानमंत्री, इंदिरा गांधी को एक खत भेजा। खत के जरिए प्रधानमुंत्री को एक नए विचार के बारे में पता चला, जिसके जरिए मल उठाने की प्रथा को समाज से बाहर किया जा सकता था, और राज्य सरकार उस पर ध्यान ही नहीं दे रही थी। उन दिनों नारा था 'गरीबी हटाओ'।

'जब तक राज्य फंड ही नहीं देगा, तो गरीबी को कैसे हटाया जा सकेगा?' पत्र में पूछा गया था।

दस दिनों के अंदर इंदिराजी की तरफ से, बिहार के मुख्यमंत्री केदार पांडे के लिए संदेश पहुंच गया।

'क्योंकि मैं गड़बड़ नहीं करता, इसलिए संगठन से जुड़े लोग भी
ईमानदार हैं। और कोई भी, जो गड़बड़ करने की कोशिश करता है,
उससे सख्ती से पेश आया जाता है। हर कोई जानता है कि यहां
ऐसी कोशिश में नौकरी भी जा सकती है।'

इससे काफी अफरा-तफरी हुई और आखिरकार मुख्यमंत्री को सरन जिले
में पाइलट प्रोजेक्ट शुरू करने के लिए राजी होना ही पड़ा।

'देखते हैं, यह क्या काम करता है!' यह खुली चुनौती थी।

1973 में, प्रोजेक्ट के लिए 25,000 रुपए अनुमोदित किए गए। लेकिन
जब काम शुरू होने वाला था, तभी ऑफिसर-इन-चार्ज का तबादला हो गया।

नए सचिव ने एक बार फिर से काम अटका दिया।

वह मानते हैं, 'यह मेरी जिंदगी का सबसे मुश्किल समय था।'

ऐसा नहीं है कि वह कभी परेशानियों से रूबरू नहीं हुए थे। बचपन में
ही उन्होंने अपार संपदा से गरीबी तक का समय देखा था।

मैट्रिक पास करने के बाद, वह आगे की पढ़ाई के लिए ट्यूशन पढ़ाने
लगे थे। उनकी पहली नौकरी--गांधी समिति में--से उन्हें मुश्किल से 200 रुपये
महीना मिलता था। लेकिन जब जन्म शताब्दी समारोह खत्म हो गया, तो बिंदेश्वर
एक बार फिर से बिना पगार के रह गए थे। साथ ही, अब उनके पास चलाने
के लिए अपनी संस्था, सुलभ भी थी।

तो उन्होंने यह सब कैसे संभाला?

दो चीजें। पहले तो, उन्होंने गांव में अपनी बची-खुची जमीन भी बेच दी।
और दूसरा, अपनी बीवी के गहने भी बेचने पड़े। इस पर भी उनके पास शुरू
करने के लिए पर्याप्त नहीं था।

'मुझे याद है कि किस तरह वे लड़कियां जो अपने मायके से ज्यादा दहेज
नहीं लाती थीं, उन्हें ससुराल में ताने सुनने पड़ते थे। लोग ताने मारते कि उनके
पिता ने उन्हें बिना फ्रिज या बिना कार के ही भेज दिया--तुम्हारे परिवार की
कोई इज्जत है भी कि नहीं। जब मेरी शादी हुई थी, मैं अपनी बीवी को वैसे

गहने नहीं दे सका था, जो दुल्हन को दिए जाते हैं।'

वह सब बहुत अपमानजनक था। 'उस समय मुझे उतना ही रोना आया था।'

उन दिनों मैथिली ब्राह्मणों में, ससुराल में शादी की रस्में महीने भर तक चलती थीं।

तब पड़ोसी और रिश्तेदार कहा करते थे, 'ओह यह तो नई नवेली दुल्हन लगती ही नहीं है। देखो तो कितने कम गहने पहन रखे हैं इसने।'

यहां तक कि वह थोड़े से गहने भी बिंदेश्वर को सुलभ के काम के लिए बेचने पड़े थे।

'मुझे याद है कि जब मेरे पिता ने मेरी मां के गहने बेचे थे, तो मां की आंखों में आंसू थे। लेकिन उनके पास कोई विकल्प नहीं था, न ही मेरे पास!'

और इससे भी ज्यादा, बिंदेश्वर ने 50,000 रुपए उधार भी लिए थे। यह रकम उन दिनों के लिए काफी बड़ी थी।

'100 यहां से, 200 वहां से... और मैं वापस भी नहीं कर पा रहा था। क्योंकि काम तो चल ही नहीं रहा था। ऐसा भी समय था कि मुझे लगा मैं खुदकुशी ही क्यों न कर लूं।'

और फिर वह उन दिनों को याद करते हैं, जब वह दवाइयां बेचने लगे, जो--कई मायनों में--बदतर ही रहा।

बेचने का मतलब घूमना। लेकिन उनके पास होटल में रहने के लिए पैसे नहीं थे। तो उनका सीधा तरीका थाः 'मैं प्लेटफॉर्म पर अपनी धोती फैलाता। कुर्ता उतारकर, तह लगाकर तकिया बना लेता, और सो जाता। मैं इतना थक जाता था, कि बस पड़ते ही सो जाता था।'

तो सुख और दुख तो चलते ही रहते हैं।

'1973 में, मैं बस टूटने ही वाला था कि तभी एक ऐसी मदद आई, जिसकी हमें उम्मीद भी नहीं थी। उसे रक्षक ही कहा जा सकता है।'

बिंदेश्वर परिवार के दवाई बेचने के काम में ही लग गए थे। क्योंकि जीने के लिए कमाना तो पड़ता ही है न! एक दिन वह दवाइयों का ऑर्डर लेने बिहार के एक छोटे से शहर, आरा में पहुंचे। वहां उन्होंने एक बोर्ड पर रमाकांत मिश्रा

'मेरी बीवी के अलावा, हर इंसान मेरे काम के खिलाफ था। लेकिन जब मैं सफल हो गया, वह सब वापस मेरे साथ आ गए। समय के हिसाब से दुनिया का नजरिया बदल जाता है।'

का नाम लिखा देखा। वह नगर निगम के विशेष अधिकारी थे।

बिंदेश्वर उन्हें जानते थे, तो उनसे मिलने के लिए रुक गए।

मिश्राजी ने पूछा, 'तुम्हारे सुलभ शौचालय का क्या हुआ? उनका काम कैसा चल रहा है?'

पाठक ने माना कि चूंकि सरकार ने उन्हें अनुदान नहीं दिया, इसलिए वह कुछ नहीं कर पाए।

मिश्राजी ने कहा, 'मेरे बजट में एक लाख रुपये हैं। हम स्वायत्त निकाय हैं, इसलिए हमें सरकार की इजाजत की जरूरत नहीं होती। मैं तुम्हें दो शौचालय शुरू करने के लिए फंड दूंगा।'

और उन्होंने बिंदेश्वर को 500 रुपये का चैक दिया।

उन्होंने हेड क्लर्क, मि. केशव उपाध्याय को बुलाया और पूछा, 'अगर यह पैसा खा गए तो?'

क्लर्क ने कहा कि उसे नहीं लगता कि यह युवक उस तरह का होगा। लेकिन अगर किसी कारण से वह गलत साबित हुआ, तो वह उसकी पगार में से काट लें।

जब आप कुछ न हों, और कोई आप पर भरोसा दिखाए, तो आप जान जाते हैं कि दुनिया में अच्छाई कम नहीं हुई है।

इस तरह अगस्त 1973 में, पहला सुलभ शौचालय अस्तित्व में आया। लेकिन दो पिट वाले कॉन्सेप्ट को बेच पाने में काफी दिक्कत पेश आ रही थी। वह घर-घर जाकर लोगों को इसके फायदों के बारे में बताते लेकिन लोग कहते, 'हमें एक सेप्टिक टैंक चाहिए।'

सुरेश पार्षद सिंह नाम का एक पार्षद उनके बचाव में आगे आया। उसने कहा कि उसके घर के दो शौचालयों को सुलभ शौचालयों में बदल दिया जाए।

बात पूरे मोहल्ले में फैलने लगी, और फिर पास के टाउन बक्सर में भी पहुंची।

और इस सबमें--एक सच्चे उद्यमी की तरह--बिंदेश्वर ने सच में अपने हाथ गंदे किए। फिर काम चाहे पानी की बाल्टी उठाने का हो, या हाथगाड़ी खींचने का। कोई भी काम छोटा नहीं होता है।

'हमने लाइफ में किसी भी काम को छोटा नहीं समझा।'

बड़े काम करने वालों के वैसे यही उसूल होते हैं!

इस दौरान आरा और बक्सर में सुलभ की सफलता का असर पटना में ही होने लगा। 30 अप्रैल, 1974 को फाइल आगे बढ़ी और एक सर्कुलर जारी किया गया कि सुलभ सरकार, निजी निकाय और लाभ प्राप्त करने वालों के बीच एक 'केटेलेटिक एजेंसी'* है।

एक सुबह बिंदेश्वर पटना नगर निगम प्रशासक के साथ बैठे थे। वह मुख्य इंजीनियर को निर्देश दे रहे थे कि वह रिजर्व बैंक के पास सार्वजनिक शौचालय बनाने के लिए शाम को 3 बजे पहुंच जाए।

'आप भी उसके साथ क्यों नहीं आ जाते?' उन्होंने बिंदेश्वर से कहा।

दोपहर में प्रशासक ने घोषणा की कि कल दोपहर तक शौचालय का काम पूरा हो जाएगा।

मुख्य इंजीनियर घबरा गया कि यह कैसे संभव हो पाएगा? वह आदमी जल्दी ही रिटायर होने वाला था, इससे उसके अच्छे कैरियर पर धब्बा लग सकता था। निराशा में उसने बिंदेश्वर से पूछा, 'क्या आप कुछ कर सकते हैं?'

बिंदेश्वर इसके लिए तैयार नहीं थे, लेकिन कुछ ही पलों में उन्होंने एक निर्णय लिया।

अभी तक सुलभ घरों में बकेट टॉयलेट को देसी शौचालयों में बदल देता था। यहां उनके पास सार्वजनिक शौचालय में काम करने का मौका था।

उन्होंने मुस्कुराकर कहा, 'यह? कोई समस्या नहीं है... हम कल तक पूरा कर लेंगे!'

प्रशासक ने अपने लाल पैन से वर्कऑर्डर तैयार करके मुख्य इंजीनियर

---

* सरकार पुराने शौचालयों को सुलभ में तब्दील करवाने के लिए 50 प्रतिशत लोन देती है; 10 प्रतिशत रकम इसे बनाने वाले एनजीओ को जाती है।

'बच्चे गेम खेलते हैं, मिठाई खाते हैं, क्रिकेट देखते हैं, फिल्म देखने जाते हैं, मॉल में घूमते हैं। लेकिन हमारे देश में अभी ऐसे बच्चे हैं, जो टॉयलेट साफ कर रहे हैं। आज भी बचपन ऐसे ही गुजर रहा है, आज भी काम बाकी है।'

के हाथ में दिया।

उन्होंने कहा, 'इसे ऑफिस ले जाओ, टाइप करवाओ और 20,000 रुपये लेकर वापस आओ।'

पैसे मिल गए और प्रशासक बोले कि वह कल सुबह आएंगे, और शौचालय देखेंगे।

अब करें क्या? और कैसे?

वह जगह जहां शौचालय बनाए जाने थे एक खुला मैदान था, जहां लगभग 2 से 3 हजार लोग रोज शौच करने आते थे। वह पूरी जगह--और वहां से मीलों दूर तक--बदबू से भरी पड़ी थी।

बिंदेश्वर के दिमाग में एक ख्याल आया। उन्होंने अपने कारीगरों को कोलीवाड़ भेजा, जहां लाल बालू मिलती थी। उन्होंने बालू के 20 ट्रक मंगवाए।

तब तक शाम हो चुकी थी।

फिर, उन्होंने अपने कारीगरों को शहर के मालियों के पास भेजा। उनसे कहां कि जितने भी पौधे, गमले, झाड़ियां वे ला सकते हैं, ले आएं।

मैदान में बालू फैला दी गई थी।

पौधे लगने लगे, गमले बालू की परत के नीचे छिपा दिए गए।

और एक गड्ढा खोदकर उसे खुशबूदार चंदन से भर दिया।

अब वह पूरी जगह देखने में अच्छी लग रही थी, और खुशबू से महक रही थी।

तब तक सुबह के 4 बज गए थे।

फिर वह प्रति व्यक्ति 2 क्यूबिक फीट को ध्यान में रखकर हिसाब लगाने लगे। बिंदेश्वर के मन में जगह का हिसाब और संभव शौचालयों की संख्या का

गणित चल रहा था।

मजदूरों ने खुदाई का काम शुरू कर दिया और सुबह 7 बजे--जब प्रशासक पहुंचे, तब तक वहां कोई शौचालय नहीं बना था। लेकिन अब मैदान उन बहुत सारे औरतों और आदमियों से नहीं भरा था, जो सुबह-सुबह लोटा लेकर अपने कूल्हे की नुमाइश करते थे। उसकी जगह, वहां अब एक खुशबूदार बगीचा था, और शौचालय का कुछ काम भी शुरू हो गया था।

'वह बहुत खुश हो गए, और कहने लगे--यह बहुत सुंदर है। और वह भुल गए कि दरअसल वहां शौचालय तो तब तक बना भी नहीं था!'

वास्तव में प्रशासक को मुख्य सचिव से निर्देश मिले थे कि रिजर्व बैंक के सामने जो यह खुला, बदबूदार मैदान है, इसका दो दिनों में कुछ हो जाना चाहिए। तो चाहे शौचालय बना, या नहीं लेकिन उनका मकसद पूरा हो गया था।

और उससे भी ज्यादा महत्वपूर्ण थी, वह भावना।

इसके दस दिन बाद, वास्तविक शौचालय भी बन गया (सिवाय छत के--वह बाद में बनी)। यह शुल्क वाला शौचालय था--10 पैसे प्रतिव्यक्ति।

'सरकार मुफ्त जमीन और निर्माण के पैसे देने को तैयार थी। फिर उसकी रख-रखाव के पैसे इस्तेमाल करने वालों से शुल्क के रूप में लिए जाने थे।'

सवाल था, क्या सड़क पर रहने वाला आदमी पैसा देगा? लोगों का कहना था कि बिहार में ज्यादातर लोग बसों और ट्रेन में बिना टिकट सफर करते हैं--क्या वे मूतने के लिए पैसा देंगे??

बिंदेश्वर ने कहा, 'हम उसे बिल्कुल साफ-सुथरा रखेंगे। फिर वे पैसे जरूर देंगे।'

और उनकी बात सही निकली। पहले ही दिन 500 लोग लाइन लगाकर उसे इस्तेमाल करने के लिए खड़े थे! सुलभ शौचालय की यही खासियत थी कि यह जल्दी बनकर तैयार हो जाते और फिर लोग नाममात्र का शुल्क देकर उनका इस्तेमाल करने लगते। ऐसे ब्लॉक पहले पटना में, और फिर पूरे राज्य में बनने शुरू हो गए।

1977 में डब्ल्यूएचओ के अधिकारी मि. ए के रॉय--एक सेनेटरी इंजीनियर--वहां

> 'हमारा आंदोलन है अछूतों के लिए सम्मान और मानवीय अधिकारों
> की बहाली। और उन्हें समाज की मुख्यधारा में
> शामिल करना। सुलभ शौचालय, बायोगैस प्लांट उसी
> सपने को पूरा करने के साधन हैं।'

आए। वह सुलभ की सफलता देखकर चकित रह गए। घरों में 40,000 टू-पिट लैटरीन लगाई जा चुकी थीं। और शुल्क वाले सार्वजनिक सुलभ शौचालय भी पूरे राज्य में लगे थे।

उन्होंने कहा भीः 'मैं 1940 से इंजीनियरिंग डिपार्टमेंट में काम कर रहा हूं और हमने अभी तक इतनी कामयाबी हासिल नहीं की है। आपने ऐसा कैसे किया?'

अल्बर्टो बेस नाम के इंजीनियर को पूरे बिहार में शौचालयों के निरीक्षण के लिए भेजा गया। उनकी रिपोर्ट का पहला वाक्य थाः 'यकीन नहीं होता, लेकिन यह सच है...'

डब्ल्यूएचओ, यूनीसेफ और भारत सरकार ने मिलकर देशभर के मुख्य इंजीनियरों और नौकरशाहों के लिए 1978 में एक सेमिनार का आयोजन किया। उसका मकसद थाः 'सुलभ शौचालय, जिसने बिहार में इतनी सफलता हासिल की, उसे देश भर में अपनाया जाना चाहिए।'

पहली बार, बिहार वास्तव में किसी चीज का नेतृत्व कर रहा था।

1978 के बाद सुलभ बंगाल, उड़ीसा, यूपी और फिर पूरे भारत में पैर पसारने लगा। आज सुलभ अफगानिस्तान में भी मौजूद है और 14 अफ्रीकी देशों को भी इस मॉडल के लिए प्रशिक्षित कर चुका है।

आज, भारतभर में, 7500 सुलभ शौचालय और 12 लाख घरों में टू-पिट लैटरीन मौजूद हैं। मॉडल एक ही है। पब्लिक-प्राइवेट पार्टनरशिप, जहां 'प्राइवेट' सुलभ है। शौचालय बनाना और काम को संभालना, साथ ही साथ आगे काम का प्रसार सुलभ का काम है।

तो, जमीन सरकार की होती है (सार्वजनिक शौचालयों के लिए)।

उन्हें बनाने का पैसा भी वही से आता है।

इस्तेमालकर्ता कुछ शुल्क देते हैं, जिससे उसकी रोज की साफ-सफाई को संभाला जाता है।

अपने पैरों पर खड़ा मॉडल, जो सभी के लिए फायदेमंद ही था।

स्वतंत्र घरों में, सरकारी मदद कुछ अनुदान और लोन के रूप में मिली। लेकिन इसका प्रचार-प्रसार सुलभ ने ही संभाला।

'हमारा काम था घर-घर जाकर, इसके फायदे बताना। लोगों को प्रेरित करना कि वे इस नए सिस्टम को अपनाएं, जिससे उन्हें सफाई वाले की भी जरूरत नहीं पड़ेगी।'

फिर, सुलभ उन लोगों के हस्ताक्षर इकट्ठा करते, जो इसमें दिलचस्पी ले रहे थे। फिर पेपर जमा करके उन्हें लोन के लिए आगे पहुंचाते, और आखिरकार उन्हें शौचालय तैयार करके देते।

यह सब बहुत जरूरी था। नहीं तो आप अपने ग्राहकों को कैसे संतुष्ट कर पाते?

'हमें उन्हें विश्वास दिलाना पड़ा। हमारे कारीगर निर्माण काम में लगने वाले सामान की लिस्ट बनाकर मकान मालिक को देते, ताकि वे उसे दोबारा चैक कर सकें।'

बाद में, सुलभ का एक कारीगर चैक करने भी जाता कि ग्राहक पूरी तरह संतुष्ट है या नहीं।

आखिर में मकान मालिक को एक ईनाम भी दिया जाता। इससे इस्तेमाल करने वाले में न सिर्फ गर्व का अनुभव आता, बल्कि सुलभ वर्कर भी खुद को महत्वपूर्ण मानता। हर इंस्टलैशन तब तक अधूरी रहती, जब तक मकान मालिक उस पर सहमति की मोहर नहीं लगा देता।

सुलभ पांच साल का एक गारंटी कार्ड भी देता। अगर इस बीच कुछ खराबी आती, तो उसकी मरम्मत और नए सामान को बिल्कुल फ्री लगाया जाता।

सुलभ संस्था का भी तेजी से विकास हुआ। जैसा कि बिंदेश्वर कहते हैं: 'धीरे धीरे लोग आते चले गए।'

साधारण इंसान--जिन्हें सुलभ ने कार्यकर्ता बना दिया। क्योंकि तकनीक बहुत

सिंपल थी, इसके लिए आपको इंजीनियरिंग जानने या उच्च शिक्षा की जरूरत नहीं थी।

किसी भी संगठन का बीज, जिसे एक व्यक्ति रोपता है, वह शक्तिशाली होकर फिर फूल-फल देने लगता है। प्रकृति में, तना तो जमीन के अंदर रहता है और उसकी हर पत्ती, हर फल में महक समान ही रहती है। लेकिन आप कैसे जड़ों को जमाते हुए अपनी महक को बरकरार रख पाते हैं, अपने आदर्शों को बांट पाते हैं?

बिंदेश्वर का जवाब सिंपल थाः संस्थापक को ही सबसे पहला उदाहरण पेश करना पड़ता है। और संगठन में खुद ही माहौल बनाना पड़ता है।

'फिर चाहे वह राज्य का प्रमुख हो, स्कूल का हेडमास्टर हो, कॉलेज का प्रिंसिपल हो, लाइब्रेरियन हो, उसी के करेक्टर पर संस्था चलेगी।'

संक्षेप में, अगर मैं खुद बेईमान हूं, तो मैं मेरे लोगों से ईमानदारी की उम्मीद भी नहीं कर सकती।

'अगर मेरे संगठन का पहला व्यक्ति ही ईमानदार है, तो दूसरे भी उसके कदमों पर चलते हुए ईमानदारी बनाए रखेंगे। यकीनन कुछ सेब खराब हो सकते हैं, लेकिन उन्हें निकालकर बाहर कर देने से टोकरी के बाकी सेबों को बचाया जा सकता है।'

लेकिन कोई एक कैसे देश भर में फैले 7500 सुलभ शौचालयों पर नजर बनाए रख सकता है? यकीनन इस सबको संभालने के लिए कोई एसएपी सिस्टम तो होगा न!

बिंदेश्वर एक पल रुककर कहते हैं, 'कहा जाता है--छोटे दिमाग के रहते आप कभी महान साम्राज्य पर शासन नहीं कर सकते।'

सुलभ के मामले में, एक आदर्श है 'तीन-महीने में निरीक्षण।' बजाय हर रोज सुलभ शौचालय के शुल्क को इकट्ठा करने के, तीन महीने में किसी भी एक दिन वहां जाकर जांच और सारा शुल्क ले लिया जाता है। और उसे एक बेंचमार्क मान लिया जाता है।

अब जो व्यक्ति वहां का काम संभाल रहा होता है, उसे पता होता है कि अगले तीन महीनों की जांच से पहले उसे उतने पैसे तो जमा करने ही

'सरकार बस आरक्षण ही देती रहती हैं। लेकिन नौकरियां हैं कहां? मेरा मानना हैं कि अगर हम इन बच्चों को पढ़ाएं, सक्षम बनाएं, तो वे नौकरी खुद ही ढूंढ़ लेंगे।'

हैं।

'मैं गारंटी नहीं ले सकता कि एक-एक रुपया जमा होता ही होगा। लेकिन बीच-बीच में की गई चैकिंग से जो रकम तय होती है, वह तो हमें मिल ही जाती है।'

क्या इसे 'छोटे' से धोखे के रूप में देखा जाता है। या यह मान लिया जाता है कि वहां काम संभालने वाले को यह एक बोनस के रूप में मिल जाता है?

पाठक जी मुस्कराते हैं।

'प्रशासन का एक महत्वपूर्ण तथ्य है... कुछ चीजें होती हैं, जिन्हें आपको जानबूझकर अनदेखा करना पड़ता है।'

घर की शांति के लिए।

और बहुत से एचआर प्रमुख कहते भी हैं कि 'हम एक परिवार हैं'। लेकिन सिर्फ कहने की बात है, कितनी जगहों पर आपको सच में ऐसा महसूस होता है? सुलभ में होता है।

वहां प्यार है, जुनून है, पोषण है, गर्व है। और इन सबसे ऊपर सचाई है।

'अगर आपका कोई कारीगर--या उनके परिवार का सदस्य--बीमार हो जाए, फिर चाहे बीमारी दिल की हो या लीवर की, हम उनसे पल्ला नहीं झाड़ते। हम नहीं पूछते कि तुम्हारी पगार कितनी है, कितना फंड ले सकते हो। इलाज में चाहे 2 लाख रुपये लगने हों या 5 लाख--हम पूरे मन से उनके साथ खड़े रहते हैं।'

आप जिंदगी की कीमत नहीं लगा सकते।

लेकिन आप जिंदगी के लिए पैसे दे सकते हो, क्योंकि आपके पास संसाधन

हैं।

सुलभ एक आत्मनिर्भर, उद्यमी, सामाजिक संगठन है, जिसकी सालाना आय 20 मिलियन डॉलर है। हां बिल्कुल सही, 100-125 करोड़ रुपये।

बिंदेश्वर बताते हैं कि यह वास्तव में एक 'बजट' है। एक तरफ तो सुलभ घरों और सार्वजनिक स्थानों पर शौचालय बनाकर पैसे कमाता है। तो दूसरी तरफ, उन्हें मेनटेन करने के लिए भी उन्हें पैसे मिलते हैं।

यह आय कई कामों में लगती है। पहले तो पैसा उन्हें बनाने में खर्च होता है। फिर पगार पर। सुलभ में फुलटाइम काम करने वाले 25,000 सदस्य हैं और 10,000 लोग भिन्न-भिन्न प्रोजेक्ट पर उनके साथ काम करते हैं (भारत में कुछ ही कंपनियों में इतनी बड़ी संख्या में लोग काम करते होंगे!)।

और तीसरा, वहां समाज कल्याण की गतिविधियां भी होती हैं। सुलभ अपना स्कूल भी चलाता है (सुलभ पब्लिक स्कूल*), युवक व युवतियों के लिए वोकेशनल क्लास--इसमें भी वरीयता निम्न जाति वालों को ही दी जाती है।

'हम सैंकड़ों बच्चों की पढ़ाई का खर्च उठाते हैं... बहुत लड़कियों की शादी करवाई हमने यहां से। यहां तक कि वो लोग भी जो सुलभ से जुड़े हुए नहीं हैं, यहां मदद मांगने आते हैं।'

और शायद ही कोई खाली हाथ वापस गया हो।

किसी कॉरपोरेट द्वारा कमाए गए 100 करोड़ रुपयों और सुलभ के 100 करोड़ में यही फर्क है कि उन्हें अपना प्रोफिट शेयरधारकों से साझा नहीं करना पड़ता। दरअसल वहां तो प्रोफिट की कोई अवधारणा ही नहीं है, ज्यादा प्रोफिट तो जाने दो।

सिवाय 'प्रोफेशनल मैनेजमेंट' के।

सुलभ के सार्वजनिक शौचालयों का उदाहरण लेते हैं। इसके 7500 शौचालयों में से 4000 शौचालय बिल्कुल नाममात्र की कमाई करते थे। 1000 शौचालय औसत और बाकी के 2500 शौचालय अच्छा पैसा बना रहे थे।

'क्रॉस सब्सिडी' का यह आदर्श उदाहरण है। एक ऐसा आदर्श जिसकी

---

* सुलभ इंटरनेशनल पब्लिक स्कूल में 60 प्रतिशत बच्चे अछूत मानी जाने वाली जातियों और 40 प्रतिशत समाज के अन्य वर्गों से हैं।

कॉरपोरेट सेक्टर में कोई अहमियत नहीं लेकिन समाज क्षेत्र में वह सफल है।

तो बिंदेश्वर अपने योगदान को किस रूप में देखते हैं। क्या यह योगदान भारत के हर शहर में बने सार्वजनिक शौचालयों के रूप में है या देश के लाखों घरों में लगे टू-पिट टॉयलेट के रूप में?

इनमें से कोई नहीं, वह कहते हैं।

जो हम देखते है, वह बस बाहरी स्वरूप है।

'यह एक क्रांति है--एक सफाई अभियान। और मेरा मिशन महात्मा गांधी के सपने को पूरा करना है। भारत से मल ढोने की प्रथा को खत्म करना। मेरा मिशन है इन लोगों को पढ़ाना, उन्हें नए व्यवसायों के योग्य बनाना, उन्हें समाज की मुख्यधारा में शामिल करना।'

और वह सपना साकार हो रहा है। क्योंकि वे लोग जिन्हें पहले अछूत, गंदा, समाज के अयोग्य माना जाता था, उन्हें भी अब इंसान का दर्जा मिलने लगा है।

मुख्यधारा का ही एक भाग माना जाने लगा है।

बिंदेश्वर एक उदाहरण देते हैं। वे महिलाएं जिनके लिए पहले आय का एकमात्र स्रोत सिर्फ शौचालय साफ करना ही था; अब वे छोटे-छोटे बिजनेस करने लगी हैं।

'उनका बनाया सामान कौन खरीदता है? वही लोग जिनके घरों में वे पहले टॉयलेट साफ करने जाया करती थीं। मेमसाब उन्हें कभी एक गिलास पानी भी नहीं दिया करती थीं। ठीक है?'

'आज, उन्हीं घरों में, वे सोफे पर बैठकर, घर की मकान-मालकिन के साथ कॉफी पिया करती हैं। वे मंदिरों में भी जा सकते हैं, जहां पहले उन्हें प्रवेश की अनुमति नहीं थी...'

इस दिशा में काफी प्रगति हुई है, लेकिन अभी काफी काम किया जाना बाकी है। सुलभ का अनुमान है कि अभी भी भारत में 3-4 लाख लोग जीने के लिए शौचालय साफ कर रहे हैं। सरकार का मानना है कि ऐसे लोगों की संख्या 127,000 है।

बिंदेश्वर का तर्क है कि संख्या कुछ भी हो, लेकिन लोगों को आज भी

ऐसा काम करना तो पड़ ही रहा है न।

सुलभ वर्तमान में समाज कल्याण मंत्रालय के सहयोग से टोंक (राजस्थान) में एक रिहेब्लिटेशन सेंटर चला रहा है। यह एक साल का पायलट प्रोग्राम है, जिससे 61 लड़कियां जुड़ी हैं।

'आपका दिल यह सुनकर छन्नी हो जाएगा,' वह कहते हैं। 'ये लड़कियां बचपन से ही अपनी मां के साथ जाया करती थीं, यह देखने के लिए कि शौचालय कैसे साफ करते हैं। और 7 साल की उम्र से तो ये खुद ही काम करना शुरू कर देती थीं।'

तो ऐसे लोगों को कैसे 'पुनः स्थापित' किया जा सकता है, जो मानते हैं कि उनके पास जन्म से ही कोई अधिकार नहीं हैं। सपने देखने का भी नहीं।

बिंदेश्वर मानते हैं कि अछूतों को सिर्फ स्कूल भेजने मात्र से ही कुछ बदलेगा नहीं। वो तो जरूरी है ही लेकिन ज्यादा जरूरी है, इनमें आत्मसम्मान जगाना।

'डॉ. अबेडकर ने लिखा है कि एक बार उनके स्कूल में इंस्पेक्टर ने आकर पूछा थाः एक बात बताओ, वो क्या है जिसे आप देख तो सकते हो, लेकिन छू नहीं सकते।'

बच्चों ने अलग-अलग जवाब दिए।

सूर्य, चांद, तारे, हवा।

अंबेडकर ने कहा, 'पानी का घड़ा' और कक्षा के एक कोने में रखे घड़े की ओर इशारा किया।

उन्होंने कहा, 'जब तक हर जाति के लोग साथ में खाना नहीं खाते, साथ में मंदिर नहीं जाते, पूजा नहीं करते, एक ही तालाब में स्नान नहीं करते, एक ही कुएं से पानी नहीं भरते--तब तक आप समाज से अछूतता को समाप्त नहीं कर सकते।'

ऐसे ही गैर पारंपरिक तरीके सुलभ रिहेब्लिटेशन प्रोग्राम का मकसद थे।

उदाहरण के लिए, बिंदेश्वर उन महिलाओं को 5 सितारा होटल में खाना खिलाने के लिए ले गए। क्यों? ताकि उन्हें महसूस हो सके कि वो लोग भी यहां आ सकते हैं।

पहली बार वे ऐसे समूह को दिल्ली के *मौर्या होटल* में ले गए, तो वहां

जनरल मैनेजर उनके पास आया और कहने लगा, 'पाठक जी ये आप क्या कर रहे हैं? लोग क्या कहेंगे!'

खाने के बाद, वही मैनेजर वापस आया और माफी मांगने लगा; उनके पास शिकायत करने की कोई वजह ही नहीं थी।

'आप मुझे बताइए... इस देश में किसके पास इतनी हिम्मत है कि इन लोगों को 5 सितारा होटल में खाना खिलाने ले जाए? 3 लाख रुपये खर्च करके!'

और आप किसी की भावनाओं की भी कीमत नहीं लगा सकते।

वह भावना कि दुनिया में मैं भी कुछ हूं।

'सम्मान बढ़ाने का सिम्बोलिक तरीका,' जैसा कि बिंदेश्वर मानते हैं। एक प्रतीक उनके आत्मसम्मान में वृद्धि करने का।

और बात यहीं खत्म नहीं हो जाती। गांधीजी उस दिन का सपना देखते थे, जब कोई ऐसी ही अछूत महिला देश की राष्ट्रपति बने।

बिंदेश्वर कहते हैं, 'प्रेजीडेंट तो हम बना नहीं सकते, हमको अधिकार नहीं है। तो हम कर क्या सकते हैं? हमने ऐसी ही एक महिला को सुलभ का प्रेजीडेंट बना दिया है।'

सुलभ इंटरनेशनल की प्रेजीडेंट के रूप में ऊषा चमार अब लोगों से मिलती हैं, सम्मान लेती हैं, और दुनिया घूमती हैं!

पिछले साल ऊषा ने यूएन ट्रस्टीशिप काउंसिल में अंग्रेजी में स्पीच दी थी। वह भारत की टॉप मॉडलों के साथ रैंप पर भी चली थीं। 2007 में वर्ल्ड टॉयलेट समिट, विज्ञान भवन, नई दिल्ली में वह सुलभ की रिप्रजेंटेटिव भी थीं।

'कल जब यहां से जा रही थीं, तो वह बोलीं--सर, थैंक यू। बाय, बाय! गुडनाइट!' उनमें अब पूरा आत्मविश्वास है, पूरी ऊर्जा के साथ वह आंदोलन को आगे बढ़ाने के लिए तैयार हैं।

और यह सब इसलिए हो पाया कि किसी ने उनमें विश्वास दिखाया। उन्हें एक मौका दिया।

उनके तरीके बहुत अपरंपरागत, यहां तक कि अजीब हैं। लेकिन जो बात मुझे अच्छी लगी कि वह वही करते हैं, जो वह करना चाहते हैं। जिस तरीके से करना चाहते हैं। क्योंकि सुलभ कोई टिपिकल 'एनजीओ' नहीं है।

बिंदेश्वर भी इस बात को दिल से मानते हैं।

'एक बात मैं आपको बताता हूं कि हमारे पास स्टेट बैंक ऑफ इंडिया, पटना का 10 करोड़ रुपये का ओवरड्राफ्ट है। क्यों? वर्ल्ड टॉयलेट समिट 2007 और इन महिलाओं को यूएस घूमाने का इंतजाम करने के लिए। सामाजिक कार्य के लिए कौन बैंक से लोन लेता होगा?'

'और अगर रुपया होगा भी तो दिल नहीं होगा,' वह आगे जोड़ते हैं।

जब न्यूयॉर्क विजिट में होटल बुक कराने की बारी आई, तो बिंदेश्वर ने जोर दिया कि उन्हें यूएन बिल्डिंग के सामने ही बुक कराना है। कोई सस्ता 30 डॉलर प्रतिदिन वाला नहीं, जहां से आने-जाने में ही दो घंटे लग जाएं।

यकीनन यह सोच का अलग तरीका है।

'कॉरपोरेट जगत में लोग सोचते हैं कि किस तरह ज्यादा कमाया जाए, और कहां ज्यादा बचाया जाए। हमारी सोच अलग है। हम बता रहे हैं कि अपनी रोटी कमाकर कैसे लोगों के बीच में बांटा जाए। कैसे उसका सुख भोगा जाए।'

'हमें लगता है कि भूमंडलीकरण के फायदे गरीबों तक भी पहुंचने चाहिएं। ये काम दिमाग से नहीं हो सकता है, सिर्फ दिल से ही हो सकता है।'

और ये दिल धड़कता है, सुलभ इंटरनेशनल कॉम्प्लेक्स, पालम डाकरी रोड पर। दिल्ली एयरपोर्ट के नजदीक। मैं नहीं जानती कि बिंदेश्वर को इसकी प्रेरणा कहां से मिली, लेकिन यह वास्तव में टॉयलेट्स का डिजनीलैंड है।

पर्यटक के रूप में, आप भी यहां घूमने आ सकते हैं। आप यहां टू पिट टॉयलेट्स, बायोगैस प्लांट, और टॉयलेट्स को समर्पित दुनिया का एकमात्र म्यूजियम देख सकते हैं। 1992 से अब तक यहां 2.2 मिलियन लोग देखने के लिए आ चुके हैं।

तो एक बड़ी सी योजना में यह सब कहां फिट होता है? देखा जाए तो समाज सुधार ही सुलभ का मुख्य आधार है; लेकिन सफाई भी उतना ही जरूरी मुद्दा है।

बिंदेश्वर कहते हैं, 'अमेरिका, यूरोप और ऑस्ट्रेलिया ने तो समस्या का हल निकाल दिया। लेकिन एशिया, अफ्रीका, लैटीन अमेरिका ये नहीं निकाल पाए।'

समस्या है टॉयलेट की। 2.5 बिलियन लोगों के पास आज भी घरों में उचित शौचालय नहीं है। और निकट भविष्य में उन्हें इसकी उम्मीद भी नहीं है क्योंकि सेप्टिक टैंक और सीवर सस्ते नहीं होते।

इसका एक विकल्प सुलभ है--एक विकेंद्रीकृत वॉटर ट्रीटमेंट प्लांट। यह प्लांट पानी को रिसाइकल करता है, बायोगैस और बायोफर्टीलाइजर उत्पन्न करता है। इसे किसी भी बड़े परिसर में लगाया जा सकता है--हाउसिंग कॉलोनी, स्कूल, कॉलेज या अस्पताल।

और यह आइडिया आया कहां से? आदिवासी के घर से।

1977 में, बिंदेश्वर नई दिल्ली के डिप्लोमेट होटल में थे, वहां उन्होंने दो लोगों को बात करते हुए सुना कि किस प्रकार एक आदिवासी ने अपने शौचालय को बायोगैस प्लांट से जोड़ दिया है--और इस गैस से उसका चूल्हा भी जल जाता है।

वह उस मेज पर गए, और उनसे उस आदिवासी का पता मांगा। उन्होंने बताया कि वह आदिवासी कहीं इंदौर, मध्यप्रदेश में रहता है। इतने दूर-दराज क्षेत्र का होने के बावजूद भी बिंदेश्वर ने उसे ढूंढ़ निकाला।

'मैं वहां गया, वह सब अपनी आंखों से देखा। देखा कि कैसे मीथेन गैस बनती है, और हम ऐसा ही काम अपने शोचालयों के साथ भी कर सकते हैं।'

यह एक और लंबी कहानी है। लेकिन अगर कोई कुछ करने की ठान ले तो उसके आगे ज्ञान भी रोड़े नहीं अटका सकता।

इसमें दिमाग के साथ-साथ दिल की भी उतनी ही भूमिका है।

✳

युवा उद्यमियों को सलाह

गांधीजी ने एक बार कहा था कि उन्हें खुशी होगी अगर आजादी बाद में भी मिले तो, लेकिन वह उससे पहले साफ-सफाई को प्राथमिकता देंगे। नई पीढ़ी को इसके लिए आगे आना चाहिए।

शौचालयों की कमी तो एक समस्या है ही, लेकिन आप देखेंगे कि एक हाई-फाई रेस्टोरेंट, जहां खाना भी बढ़िया मिलता हो, जगह भी साफ हो, लेकिन वहां का शौचालय भी आपको गंदा ही मिलेगा। साफ-सफाई एक आदत है, जिसे अपनाना पड़ता है, और दूसरों में भी इसका प्रचार करना चाहिए। इसे नेशनल मिशन की तरह वरीयता देनी चाहिए।

दूसरा, निश्चित तौर पर हमें अपनी धरोहर और संस्कृति की उच्च बातों को संभालकर रखना चाहिए। साथ ही दूसरी संस्कृति की उपयोगी बातों को भी अपनाना चाहिए। लेकिन हमें अपनी एकता और अखंडता को भी बरकरार रखना होगा।

आखिर में मैं कहना चाहूंगा, संतोष भरा जीवन व्यतीत करें।

इन दिनों मैं ज्यादा लोगों में निराशा और उदासी की भावना देखता हूं। देखा जाए तो मंदी के इस दौर में अरबपति भी अपना सिर पकड़कर बैठे हैं। भई क्यों? क्या जिंदगी में यह सब वाकई जरूरी है?

जब हमारे परिवार पर मुश्किल समय पड़ा तो हमारी एक कामगार कहा करती थी, 'बबुआ, हमने आपको ऊंचे से नीचे पर आकर काम करते देखा है।' बाद में जब हमें काम में सफलता मिलनी शुरू हुई तो वह बोली, 'कमाल कर दिया बबुआ आपने तो, राई से पर्वत ही बना डाला।'

मैं कहता हूं कि आप भी एक दिन जरूर सफल होओगे।

तो अच्छे और बुरे दिन तो आते-जाते रहते हैं। हममें से हर किसी को इनमें संतुलन बनाना आना चाहिए।

आखिर में, अपनी पहचान बनाओ, जो भी काम करो, उसमें अपना नाम बनाओ। मैं अपने बेटे से कहता हूं, सुलभ से अलग कोई काम करो। कोई ऐसा काम करो जिससे तुम्हारी पहचान बने। क्योंकि जो व्यक्ति अपने नाम से जाना जाता है, वो नंबर 1 होता है। और अपनी फील्ड में नंबर 1 होने का अहसास अद्भुत है।

कूड़े से कमाल

अनीता आहूजा
कंजर्व इंडिया

दिल्ली की बहुत सी संपन्न महिलाओं की तरह, अनीता आहूजा भी सामाजिक कार्य करती हैं। लेकिन, कूड़ा बीनने वालों की स्थिति से प्रभावित होकर उन्होंने कुछ ऐसा करने की ठानी, जिससे उनका जीवन कुछ आसान हो सके। आज, अनीता और उनके पति, शलभ अपनी तरह का एक ऐसा प्रोग्राम चला रहे हैं, जिससे बेकार प्लास्टिक को रिसाइकल करके एक्सपोर्ट क्वालिटी के बैग बनते हैं, और कूड़ा बीनने वालों को अच्छी पगार।

अनीता आहूजा को पहली नजर में ही देखकर आप समझ जाएंगे कि वह 'दक्षिणी दिल्ली' से हैं। कैजुअल पंजाबी कपड़े पहने हुए, लेकिन वह *बहनजी* नहीं लगतीं।

सभ्य और सुसंस्कृत।

आमतौर पर उनके जैसी महिलाओं का रुटिन होता है--सुबह बगीचे में; दोपहर में किट्टी पार्टी; शाम को इंडिया इंटरनेशनल सेंटर। सप्ताह में कुछ घंटे एनजीओ का काम।

भई बच्चे बड़े हो गए हैं, तो कुछ तो करना ही पड़ेगा न?

इस रूढ़ीवाद का विरोध अनीता के रोम-रोम से झलकता है। उन्होंने कंजर्व को शुरू करने का सपना देखा, एक ऐसा उद्योग जो बेकार प्लास्टिक--या कचरा--जो कूड़ा बीनने वाले उठाकर लाते हैं, के रिसाइकल से विश्व स्तरीय हैंडबैग बनाता है।

अनीत की योजना बिजनेस शुरू करने की नहीं थी। न ही उन्होंने कभी सामाजिक कार्य करने की सोचा था। दरअसल, उन्होंने कूड़ा बीनने वालों के साथ काम करना इसलिए शुरू किया कि 'खुद को फिर से गढ़' सकें। कुछ सीख सकें, और हो सके तो उसे किताब का रूप द पाएं।

लेकिन 'गरीबों से भी गरीब' के साथ काम करके उनका अंतर्मन हिल गया।

'ये भी इंसान हैं, इन्हें भी सम्मान और न्यूनतम वेतन पाने का हक है,' उन्होंने सोचा। और इस तरह उन्हें कबाड़ से पैसे कमाने का विचार आया।

यह काम वह कैसे करेंगी? कुछ पता नहीं था। उसे खरीदेगा कौन? नहीं पता। क्या ऐसा कभी हो भी पाएगा? किसे परवाह है! करना है--बस।

बच्चों की सी लापरवाही और कलाकार जैसी प्रेरणा से काम करते हुए उन्होंने वह कर दिखाया, जो दुनिया ने कभी देखा भी नहीं था। आज कंजर्व इंडिया के हैंडबैग विश्व के बाजारों में बेचे जाते हैं। और क्या, इस काम से 300 कूड़ा बीनने वालों को रोजगार भी मिला।

कंजर्व इंडिया के पटपड़गंज ऑफिस में मैं अमूल मिल्क के पाउच से बने बैग को देखकर उतनी ही हैरान थी, जितनी इस उद्यमी की कहानी को सुनकर थी। अनीता और उनके पति शलभ--प्रोजेक्ट के तकनीकी सलाहकार--एक महान काम कर रहे हैं। लेकिन यह बिजनेस से कहीं ज्यादा है।

यह मन की आंखों से देखा गया सपना है।

ज्यादा बेहतर, और ज्यादा सुंदर विश्व का सपना।

कूड़े से कमाल

अनीता आहूजा
कंजर्व इंडिया

अनीता का जन्म भोपाल में हुआ--एक स्वतंत्रता सेनानी की बेटी--एक ऐसे समय में जब जीवन इतना जटिल नहीं हुआ करता था।

'भोपाल एक बहुत छोटा शहर था, और हमारे घर के ठीक सामने बड़ी से ताजुल मस्जिद थी--हर सुबह मैं *इमाम* को साफ-साफ सुना करती थी। मेरे पिता का नाम राम है, और उनके भाई का लक्ष्मण। तो, हमने अपने घर का नाम रखा, *राम-लक्ष्मण निवास।*'

ताजुल मस्जिद के सामने राम-लक्ष्मण *निवास* बिल्कुल भी अजीब नहीं हुआ करता था।

अनीता बहुत ही धर्मनिरपेक्षी माहौल में पली-बढ़ीं। जब वह 10 साल की थीं, तो उनका परिवार दिल्ली आकर बस गया।

'भोपाल कुछ मायनों में काफी संकीर्ण था... दिल्ली स्वाभाविक रूप से एक बड़ा शहर था। मैं को-एजुकेशन, मॉडर्न स्कूल में जाने लगी। मैं तब काफी छोटी थी, और सही मायनों में मेरा पालन-पोषण दिल्ली में ही हुआ। वह अच्छा समय था।'

उन दिनों लोगों के सिर पर समाज सेवा का कीड़ा सवार नहीं हुआ करता था, लेकिन स्कूल में ही आपको इतनी समझ दी जाती थी कि कम से कम आप ऐसे मुद्दों के प्रति संवेदनशील तो बन सकें।

अपनी पीढ़ी की बहुत से महिलाओं की तरह, अनीता भी बहुत महत्वाकांक्षी

नहीं थीं।

'मैंने दिल्ली विश्वविद्यालय में दाखिला लिया; बीए किया और साहित्य और राजनीतिक विज्ञान में एमए। मुझमें कला के प्रति रुचि थी, लेकिन मेरे माता-पिता सोचते थे कि मुझे कला के बजाय पढ़ाई पर ध्यान देना चाहिए... और शादी तो उनकी प्राथमिकता थी ही।'

1984 में, एमए करने के तुरंत बाद, अनीता की शादी हो गई। वह तब 24 साल की थीं।

'शलभ बीआईटीएस पिलानी से इंजीनियर थे। हम डेटिंग कर रहे थे, तो घरवाले शादी की जल्दी में थे (हंसते हुए)...'

'पहले दिन से ही, शलभ कोई बिजनेस करना चाहते थे... हम दोनों का मानना था कि बिजनेस से नौकरियां बनती हैं। उन्होंने टेलीविजन बनाने का काम शुरू किया। हम प्यार में डूबा हुआ जोड़ा थे; शादी के तुरंत बाद ही हमारे दो बच्चे हो गए...' अनीता बताती हैं।

'मुझे नहीं लगता कि मेरा दिमाग ठिकाने पर था। वो तो धीरे-धीरे लाइन पर आना शुरू हुआ।'

अनीता के पिता वकील थे, साथ ही स्वतंत्रता सेनानी भी।

'मेरी सोच पर उनका काफी असर है। वकील के तौर पर उन्होंने कुछ कमाल के केस लड़े जैसे कोल नेशनलाइजेशन, बड़ोदा डायनामाइट वगैरह। बचपन से ही मुझे राजनीति के बारे में पता लगने लगा था।'

हालांकि उन्होंने कभी राजनीति में जाने के बारे में नहीं सोचा। इसके बजाय, जब उनके बच्चे बड़े हुए, उन्होंने लिखना शुरू कर दिया।

'मैंने छोटी कहानियां और 'मिडल्स' लिखने शुरू किए। मेरी मां कहती थीं कि मुझे गंभीरता से लिखना चाहिए; शायद मैं कोई किताब लिख पाऊं। लेकिन मुझे लगता था कि मुझमें लिखने के प्रति वह अनुशासन और दृढ़ता नहीं थी।'

ऐसा ख्याल जो हर लेखक के मन में किताब लिखने से पहले आता ही है। लेकिन मजे की बात है कि किताब लिखने की कोशिश करो तो वह कभी नहीं लिखी जाती, वह बस खुद ब खुद होने वाली चीज है।

'मेरी मां चल बसी, और मेरे मन में कुछ अटक गया।' यह 1994 की

‘हम पहले से ही खाद बना रहे थे--बेकार गीले पदार्थों का इस्तेमाल करके बेचे जा सकने वाले उत्पाद बन रहे थे। क्यों न बेकार प्लास्टिक के इस्तेमाल का कोई उपाय ढूंढ़ा जाए? तो मैंने प्रयोग करने शुरू कर दिए।’

बात है। भारत बहुत उथल-पुथल भरे दौर से गुजर रहा था--रथ यात्रा, बाबरी मस्जिद, मंडल कमीशन।

‘मेरे बचपन के घर के सामने वाली ताजुल मस्जिद में पहली बार ताला लगा, और वहां की नमाज बंद हो गई। जिहाद की आवाजें आनी शुरू हुई, *महाआरतियां* भी आयोजित की जाने लगीं। मैं वह सब देख रही थी और हैरान थी कि एक छोटे शहर से होने की वजह से मुझे क्या महसूस होना चाहिए? मैं हिंदू हूं या मुसलमान।’

‘मैंने महसूस किया कि ऐसे मुद्दों पर लिखने के लिए महिला लेखिकाओं की कमी है... और मुझे लगा कि अगर आपका कोई नजरिया है, और आपके पास बताने के लिए कुछ है तो उसे व्यक्त करना ही चाहिए। भले ही लोग आपसे सहमत हों या असहमत, पसंद करें या नापसंद।’

और अनीता ने भी यही किया। इसमें उन्हें दो साल लग गए; एक साल किताब लिखने में और एक साल उसे छपवाने में।

‘*फ्लेम्स ऑफ फरवर* को अच्छी शुरुआत मिली, मीडिया को भी इस किताब ने काफी आकर्षित किया, इस पर एक फिल्म भी बनी और मुझे कई सेमिनारों में बुलाया गया।’

लेकिन कुछ दूसरे मुद्दे भी थे। किताब में राजनीतिक विषय था, और यकीनन काफी लोग इसे पचा नहीं सकते थे। क्या उन्हें कोई गंभीर धमकी भी मिली थी? एक युवा मध्यवर्गीय जोड़े के लिए तो गंभीर थी ही।

‘आदमी भी डर जाते हैं लेकिन एक औरत, वो भी बच्चों वाली...’

वह पीछे हट गईं।

‘हम लोकतंत्र में रहते हैं, हमारी स्वतंत्र न्यायपालिका है। सबकुछ है,

लेकिन...'

राज्यतंत्र से दुश्मनी मोल लेना मूर्खता ही होती।

युवा उद्यमी के तौर पर, शलभ परेशान थे। क्या उनके पास हालात से निबटने के लिए पर्याप्त सुरक्षा और पैसा था?

'हमारे पास कोई पावर नहीं थी। मेरा मतलब, हम मध्यमवर्गीय हैं।'

तो, अब क्या? अनीता एक बात तो अच्छी तरह जानती थीं। चाहे वह जो भी करें, वह उन्हें ईमानदारी से ही करना होगा। अगर आप दूसरों की प्रतिक्रिया के बारे में ही सोचते रहेंगे, तो कभी खुलकर नहीं लिख पाएंगे। अब इसे दबाव कह लीजिए या लेखक की सीमा। अनीता सोच रही थीं, 'क्या मुझे और भी कुछ कहना था?'

'लेखक के तौर पर, आपके पास जो भी होता है, आप जो भी जानते हैं; सब अपनी किताब में डाल देते हैं। उस समय मैं अपना सबकुछ दे चुकी थी। दूसरी किताब लिखने के लिए मुझे खुद को फिर से बटोरने की जरूरत महसूस हो रही थी, कुछ और सीखने की।'

इस तरह अनीता सामाजिक कार्य में आ गईं। एक छोटे प्रोजेक्ट से की गई शुरुआत शायद उन्हें एक दूसरे ही जहान में ले जा सकती थी। इंसान की परिस्थितियों की बेहतर समझ।

कुछ समझदार लोगों के साथ--दोस्त और परिवारजन--अनीता ने अपने आसपास के इलाके में कुछ छोटे प्रोजेक्ट करने का निर्णय लिया।

'हमने एक एनजीओ शुरू किया,' वह हंसते हुए बताती हैं। 'दिल्ली में एनजीओ बहुत ही आम शब्द है। मुझे लगता है कि दिल्ली में हर परिवार का एक एनजीओ या फिर फाउंडेशन होता है!'

1998 में कंजर्व इंडिया को रजिस्टर्ड किया गया, और उनका प्रोजेक्ट था आसपास के एरिया से कूड़ा इकट्ठा करना। उनका विचार था कि रसोई के कूड़े को अलग करके लोकल पार्क में कम्पोस्ट बनाया जाए। अनीता को एक बात अच्छी तरह समझ आ गई थी कि कोई भी काम अकेले नहीं किया जा सकता।

'आपको अपने एरिया के रेजिडेंट्स वेलफेयर एसोसिएशन (आरडब्ल्यूए) से जुड़ना ही पड़ता है। फिर आपको डिप्टी कमीशनर; म्यूनिसिपैलिटी में भी कोई

जान-पहचान बनानी पड़ती है।'

लगभग उसी समय, तत्कालीन मुख्यमंत्री शीला दीक्षित ने 'भागीदारी' नाम से एक प्रोग्राम शुरू किया।

उन्होंने कहा, 'क्योंकि आप लोग 2-3 कॉलोनियों के साथ मिलकर इतना अच्छा काम कर रहे हो, तो आपको और भी दूसरे आरडब्ल्यूए के साथ मिलकर काम करना चाहिए।'

हमने सोचा, 'क्यों नहीं?'

कंजर्व ने दूसरी कॉलोनियों से जुड़ते हुए अपने कार्यक्षेत्र को बढ़ाया। मधुबन और प्रीतविहार से आगे बढ़ते हुए वे सफदरजंग एंक्लेव तक जा पहुंचे। क्या दूसरी जगह के लोगों को मना पाना आसान था?

'काम मुश्किल था। हमें आरडब्ल्यूए से मिलकर उन्हें मनाना पड़ता था, हमारे प्रयासों में ईमानदारी थी और मकसद नेक तो बस सब जुड़ते चले गए। लोग जानते थे कि मैं लेखक हूं। इसमें मेरा कोई मतलब भी नहीं था और न ही मैं चुनावों में खड़ी होने के लिए कोई सीट ही देख रही थी।'

इसके अलावा, यह काम पैसे बनाने के लिए भी नहीं किया जा रहा था--कंजर्व में कोई भी पगार नहीं लेता था। एनजीओ एक सिस्टम के तहत कूड़ा बीनने वालों के साथ काम कर रहा था, जो पहले से ही कूड़ा उठा रहे थे। लेकिन अब उसी काम को ज्यादा सिस्टम से अंजाम दिया जा रहा था।

'हमने बेहतर हाथ गाड़ियों का इंतजाम किया, और कूड़ा बीननेवालों को यूनिफॉर्म व पहचानपत्र भी दिया। हमने कूड़ा बीननेवालों को कूड़े को अलग करने का प्रशिक्षण भी दिया। उन्हें यह भी बताया कि कैसे घर-घर जाकर कूड़ा लेना है और नरमाई से भी बात करनी है। सभी ने इसे काफी पसंद किया।'

जब लोग किसी चीज को पसंद करते हैं--तो वे इसे अपना लेते हैं। वे सिर्फ आपके आइडिया को ही नहीं अपनाते बल्कि उसमें पूरी तरह डूब जाते हैं।

इस तरह कंजर्व न सिर्फ कूड़ा बीननेवालों को प्रशिक्षित करने में सफल रहा बल्कि आसपास की महिलाओं और उनके नौकरों को भी कूड़ा अलग-अलग एकत्रित करने का प्रशिक्षण दिया।

समय के साथ-साथ कंजर्व 3000 आरडब्ल्यूए (रेजिडेंस वेलफेयर एसोसिएशन)

के साथ काम करने लगा। ये आरडब्ल्यूए सिर्फ कूड़ा प्रबंधन पर ही काम नहीं कर रहे थे, अपितु आरटीआई से लेकर सुरक्षा और सड़कों तक, हर मुद्दें पर उलझे हुए थे।

2002 तक, कंजर्व एक फुलटाइम कमिटमेंट बन गया, ऐसा संगठन जिसके अपने अधिकार थे।

'हमें दिल्ली सरकार, पर्यावरण मंत्रालय, यूएसएआईडी और वर्ल्ड बैंक से अनुदान मिलने लगा।'

अनुदान छोटे थे--2 लाख, 5 लाख और हद से हद 10 लाख रुपए। फिर अनीता को महसूस हुआ कि यह फंड साथ में कई झमेले भी लेकर आ रहे थे। आपको एजेंसी की पसंद के मामलों का प्रपोजल बनाना पड़ता था, और इतना ही नहीं आपको उन पर काम भी करना पड़ रहा था।

'हमें लगने लगा कि हमें अब अपनी फंडिंग खुद ही संभालनी पड़ेगी--अपने पैरों पर खुद ही खड़ा होना पड़ेगा।'

एनजीओ को अपनी इंकम बनाने की जरूरत थी--लेकिन यह कैसे हो सकता था? और आखिरकार कंजर्व क्या काम कर सकता था? ये ऐसे सवाल थे, जिनका जवाब ढूंढ़ने की जरूरत थी।

अब तक अनीता को कूड़ा बीननेवालों के साथ काम करते हुए चार साल हो गए थे। और उन्हें अहसास था कि ये लोग सबसे गरीब लोगों की श्रेणी में आते हैं।

'कूड़ा बीननेवालों को समाज के हाशिए पर भी जगह नहीं मिलती। मैं उनके घर जाया करती थी--कूड़े के ढेर के आस पास ही शेड डालकर ये रह लेते थे। उनके पास न पढ़ाई के संसाधन थे, न ही उन्हें कोई प्रशिक्षण मिलता था।'

और भाषा को लेकर भी उनकी कई समस्याएं थीं।

'ऐसा नहीं है कि उन्हें अंग्रेजी को लेकर समस्या थी, बल्कि वे तो हिंदी भी ठीक से नहीं बोल पाते थे, क्योंकि वे लोग अलग-अलग जगहों से आए हुए थे, कुछ तो भारत के बाहर से भी थे--बांग्लादेश, अफगानिस्तान। तो उनके साथ अवैध समुदाय की तरह बर्ताव किया जाता था।'

और उस पर मध्यवर्गीय इंसान की सोच 'यह मेरा काम नहीं है'। लेकिन

'जब कॉरपोरेट सीएसआर करते हैं, तो यह उनकी आखरी प्राथमिकता
होती है। लेकिन जब एनजीओ मार्केटिंग प्रोग्राम करते हैं, तो
ईमानदारी पहली प्राथमिकता हो जाती है।
यही सबसे बड़ा फर्क है।'

अनीता अलग थीं। वह उनका दर्द महसूस कर सकती थीं।

'पॉइंट यह है कि भले ही वह कहीं से भी आए हों, लेकिन अब वे यहां
रह रहे थे। वह एक इंसान की तरह जी भी नहीं पा रहे थे।'

यह कहीं से भी ठीक नहीं था।

'आज आपको दिल्ली में संघर्ष करने के लिए कम से कम 4000 रुपये
महीने की जरूरत होती है। कूड़ा बीनने वाले लगभग 1500-2000 रुपये कमा
पाते हैं और वह भी कॉन्ट्रेक्टर के रहम पर निर्भर करता है।'

अक्सर, कॉन्ट्रेक्टर कूड़ा बीनने वालों को सिर्फ *सूखी रोटी* ही देता था।
इनमें भी ज्यादा संख्या औरतों की थी, जिनके साथ कई बच्चे भी होते हैं। स्वास्थ्य
की समस्या भी एक बड़ी समस्या थी; और साफ-सफाई का तो कोई अस्तित्व
ही नहीं।

समाज में बहुत सी समस्याएं हैं। लेकिन हर एनजीओ का मकसद सिर्फ
एक समस्या और एक समुदाय ही होता है।

'मैंने तय किया कि कंजर्व कूड़ा बीननेवालों का जीवन संवारने की कोशिश
करेगा।'

लेकिन कैसे?

यद्यपि अनुदान से मदद का काम चल ही रहा था, तो साथ में अनीता
ने प्लास्टिक वेस्ट पर ध्यान देना शुरू कर दिया। आपको वो नीले-गुलाबी-पीले
रंग की थैलियां हर जगह फैली हुई मिल जाती हैं।

'हम पहले ही बेकार चीजों से कम्पोस्ट बना रहे थे--और उनसे दोबारा
बेचे जा सकने वाले उत्पाद भी बन रहे थे। तो हम उन लोगों द्वारा इकट्ठा की
गई प्लास्टिक का कुछ इस्तेमाल क्यों नहीं कर सकते थे? तो, मैंने प्रयोग करने

शुरू कर दिए।'

अनीता ने इंटरनेट पर उपलब्ध सभी रिसाइक्लिंग तकनीकों पर रिसर्च करनी शुरू कर दी, और उनमें से दर्जन भर चीजों पर प्रयोग भी किए।

'सबसे पहले, मैंने कारपेट बुनने की कोशिश की। लेकिन जो प्रोडक्ट बनकर सामने आया वह घर का बना ही लग रहा था, और इसमें मेहनत भी ज्यादा थी।'

पैसों के नजरिए से वह उतना मुनाफे वाला नहीं था, और उसे बेचना बहुत मुश्किल होता। लेकिन फिर भी अनीता कुछ न कुछ करने में लगी ही रहीं। आखिरकार वह प्लास्टिक से खूबसूरत बैग बनाने में कामयाब हो ही गईं।

'मुझे महसूस हुआ कि मैं खूबसूरत पैटर्न बना सकती थी और कोई भी नहीं कह सकता था कि वह प्लास्टिक से बने हैं।'

शुरुआत में अनीता ने सोचा वह कुछ आर्टवर्क और इंस्टालेशन करके एक एग्जीबिशन लगाएंगी, और कुछ पैसा इकट्ठा करने की कोशिश करेंगी। लेकिन उन दोनों में शलभ ज्यादा प्रैक्टिकल हैं, उन्होंने कहा कि इससे बात नहीं बनेगी।

'अगर इन सामानों से पैसा बनाया जा सकता है, तो हमें एक फैक्टरी शुरू करने के बारे में सोचना चाहिए।'

इस दिशा में पहला कदम वह था, जब शलभ ने एक मशीन डाल ली, जिससे प्लास्टिक शीट बनाई जा सकती थीं। आर्टिस्ट और इंजीनियर ने मिलकर कला का एक बेहतरीन नमूना पेश किया!

'इसमें हमें 6 महीने लग गए; ये सीखने में कि किस तरह सही रंगों के संयोजन से एक खूबसूरत शीट बन सकती है। क्योंकि अगर रंगों के चुनाव में थोड़ी भी गड़बड़ी हो गई, तो वो बस एक शीट बनकर रह जाएगी; और आप उसे बेच नहीं पाओगे। वह प्लास्टिक की तरह ही गंदा दिखेगा।'

अपनी गलतियों से सीखते हुए अनीता के पोर्टफोलियो में 200 यूनिक डिजाइन शामिल हो गए। वह उन्हें 200 'पेंटिंग्स' का नाम देती हैं।

शुरुआत में, अनीता ने कुछ सिंपल चीजें बनाईं, जैसे वाइन बैग, कैरी बैग, फाइल्स और फोल्डर्स। यह करने के लिए उन्होंने कुछ स्थानीय दर्जियों को काम दिया। इस सामान को उन्होंने एंबेसियों में बेचा, जहां दीवाली मेला लगा था।

'चूंकि हम पहले ही फंडिंग एजेंसियों के साथ काम कर रहे थे, तो मैं उन्हें जानती थी। इसलिए मैंने उन मेलों में अपना स्टॉल लगाया,' अनीता याद करके बताती हैं। कूड़ा बीननेवालों में से कुछ आदमियों को उन स्टॉल पर सामान बेचने की ट्रेनिंग दी गई।

लेकिन अनीता को अहसास हो गया कि वाइन बैग या फाइल फोल्डर से ज्यादा से ज्यादा 60-100 रुपये बनाए जा सकते हैं। इससे प्रोफिट मार्जिन बहुत ही कम था--और उनके पास कूड़ा बीननेवालों में बांटने के लिए ज्यादा कुछ नहीं था।

लेकिन सेल पूरी तरह बेकार नहीं गई थी। वो कहते हैं न कि ग्राहक भगवान का रूप होता है, और जब भगवान खुद आपसे कुछ मांगता है, तो आप उस पर सोचने लगते हो कि 'मेरे मन में यह ख्याल क्यों नहीं आया!'

वहां आई एक महिला ने कहा, 'मुझे इनका रंग और टैक्सचर बहुत पसंद आया। क्या आप इनसे हैंड बैग बना सकती हैं, इसी फेब्रिक से? मैं उसके लिए आपको ज्यादा पैसे दूंगी।'

और इस तरह कंजर्व ने अच्छे डिजाइन और अच्छी क्वालिटी के हैंडबैग बनाने शुरू कर दिए। यह वह 'हॉट सेलिंग' उत्पाद साबित हुआ, जिसकी उन्हें कब से जरूरत थी।

इस मोड़ पर शलभ ने निर्णय लिया कि वह फुलटाइम उन लोगों के साथ काम करेगा। लेकिन उसके अपने बिजनेस का क्या?

'उन्होंने उसे बेच दिया। क्योंकि हैंडबैग के विचार में दम था। हमें महसूस हुआ कि इस मैटिरियल से हम कुछ भी बना सकते थे--वॉलपेपर, टाइल्स, फाइल-फोल्डर्स, फुटवियर...'

बहुत कुछ हो सकता है। पर करने वाला भी तो चाहिए!

शलभ ने काम में अपना जोश और अनुभव डालकर उसकी तरक्की को दिन दूना कर दिया। काम के लिए नए आइडिया मिलने लगे। और इसका मतलब था हर छोटी बारीकी पर नजर रखना।

कंजर्व ने एक मास्टरजी को नियुक्त किया, जो अच्छी क्वालिटी के लैदर हैंडबैग बनाना जानते थे। वह कैटलॉग लेकर आए। और फिर बस काम चल

निकला।

समाज कल्याण के उद्देश्य से शुरू किए गए ग्रीन प्रोडक्ट का विचार बहुत से डिजाइनरों को आकर्षित कर रहा था। खुद लोग आगे बढ़कर मदद करने को तैयार थे। सिर्फ उनके काम के बारे में सुनकर ही।

'मैं एंबेसी में फेयर लगा रही थी; तो किसी की बहन कहती कि वह एक महीने हम लोगों के साथ काम करना चाहती है। ऐसे कई स्वयंसेवक तो हमारे साथ रहने के लिए आए!' वह याद करके बताती हैं।

डिजाइनिंग के अलावा, स्वयंसेवक सिस्टम लगवाने में भी मदद कर रहे थे।

'मुझे याद है कि हमारा एक वॉलंटियर यूके से आया था--एंड्रयू। उन्होंने पूरा प्रोसेस बनाया--इकट्ठा करने से लेकर उनकी अलग-अलग लेबलिंग तक सब।'

जुनून और मकसद से संसाधन खुद ब खुद जुटने लगते हैं। यह एक ऐसा चक्र है, जिसमें फिर पीछे मुड़कर देखने की जरूरत नहीं होती।

2003 में, कंजर्व ने प्रगति मैदान में एक ट्रेड शो में भाग लिया। मिनिस्ट्री ऑफ टैक्सटाइल ने एनजीओ को छोटे बूथ दिए थे और वहीं से कंजर्व ने लगभग 30 लाख रुपये के ऑर्डर लिए ('जो हमारे लिए बहुत बड़ी रकम थी!')।

इसमें दो बातें थीं--एक तो प्रोडक्ट को रिसाइकल से बनाया गया था और इसका डिजाइन भी बहुत अच्छा था। एंबेसी में लगने वाले मेलों में यह 'टेस्ट' पास कर चुका था। इसका मतलब यह कि ये एक्सपोर्ट के लिए पूरी तरह से तैयार था।

एक्सपो में कंजर्व ने एक और महत्वपूर्ण सबक सीखा। खरीदारों को प्रोडक्ट पसंद तो था, लेकिन वे किसी 'एनजीओ' को ऑर्डर नहीं देना चाहते थे। क्या कोई गैर-मुनाफे वाला संस्थान अच्छे सामान की डिलिवरी कर पाएगा? क्या वे किसी खास व्यक्ति के साथ ही व्यापार करते हैं? क्या वे अपने क्लाइंट के प्रति उतने ही जवाबदेह होंगे, जितने अन्य संस्थाएं होती हैं?

'कुछ खरीदारों का एनजीओ के साथ डील करने का खराब अनुभव था। उदाहरण के लिए, उन्हें जो सैंपल दिखाया गया, वह उस प्रोडक्ट से अलग था, जिसकी डिलिवरी उनके पास की गई।'

तो वे निजी उत्पादकों के साथ डील करना चाहते थे।

'फिर एनजीओ का अपना बोर्ड और फंडिंग होती है--क्या होगा अगर फंड खत्म हो गए तो? उन्हें ऐसी समस्याएं अच्छी नहीं लगतीं।'

अनीता और शलभ ने तय किया कि वे एक प्रॉपियेटरशिप कंपनी बनाएंगे। लेकिन इसका स्वरूप यही रहेगा।

कंजर्व को अपना पहला बड़ा ऑर्डर पूरा करने में 4-5 महीने लग गए। उनका पूरा सिस्टम जगह पर नहीं था। जैसे अगर आपको एक ही स्टाइल के 100 पीस बनाने हों तो उसके लिए आपको एक जैसी दिखने वाली बहुत सी शीटों की जरूरत होगी।

'सिद्धांत रूप से तो मैं समझ गई थी कि हमें क्या करना होगा, लेकिन काम करने के लिए मुझे 'वही नीला', 'वही हरा', 'वही गुलाबी' रंग चाहिए होगा, और वह भी उतनी ही मात्रा में।'

तार्किक रूप से यही सबसे बड़ी चुनौती थी।

'जैसे मैं हमेशा पट्टी वाला या चौकोर बॉक्स वाले डिजाइन बनाती हूं, क्योंकि अगर किसी पट्टी का रंग बदलता है तो फर्क ज्यादा पता नहीं चलता लेकिन वही प्लेन पीस में यह फर्क एकदम उभरकर आता है।'

उनकी तकनीकी समझ तो मेरे सिर के ऊपर से जा रही थी, लेकिन अनीता जितने मन से मुझे अपनी बात समझा रही थीं, उससे उनके काम करने की एनर्जी को मैं महसूस कर सकती थी। करने पर आओ तो कोई पहाड़ इतना ऊंचा नहीं होता, और कोई खाई इतनी गहरी नहीं होती--ऐसा ही प्लास्टिक* के रिसाइकल के साथ हुआ। ज्यादा जानने के लिए आगे बढ़ते रहना ही तो एक उद्यमी की पहचान है।

हालांकि बिजनेस में कामयाब होने के लिए एक तार्किक पहलू भी होता है। आप बहुत सारे प्रयोग कर सकते हैं, लेकिन जब आपको समझ आ जाए कि क्या बिकेगा तो उस पर टिक जाइए। यद्यपि अनीता ने 200 डिजाइन तैयार किए थे, लेकिन किसी टिपिकल ट्रेड शो में वह महज 12 डिजाइन ही उतारती हैं, वो भी सीजन और रंगों को ध्यान में रखते हुए।

---

* सितंबर 2010 में कंजर्व को हैंडमेड रिसाइकल प्लास्टिक का 20 साल का पेटेंट मिल गया।

कंजर्व को किसी कंपनी के रूप में रजिस्टर हुए बस 5 साल ही हुए हैं, लेकिन इसका विकास काबिले तारीफ है। इसके खरीदार बड़े हैं। इसके उत्पादों की श्रृंखला में अब फुटवियर भी शामिल हो गए हैं। और वे अब दूसरे प्रकार के वेस्ट को भी रिसाइकल करने लगे हैं, जैसे टायर व टैक्सटाइल।

जैसे मांग बढ़ी, तो कंजर्व को कूड़ा बीननेवालों से आगे दूसरे संसाधनों की तरफ भी देखना पड़ा। अब कंजर्व ने कबाड़ीवालों से भी करार किया है, जिससे उन्हें अपने उद्योग के लिए माल मिलता रहे।

लेकिन क्या कूड़ा बीननेवाले अब भी इस सबमें फिट हो पाते हैं? वह कंजर्व तक सामान पहुंचाते हैं, लेकिन उनमें से 300 लोगों को कंजर्व ने अपनी प्रोडक्शन टीम में जगह दी है। नई फुटवियर यूनिट में ज्यादातर ये ही लोग काम कर रहे हैं--उन्हें इस काम में प्रशिक्षित भी किया जा रहा है।

यह विकास की प्रक्रिया है। 'जब वे कुछ नहीं जानते थे तो वे कूड़ा बीन रहे थे। जब हमें उनमें काबिलियत नजर आई, तो हमने उन्हें फैक्टरी में जगह दी। हम उन्हें ट्रेनिंग भी देते हैं।'

समय के साथ ये लोग अब 'ग्रुप लीडर' भी बनते जा रहे हैं। यद्यपि सिलाई का काम दर्जी ही करते हैं, लेकिन इसके अलावा काम के हर पहलू को ये लोग अच्छी तरह संभाल लेते हैं।

'शीट भी कूड़ा बीनने वाले ही बनाते हैं। यह बहुत नाजुक होती और इसे किसी पर पेस्ट करना होता है। यह काम भी उन्हीं का है, फिर और भी बहुत से काम होते हैं जैसे फोल्डिंग, डाई कटिंग, क्वालिटी चेकिंग, फिनिशिंग, पैकिंग इत्यादि। सब काम ये ही संभालते हैं!'

क्या इससे उनका जीवन कुछ बेहतर हुआ है? निश्चित रूप से!

'वे बहुत खुश हैं क्योंकि अब वह फैक्टरी में काम करते हैं। कोई आदमी भले ही एक काम कर रहा हो, भले ही वह लेबल ही लगा रहा हो, लेकिन उसे गर्व है कि वह हमारी टीम का हिस्सा है।'

और क्या, कंजर्व के हर कर्मचारी को 4000* रुपये महीना मिलते हैं और उस पर ओवर टाइम, ईएसआई, पीएफ अलग से। और समाज के हाशिये पर

---

* दिल्ली में न्यूनतम वेतन 3700 रुपये महीना है।

रहने वाले समुदाय के लिए यह बहुत बड़ी बात है...

उम्मीद है कि 2011 तक कंजर्व इंडिया की सालाना आय 5 करोड़ रुपये तक हो जाएगी। उत्पादन की मांग बढ़ने से अब कंपनी बहादुरगढ़ की नई फैक्टरी में शिफ्ट होने जा रही है।

'हम बढ़ रहे हैं लेकिन अभी बहुत सा काम किया जाना बाकी है। यह एक फेयर ट्रेड कंपनी है, और हमें बहुत सारी चीजों में बैलेंस बनाना होता है।'

अगर आप बहुत से प्रशिक्षित व्यक्तियों को लेते हो तो चीजें तेजी से आगे बढ़ती जाती हैं। लेकिन उनका जोर कूड़ा बीननेवालों को प्रशिक्षित करने पर है।

और धीरे-धीरे कंजर्व सप्लायर से एक ब्रांड बनता जा रहा है। शुरुआत में खरीदार कंजर्व से कुछ भी सामान लेकर उस पर अपना लेबल लगा देते थे। लेकिन अब उनमें से ज्यादातर इन बैग्स की को-ब्रांडिंग करने लगे हैं, सबको यह बताकर कि यह रिसाइकल से बने हैं, इन्हें खरीदो।

मैं देख सकती हूं कि अनीता और शलभ कितनी मेहनत कर रहे हैं। और मजे भी। और समाज के लिए भी। लेकिन क्या एक एनजीओ होकर पैसे कमाने में कोई मुश्किल नहीं आती?

'हां, बिल्कुल आती है। कंजर्व व्यापारिक रूप से मजबूत है, नहीं तो हम समाज की कोई मदद नहीं कर पाते। आज, इस प्रोजेक्ट पर लगभग 300 परिवार निर्भर करते हैं। और अगर मैं अपना काम ईमानदारी से नहीं करूंगी, तो मैं उनकी क्या मदद कर पाऊंगी?'

कम लोगों में सवाल करने की हिम्मत होती है--और उससे भी कम जवाब ढूंढ़ने की कोशिश करते हैं--ऐसे सवालों के।

✳

युवा उद्यमी को सलाह

आपकी दिलचस्पी का क्षेत्र कुछ भी हो सकता है, जैसे मेरा डिजाइनिंग है, लेकिन आपको सीखना सबकुछ चाहिए जैसे अकाउंटिंग, मार्केटिंग, कानूनी पचड़े, एचआर, क्वालिटी कंट्रोल इत्यादि। और सिर्फ किताबी ज्ञान से काम नहीं चलेगा, आपको सबका अनुभव करना होगा। आपको अपने दिमाग से कसरत करानी होगी, और फिर भावनाओं और फिर शारीरिक मसल्स को भी उनके पीछे-पीछे काम करना होगा।

अगर आप सिर्फ पैसे के पीछे भाग रहे हो, तो आपका परिवार, दोस्त सब इसे खर्च कर डालेंगे, इससे आपको महसूस होगा कि आपका 'इस्तेमाल' किया गया है। अगर आप सिर्फ सामाजिक काम करोगे, तो भई समस्याएं तो सारी जगह भरी पड़ी हैं, आप जल्द ही कुढ़ते हुए मर जाओगे। अगर सिर्फ पर्यावरण पर ही बात करोगे तो कोई आपकी बात नहीं सुनेगा, क्योंकि आपके पास आर्थिक मजबूती नहीं होगी।

सफलता का राज इन सबके संतुलन में छिपा है।

मुनाफे से परे

विनीत राय
आविष्कार सोशल वेंचर फंड

विनीत राय का 25 वर्ष की उम्र में जीआईएएन का सीईओ बनना एक संयोग ही था। एक ऐसा नेटवर्क जो जमीनी आविष्कारों की मदद करता है। वहीं से उन्हें ख्याल आया कि एक ऐसी कंपनी बनाई जाए, जो ग्रामीण उद्यमियों को लोन दे सके। आज आविष्कार ऐसी 23 कंपनियों को सपोर्ट कर रहा है, जो मुनाफा बनाकर--निवेशकों को लौटाती भी है--साथ ही सामाजिक मुद्दों को भी सुलझाती है।

विनीत राय का ऑफिस 'सोशल' के बजाय 'कॉरपोरेट' ज्यादा लगता है। सुघड़ता से बने हुए क्यूबिकल, दीवारों पर इंटीरियर डेकोरेशन के आकर्षक रंग।

बहुत से लोगों की तरह मैं भी थोड़ी हैरान थी कि यह बंदा आखिर करता क्या है? विनीत राय एक 'सोशल वेंचर फंड' चलाते हैं। यह फंड ऐसी कंपनियों को निवेश देता है, जो सामाजिक पहलुओं पर काम करती हैं, लेकिन साथ ही मुनाफा कमाकर अपने निवेशकों को लौटाती भी हैं। एक ऐसी अवधारणा जो अपने लालच को कम रखती है, पारंपरिक फर्म से बिल्कुल अलग!

यकीनन ज्यादातर लोगों ने विनीत से यही कहा, 'ऐसा नहीं हो सकता!'

7 साल और 23 कंपनियों के बाद, उन्होंने उन लोगों का मुंह बंद कर दिया।

आविष्कार ने यह भी साबित कर दिया कि 'सामाजिक' और 'व्यापारिक' काम के बीच आप एक लाइन नहीं खींच सकते, न ही आपको खींचनी चाहिए। पैसे के जरिए समाज की जरूरतों को भी पूरा किया जा सकता है।

और भले ही आपने अपना कैरियर किसी जंगल में शुरू किया हो या आलीशान ऑफिस में, आप सबके लीडर बन सकते हैं।

दिलों की प्रेरणा।

संपत्ति के निर्माता।

यथार्थ और अवचेतन के संसार में। अगर आप अपना सर्वश्रेष्ठ सामने ला सकें।

मुनाफे से परे

विनीत राय
आविष्कार सोशल वेंचर फंड

विनीत राय का जन्म जोधपुर में हुआ।

'मेरे पिता राज्य सरकार की नौकरी करते थे। मैं पढ़ाई और खेल में बहुत बढ़िया नहीं था, लेकिन मन में हमेशा से कुछ करने की चाह थी।'

जोधपुर में रहते हुए, बॉर्डर से नजदीकी होने के कारण वह वहां अक्सर सिपाहियों की चहल-कदमी देखा करते थे।

'मैं सोचता था कि हीरो बनने के लिए सबसे आसान तरीका है, सेना में भर्ती हो जाओ। तो बस मेरी यही कहानी थी--एक ही लक्ष्य, एक ही सपना। सेना में भर्ती की कोशिश के अलावा मैं बस खूब क्रिकेट और फुटबॉल खेला करता था!'

बदकिस्मती से किन्हीं कारणों से आर्मी में विनीत की भर्ती हो नहीं सकी। उन्होंने लिखित पेपर तो बड़ी आसानी से पास कर लिया, लेकिन एसएसबी इंटरव्यू में बाहर हो गए।

'उन्हें अपने ऑफिसर में जो चाहिए था, वह मुझमें नहीं दिखा (हंसते हुए)। शायद मैं उन्हें ज्यादा घमंडी, या ज्यादा आत्मविश्वासी लगा हूं।'

अगर आप एक बार एसएसबी पास नहीं कर पाए, तो आप एक कोशिश और कर सकते हैं। लेकिन विनीत में भी ईगो कम नहीं थी।

'मैं चाहता था कि मुझे पहली बार में ही चुन लिया जाए। लेकिन जब मुझे एनडीए नहीं चुना गया, तो मैंने सोचा ठीक है मैं सीडीएस दूंगा। और फिर

जब मेरा नंबर उसमें भी नहीं आया तो मैंने एयरफोर्स के लिए एप्लाई किया--वहां भी मुझे न ही सुनने को मिली।'

किसी ऐसे इंसान के लिए, जिसका सपना ही आर्मी में जाने का था, यह हताशा की बात थी।

विनीत अपने कैरियर के चौराहे पर थे। वह क्या कर सकते थे? एक दोस्त ने उन्हें एमबीए की सलाह दी।

तब विनीत ने पहली बार आईआईएफएम (इंडियन इंस्टीट्यूट ऑफ फोरेस्ट मैनेजमेंट) का नाम सुना। दरअसल उनके दोस्त ने मजाक करते हुए कहा, 'अगर फौज में नहीं लिया तो कम से कम जंगल में ही चला जा... तुझे वहां मजा आएगा।'

'और मुझे यह आइडिया अच्छा लगा। तो मेरा वह दोस्त, जयेश भाटिया, आईआईएफएम का फॉर्म लाया, उसे भरा और फीस जमा करवा दी। उसने मुझसे कहा बस जीमैट की किताबें पढ़ और पेपर दे आ।'

उस दौरान विनीत 'करंट टैक्स रिपोर्टर' नाम की एक कंपनी में सेल्स रिप्रजेंटेटिव की नौकरी कर रहे थे। वह कंपनी टैक्स पर किताबें प्रकाशित किया करती थी। 1991 में 20 साल के लड़के के लिए 2000 रुपये महीना अच्छी रकम थी। विनीत ने 3 महीने गोआ और कर्नाटक में सीए से मिलने में लगाए।

'मुझे महसूस हुआ कि सेल मेरी फील्ड नहीं है, और मैं जीवन में इससे कुछ बेहतर कर सकता हूं। लेकिन आगे बढ़ने के लिए मुझे राह की तलाश थी।'

तो विनीत ने खुद को पूरी तरह से किताबों में झोंक दिया, और फिर एक बार इम्तेहान और इंटरव्यू दिया। जून 1991 में वह आईआईएफएम पहुंचे।

'मैं नहीं जानता था कि वह संस्थान आपको जंगल के बारे में पढ़ाता है या मैनेजमेंट के बारे में या दोनों के बारे में। और वहां जाकर मुझे अहसास हुआ कि इंस्टीट्यूट को भी नहीं पता था कि वह वास्तव में किस विषय पर पढ़ाता है। लेकिन... कम से कम बिल्डिंग बहुत आकर्षक थी।'

पहले 3 महीने तो विनीत पर प्रथम आने की भूख सवार रही। और पढ़ाई में वह काफी अच्छा कर भी रहे थे। फिर उन्होंने तय किया कि इतनी मेहनत

'आज मैं कह सकता हूं कि मेरा विजन इतना शानदार था, जब मैंने आविष्कार शुरू किया, यहां कुछ नहीं था। बस एक विश्वास कि ग्रामीण भारत में लोग छोटी सी रकम से भी सफल होकर दिखा सकते हैं, और अपने निवेशकों का पैसा लौटा सकते हैं।'

करने से कुछ हासिल नहीं होगा, तो अगले 18 महीने उन्होंने खूब मजे किए।

'मैं स्वाति से मिला, जो अब मेरी बीवी है। उनकी वजह से मुझे अपने बारे में काफी कुछ जानने को मिला। जैसे कि मैं बहुत सी चीजें अच्छी तरह कर सकता हूं, लेकिन मेरी दिक्कत यह है कि मैं लंबे समय तक किसी एक काम में टिक नहीं पाता था!'

लेकिन इस आदत में बदलाव लाया गया। बहुत से लोग हैरान रह गए, जब उनके बैच में पहली नौकरी विनीत को मिली। उन्होंने जून 1994 में, बल्लरपुर इंडस्ट्री जॉइन की। उन्हें नहीं पता था कि दरअसल उन्हें करना क्या है।

विनीत की पोस्टिंग कटक के पास, चौद्वार में हुई। दुनिया का ऐसा हिस्सा, जो उन्होंने कभी देखा नहीं था। एक ऐसी नौकरी करना, जो उन्होंने पहले कभी नहीं की थी...

'किसी दूसरी कंपनी ने हमें टेकओवर कर लिया था, तो सभी कुछ बेतरतीब सा था। मेरे पास बैठने की भी जगह नहीं थी--कोई मेज नहीं, कुर्सी नहीं!'

बल्लरपुर में कागज का व्यवसाय होता था। फॉरेस्ट डिपार्टमेंट प्राइवेट इंडस्ट्री को अपनी जगह इस्तेमाल करने की इजाजत देता है, जिससे वे लोग बंबू काटकर अपने फैक्टरी में ले जाते हैं।

'मुझे तकनीकी रूप से इसका पता था, लेकिन वास्तव में मैंने पहली बार कोई बंबू जंगल तब देखा था। उसे संभालना पूरी तरह से अलग बात थी। साथ ही यह भी डर था कि पता नहीं कब हाथी पीछे भागने लगें!'

विनीत ने चौद्वार में एक साल बिताया। फिर उन्होंने खुद की पोस्टिंग और दूर के इलाके में करने का इंतजाम कर लिया।

'मैंने कुछ ऐसे काम किए, जो कोई भी समझदार इंसान नहीं करता।

दरअसल मैंने एक मीटिंग में हंसना शुरू कर दिया और यकीनन इससे बॉस चिढ़ गए। उन्होंने मुझे वहां से 150 किमी. दूर बोइंदा गांव में भेज दिया।'

वहां अंग्रेजों के जमाने की घास-फूस की छत वाली बिल्डिंग थी और उसके आसपास 7 एकड़ के खेत थे। न वहां बिजली थी, न पानी। एक कुआं था, जिससे पानी खींचकर लाना पड़ता था। 'टारजन' के जैसी रोमांचक लाइफ थी।

'मुझे दो फॉरेस्ट डिविजन संभालने का काम दिया गया था, जिसके लिए मुझे सुबह 4 बजे उठकर जंगल जाना पड़ता। वहां अक्सर जंगल की आग को भी बुझाना पड़ता, जिससे ट्रक फैक्टरी की ओर जा सकते।'

तनख्वाह तो सिर्फ छह हजार रुपये महीना था, लेकिन विनीत खुश थे कि अब उन्हें मोटरसाइकिल की जगह जीप मिल गई थी। इसके अलावा उनके मातहत 2000 मजदूर और 2 ऑफिसर भी काम कर रहे थे। यह 24 वर्षीय युवक के लिए एक बड़ी बात थी।

'समस्या यह थी कि ये सभी लोग आपको अपना माई-बाप मानते थे, इससे आप पर जिम्मेदारी और बढ़ जाती है। जब मैं सोकर उठता, तो कम से कम बाहर 200 लोग इंतजार में बैठे हुए होते।'

विनीत ने जंगल के भगवान के रूप में लगभग 20 महीने बिताए। लेकिन दूसरे साल के मध्य में उन्हें एक बैचेनी होने लगी। उनके काम में एकरसता आने लगी थी। रोज-रोज उन्हें एक ही काम करना था।

अब तक उनकी शादी भी हो चुकी थी। उनकी पत्नी बहुत धैर्यवान थी, लेकिन वह भी हैरान थीं, 'क्या इस बंदे का दिमाग खराब हो गया है?'

तो एक दिन, विनीत ने इस्तीफा दिया और दिल्ली की तरफ चल पड़े, नौकरी की तलाश में।

'मैंने नौकरी ढूंढ़ने में 3 महीने लगाए और समझ गया कि कोई भी ऐसे इंसान को काम नहीं देना चाहता जो 3 सालों तक जंगल में रहा हो। मुझे कहीं पता था कि इंटरनेट क्या है, एमएस वर्ड पर कैसे काम होता है...'

अपने दोस्तों को आलीशान ऑफिसों में काम करते देखकर वह हैरान भी थे।

'मुझे खुद को फिर से व्यवस्थित भी करना था।'

लगभग उसी समय विनीत को आईआईएम अहमदाबाद के प्रोफेसर अनिल गुप्ता के साथ काम करने का प्रस्ताव मिला।

'प्रोफेसर गुप्ता एक रिसर्च एसोसिएट की तलाश में थे, जो वानिकी पृष्ठभूमि से हो। उन्होंने मुझे तीन हजार रुपए महीना देने का प्रस्ताव दिया। मैंने कहा कि इतने पैसों में कोई जंगल में तो रह सकता है, लेकिन अहमदाबाद जैसे शहर में में मुमकिन नहीं है।'

'प्रोफेसर गुप्ता 5900 रुपए महीना देने को तैयार हो गए। 8 महीने उनके साथ काम करने के अनुभव ने उन्हें बता दिया कि वह रिसर्च के लिए उपयुक्त नहीं हैं। वह एक 'डूअर' थे ना कि 'थिंकर'!

विनीत को जो चाहिए था, किस्मत से वह प्रोजेक्ट मानो खुद चलकर उनके पास आ गया।

उस समय गुजरात सरकार और प्रोफेसर गुप्ता एक इंस्टीट्यूट स्थापित कर रहे थे *गेन* (ग्रासरूट्स इनोवेशन्स ऑग्मेंटेशन नेटवर्क) नाम से।

'तुम उसके लिए एप्लाई क्यों नहीं करते,' प्रोफेसर गुप्ता ने सलाह दी।

विनीत ने उनके प्रपोजल पर गौर करके 'मैनेजर' की पोस्ट के लिए आवेदन कर दिया। वह यह जानकर हैरान रह गए कि उनका चयन सीईओ पोस्ट के लिए हुआ।

'जहां तक मैं जानता हूं, ऐसा इसलिए हुआ क्योंकि किसी ने भी सीईओ के लिए आवेदन नहीं दिया था। मुझे सीईओ बनने का ख्याल बहुत अच्छा लगा, हालांकि तब तक कोई ऑर्गेनाइजेशन बनी भी नहीं थी। (हंसते हुए)

विनीत ने एक शर्त रखीः वह आईआईएम अहमदाबाद से काम नहीं करेंगे। उनका तर्क था कि जीआईएएन ने 8-9 कंपनियों के लिए पेटेंट फाइल किया, जो हनीबी* नेटवर्क का हिस्सा थीं।

'1999-2000 में यह सब करते हुए मुझे एक ठोकर लगी, एक ऐसे तथ्य से जिससे हम अनजान नहीं हैं, भारत में पैसे उठाना। रकम जितनी छोटी होगी, उसे हासिल करने में उतनी ही दिक्कतें आएंगी।'

---

* हनीबी नेटवर्क संगठनों, स्वतंत्र व्यक्तियों और एनजीओ वालों का लूज नेटवर्क है, जो जमीनी स्तर पर होने वाले नए आविष्कार को दर्ज करता है। www.honeybee.org

विनीत के दिमाग में बहुत उधेड़बुन चल रही थी। उन्हें महसूस हुआ कि निवेशक ढूंढ़ने के लिए *गेन* को उद्यम का रूप देना होगा। हालांकि यह भी एक मुद्दा था कि उसे मुनाफे वाले उद्योग में कैसे बदला जाए।

परेशानियों का सामना करने के कारण *गेन* एक इंक्यूबेटर बन गया। फिर भी विनीत ने तय किया कि वह पता करेंगे कि कैसे, क्या और क्यों एक 'माइक्रो-बेंचर फंड' की शुरुआत करनी चाहिए। इससे निकलकर आया कि ग्रामीण उद्यमियों के निवेशक बनने के लिए उन्हें एक लाख से बीस लाख की जरूरत है।

'मैंने *सिडबी* (स्मॉल इंडस्ट्रीज डिवलेप्मेंट बैंक ऑफ इंडिया) और *नाबार्ड* (नेशनल बैंक फॉर ऐग्रिकल्चर एंड रूरल डिवलेप्मेंट) दोनों के सामने प्रेजेंटेशन दी। उन्होंने कहा, 'योजना तो अच्छी है, लेकिन यह काम नहीं करेगी।'

इस दौरान प्रोफेसर अनिल गुप्ता ने अपन दो पूर्व छात्रो से इस आइडिया पर चर्चा की। 2001 कर शुरुआत में विनीत के पास उनमें से एक का फोन आया--अनंत नागेश्वरन। फिर वह योजना पर चर्चा के लिए सिंगापुर गए।

अनंत ने कहा, 'लगभग 40 एनआरआई का समूह है, जो अपने देश के लिए कुछ करना चाहते हैं। एक ऐसे प्रोफिट फंड की शुरुआत करते हैं, जो अपने निवेशकों के प्रति जवाबदेह हो। हम आपको पहले 5 हजार डॉलर देते हैं--इससे कुछ काम करके दिखाओ।'

सबकुछ विश्वास पर टिका था।

'उन्होंने मुझे नकद रकम दी--ना कोई पेपर वर्क हुआ, ना अकाउंट, ना एग्रीमेंट, कुछ भी नहीं। उसके लिए आविष्कार--जो उन्होंने उसे नाम दिया--एक कल्पना की तरह था।'

इससे कुछ साबित करके दिखाओ।

क्या यह सच में संभव है कि गांव में कोई इंसान एक ब्रिलियंट मशीन बना पाए? और क्या हमें उसे उद्यमी मानकर उसका स्केल बढ़ाने में मदद करनी चाहिए?

गेन ने ऐसे दो इनोवेटर्स पर 5000 डॉलर निवेश किए। एक थे मनसुखभाई पटेल--जिन्होंने रूई धुनने की डिवाइस बनाई--और कैलाश गज्जर ऑइल मशीन

'उद्यम पूंजीवादियों का मकसद लालच होता है। दरअसल, यूएस पूंजीवाद का पूरा सिस्टम ही अस्थिर है, क्योंकि वहां ज्यादा से ज्यादा मुनाफे के लिए प्रेरित किया जाता है।'

'हम निवेशक की तरह व्यवहार करते हैं, बजाय कि हम पैसे लगाकर ब्याज आने का इंतजार करें, हम चाहते हैं कि उस काम से समाज का किसी प्रकार से भला हो सके।'

वाले। 6 महीनों में उन दो लाख रुपयों से लगभग 26 प्रतिशत का वार्षिक रिटर्न मिलने लगा।

'निवेशक हैरान थे-- उन्हें लग रहा था कि उनका पैसा बेकार जाएगा!' विनीत चहकते हैं।

यह छोटी सी सफलता एक बड़ी उपलब्धि होनी चाहिए थी; लेकिन इसी दौरान विनीत और प्रोफेसर अनिल गुप्ता के बीच कुछ मतभेद सामने आने लगे।

'प्रोफेसर गुप्ता का मानना था कि मुनाफे के लिए काम करना उस सिद्धांत के खिलाफ था, जिससे संगठन की शुरुआत की गई थी। जबकि मेरा मानना था कि ऐसा मॉडल जो लोगों की मदद करने के साथ-साथ अगर कुछ रिटर्न भी दे रहा था, तो इसमें क्या बुराई थी। और अपने निवेशकों के लिए जवाबदेह भी हो।

जब मामला उलझने लगा, तो एक दिन विनीत ने काम छोड़ दिया। अब उनके पास ना तो कोई नौकरी थी, ना ही कोई विचार कि अब उन्हें आगे क्या करना है।

'अगले 4-5 महीने मैं पूरी तरह खाली बैठा रहा। फिर अरुण डियाज, जिससे मैं सिंगापुर में मिला था, संपर्क में आए।'

उन्होंने कहा, 'विनीत मैं जानता हूं कि अब तुम उनके साथ नहीं हो, लेकिन क्या तुम आविष्कार को दोबारा शुरू कर सकते हो?

विनीत ने कहा, 'हां लेकिन पहले मेरे साथ गुजरात सरकार, आईआईएम अहमदाबाद था... अब मैं अकेला हूं।'

अरुण ने कहा, 'क्यों नहीं?'

उसने वादा किया कि वह अनंथ और अरविंद से बात करेंगे (वो दोनों, जिन्होंने शुरुआत में 5 हजार डॉलर निवेश किए थे)।

इस दौरान विनीत ने टी एंड वीसीएल--'तुंगरी मनोहर वेंचर कैपिटल फंड'-- के साथ एक कॉन्ट्रेक्ट साइन किया। इस फंड को रवि रेड्डी और संदीप तुंगरी ने शुरू किया (थिंक सिस्टम प्राइवेट के सह संस्थापक)।

यह बिल्कुल वैसा ही था, जो मैं आविष्कार में करना चाहता था, लेकिन उनका मानना था कि 20-30 हजार रुपए के निवेश से कुछ नहीं होता। हर उद्योग में कम से कम 200-250 हजार डॉलर निवेश किया जाना चाहिए।

विनीत टी एंड एम के साथ काम करने के लिए मुंबई आ गए; 2001 में उन्होंने आविष्कार का भी एक ट्रस्ट के रूप में रजिस्ट्रेशन करवा दिया। सिंगापुर के निवेशकों के 50 लाख रुपए का इंतजाम--लेकिन वह काफी नहीं था। सेबी की गाइडलाइंस के अनुसार किसी वीसी के पास कम से कम 1 मिलियन डॉलर की पूंजी होनी चाहिए।

'मैं सेबी के पास गया और उनसे रजिस्ट्रेशन की अपील की... आखिरकार वह रजिस्ट्रेशन देने को तैयार हो गए, लेकिन इस शर्त पर कि आविष्कार तब तक कहीं भी निवेश नहीं करेगा, जब तक हमारे पास 1 मिलियन डॉलर जमा न हो जाएं।'

प्रोजेक्ट का भविष्य निराशाजनक ही लग रहा था। इसी दौरान, 2002 में, टी एंड एम वीसीएल ने भी अपने सारे ऑपरेशन बंद करते हुए, विनीत को बिना किसी स्थिर आय के छोड़ दिया।

'हम हर पहलू पर मात खा रहे थे। अगले 5 महीने हमारे संघर्ष में ही बीते। अनंथ और अरविंद के प्रयासों के कारण हम अपने फंड को 50 लाख रुपयों से बढ़ाकर 1 करोड़ रुपयों तक पहुंचा पाए।'

उसके बाद विनीत हर रोज सेबी के ऑफिस में जा पहुंचते, और उनसे निवेश करने की परमिशन मांगते।

'हम जानते थे कि जब तक हम निवेश नहीं करेंगे, कोई भी हमें और पैसे नहीं देगा। अब हमें कुछ एक्शन और कुछ रिजल्ट देना ही था!'

आखिरकार, सितंबर 2002 में, सेबी ने आविष्कार को हरी झंडी दिखा ही दी।

'मुझे लगता है कि वो मुझे रोज-रोज देखकर परेशान हो गए होंगे।' (हंसते हुए)।

अब उतना ही मुश्किल काम था समाज हित में चलने वाले उद्यमों की पहचान करना--जिससे उनमें निवेश किया जा सके। रूरल इनोवेशन नेटवर्क (आरआईएन) के सीईओ, पॉल बेसिल ने सर्वल नाम की कंपनी का सुझाव दिया।

सर्वल को चेन्नई में रहने वाले, 60 वर्षीय सज्जन, मुकुंदन चला रहे थे। कंपनी निम्न आयवालों के लिए स्टोव बर्नर्स बनाती थी। इसकी खासियत यह थी कि यह दूसरे बर्नरों के मुकाबले 30 प्रतिशत ज्यादा चलता था।

एक तरफ, इससे केरोसिन की बचत भी होती थी (गरीबों के लिए कम पैसे भी बड़ा महत्व रखते हैं)। और दूसरी तरफ, यह ग्रीन हाउस गैसों के उत्सर्जन में कमी करके पर्यावरण की भी रक्षा कर रहा था।

विनीत को प्रोजेक्ट पसंद आया और उन्होंने आविष्कार इंवेस्टमेंट कमेटी के लिए एक प्रस्ताव तैयार किया। सभी सदस्यों ने इस पर हामी दे दी, सिवाय विजय महाजन के।

'मुझे नहीं लगता कि यह काम करेगा,' उन्होंने सपाट लहजे में कहा। 'लेकिन यह मेरे अपने विचार हैं।'

विनीत किसी एक भी असहमति के साथ आगे नहीं बढ़ना चाहते थे। आखिरकार उन्होंने विजय को राजी कर लिया कि वह चेन्नई आकर मुकुंदन से मिल लें।

'मि. महाजन ने अपना मन बदल लिया; और हमने दिसंबर 2002 में अपना पहला निवेश किया।'

आविष्कार ने सर्वल के 49 प्रतिशत शेयर के बदले 8 लाख रुपये निवेश किए। और फिर 'ड्रामा' शुरू किया। न तो वहां कोई कंपनी ही थी, और न ही उसमें इतना अच्छा बिजनेस चल रहा था।

'बस बर्नर और दो आदमी--एक 60 साल का और दूसरा 65 का। उन्होंने हमें बहुत ही आकर्षक प्रजेंटेशन दी थी, जिसके तहत हम अगले 5 सालों में

2 करोड़ बर्नर बेचने लग जाएंगे।'

और पहले साल में बिके बर्नरों की वास्तविक संख्या थी 4200।

'हमारा दूसरे साल का लक्ष्य था 2 लाख बर्नर, जबकि हम बेच पाए 22,000 बर्नर। तो वास्तव में पहले दो सालों में ही कंपनी की हवा निकल गई!'

निवेशक बेहतरीन आइडिया रखने लगे, 'उसके साथ कटोरी दो, उसके साथ गिलास दो!'

एक शुभचिंतक ने सलाह दी, 'एक आईआईएम के लड़के को नियुक्त करो और बिजनेस चलाने का काम उसे सौंप दो।'

इस तरह आविष्कार में पहले प्रोफेशनल के रूप में पी प्रदीप की भर्ती हुई। उन्होंने टीएपीएमआई से एमबीए किया था और उन्हें राजश्री शुगर की कॉरपोरेट फाइनेंस टीम के साथ काम करने का 5 साल का अनुभव था।

उन्होंने कहा, 'विनीत यह सब नहीं चलेगा। समस्या यह है कि हम असंगठित उद्योग के साथ डील कर रहे हैं।'

प्रदीप और विनीत दोनों ने बर्नर खुद बेचने का फैसला किया जिससे पता लग सके कि वास्तविक समस्या है क्या। जो बात सामने आई वह यह थी कि ग्रामीण भारतीय बाजार में गुणवत्ता का उतना महत्व नहीं था। उन्हें कम दामों वाले उत्पाद की तलाश थी।

और बदकिस्मती से सर्वल सबसे सस्ता नहीं था। और कीमतों की होड़ में कंपनी अपने डीलर और डिस्ट्रीब्यूटर को भी मुनाफा नहीं दे पा रही थी।

एक डीलर ने खुलकर बोल ही दिया, 'ज्यादातर बर्नर कबाड़ से बनाए जाते हैं; वे 2-3 महीनों में खराब भी हो जाते हैं। आपका कॉपर से बना है और कम से कम 9 महीनों तक चलता है! और मुझे उससे मुनाफा भी कम मिलता है... तो मैं उसे क्यों बेचूं?'

अजीब ही था कि जिन पॉइंट को विनीत ने अपने प्रोडक्ट के ताकत बनाकर अपने इंवेस्टरों के सामने रखा था, वही इसकी सबसे बड़ी कमजोरी साबित हुए।

'मतलब हमें एक बार फिर से बोर्ड में इस पर चर्चा करनी थी। हमें उस बर्नर से लड़ाई लड़नी थी, जो दो महीनों में खत्म हो जाता था, फिर भी अपनी

> 'हमारी निवेश कमेटी में कुछ मतभेद भी हैं। कुछ लोग मानते हैं
> कि अगर कोई कंपनी मुनाफा ही कमाने लगे, तो वह
> *सामाजिक* नहीं रह जाती है।'

गुणवत्ता बचानी थी।'

एक और साल इसी सब उधेड़बुन में निकल गया। दिसंबर 2004 की सुनामी ने सर्वल की ऑर्डर बुक में कुछ वजन डाला। 2005 में, कंपनी ने लगभग 50,000 बर्नर बेचे। लेकिन यह साफ था कि यह आय स्थिर नहीं थी।

मि. मुकुंदन शांत थे।

'चिंता मत करो विनीत, सब सही हो जाएगा,' उन्होंने कहा।

लेकिन निवेशक विनीत से सवाल पर सवाल पूछ रहे थे--उन्हें कंपनी को जवाब देना था।

'15 लाख रुपये की बात है--अपना नुकसान निकालो, और आगे बढ़ो।'

सलाह तो सही थी, लेकिन विनीत सर्वल को छोड़ नहीं पा रहे थे। प्रदीप के साथ मिलकर वह डटे रहे। 2005 में उन्हें एक बड़ा मौका मिला। सर्वल एक नई मिश्र धातु खोज ली, जिससे लागत में भारी कमी आई, और उन्हें प्रोडक्ट से भी कोई समझौता नहीं करना पड़ा।

इस खोज का श्रेय मि. मुकंदन को जाता है। वह कभी भी हार नहीं मानते...

जल्द ही, सर्वल बर्नर की बिक्री प्रतिवर्ष 10,000 बर्नर से प्रतिमाह 10,000 बर्नर हो गई!

अब सवाल था कि उत्पादन कैसे बढ़ाया जाए।

एक बार फिर, मि. मुकुंदन ने कमाल का आइडिया पेश किया, 'विनीत, मैं ज्यादा उत्पादन में यकीन नहीं करता, बल्कि मुझे ज्यादा लोगों द्वारा किए गए उत्पादन पर यकीन है। चलो गांवों को अपना प्रोडक्शन सेंटर बना देते हैं।'

'मैंने कहा, सोच तो कमाल की है, लेकिन क्या यह संभव हो पाएगा!'

लेकिन मुकुंदन ने जो प्रस्ताव दिया था, उसमें बिजनेस की समझ थी। वह

रंगास्वामी एलेंगो को जानते थे, वही जिन्होंने कुथुंबक्कम* के 'मॉडल विलेज' की स्थापना की थी। एलेंगो आईआईटी मद्रास से स्नातक थे, जो वापस अपने गांव आ गए थे, और 1996 में उन्हें सरपंच चुना गया।

एक समय कुथुंबक्कम बहुत सी समस्याओं से घिरा हुआ था--शराब, जातिये हिंसा, संसाधनों की कमी, पीने का पानी और सड़कें। इनसे भी बड़ी समस्या थी बेरोजगारी।

'एलेंगो ने पंचवर्षीय विकास की योजना बनाकर सभी समस्याओं को सुलझाने की कोशिश की। उन्होंने इसमें पंचायत के हर स्तर के लोगों को जोड़ने की कोशिश की। अगर आप आज वहां जाओ, तो आपको अपनी आंखों पर यकीन नहीं होगा--वह वास्तव में एक आदर्श गांव है!'

एलेंगो की वरीयता सूची में नौकरियों का निर्माण सबसे ऊपर है। उन्होंने लोकल सेल्फ हेल्प ग्रुप (एसएचजी) की मदद से एक छोटा सा प्रोडक्शन सेंटर भी स्थापित किया।

'हमने सेंटर को अपना मेन पॉइंट बना लिया। कुथुंबक्कम अब हर महीने सर्वल के लिए 30,000 बर्नर बनाता है!'

गांववालों को काम मिल गया; सर्वल की लागत कम हो गई, उत्पादन बढ़ गया। संघर्ष का समय बीत गया, अब तो बस बिजनेस बढ़ाने का समय था।

'आज सर्वल हर महीने में 70,000 बर्नर बनाता है। कंपनी की सालाना आय 2 करोड़ रुपये है--जल्द ही 3.5 करोड़ रुपयों तक पहुंचने की संभावना है। हमने और आगे बढ़ने के लिए 60 लाख रुपये और लिए थे।'

मेहनत का फल मिलता ही है। विनीत के 8 लाख रुपयों के निवेश से उन्हें 1.5 करोड़ रुपये मिल गए हैं।

सर्वल 23 कंपनियों में से एक है, जिन्हें आविष्कार ने फंड दिया, एक ऐसा सोशल वेंचर फंड जिसने पिरामिड के तले के लोगों को लाभ पहुंचाया। इन कंपनियों में नवीन ग्राम (लाइव स्टॉक और एग्रीकल्चर जैसी तकनीकों पर आधारित) से लेकर वर्टेक्स इंजीनियरिंग, जो भारत के दूर दराज के क्षेत्रों के

---

*   कुथुंबक्कम चेन्नई से 45-50 किमी दूर है। देखें www.modelvillageindia.org.in

'लोग आप पर भरोसा करने से पहले आपकी परीक्षा लेना चाहते हैं।
मुझे याद है कि कितने लोगों को भरोसा था कि यह छह महीने
बाद भाग जाएगा। मैंने उन्हें गलत साबित किया!'
'विकास के प्रति आकर्षित होना और वास्तव में विकास करना दो
अलग बातें हैं। इसके लिए स्थायी बल की जरूरत होती है और
इसकी भी अपनी कीमत होती है।'

लिए कम लागत के एटीएम बनाती है, जैसी कंपनियां शामिल हैं।

'यह नॉर्मल इंवेस्टमेंट नहीं है। इन कंपनियों के पीछे हर इंसान की एक
अपनी कहानी है...'

संघर्ष की कहानी, दृढ़ता और इच्छाशक्ति की कहानी।

'मैं साबित करना चाहता था कि आप व्यापारिक समझ के साथ भी समाज
की भलाई का काम कर सकते हैं। यकीनन इसके लिए कड़ी मेहनत करनी पड़ेगी,
मुश्किल समय का सामना करना होगा।'

और यह सच है कि आविष्कार ने न सिर्फ दूसरी कंपनियों के लिए निवेश
किया बल्कि अपने लिए भी फंड बनाया। 2005 में, आविष्कार के पास 1 मिलियन
डॉलर (4 करोड़ रुपये) की पूंजी थी। इस फंड को मैनेज करने की फीस थी
1.5 प्रतिशत, यानी 6 लाख रुपये प्रतिवर्ष।

'हमारा सालाना बजट 8 लाख रुपये था, जिसमें ट्रेवल, सेलरी और सबकुछ
शामिल था। मैं मुंबई में अपने घर से काम करता हूं; प्रदीप चेन्नई में अपने
घर से काम करते हैं और हम तभी मिलते हैं, जब कोई हमें बुलाए और हमारे
हवाई सफर के पैसे दे (हंसते हुए)।'

प्रदीप को 35,000 रुपये महीना मिलते हैं और विनीत 25,000 रुपये महीना
लेते हैं।

'इस दौरान मेरा बेटा भी बड़ा हो गया था, और स्कूल जा रहा था। अचानक
मुझे लगा कि मुझे केपिटेशन फीस के 20,000 रुपये और 10,000 रुपये डिपोजिट
देने थे... और हमारे पास पैसे नहीं थे!'

उस समय विजय महाजन ने विनीत को अपनी तरफ से कुछ कंसल्टिंग वर्क करने की सलाह दी, जिससे वह कुछ पैसे कमा सकें।

'2002 में, जब मैं बिल्कुल खाली था मैंने *इंट्लेक्चुअल कैपिटल* नाम से एक कंपनी रजिस्टर की थी।'

इंटेलकैप एक क्रेजी आइडिया था, जिसे एक बार विनीत के एक दोस्त पवन मेहरा ने बताया था। एक ऐसी कंपनी, जो 'बौद्धिक पूंजी' में व्यापार करती है।

'विजय की सलाह अच्छी थी। दो दिन बाद मुझे एसकेएस माइक्रोफाइनेंस के भूतपूर्व सीएफओ मि. गौतम इवातुरी का ईमेल आया।'

उन्होंने कहा, 'वर्ल्ड बैंक अपना माइक्रोफाइनेंस प्रोजेक्ट आउटसोर्स करवाना चाहता है। क्या आप वह प्रोजेक्ट लेना चाहेंगे?'

विनीत ने फौरन ऑफर ले लिया।

'मैंने पवन से बात की--जो तब यूएस में था। हमने एक बढ़िया सा प्रपोजल बनाया, भेजा और हमारा चुनाव हो गया। मुझे यकीन है कि और कोई 1000 डॉलर प्रति महीने के करार के लिए इतना उतावला भी नहीं होगा!'

1 मार्च 2004 को इंटेलकैप ने अपने पहले कर्मचारी को नियुक्त किया--अपराजिता अग्रवाल।

'मैंने घर में ही एक मेज लगा ली। अपराजिता उसके एक तरफ बैठती और मैं दूसरी तरफ। इस तरह *इंटेलकैप* और *आविष्कार* ने लगभग सालभर तक ऐसे ही काम किया!'

धीरे-धीरे इंटलकैप बढ़ने लगा--दो से चार, फिर छह, फिर आठ... कंपनी को जो भी प्रोजेक्ट मिलते वह लेती गई और उससे ही सेलरी और बिल वगैरा निकलते गए, ऐसा आविष्कार में संभव नहीं था।

2005 में, विनीत को महसूस हुआ कि उन्हें आविष्कार के लिए और पैसे उठाने चाहिए--जिससे वह खुद अपने पैरों पर खड़ी हो सके।

'मैंने इंटेलकैप के पैसों से एक वर्ल्ड टूर करने की योजना बनाई, जिससे लोगों को हमारे काम के बारे में बताया जा सके। और फंड लिए जा सकें।'

विनीत यूएस और यूरोप गए और वापसी में उनके पास निवेशकों के 6

मिलियन डॉलर का आश्वासन था। कुछ और कोशिश करने पर उन्हें जून 2008 तक 11 मिलियन डॉलर और जनवरी 2009 तक 15 मिलियन डॉलर मिल गए।

अब तक आविष्कार 23 कंपनियों पर 16 मिलियन डॉलर निवेश कर चुके थे।

'हम धीरे-धीरे बढ़ रहे थे। 2002 में, आविष्कार ने दो कंपनियों में निवेश किया, फिर 2003 और 2004 में और दो कंपनियों में। और हम उन सभी से जुड़े रहे।'

जैसे आविष्कार बढ़ा, वैसे इंटेलकैप भी। कंपनी का फोकस सोशल इंवेस्टमेंट एडवाइजरी और सोशल नॉलेज मैनेजमेंट पर था।

'हमारे क्लाइंट छोटे संस्थान, सामाजिक संस्थान, वित्त संस्थान, हेल्थकेयर, शिक्षा--और सामाजिक कार्यों में लिप्त हर इंसान है।'

इंटेलकैप इंडिया के टॉप स्कूल (आईआईटी, आईआईएम, आईआरएमए और आईआईएफएम) के स्नातकों को काम देता है, वो भी उनकी मार्केट वैल्यू से 30-70 प्रतिशत पर।

'मैं उन्हें बताता हूं, आपको यह कंपनी चलानी है। और वह बढ़िया से यह काम करते हैं! इंटेलकैप की मैनेजमेंट टीम वही है, जो इसके शुरुआती दिनों में थी।'

इस दौरान सोशल वेंचर की स्टोरी में और दो नए फंड आविष्कार फैमिली* में आ जुड़े।

2005 में, ऑक्सफोर्ड के एसएआईडी स्कूल ऑफ बिजनेस में विनीत की मुलाकात विम वेन देर बीक से हुई, जो एक माइक्रोफाइनेंस फंड लगाने की कोशिश कर रहे थे। यहां पर आविष्कार का अच्छा रिकॉर्ड काम आया।

फिर, वेंचर ईस्ट की साझेदारी में, विनीत ने बीवाईएसटी ग्रोथ फंड की स्थापना की। इसका मकसद सामाजिक पृष्ठभूमि से कमजोर युवा उद्यमियों को फाइनेंस उपलब्ध करवाना था। बीवाईएसटी हर उद्योग में 4 लाख रुपये से लेकर 1 करोड़ रुपये तक का निवेश करता है।

---

* आविष्कार अब वीसी फंड का संघ है; इसके द्वारा निवेश की गई कंपनियों की पूरी लिस्ट देखने के लिए देखें: www.aavishkaar.in.

'हम खुश हैं कि हमें 25-30 प्रतिशत रिटर्न मिल जाता है। दरअसल हम 12 प्रतिशत रिटर्न से भी खुश थे। तो इस तरह हम पारंपरिक वीसी कंपनियों से भिन्न हैं।'

अगर कम शब्दों में कहा जाए तो आविष्कार का मकसद सिर्फ मुनाफा कमाना ही नहीं था।

'हम तर्कसंगत मुनाफा देखते हैं, इतना कि बस वो अपनी वैल्यू निकाल ले। हम लोगों की चमड़ी उतारने में यकीन नहीं रखते।'

2008 तक जिन 14 कंपनियों में आविष्कार ने निवेश किया, उनमें से 7 मुनाफा देती हैं। और विनीत को यकीन है कि बाकी की कंपनियां भी दो-एक साल में ठीक-ठाक काम करने लगेंगी।

इन कंपनियों का समाज पर क्या असर पड़ता है?

'सच कहूं तो मैं समाज पर पड़ने वाले असर को पैमाने से नहीं नापता। 300 रुपये महीना कमाने वाली औरत के चेहरे पर अपनी पगार बढ़ने से जो खुशी आती है, वही हमारे लिए संतुष्टि है।'

और ये उद्यमी यही काम कर रहे हैं।

'मि. मुकुंदन की प्रेरणा को शब्दों में नहीं बताया जा सकता। एक 65 साल के इंसान, जिन्हें डायबिटीज भी है, किस तरह 12 घंटे काम करते हुए अपनी कंपनी चलाते हैं। आप इसके लिए क्या कह सकती हैं?'

क्या यह व्यापारिक पैसा है, जो सामाजिक काम में लगा है; या सामाजिक काम के पैसे को व्यापार में लगाया जा रहा है--यह बहस आज भी आविष्कार में जारी है। पर विनीत का मानना है कि आखिरकार वह ऐसी कंपनियां खड़ी करना चाहते हैं, जिनसे ज्यादा से ज्यादा लोगों को काम मिल सके।

'हम सिर्फ दूसरे को पैसा ही नहीं देते हैं, बल्कि हम उन्हें काम बढ़ाने के लिए भी प्रोत्साहित करते हैं, लेकिन साथ ही उन्हें अपने जमीर से जुड़े रहने के लिए भी प्रेरित करते हैं। इस भावना से जब कोई काम शुरू किया जाता है, तो उसका परिणाम अच्छा ही मिलता है।'

वह भावना, जिससे विनीत ने आविष्कार शुरू किया था और 'वेंचर कैपिटल' की एक नई परिभाषा लिखी थी।

'बहुत लोग नहीं समझ पाते कि मैं क्या करने की कोशिश कर रहा हूं... मेरे माता-पिता भी चकराए हुए थे! लेकिन आखिरकार अब वह खुश हैं कि चलो मैं कुछ सही काम कर रहा हूं। मेरे पिता ने भी मि. मुकुंदन के पास जाकर देखा कि हम क्या काम करते हैं!'

विनीत की बहन सोचती हैं कि वह 'ब्रिलियंट' हैं वहीं बीवी उन्हें लेकर कुछ दुविधा में रहती हैं। लेकिन फिर भी वह हमेशा सपोर्ट के लिए उनके साथ खड़ी रहती हैं।

'मेरी बीवी की सबसे अच्छी बात है कि वह कभी भी कोई आपत्ति नहीं उठातीं। भले ही मैं कितना भी अजीब काम क्यों न करूं। फिर चाहे वह नौकरी छोड़ने का फैसला ही क्यों न हो। उसे मुझ पर पूरा भरोसा है!'

वैसा ही भरोसा जैसा विनीत को अपने आइडिया पर होता है।

जैसा मुकुंदन को अपने आइडिया पर है।

वैसा ही भरोसा आपको अपने ऊपर करना है।

✳

युवा उद्यमियों को सलाह

उद्यमिता का मतलब है अपने सफर का मजा लो। अगर आप ऐसा करते हैं तो परिणाम भी अच्छा ही आएगा।

रिस्क लेना ज्यादा महत्वपूर्ण है बजाय कि बाद में आने वाली परेशानियों को संभालने के। पहला कदम उठाना ही जरूरी होता है।

किसी भी काम को पूरा करने में धीरज बहुत बड़ा संबल बनता है। अमीर तो कोई भी बन सकता है, लेकिन मूल्यवान बनने के लिए समर्पण, समय और ईमानदार प्रयासों की जरूरत होती है। पैसा बनाना और मूल्य अर्जित करना एक ही बात नहीं है—मैं आशा करता हूं कि युवा उद्यमी इन दोनों के बीच का अंतर समझ लेंगे।

उद्यमी को लालच पर नियंत्रण रखना आना चाहिए, उन्हें इसकी लगाम खींचकर फिर अपनी प्रगति की राह पर बढ़ना चाहिए।

अगर लालच को नहीं संभाला जाए तो उसके परिणाम भयानक हो सकते हैं—2008 की आर्थिक मंदी इसका सबसे बड़ा उदाहरण है।

लोगों को साथ बुन कर

सुमिता घोष
रंगसूत्र

सुमिता की शादी आईआरएमए ग्रेजुएट, संजॉय घोष से हुई। उन्होंने एनजीओ सेक्टर में अपने कैरियर की तलाश की। 1998 में, संजॉय का कत्ल अल्फा ने कर दिया; तब सुमिता को अपने जीवन को एक नया आयाम देने की जरूरत आ पड़ी। आज, वह रंगसूत्र चला रही हैं, एक ऐसा उपक्रम जो गांवों से क्राफ्ट और टैक्सटाइल लाकर फैबइंडिया के जरिए बाजार में बेचता है।

नक्शे पर, लाडो सराय दिल्ली का ही एक भाग है।

वैसे ऐसी जगह भारत में कहीं भी हो सकती है।

तंग, गंदी गलियां; छोटी-छोटी दुकानें, हर जगर बेतरतीब चलते हुए रिक्शे और साइकिल। यहीं, एक बिना नाम की बिल्डिंग के तीसरे माले पर रंगसूत्र का ऑफिस है। एक ऐसी कंपनी जो भारत की 'बालिका वधू' को इंडिया के *द इकोनॉमिक्स टाइम्स* से जोड़ती है।

रंगसूत्र गांवों में तैयार किया हुआ माल लाकर शहरों में बेचता है। लेकिन यह काम तो और भी बहुत से लोग कर रहे हैं--खादी ग्रामोद्योग भी--फिर इसमें ऐसी क्या खास बात है?

रंगसूत्र यह काम एक निजी कंपनी के रूप में करता है, न कि कॉ-ओपरेटिव के रूप में। ऐसा करते हुए, वह एनजीओ के रूप से बाहर है, विकास दर पर नजर रखता है और ज्यादा से ज्यादा लोगों तक अपने फायदे पहुंचाना चाहता है।

रंगसूत्र अनुदान या सब्सिडी पर निर्भर नहीं है--यह मुनाफे और लाभ की बात करता है। भारत के समाज क्षेत्र की एक नई भाषा। एक ऐसी भाषा जो एनजीओ का खुद को देखने का नजरिया बदल सकती है।

सर्दी की खुशनुमा दोपहर में, अपने आकर्षक सैंपल दिखाते हुए, सुमिता मुझे अपनी कहानी सुनाती हैं।

यह साहस, दृढ़ता, और कभी विश्वास न खोने की कहानी है। भयानक तूफान के बाद, आसमान में चमकने वाले खूबसूरत इंद्रधनुष की कहानी है।

लोगों को साथ बुन कर

सुमिता घोष
रंगसूत्र

सुमिता घोष का जन्म कलकत्ता में हुआ, लेकिन परवरिश मुंबई में। या बॉम्बे में जैसा कि उसे तब कहा जाता था।

'मैंने अच्छे माहौल में शुरुआत की, स्कूल और कॉलेज दोनों में मुझे अहसास हुआ कि आप कुछ भी कर सकते हैं।'

एल्फिनस्टोन कॉलेज से स्नातक के बाद, सुमिता मुंबई यूनिवर्सिटी से इकोनॉमिक्स में मास्टर करने गईं। उस समय, उनका मन मार्केटिंग में जाने का था।

'मेरा झुकाव लिखने की तरफ था, तो मैंने सोचा था कि मैं कॉपीराइटर का काम कर लूंगी। लेकिन पता नहीं क्यों मैं एड-वर्ल्ड के जितने भी लोगों से मिली वे वैसे तो बहुत क्रिएटिव और मजे में दिखे, लेकिन उनमें थोड़ा सतहीपन भी लगा।'

उसके बाद ही, सुमिता की अपने कॉलेज के दिनों के बॉयफ्रेंड, संजॉय घोष से शादी हो गई, और उनकी जिंदगी ने एक अलग मोड़ लिया।

'संजॉय ने तभी आईआरएमए से ग्रेजुशन की थी, और उनमें ग्रामीण इलाकों में काम करने को लेकर बहुत ऊर्जा थी, तो हम दोनों मिलकर वही करने लगे। पहले, कुछ दिनों के लिए हम आनंद में थे, और फिर राजस्थान।'

दोस्त पूछते, 'तुम लोग गांव में कैसे रह पाते हो?'

लेकिन युवा दिनों, और प्यार के कारण, सुमिता ने ज्यादा नहीं सोचा। बस

कर लिया।

यकीनन उन्हें बहुत एडजस्ट करना पड़ा। और शुरू में तो उन्हें अलग संस्कृतियों के फर्क का भी सामना करना पड़ा।

'मेरा पालन-पोषण बॉम्बे में हुआ, जहां अलग-अलग धर्म, विचारों के लोग सहजता से रहते हैं। अचानक, आप ग्रामीण इलाके में जाते हो और अहसास होता है कि जाति के क्या मायने होते हैं।'

और इसमें कुछ छोटी बातें भी थीं, जैसे अपनी जींस पैक करके रख दो और साड़ी पहनो।

संजॉय और सुमिता अमूल की कहानी से बहुत प्रेरित थे। ऑक्सफोर्ड में एक साल बिताने के बाद, युवा जोड़ा भारत लौट आया और राजस्थान में 'उर्मूल' डेयरी--अमूल जैसा ही को-ऑपरेटिव--में काम करने लगा।

'उर्मूल डेयरी उन दिनों में अच्छी चल रही थी और वे चाहते थे अपना कुछ मुनाफा अपने स्टाफ की हेल्थ सर्विस में निवेश करें। उस समय गायों के लिए तो स्वास्थ्य सेवाएं थीं, लेकिन गांववालों के लिए नहीं। मीलों तक कोई सरकारी अस्पताल नहीं था!'

और इसलिए, उर्मूल ने ट्रस्ट रजिस्टर कराया, और इस काम को संभालने के लिए प्रोफेशनल्स को बुलाया। इसी चुनौती को पूरा करने के लिए संजॉय और सुमिता बीकानेर से 60 किमी. दूर लूनकरनसार पहुंचे।

'हम इन सेवाओं में फंड के लिए नए आइडिया लेकर आए--मिल्क को-ऑपरेटिव में काम कर रहे सदस्यों के योगदान से। आइडिया था कि प्रतिलीटर दूध जो आप देते हो, वह 3 रुपये का पड़ता है, उसके हिसाब से आप प्रतिलीटर 3 पैसा बचाकर स्वास्थ्य सेवाओं के लिए रख दें।'

हालांकि अमीर फार्मर, जिनका डेयरी पर नियंत्रण था, इस स्कीम के खिलाफ थे। गांववालों को प्रसव, प्रसवोत्तर और टीबी जैसी बीमारियों के लिए दवा की जरूरत थी--जिसके लिए उन्हें पैसा नहीं देना पड़ता था।

'यह मॉडल नहीं चल पाया, तो हमें दवाइयों पर कुछ फीस लगानी पड़ी। बाद में, हम काम करने के लिए सरकारी अनुदान और इंटरनेशनल फंड लेने लगे।'

यह साफ हो गया था कि पूरे समय के लिए किसी डॉक्टर को ढूंढ़ना

'यह देश विविधताओं का देश है—समृद्धता और समस्या दोनों ही
मामलों में—इसीलिए हमने काम करने के लिए
पहले गांवों का चुनाव किया।'

बहुत मुश्किल था। तो इसका क्या तरीका हो सकता था?

'शुरुआत में हम खासतौर पर गर्भवती महिलाओं और युवा मांओं पर ध्यान दे रहे थे, तो हमने गांव की दाइयों के साथ काम करने का निर्णय लिया। हमने ऐसे दूर-दराज इलाकों में लोगों को प्रशिक्षित करने के लिए डॉक्टरों की एक टीम भी संगठित की।'

और इसने बखूबी काम किया।

1986 में इस स्कीम ने अच्छा काम किया। लेकिन फिर 1987 में वहां बहुत बड़ा सूखा पड़ा--सदी का सबसे बड़ा--और 'पशु संपदा' पूरी तरह से खत्म हो गई। जब लोगों के पास खाने को ही नहीं था, तो उनसे स्वास्थ्य की बात करने का कोई मतलब ही नहीं था।

'तब हम हैंड क्राफ्ट के क्षेत्र में आए। लोगों को कुछ काम चाहिए था, और हमने कुछ ऐसी महिलाओं को भी ढूंढ़ लिया, जिनके पास चरखा था। फिर हमने कुछ ऊन लेकर उन्हें कातने के लिए दे दी।'

लेकिन उस कपड़े से क्या होता? वह खुरदुरा कपड़ा था, जिसका कोई खरीदार भी नहीं था।

'हमने बढ़िया पट्टू कातने वाले बुनकरों को ढूंढ़ा और उनसे कहा कि वह हमारे इलाके के बुनकरों को प्रशिक्षित कर दें। और हमने एनआईडी (नेशनल इंस्टीट्यूट ऑफ डिजाइन) से संपर्क किया कि कैसे अच्छी क्वालिटी के प्रोडक्ट और बेहतर डिजाइन बनाए जा सकते हैं।'

फिर, सुमिता ने पाया कि कुछ गांववाले हाथ से बहुत सुंदर कढ़ाई करते हैं। खासकर, वे महिलाएं जो 1971 के युद्ध के बाद, शरणागत के तौर पर भारत आ गई थीं।

'उर्मूल ट्रस्ट ने ही इसे ऑर्गेनाइज किया। हम कच्चा माल लाते और संगठन

के रूप में उसे बेचते, ताकि उन उत्पादों के अच्छे दाम प्राप्त किए जा सकें। एनजीओ की शब्दावली में हम आय अर्जित करने वाले बन गए।'

यकीनन, शुरुआत में वो घाटे में ही रहे। लेकिन उस प्रोजेक्ट को राजस्थान सरकार और ऑक्सफैम जैसी फंडिंग एजेंसियों से मदद मिल रही थी, तो काम चलता रहा।

'समय के साथ, इनमें से कुछ कामों से सालाना आय बनने लगी, और हमने अनुदान लेना बंद कर दिया। अब तक--1993--मैंने उर्मूल के साथ काम करना बंद कर दिया था, और दूसरे काम करने लगी थी।'

राजस्थान में 8 साल रहने के बाद, सुमिता कुछ समय शहर में जाकर रहना चाहती थीं। उनके दो बच्चे--पांच साल और छह साल के--हो चुके थे, जो स्कूल नहीं जा पाए थे। वहां कोई अच्छा स्कूल था ही नहीं।

तो संजॉय उर्मूल के साथ काम करते रहे, और उनका परिवार दिल्ली आकर बस गया। सुमिता ने अगले दो साल यूनाइटेड नेशन के साथ काम किया, और बीजिंग में 1995 में इंटरनेशनल वूमन कॉन्फ्रेंस आयोजित की।

'पूरी दुनिया से 30,000 महिलाएं उस कॉन्फ्रेंस में भाग लेने पहुंची थीं। हम गांवों से 200 महिलाओं को ले गए थे, जिनकी आवाज को हमने दुनिया के सामने रखा था।' तब तक, संजॉय भी उर्मूल ट्रस्ट छोड़ चुके थे, और सोच रहे थे कि उन्हें आगे क्या करना चाहिए। दिल्ली में रहकर काम करने में उन्हें कोई मजा नहीं आ रहा था। न ही वह शहर में रहकर किसी एनजीओ में काम करना चाहते थे, न ही किसी फंडिंग एजेंसी के लिए काम करना चाहते थे।

'हमने तय किया कि वापस जाकर किसी दूसरे राज्य में नए सिरे से काम शुरू करते हैं। इस बार हमने असम को चुना। मुझे वहां से एक लगाव भी था, मेरे बचपन के 5 साल गोवाहाटी में बीते थे।' संजॉय और सुमिता ने जोरहाट जिले के मजूली से काम शुरू किया। सुमिता के पास मैकऑर्थर फाउंडेशन की फैलोशिप थी, जबकि संजॉय एक एनजीओ नेटवर्क, *अवार्ड* (एसोसिएशन ऑफ वॉलंटरी एजेंसी इन रूरल डूवलपमेंट) के जनरल सेक्रेटरी थे।

'हम 1996 में असम आ गए, और यद्यपि हम राजस्थान में काम कर चुके थे, गांवों में, लेकिन फिर भी यहां सब बिल्कुल अलग था।'

और परिस्थितियां भी अलग थीं। यहां उनके पास छह लोगों की टीम थी और जगह को समझने के लिए छह महीने का समय भी।

'मैं प्रत्येक महिला को बुनकर बना देना चाहती थी, क्योंकि मेरी फैलोशिप महिलाओं के जीवन और स्वास्थ्य से जुड़ी थी। लेकिन उसी साल वहां बाढ़ से भारी तबाही हुई। चूंकि हमारी टीम में एक डॉक्टर भी था, तो हमने तब उन लोगों की मदद करने का निर्णय लिया।'

उस समय, संजॉय और सुमिता ने 'सर्विस डिलीवरी' के उर्मूल मॉडल पर न चलने का निर्णय लिया। क्योंकि इससे गांववाले बाहरी लोगों पर निर्भर हो जाते थे।

उनका फोकस जागरूकता की तरफ था; लोगों को सरकार के तत्कालीन प्रोग्राम के बारे में बताना, और उन्हें लोगों तक पहुंचाना।

असम में एक प्रमुख समस्या भू-क्षरण की थी। इसके लिए संजॉय और सुमिता ने डिब्रूगढ़ यूनिवर्सिटी के वैज्ञानिकों के साथ मिलकर नया तरीका खोज निकाला। लेकिन समस्या सिर्फ इंसान और प्रकृति के बीच की ही नहीं थी...

'वह एक बहुत बड़ा रैकेट था। हर साल आप बांध बनाते; फिर बारिश आती और सब बहा ले जाती। कुछ कॉन्ट्रेक्टर इससे बहुत पैसा बना रहे थे!'

संजॉय और सुमिता ने न सिर्फ इस माफिया का पर्दाफाश किया, बल्कि इसके बारे में अखबारों में भी लिखा। और तभी से उन्हें उल्फा (यूनाइटेड लिबरेशन फ्रंट ऑफ असम) की तरफ से धमकियां मिलनी शुरू हो गईं।

'हमें अहसास था कि यद्यपि वह राज्य के विरोध में काम करते हैं, लेकिन फिर भी उनके पास बहुत पावर है। लेकिन, हमने कभी भी उन धमकियों को गंभीरता से नहीं लिया।'

यह गलती बहुत महंगी साबित हुई।

4 जुलाई 1997 को उल्फा आतंकवादियों ने संजॉय का अपहरण कर लिया। उसके बाद से वह कभी नहीं मिले।

लेकिन ऐसा क्या हो गया था कि ये युवा कार्यकर्ता उनके लिए इतनी बड़ी चुनौती बन गए? क्योंकि सिर्फ एक साल तीन महीने में ही, संजॉय और सुमिता ने अपने आंदोलन में 30,000 स्थानीय लोगों को शामिल कर लिया था।

'सब साफ था, उल्फा आतंकवादी लोगों की सहानुभूति का गलत फायदा उठा रहे थे। वह प्रचार कर रहे थे कि *सरकार आपके लिए कुछ नहीं करती है, इसलिए इस क्रांति में हमारे साथ जुड़ जाओ*। अगर लोग उनका साथ छोड़कर रचनात्मक कार्यों में जुड़ रहे थे, तो उनका आंदोलन खत्म हो जाता...'

संजॉय की असमय आकस्मिक मृत्यु ने प्रोजेक्ट को बीच में ही बंद कर दिया। टीम टूट गई, सुमिता अपने बच्चों के साथ वापस गुड़गांव आकर रहने लगीं। जिंदगी कितनी ही मुश्किल क्यों न हो, उसे जीना तो पड़ता ही है न...

'मेरे पास अब भी मैकआर्थर फैलोशिप थी, लेकिन मैंने उसका विषय बदल दिया। मैंने भिन्न-भिन्न आंदोलनों का तुलनात्मक अध्ययन किया था–कि किस-किस में हिंसा का इस्तेमाल होता है, और किस में नहीं।'

सुमिता एक महत्वपूर्ण निष्कर्ष पर पहुंचीः गैर-हिंसक आंदोलन महिलाओं को सशक्तिकरण देते हैं। जबकि हिंसक संघर्ष--जैसे कश्मीर में--इसका विपरीत प्रभाव उत्पन्न करते हैं।

'मैंने इस पर 2-3 साल तक रिसर्च की और फिर *हंगर प्रोजेक्ट* के साथ जुड़ गई। यह यूएस के संगठन का प्रोजेक्ट था।'

हंगर प्रोजेक्ट का लक्ष्य भूखमरी को दूर करना था, लेकिन वे इसके अलावा और भी बहुत सी चीजें करते थे। जैसे छोटे स्तर पर महिलाओं के साथ काम करना। और उनके द्वारा स्वशासन का प्रचार करना।

'मैं महिला सरपंच के साथ काम किया करती थी, जिससे महिलाओं की नेतृत्व क्षमता को बढ़ाया जा सके। वह अच्छा काम था, दिलचस्प भी।'

2001 में, सुमिता को फुलब्राइट फैलोशिप मिली और उन्होंने यूएस की ईस्टर्न मेनोनाइट यूनिवर्सिटी में एक साल बिताया। एक ऐसा संगठन जो किसी धर्म पर नहीं बल्कि विश्वास पर आधारित है।

'वहां मुझे पहली बार रंगसूत्र का विचार आया। मैं पेपर लिख रही थी,

'आदमी एक जैसे ही कपड़े पहनते हैं, फिर वे चाहे गांव में हो या शहर में, लेकिन एक महिला के तौर पर आपको अपने कपड़ों में संतुलन बिठाना पड़ता है।'

विवादित प्रस्तावों का अध्ययन कर रही थी, और मुझे महसूस हुआ कि हर विवाद में बदलाव का एक अवसर मौजूद रहता है।'

यह आप पर निर्भर है कि या तो आप उस पर ध्यान ही न दें, या उसे स्वीकार करके उसमें बदलाव की कोशिश करें। परिस्थितियों में तालमेल बिठाते हुए आपको ही निर्णय लेना पड़ता है कि आगे क्या करना है।

और संघर्ष के इस समय में सुमिता, 'इंडिया शाइनिंग' और भारत का वह हिस्सा, जहां लाइट पहुंचनी बाकी थी, के बीच में फंसकर रह गईं। भारत का दिल, अभी भी इसके हजारों गांवों में धड़क रहा था।

'मैं ऑर्गेनाइजेशन पर एक पेपर लिख रही थी। तब मुझे ख्याल आया कि मुझे कुछ ऐसा करना चाहिए जिससे टैक्सटाइल और क्राफ्ट उद्योग में कुछ बदलाव लाया जा सके।'

पारंपरिक मॉडल में, कारीगर काम करते थे--फिर उन्हें भत्ता मिलता था। आधुनिक दुकानें वह सामान बेचकर अच्छा मुनाफा कमा लेती थीं। क्या इस मॉडल में कुछ बदलाव की गुंजाइश थी, जिससे कारीगरों को भी कुछ अच्छे पैसे मिल जाएं, और व्यापारिक रूप से भी यह फायदे का सौदा हो?

यद्यपि सुमिता 1993 में राजस्थान छोड़ चुकी थीं, लेकिन वह बुनकरों के संपर्क में थीं।

'मैं उनके लिए हर साल दिल्ली में एग्जीबिशन ऑर्गेनाइज करती और असम, पश्चिम बंगाल और उत्तराखंड के बुनकरों के भी संपर्क में थी। मैंने महसूस किया कि हम सबको एकजुट होकर, एक छोटी रिटेल शॉप के जरिए अपना सामान बेचना चाहिए।'

एग्जीबिशन में सामान बेचकर और रिटेल आउटलेट--इसमें *फेबइंडिया* भी शामिल है--पर कम मात्रा में माल देकर उर्मूल ट्रस्ट सलाना एक करोड़ रुपये कमाने लगा था। लेकिन यहां आते-आते भी उसे 10 साल लग गए थे।

'बुनकर खुश थे--उन्हें ऑर्डर मिल रहे थे, उनका माल बिक रहा था और कुछ बोनस भी मिल जाता था। लेकिन उनके पास कोई बिजनेस प्लान या टारगेट नहीं था।'

दरअसल उर्मूल ट्रस्ट और भी बहुत सी चीजें कर रहा था--स्वास्थ्य, शिक्षा,

'किसी में अगर थोड़ी सी भी समझ और इंसानियत हो तो जान
सकता है कि सब एक-दूसरे पर निर्भर करते हैं।
रिटेलर भी कारीगर के बिना नहीं रह सकता और
कारीगर को भी रिटेलर की जरूरत होती है।'

पर्यावरण, पीने का पानी। तो हस्तकला पर उतना ध्यान नहीं दिया जा रहा था। जबकि इसके साथ बहुत कुछ किया जा सकता था।

जब दिसंबर 2002 में सुमिता भारत लौटीं, तो वह समय उर्मूल के सालाना एग्जीबिशन का ही था। इस बार उन्होंने ज्यादा जमीनी काम करने का निर्णय लिया।

'शुरुआत में मैंने को-ऑपरेटिव के बारे में सोचा। फिर मैं अमृता पटेल से मिली, जो अब अमूल की प्रमुख हैं।'

अमृता ने कहा, 'राजस्थान में, को-ऑपरेटिव लाल फीताशाही के दलदल में फंसे हुए हैं। आप इसके बजाय एक प्रोड्यूसर कंपनी बनने के बारे में क्यों नहीं सोचतीं?'

उनकी सलाह पर, सुमिता ने दिसंबर 2004 में *रंगसूत्र* को एक प्रोड्यूसर कंपनी के रूप में रजिस्टर कराया।

'प्रोड्यूसर कंपनी' क्या है? एक कंपनी जहां शेयरहोल्डर ही प्रोड्यूसर होते हैं। यह एक कंपनी की तरह ही काम करती है, बस इसका मकसद सिर्फ मुनाफा कमाना ही नहीं होता।

'शेयरधारकों को कुछ मुनाफा मिलता है--जो आपके ही कारीगर और प्रोड्यूसर होते हैं। लेकिन मुनाफे का कुछ भाग वापस काम में निवेश कर दिया जाता है, जिससे दूसरों को भी सक्षम बनाया जा सके।'

तो प्रोड्यूसर कंपनी का मकसद सामाजिक ही होता है, बस इसमें व्यापारिक लक्ष्यों को भी तवज्जो दी जाती है।

अच्छा है, लेकिन प्रोड्यूसर कंपनी की सीमा है कि इसमें वित्त निवेशक नहीं शामिल हो सकते। अगर आप प्रोड्यूसर नहीं हैं, तो आप शेयरधारक भी नहीं हो सकते। इसका स्वरूप 'पूंजीपतियों' के प्रति अविश्वास दर्शाता है।

'वो तो सिर्फ पैसा कमाना चाहता है, उसे हमारे काम और हमारे सामाजिक उद्देश्य से कोई मतलब नहीं।'

इसका मतलब काम शुरू करने के लिए आपके पास अपना पैसा होना चाहिए। लेकिन न तो सुमिता, और न ही कारीगरों के पास पैसे थे।

'हम दस लोगों ने मिलकर 10-10 हजार रुपये जोड़कर एक लाख रुपये से काम शुरू किया।'

सुमिता ने बैंकों से भी फंड लेने की कोशिश की, लेकिन उन्हें प्रोड्यूसर कंपनी के बारे में या तो कम पता था, या फिर पता ही नहीं था। तो वहां भी बात नहीं बन पाई। और लोन मिल पाना भी असंभव था, क्योंकि उनके पास दिखाने के लिए कोई बैलेंस शीट ही नहीं थी।

उस समय, रंगसूत्र को कोई अनुदान भी नहीं मिल सकता था। आखिरकार, वह अब कोई एनजीओ नहीं, बल्कि एक मुनाफा कमाने वाली संस्था थी!

'साल 2005 में जब हमने प्रोड्यूसर कंपनी के रूप में काम करना शुरू किया, तो हम लगभग वही काम कर रहे थे, जो एनजीओ के रूप में कर रहे थे। हम उसे आगे नहीं ले जा पा रहे थे।'

तब सुमिता की मुलाकात *आविष्कार सोशल वेंचर* फंड के विनीत राय से हुई।

'विनीत और मैं, दोनों ही अशोका* फैलो थे--हमारे बीच यही कनैक्शन था। विनीत ने मुझे समझाया कि इससे कोई फर्क नहीं पड़ता कि आप प्रोड्यूसर कंपनी हैं या प्राइवेट कंपनी, तब तक, जब तक कि आपकी भावना सही है।' इससे आपको फंड लेने और काम करने में ज्यादा सुविधा मिलने लगती है। और इस तरह 2006 में, रंगसूत्र का रजिस्ट्रेशन प्राइवेट कंपनी के रूप में हुआ। और इस पॉइंट पर, *फेबइंडिया* भी उनके साथ जुड़ गया।

'हम सालों से *फेबइंडिया* को थोड़ा-थोड़ा सामान बेच रहे थे और विलियम बिसिल से भी संपर्क में थे। दरअसल, वह प्रोड्यूसर कंपनी के रूप में भी काफी मददगार रहे थे।'

रंगसूत्र का स्वरूप अब पूरी तरह बदल गया, इसके शेयर अब चार भागों

---

* अशोका एक वैश्विक संगठन है, जो सामाजिक उद्यमियों को आगे बढ़ने के लिए फैलोशिप देता है। देखें www.ashoka.org

में बंट गए।

सुमिता के पास 20 प्रतिशत शेयर, *फेबइंडिया*** के पास 30 प्रतिशत और आविष्कार के 23 प्रतिशत। बाकी शेयर कारीगरों के नाम हुए।

'कारीगरों को राजी करना बड़ा काम था लेकिन जब आविष्कार और फेबइंडिया साथ आए--और खुद मैंने भी बहुत बड़ी रकम कर्ज लेकर कंपनी में निवेश किया--तो उन्हें अहसास हुआ कि हम गंभीर थे।'

1060 कारीगर अब रंगसूत्र के 'मालिक' हैं--उन्हें 100 रुपये प्रति शेयर दिया गया। जबकि आविष्कार और फेबइंडिया ने अपने शेयर प्रीमियम पर लिए। सुनने में तो यह सब आदर्श लग रहा है, लेकिन इसमें भी परेशानियां रहीं।

'असली चुनौती थी उन्हें *मजदूर* वाली भावना से बराबरी के भाव पर लाना। जैसे प्रबंधन। यह रस्सी पर चलने जैसा था!'

लेकिन धीरे-धीरे हो रहा है।

'अभी दो सप्ताह पहले ही हमारी बोर्ड मीटिंग थी, यकीनन वहां फेबइंडिया की पावर ज्यादा थी, तो ज्यादा आवाज भी उन्हीं की आ रही थी। लेकिन दिन खत्म होते-होते कारीगरों ने भी कहा--*हम इस कीमत पर काम नहीं कर सकते, हम कोई सामाजिक कार्य नहीं कर रहे हैं।* और उन्हें भी यह बात समझनी पड़ी।'

यहां समस्या सोच की भी थी। लोगों को समझाना था कि वे एनजीओ के लिए काम नहीं कर रहे हैं, यहां उन्हें मुनाफा देना ही होगा।

'उर्मूल की एग्जीबिशन के बाद बहुत सा सामान बिना बिका रह जाता था। एनजीओ के रूप में आप उस नुकसान को सहन कर सकते हो क्योंकि आपके पास अनुदान होता है। लेकिन अब मुझे कुछ भी करने से पहले 100 बार सोचना पड़ता है, और सुनिश्चित करना पड़ता है कि हम सिर्फ वही बनाएं, जो बिक सके!'

रंगसूत्र अपने मजबूत पहलुओं पर ही ध्यान केंद्रित करता है--हाथ की कढ़ाई, खास प्रकार की बुनाई, और एक स्पेशल टाई एंड डाई फॉर्म। डिजाइनरों की मदद से (एक बीकानेर का रहने वाला, फुल-टाइम डिजाइनर और दो फ्रीलांस डिजाइनर्स) कंपनी उत्पादों की पूरी श्रृंखला तैयार करती है। फिर उन्हें रंगसूत्र के बड़े क्लाइंट फेबइंडिया की सिलेक्शन कमेटी को दिखाया जाता है।

** फेबइंडिया एएमएफपीएल के जरिए अधिकार बनाए हुए है। आर्टिसन माइक्रोफाइनेंस प्राइवेट लि.

इससे भी बड़ी चुनौती होती है, समय पर माल की डिलीवरी और क्वालिटी का ख्याल रखना।

'जैसे कल ही मेरी एक बुनकर से बहस हो गई, जिसे मैं 20 सालों से जानती हूं,' सुमिता हंसते हुए बताती हैं।

उन्होंने कहा, 'जब तुमने ऑर्डर लिया था, तो कहा था 3 महीने में काम खत्म हो जाएगा। दरअसल तुमने तो 2 महीने ही कहा था और मैंने तुम्हें एक महीना ज्यादा दिया था! पर काम अभी तक खत्म नहीं हुआ?' बुनकर ने जवाब दिया, 'गांव में किसी की मौत हो गई थी, इसी से 20 दिनों तक कोई काम नहीं हो पाया।'

और यह कोई इकलौती घटना नहीं थी। तो सुमिता यह सब कैसे संभालती हैं? 'मैं पूरा समय अपना ध्यान इसी पर रखती हूं! दरअसल मैं कुछ ऐसी महिलाओं की तलाश में हूं, जो अपनी सोच में ज्यादा प्रगतिशील हों। वे ज्यादा कमाना चाहें, ज्यादा काम करना चाहें।'

वह कितना कमाते हैं, यकीनन यह उनके काम करने पर ही निर्भर करता है। औसतन एक महिला रोज 4-5 घंटे काम करती है और महीने में 3000-4000 रुपये कमाती है।

'काम इतना है कि वे चाहें तो दिन के 8 घंटे काम कर सकती हैं, लेकिन यह आंखों के लिए अच्छा नहीं होगा, और फिर उनके पास गृहस्थी की भी जिम्मेदारियां हैं। बच्चों को देखना, जानवरों को संभालना, खाना पकाना और यहां तक कि पानी लाना भी।'

कामकाजी महिला को संतुलन बनाना ही पड़ता है, फिर चाहे वह कहीं भी काम क्यों न करे।

दिलचस्प है कि रंगसूत्र के ज्यादा शेयरहोल्डर महिलाएं ही हैं, और उन्होंने पहली बार कहीं निवेश किया है।

'उनके पास ज्यादा पैसे नहीं थे, तो उन्होंने 500 रुपये में 5 शेयर ही खरीद लिए, लेकिन उनमें उत्साह था कि वे शेयर खरीद रही हैं!'

इसी उत्साह और जोश की बदौलत रंगसूत्र इतनी तेजी से विकास कर पाया। 2007 में 26 लाख की आय, 2008 में 1.5 करोड़ हुई और 2009 में

'लोग रंगसूत्र को पैसे नहीं देना चाहते थे, लेकिन मुझे लोन देने को तैयार थे। तो, मैंने उधार लेकर, कंपनी में निवेश किया।'

वह 4 करोड़ रुपये से भी ज्यादा दर्ज हुई। कंपनी को उम्मीद है कि 2011 में उनकी सालाना आय 8 करोड़ रुपये होगी।

पिछले साल रंगसूत्र ने अपना मुनाफा 10 प्रतिशत रिकॉर्ड किया था। और इसमें सामाजिक भागीदारी भी थी।

'हम अपने कारीगरों और शेयरधारकों को लगातार काम देते रहे–जितना वे चाहते थे–जो बड़ी बात थी। सूखे वाले साल में भी हमारे कारीगरों को काम के लिए नरेगा के पास नहीं जाना पड़ा। वे घर बैठे ही पर्याप्त कमा रहे थे।'

हजारों शेयरधारकों के अलावा रंगसूत्र दूसरे 1000 कारीगरों को भी काम देता है। और जैसे-जैसे कंपनी बढ़ रही है, इस संख्या में भी बढ़ोतरी हो रही है।

पहले ही, रंगसूत्र जैसलमेर और वाडमेर जिले के कारीगरों के साथ भी काम कर रहा है। भारत के दूसरे भागों के भी एनजीओ और सेल्फ हेल्प ग्रुप रंगसूत्र का हिस्सा बनकर, बड़े बाजार तक पहुंचना चाहते हैं।

'मैं जानती हूं कि हमें अपना स्केल बढ़ाना होगा, लेकिन मैं कोई सोर्सिंग एजेंसी नहीं बनना चाहती कि यहां से, वहां से, कहीं से भी माल ले लिया। हमें गांवों में ही नेतृत्व विकसित करने की जरूरत है।'

काम को संभालने के लिए, रंगसूत्र के पास बीकानेर ऑफिस में 21 कर्मचारी काम कर रहे हैं। दिल्ली ऑफिस सेंपल दिखाने के लिए है, जहां एक मास्टरजी काम करते हैं, और सुमिता सप्ताह में दो बार आकर वहां काम देख जाती हैं।

'अपने कारीगरों की तरह, मैं भी घर से ही काम करती हूं,' वह मुस्कुराती हैं।

प्राकृतिक रंगों का इस्तेमाल करने जैसे इको-फ्रेंडली प्रयास रंगसूत्र के उत्पादों को और ज्यादा नीतिपरक बनाते हैं। और इससे कंपनी को विदेशों में भी पैर पसारने में मदद मिली।

'हमारा अगला कदम है, रंगसूत्र को ब्रांड बनाना, लेकिन हम रिटेल चेन शुरू करने की नहीं सोच रहे हैं। हम दूसरे विकल्पों पर भी काम कर रहे हैं,

जैसे 'शॉप इन शॉप' और इंटरनेट के जरिए माल बेचना।'

और भविष्य सिर्फ टैक्सटाइल और क्राफ्ट पर ही नहीं टिका है, बल्कि ग्रामीण जीवन के अन्य पहलुओं पर भी विचार किया जा रहा है। खेती के उत्पादों में तो संभावना है ही, खासकर ऑर्गेनिक फूड में।

'हम ग्रामीण पर्यटन में भी संभावनाएं तलाश रहे हैं, जिसकी शुरुआत हमने छोटे पैमाने पर बीकानेर में की है। हम ऐसे लोगों को ढूंढ़ रहे हैं, जो महलों और किलों के अलावा भी कुछ जानने में दिलचस्पी रखते हों।'

और इससे भी आगे, बदलाव के सूत्रधार बनकर काम करते हुए आपके पास बहुत सी संभावनाएं होती हैं। डी.लाइट डिजाइन*, एक ऐसी कंपनी जो सस्ती लाइटें बनाती है, वह रंगसूत्र के साथ लिंक-अप करना चाहती है। डी. लाइट को एक ऐसे चैनल की आवश्यकता है, जिसके जरिए वह अपना सामान बांट सके। जैसे 'किरन', यह दुनिया का सबसे सस्ता सोलर लालटेन है।

'यह गांववालों के लिए बहुत उपयोगी होगी--इसके जरिए महिलाएं ज्यादा देर तक काम कर पाएंगी, बच्चों की पढ़ाई भी ठीक से हो सकेगी। हम देख रहे हैं कि इसे आगे बढ़ाने के लिए क्या किया जा सकता है।'

चलो वहां लाइट जलाएं।

आशा, बदलाव और रूपांतरण की किरण। इस किरण को थामे हुए, सुमिता खुद में भी बदलाव देखती हैं।

'लोग सोचते कि मेरा दिमाग खराब हो गया है, जो इंटरनेशनल एनजीओ की बढ़िया सी नौकरी छोड़कर, लोन लेकर, रंगसूत्र शुरू कर रही हूं। आखिरकार मुझे दो बच्चे भी पालने थे और मैंने कभी कोई बिजनेस किया भी नहीं था...'

लेकिन उन्होंने यह कर दिखाया; लोगों को गलत साबित कर दिया।

'कॉ-ओपरकटिव मॉल्ड में काम करने के कारण मुझे एनजीओ फॉरम की आलोचना भी झेलनी पड़ी। लेकिन यह मॉडल चल निकला--मैं रिस्क लेकर बहुत खुश हूं!'

एक सफर, जिसकी शुरुआत 25 साल पहले राजस्थान में हुई थी, अब

---

* डी.लाइट डिजाइन की शुरुआत 2006 में, सैम गोल्डमैन और नेड टॉजुन ने की थी, दोनों ने ही स्टेनफॉर्ड यूनिवर्सिटी से सोशल एंत्रीप्रेन्योरशिप में एमबीए किया है।

पूरा हो रहा है।

वह आदमी, जिसने जोखिम उठाया, जिसने इस महान काम की शुरुआत की, आज हमारे बीच नहीं है। लेकिन वह जहां कहीं भी होंगे, हम पर गर्व कर रहे होंगे।

✳

युवा उद्यमी को सलाह

बहुत सारे अवसर मौजूद हैं, और बहुत सारे काम किए जाने अभी बाकी हैं!

हमने कातने और बुनने से शुरू किया था, अब हम ग्रामीण पर्यटन और ऑर्गेनिक फूड के बारे में सोच रहे हैं। अनंत ही सीमा है! पारंपरिक, प्राकृतिक और हाथ से बने उत्पादों की मांग निरंतर बढ़ रही है।

बस जरूरत है तो कुछ रचनात्मकता की और एक टीम संगठित करने की। शायद कुछ साल के अनुभव की भी।

और आपको कुछ समय गांवों में भी बिताना चाहिए, 'वास्तविक' भारत में। जगह की समृद्धि के बारे में जानिए, और वहां से जो भी सीखा जा सकता है, उसकी सराहना कीजिए।

हमने बीकानेर में काम किया, बहुत ही कम पगार पर। लेकिन वहां के लोगों से जो हमें मिला, वह अमूल्य है। संपर्कों को पैसे के पैमाने पर नहीं तोला जाना चाहिए।

मैं जानती हूं कि यह वही सामाजिक पूंजी है, जो मैंने राजस्थान में कमाई और जिसकी बदौलत आज रंगसूत्र ने इतनी सफलता हासिल की।

और सोशल बिजनेस को भी--दूसरे व्यवसायों की तरह--अपने प्रोडक्ट के लिए एक मार्केट की जरूरत होती है। और क्वालिटी पर फोकस करते हुए, अपने ग्राहकों तक माल पहुंचाने की। आपका माल कोई सिर्फ इसलिए ही नहीं खरीदेगा कि उसे ग्रामीण कारीगरों ने बनाया है।

आपमें जोखिम उठाने की भावना होनी चाहिए। कोई भी शुरुआत करने के लिए समय का मुंह नहीं देखना चाहिए। और न ही ज्यादा देर करनी चाहिए। मैंने थोड़ी देर से शुरू किया!

गांव का रास्ता

सलोनी मल्होत्रा
देसीक्रू

इंजीनियरिंग में स्नातक करने वाली 23 वर्षीय सलोनी ने जीवन में कुछ अलग करने का निर्णय लिया। उनके दिमाग में तीन बातें घूम रही थीं--'ग्रामीण', 'तकनीक' और 'बिजनेस'--इन्हीं सबसे मिलकर बना देसीक्रू, भारत का पहला ग्रामीण बीपीओ। यह प्रोजेक्ट आईआईटी मद्रास के लिए भी गर्व की बात रहा, उन्होंने ही तो इस विचार को रोपित किया था।

सलोनी मल्होत्रा एक विनम्र, प्यारी और मधुभाषी लड़की हैं। दरअसल देखने पर तो वह कॉलेज की छात्रा ही लगती हैं।

'कभी-कभी यह समस्या बन जाता है,' वह स्वीकारती हैं। 'इस क्षेत्र में काम कर रहे लोगों से उम्मीद की जाती है कि उनके बाल सफेद होंगे--इससे क्लाइंट का भरोसा बढ़ता है!'

लेकिन आईआईटी मद्रास के प्रोफेसर झुनझुनवाला को ऐसे किसी 'सबूत' की जरूरत नहीं थी। वह अनोखे विचारों वाली 23 साल की युवती से मिले और तय कर लिया कि यह लड़की चुनौती ले सकती है।

चुनौती थी, सामाजिक मुद्दों वाला बिजनेस स्थापित करना।

पहली बार में वह असफल रहीं।

और दूसरी बार भी।

लेकिन अपने तीसरे अवतार में, देसीक्रू ने अपनी पहचान बना ही ली।

आज, कंपनी एक स्थिर, और मुनाफे वाला, ग्रामीण बीपीओ है। इससे आय बढ़ी, सशक्तिकरण आया, और युवाओं को काम की तलाश में बाहर नहीं जाना पड़ा।

और यह सब एक युवा महिला के दिमाग में आया, जो कभी गांवों में घूमने भी नहीं गई थी।

एक सपना सलोनी को दिल्ली से दूर तमिलनाडु की धूल भरी सड़क पर ले गया।

एक सपना आपको कहीं भी ले जा सकता है।

गांव का रास्ता

सलोनी मल्होत्रा
देसीक्रू

सलोनी की परवरिश दिल्ली में ही हुई।

'मैं दिल्ली के एक छोटे से कॉन्वेंट स्कूल में पढ़ी, कार्मल कॉन्वेंट में। मेरे मम्मी-पापा दोनों डॉक्टर हैं--पापा एम्स में प्रोफेसर हैं, और मम्मी प्राइवेट प्रेक्टिस करती हैं।'

यद्यपि सलोनी ने इंजीनियरिंग का चुनाव किया। दिल्ली के अन्य छात्रों की तरह ही, वह भी पढ़ाई के लिए भारतीय विद्यापीठ, पुणे आ गईं।

'मुझे कॉलेज की अन्य गतिविधियों में बड़ी दिलचस्पी थी। मैं एक ग्रुप लियो क्लब (लॉइन क्लब की जूनियर विंग) में भी शामिल हो गई। हमने विकास के बहुत से काम किए, और हमारा क्लब पुणे का बेस्ट क्लब बन गया।'

सलोनी लियो क्लब से एक सदस्य के रूप में जुड़ी थीं, लेकिन जब वह उससे निकलीं तो वहां की प्रेजिडेंट थीं।

'हमने 7 लोगों के क्लब को 60 का बना दिया, तब मुझे अहसास हुआ कि मुझे विकास के क्षेत्र में काम करने में खुशी मिलती है, साथ ही कल्पना करना, फंड एकत्र करना और कोई बिजनेस चलाने में।'

सलोनी ने महसूस किया, यही वह चीज है जिसे मैं पूरी जिंदगी कर सकती हूं। लेकिन एक युवा बीटेक के तौर पर वह कर क्या सकती थीं? 'मैंने सोचा कि यह सही नहीं होगा कि जाकर मां-पापा से बोलूं कि मुझे एनजीओ शुरू करना है। तो मैंने तय कि पहले मैं कुछ अनुभव हासिल करूंगी।'

इसकी शुरुआत उन्होंने वेबचटनी से की--एक इंटरेक्टिव एजेंसी। इससे कोई फर्क नहीं पड़ता था कि वह क्या कर रही थीं, क्योंकि उनका विचार तो महज यह जानना था कि अपना बिजनेस चलाना क्या होता है।

'मैं बिजनेस डूवलपमेंट प्रोफाइल से जुड़ी और वहां थोड़े समय के लिए काम किया। जब मैंने नौकरी छोड़ी तो मुझे कुछ अंदाजा था कि मुझे क्या करना है, लेकिन निश्चित तौर पर नहीं...'

इस मोड़ पर सलोनी के माता-पिता ने पूछा, 'अगर तुम कुछ करना चाहती हो, तो अभी करो, नहीं तो एमबीए के लिए तैयारी करो।'

सलोनी को यह बात तो स्पष्ट थी कि उन्हें एमबीए नहीं करना है। तो सवाल था कि अब क्या?

'मैं 6 महीनों तक घर पर बैठी, यह तय करने के लिए मुझे कहां से क्या शुरू करना है। फिर, मैंने प्रोफेसर अशोक झुनझुनवाला को एक कॉन्फ्रेंस में बोलते हुए सुना। मैं उनकी बातों से इतनी प्रभावित हुई कि मैंने उन्हें अपना रिज्यूम ही भेज दिया।'

यह साल 2003 की बात थी, और सलोनी तब 23 साल की थीं।

'मैंने कुछ रिसर्च के जरिये पाया था कि वह सोशल बिजनेस को प्रमोट करने वाले मुख्य इंसान हैं। तो जब उनका जवाब आया, तो मैं सच में उछल ही पड़ी!'

सलोनी उनसे मिलने के लिए आईआईटी मद्रास गईं।

'मेरे पास एक आइडिया था, लेकिन मैं निश्चित नहीं थी कि वह काम करेगा या नहीं। जब हम मिलें, मैंने उन्हें अपना आइडिया बताया, और उन्होंने मुझसे हजार अलग-अलग सवाल पूछे। वह मुलाकात मेरे लिए बदलाव का पल साबित हुई।'

सलोनी के दिमाग में तीन बातें घूम रही थीं--'गांव', 'बिजनेस' और 'तकनीक'। लेकिन उन्हें समझ नहीं आ रहा था कि तीनों को मिलाया कैसे जाए।

प्रो. झुनझुनवाला ने कहा, 'गांव के लोगों को कोई सामान बेचने की सोचने के बजाय, हमें गांवों में पैसे लगाने के बारे में सोचना चाहिए।'

वह बहुत ही अलग विचार था। लेकिन खेती के सामान के अलावा कोई

'तमिलनाडु में बहुत से लोग अंग्रेजी में बात करते हैं, यहां तक कि गांवों में भी। तमिलनाडु के चयन का यह भी कारण था--वहां बीपीओ बिजनेस शुरू करना आसान था।'

गांवों से और खरीद ही क्या सकता है?

'हमारे पास खादी ग्रामोद्योग, फेबइंडिया और लिज्जत पापड़ जैसे उद्योग हैं, जो गांवों के कारीगरों को काम देते हैं।'

लेकिन शहरी भारत में एक और काम जो तेजी से उभर रहा था, वह था आउटसोर्सिंग।

'हम देख रहे थे कि पढ़े-लिखे लोग गांवों को छोड़कर, नौकरी की तलाश में शहरों में आ रहे थे। इससे शहरों और प्रवासियों पर भी बहुत दबाव बनता है।'

क्या यह संभव था कि इस मॉडल को ही बदल दिया जाए? ग्रामीण श्रम को कम्युनिकेशन तकनीक में लगाकर, गांवों में ही 'आउटसोर्सिंग वर्क क्यों न शुरू किया जाए? और अगर हां, तो वहां किस तरह की सर्विस शुरू की जा सकती है?

आइडिया ने सलोनी को काफी प्रभावित किया, और प्रो. झुनझुनवाला ने इस पर उनका मार्गदर्शन करना शुरू किया।

उन्होंने कहा, 'मैं तुम्हें काम करने के लिए जगह, और नेटवर्क दे दूंगा। हम पहले से ही गांवों में विकास का काम कर रहे हैं, हम तुम्हें उन जगहों पर ले जाएंगे।'

चेतावनी बस एक थी।

'मैं तुम्हें जमीनी काम करने के लिए दो साल का समय दूंगा। लेकिन तुम ना के जवाब के साथ वापस नहीं आ सकतीं। मुझे एक जीती-जागती कंपनी देखनी है।'

जब अवसर आपके दरवाजे पर दस्तक दे, तो आप बस हाथ पर हाथ धरे बैठे नहीं रह सकते। आपको दरवाजा खोलकर, उसका स्वागत करना ही होता है। यही सलोनी ने किया।

प्रो. झुनझुनवाला ने एक आखरी सवाल पूछा, 'तुम दिल्ली से काम करना पसंद करोगी या चेन्नई से?'

जटिल सवाल, लेकिन सलोनी निर्णय ले चुकी थीं।

'दिमाग में मैं जानती थी कि मुझे चेन्नई में ही रहना होगा। तो मैंने कहा--मैं अपना सामान लेकर, यहीं रहने आई हूं।'

उन्होंने कहा, 'ठीक है, फिर कल से काम शुरू कर दो!'

और वही हुआ, जो होना था।

'मैं वापस दिल्ली नहीं जा पाई। जिस समय मैं सफर कर रही थी, जानने की कोशिश कर रही थी कि मैं क्या करना चाहती हूं। मैं बहुत से लोगों से मिली, और गांव के बारे में समझने की कोशिश की।'

जब वह इन कोशिशों में लगी हुई थीं कि तभी तमिलनाडु में सुनामी आ गया। सलोनी ने राहत कार्यों में भी भाग लिया। आखिरकार, 2004 में उन्होंने दोबारा काम करना शुरू किया।

यह बात अलग है कि वह सपने को हकीकत में बदलने के लिए काम कर रही थीं।

'इंजीनियरिंग कॉलेज हॉस्टल का पहला दिन मुझे आज भी याद है, वहां मैं एक लड़की, सांगली से मिली। जिसके लिए कंप्यूटर इंजीनियरिंग उसके जीवन को बेहतर बनाने का पासपोर्ट था। इससे मुझे अहसास हुआ कि कंप्यूटर किसी भी इलेक्ट्रॉनिक डिवाइस से बड़ी चीज है।'

और उद्यमिता किसी ग्रेट आइडिया से कहीं आगे का काम है। आइडिया बीजों की तरह होते हैं, जिन्हें पनपने के लिए पर्याप्त पानी और सूरज की रोशनी की जरूरत होती है। और आईआईटी वही देती है।

इस जिम्मेदारी के साथ वजीफे और पारिवारिक मूल्यों को भी संभालना था।

'मैं भी अपने लोगों से कह सकती थी कि देखो, मैं भी आईआईटी में कुछ कर रही हूं!' सलोनी चहकती हैं।'

यह अलग बात है कि इस 'कुछ' को पूरी तरह परिभाषित नहीं किया जा सकता था।

'उस समय आईआईटी मद्रास औपचारिक रूप से इनक्यूबेटर नहीं था*, तो वह लोगों को रिसर्च एसोसिएट के रूप में नियुक्त करते थे। अगर आइडिया काम कर जाए, तो वह उसे कंपनी में बदल देते थे।'

दरअसल, सलोनी का रूरल आईटीईएस प्रोजेक्ट अपने प्रकार का पहला प्रोजेक्ट था, और यह भी अपनी ही गलतियों से सीखते हुए आगे बढ़ा!

'पहला मॉडल जिसे हमने अपनाने की कोशिश की, पहला साल खत्म होते-होते असफल हो गया,' वह कंधे झटकते हुए बताती हैं।

वह मॉडल 'किओस्क' पर आधारित था। उनका विचार था कि गांव में एक कंप्यूटर सेंटर लगाएंगे, जो शिक्षा देने, स्वास्थ्य समाधान और अन्य उपयोगों में काम आ सकेगा। कई संगठन कर्नाटक, महाराष्ट्र और तमिलनाडु में इसे लगाने की कोशिश कर चुके थे, पूरे देश में ऐसे 7000-8000 किओस्क थे।

'इन किओस्क के साथ मुख्य समस्या थी कि ये दिन में दस घंटे खाली रहते थे। इसका मतलब एक कंप्यूटर पर हजारों घंटों का समय यूं ही जाया हो जाता था।'

सलोनी का विचार सिंपल थाः ऐसे किओस्क पर काम करने के लिए लोगों की तलाश की जाए। यह करने के लिए, उन्होंने 'एनलॉज' की मदद ली, एक कंपनी, जिसकी शुरुआत आईआईटी मद्रास कैंपस में हुई, जिसने ऐसे 3000 किओस्क लगाए।

'शुरुआती स्तर पर हमने 15 जगहों की पहचान की। फिर, मैंने काम की तलाश शुरू की।'

तय हुआ कि टीम पहले पब्लिशिंग का काम करेगी--डीटीपी, डाटा एंट्री, डॉक्यूमेंटेशन। उन्होंने आईआईटी के अंदर ही, और आईआईटी के पूर्व छात्रों, जो अब कंपनी चलाते थे, को अपनी सेवाएं देने की कोशिश की।

और काम भी आया, लेकिन उनका मॉडल बड़े पैमाने का नहीं था।

'कम संख्या में--जैसे 10 या 15 किओस्क, या हद से हद 20--आप इसे साकार कर सकते हैं। आपको मौसमी काम मिल सकता है। लेकिन यह वह काम नहीं है, जिस पर आप निर्भर हो सको।'

---

* अब उसे रूरल टैक्नोलॉजी एंड बिजनेस इनक्यूबेटर, आरटीबीआई के नाम से जाना जाता है।

लेकिन उनके पास कम से कम विचार तो था। अगर उन्हें बाहर ठीक-ठाक पगार मिल रही थी, तो शायद ही गांवों में कोई पढ़ा-लिखा इंसान टिकता।

आपको एक बेहतर बिजनेस मॉडल की जरूरत थी।

गहन जांच के बाद, सलोनी को कुछ आधारभूत बातों का अहसास हुआ। लोगों को घर से काम करने की इजाजत देना सही नहीं होगा। उनमें इसके लिए अनुशासन, संसाधनों और साहस की कमी थी।

'हमने तय किया कि एक जगह पर 4-5 कंप्यूटर होने चाहिए, जिससे लोग छोटे ग्रुप में आकर काम कर सकें। और हर सेंटर को फ्रेंचाइसी की मदद से चलाया जाएगा।'

फरवरी 2007 में, प्रोजेक्ट को देसीक्रू सोल्यूशन प्राइवेट लिमिटेड के नाम से औपचारिक रूप से रजिस्टर करवा दिया गया। अब कंपनी फ्रेंचाइसी की मदद से दस जगहों पर काम कर रही थी। लेकिन उसमें बहुत सी समस्याएं भी थीं।

'चूंकि कंप्यूटर महंगे थे, तो वे सैकंड हैंड मशीन खरीदते, जिसमें वायरस जैसी बहुत सी परेशानियां होतीं। तो हमने तय किया कि हम उन्हें सीपीयू, यूपीएस और ओरिजनल सॉफ्टवेयर उपलब्ध करवाएंगे।'

कर्मचारियों का वेतन सुनिश्चित करने का अधिकार प्रत्येक फ्रेंचाइसी को अपने स्तर पर था। लेकिन, उन्हें मजदूर कानून और पीएफ, ईएसआई का ध्यान रखना था।

लेकिन 3 महीनों में ही सलोनी को अहसास हो गया कि ऐसे काम नहीं किया जा सकता।

'फ्रेंचाइसी तब तक बिजनेस में पैसा नहीं लगाते, जब तक उन्हें कोई बंधी कमाई न नजर आए। और ग्राहक तब तक आपको काम नहीं देगा, जब तक वह कोई स्थिर संसाधन नहीं देखेगा... तो, यह मुर्गी और अंडे की कहानी ही है, जिसमें कह नहीं सकते कि इनमें से कौन पहले आया था।'

और तो और, बीपीओ इंडस्ट्री में मुनाफा बेहद कम है, खासकर छोटी कंपनियों के लिए। वह मॉडल आर्थिक रूप से सही नहीं था। और यही सबसे जरूरी बात थी, क्योंकि देसीक्रू कोई एनजीओ नहीं था। वह प्राइवेट लिमिटेड कंपनी थी।

'मुनाफा महत्वपूर्ण है—लेकिन खासतौर पर हमारी क्षमता के पैमाने पर। इससे पता चलता है कि सबकुछ सही चल रहा है।'

'हमने सोचा कि कस्टमर से काम लेकर हम पैसा बना लेंगे, और इसका कुछ प्रतिशत अपने पास रखकर, बाकी फ्रेंचाइसी को देंगे। लेकिन जैसा कि मैंने कहा था, फ्रेंचाइसी को बिजनेस बढ़ाने में कोई दिलचस्पी नहीं थी।'

क्यों लोगों को प्रशिक्षित करें--या उन्हें काम पर जमाए रखें--भले ही काम हो या न हो?

'मुझे याद है कि एक बार हम सरप्राइज विजिट पर गए थे, और हमने देखा कि फ्रेंचाइसी ने बिजली बचाने के चक्कर में लाइट ही बंद कर रखी थीं। और वहां लोग अंधेरे कमरे में काम कर रहे थे!'

यह बिखरा हुआ मॉडल सच में काम नहीं कर रहा था। इसे 'मैनेजमेंट' के अनुसार चलाने के लिए देसीक्रू को अपना ऑफिस स्थापित करना ही था। उन्होंने तय किया कि वे अपनी फ्रेंचाइसी में से चार खरीद लेंगे, और उन्हें कंपनी की अपनी यूनिट में बदल देंगे।

'मैंने कहा, ठीक है, हम इसमें निवेश करेंगे--खासतौर पर संसाधनों में। इससे क्लाइंट को भी हम पर भरोसा होगा।'

और अगर वह पूछते हैं, 'क्या इस मॉडल में विकास की गुंजाइश है,' देसीक्रू कह सकता है, 'हां! जरूरत पड़ने पर हम और कंप्यूटर लगाकर, नए लोगों की भर्ती कर लेंगे।'

कर्मचारियों के स्तर पर भी, एक 'ऑफिस' में काम करना ज्यादा आरामदायक होता है। न कि फ्रेंचाइसी की दया पर।

'हम आधारभूत सुविधाओं का ध्यान रखते हैं, जैसे छोटा सा कॉन्फ्रेंस रूम, डायनिंग एरिया, बाथरूम। कंप्यूटर के अलावा, हमने जेनरेटर भी लगवाएं हैं, जिससे लाइट जाने के बाद भी काम किया जा सके।'

विस्तार तुरंत नहीं हुआ, लेकिन समय के साथ, 3 कंप्यूटर और 65 लोगों के बैठने की क्षमता बढ़ा दी गई। और फ्रेंचाइसी भी वहां कर्मचारी के तौर पर

'इनक्यूबेटर का हिस्सा होने के नाते, हर कोई हमारा मनोबल यह
कहकर बढ़ाता—क्या हुआ अगर असफल हो गए तो,
कोई बड़ी बात नहीं। यहां तक कि असफलता से भी
तो तुमने कुछ सीखा ही।'

काम कर रहे थे। यूनिट कोयम्बटूर के पास, पलड़म में है, जहां की जनसंख्या 50,000 है।

'हमने कई जगहें देखीं। तो हमने 10,000 की जनसंख्या वाले पंचायत विलेज में दो यूनिट लगाईं। और दो छोटे गांवों में। बस यह समझने के लिए कि हमारे लिए कौन सी जगह ज्यादा उपयोगी होगी।'

अब सब दावं ठीक पड़ रहे थे। 2007 के आखिर तक, सलोनी को पहला प्रोजेक्ट शुरू किए हुए साढ़े तीन साल हो गए थे।

लेकिन मुश्किल समय, और कम सालाना आय के साथ कंपनी ने कैसे अपने पैर जमाए रखे?

'हमने आईआईटी के 5 लाख रुपयों से काम शुरू किया। मैंने इसमें अपना निजी निवेश भी लगा दिया। और पूरी प्रक्रिया में हमने कुछ पैसे भी कमाए--लेकिन हम लगातार काम के सही मॉडल की तलाश में थे।'

सही मॉडल मिला, और उसी के साथ दूसरी अच्छी चीजें भी हुईं। 2008 में देसीक्रू को अपना पहला 'निवेशक' मिला। और वह कोई अजनबी नहीं, बल्कि वह, जो बहुत बारीकी से कंपनी के काम पर नजर रखे हुए था। राजीव कुचल, ऑनमोबाइल के भूतपूर्व सीओओ।

'राजीव बीपीओ स्पेस से ही थे, तो हम अक्सर उनके पास मार्गदर्शन के लिए जाते थे। उन्होंने दो सालों में हुआ हमारा विकास देखा था, यह सोशल और बिजनेस वेंचर था।'

इसी कारण से उन्होंने इसमें निवेश करने का चयन किया।

'राजीव सिर्फ बिजनेस या तकनीक के नाम पर ही निवेश नहीं करना चाहते थे। दरअसल, उन्होंने कुछ समय तक एक एनजीओ भी चलाया था, तो देसीक्रू

का सामाजिक पहलू उन्हें बहुत पसंद आया।'

ऐसा व्यवसाय, जिसमें समाज का भी हित हो, या ऐसा सामाजिक कार्य जिसमें व्यवसाय की गहराई भी हो--चाहे आप जिस नजर से देखें।

बीपीओ के तौर पर, देसीक्रू तीन प्रमुख सेवाएं देता है। पहला है डॉक्यूमेंटेशन और डिजिटाइजेशन--जिसमें डाटा एंट्री से लेकर इंडेक्सिंग तक सभी कुछ शामिल है। बहुत हाई-टेक तो नहीं, लेकिन हाई-वॉल्यूम पर।

'यह काम हम मुख्यतः इंश्योरेंस कंपनियों, 1-2 बैंकों और एनजीओ के लिए करते थे।'

देसीक्रू की दूसरी सेवा थी कंटेंट स्पेस, जहां वह सेकेंडरी रिसर्च से लेकर कंटेंट पॉप्यूलेशन और 'क्लीन अप' तक सभी काम करता है।

'कोई डाटा इकट्ठा करता है, तो किसी दूसरे का काम होता है, उस डाटा की प्रमाणिकता जांचना। कहीं ऐसा न हो कि पिक्चर अभिषेक बच्चन की हो, और कोई उसे शाहरुख खान की बता दे!'

और दूसरी चीजों के बीच, देसीक्रू एक लोकल मोबाइल सर्च इंजन के साथ भी काम करता है।

उनका तीसरा काम है लिप्यांतरण और अनुवाद, खासकर अंग्रेजी से भारत की भिन्न-भिन्न भाषाओं में।

इसके लिए उनके पास 250 स्थायी कर्मचारी हैं, जिनमें 2 बिजनेस हेड और 12 प्रोजेक्ट मैनेजर भी शामिल हैं। और यही से बिजनेस में सामाजिकता का प्रवेश होता है। कर्मचारियों में आईआईटी डिप्लोमा वाले हैं, जिनके पास बीए और कुछ के पास तो एमए की डिग्री भी है।

लेकिन ये वो लोग हैं जिन्होंने अपने जन्मस्थान पर ही रहने का निर्णय लिया। और कुछ लोग तो शहरों से भी वापस आए हैं।

'गांवों का मतलब यह नहीं है कि पगार कम मिलेगी। लेकिन हां, वहां रहने की कीमत कम जरूर है, तो वे अपनी कमाई का बड़ा भाग बचा सकते हैं!'

देसीक्रू के एंट्री लेवल के कर्मचारियों को--क्रूमेट कहा जाता है--5000-6000 रुपये महीना मिलता है। इसके अलावा उनके पास अच्छी पर्फोमेंस के जरिए

2000 रुपये अतिरिक्त कमाने का मौका भी मिलता है।

इससे कस्टमर को भी कम दाम में बेहतर काम मिल जाता है।

'किराये का खर्च हमारा है नहीं। यातायात में भी ऐसा कुछ खर्च नहीं करना पड़ता, खाना सस्ता है--तो महीने का खर्च यकीनन कम ही होता है। शहरों में रहने के लिए बहुत पैसे खर्च करने पड़ते हैं।'

देसीक्रू में, सभी कर्मचारी जमीन से जुड़े हुए, और ईमानदार हैं। जिनमें से लगभग 70 प्रतिशत महिलाएं ही हैं।

'हालिया प्रोजेक्ट में शाम को और रात की शिफ्ट में भी काम करने की जरूरत थी, तो हमने आदमियों की नियुक्ति की,' सलोनी बताती हैं।

अपनी सालाना आय बताने की इच्छुक न होते हुए भी, सलोनी ने मुझे गर्व से बताया कि पिछले दो सालों में देसीक्रू 'फायदेमंद' हो गया है।

'यही हमारे लिए सबसे बड़ी चुनौती थी, क्योंकि हम यही दिखाना चाहते थे कि यह मॉडल आर्थिक रूप से भी अच्छा है, ताकि हम दूसरे लोगों को भी पैसा निवेश करने के लिए कह सकें!'

जुलाई 2008 में, देसीक्रू ने राजस्थान सरकार के साथ एक बहुत बड़ा प्रोजेक्ट किया।

'सरकार ने एक योजना शुरू की, उसके तहत राज्य में गरीबी रेखा से नीचे रह रहे लोगों के बैंक अकाउंट खोलकर, उन्हें स्वास्थ्य इंश्योरेंस और 1500 रुपये दिए जाएंगे। लेकिन उनका विचार यह सुविधाएं घर की महिलाओं को देने का था।'

यही तो समस्या थी, गृहस्थी की महिला का डाटा अक्सर किसी भी प्रकार के सर्वे में नहीं लिया जाता। महिलाओं के नाम और पूरी जानकारी इकट्ठा करना बहुत जटिल प्रक्रिया थी, और फिर उनसे इंश्योरेंस फॉर्म पर हस्ताक्षर लेना।

'वह सारा डाटा हमारे पास आया, हमने उसे डिजिटाइज किया, छांटा और फिर बैंक को पूरी डिटेल भेजी। जब हमें कोई धोखाधड़ी का मामला मिलता तो हम संबंधित अधिकारी को इसकी सूचना भी देते।'

पूरा काम दो महीने में खत्म हो गया--इसे संभालने के लिए देसीक्रू को 1500 कर्मचारी लगाने पड़े। और अगर सबकुछ योजना के मुताबिक चलता रहा,

तो जल्द ही ये सभी स्थायी कर्मचारी हो जाएंगे।

'हम मार्च 2011 तक 500 कर्मचारियों की नियुक्ति की योजना बना रहे हैं।'

बड़ा लक्ष्य, मैं अपने मन में सोचती हूं। लेकिन इस लड़की को पूरा विश्वास है कि यह काम किया जा सकता है।

'हमने काफी तरक्की की। पिछले साल तक, हमारे प्रोजेक्ट मैनेजर चेन्नई, या बंगलुरु, या बॉम्बे में रहते थे--जहां भी कस्टमर हो। इस साल हमें महसूस हो रहा है कि हम अगले स्तर पर जाने के लिए तैयार हैं।'

पहले प्रोजेक्ट मैनेजर क्लाइंट से मिलने के लिए बॉम्बे या बंगलुरु आया करते थे, लेकिन अब वे साइट पर ही रहते हैं।

'विकास के लिए हमें अपने मॉडल को सही साबित करना था। क्योंकि कस्टमर की मुख्य चिंता मैनेजमेंट ही होती है।'

देसीक्रू अच्छी प्रतिभाओं को अपनी ओर आकर्षित कर रहा है। अभी हालिया नियुक्ति एक एयर फोर्स ऑफिसर की है, जिन्होंने 20 साल की नौकरी के बाद अपनी नौकरी से वीआरएस ले लिया। 'हेड ऑफिस चेन्नई में है, और टीम ट्रेनिंग व जांच के लिए अलग-अलग सेंटर पर जाती रहती है।'

'हम हर महीने अपने काम की समीक्षा करते हैं, तो हर कोई इसके लिए सजग रहता है।'

8 बड़े क्लाइंटों के साथ बिजनेस स्थिर है। जिनके नाम यहां स्वाभाविक कारणों से नहीं दिए जा रहे हैं। मजे की बात है कि उनमें से एक तो इंश्योरेंस कंपनी है, जो *द इकोनॉमिक टाइम्स* में देसीक्रू के बारे में पढ़कर उनके पास आई थी।

'ऑर्गेनाइजेशन के हेड ने हमें फोन किया और वेबसाइट पर नोट भी छोड़ा कि हम कॉन्ट्रेक्ट कैसे करते हैं।'

देसीक्रू का दूसरा बड़ा कस्टमर एक जानी-मानी इंटरनेट कंपनी है। उनके रिसर्च हेड आईआईटी गए थे, वहां उन्होंने 'ग्रामीण बीपीओ' के बारे में सुनकर हमारा काम देखने की इच्छा जताई।

'शुरुआत में हमने उनके लिए एक छोटा प्रोजेक्ट किया, और आज वे

हमारे बड़े क्लाइंट हैं!'

क्लाइंट अक्सर सवाल करते हैं कि 'कितनी लोकेशन' और आपका 'मैनेजमेंट' कैसा है।

'सबसे पहले आपके पास क्लाइंट के सभी सवालों का जवाब होना चाहिए। और दूसरा, यह समय कॉम्पिटिशन का है। बहुत से दूसरे लोग भी ऐसे मॉडल पर काम करना शुरू कर देते हैं--तो अपने विचारों को प्रामाणित करना जरूरी है!'

दरअसल, ज्यादा से ज्यादा बीपीओ की नजर भारतीय ग्राहकों पर है। और उन्हें लगता है कि 'ग्लोबल डिलीवरी मॉडल' हमेशा काम नहीं करता।

'अगर आप किसी काम के लिए विदेशी कंपनी को भुगतान करते हैं, तो उसी काम को कोई भारतीय कंपनी एक-तिहाई दाम पर कर देगी। तो ज्यादातर लोग हमारे मॉडल को ही आजमा रहे हैं--टाटा, इंफोसिस, विप्रो, आदित्य बिरला ग्रुप...'

कभी-कभी तो यह कंपनियां अपने ही आउटसोर्स काम को देसीक्रू को आउटसोर्स कर देती हैं।

'हमें इसमें कोई दिक्कत नहीं है... हमारा मुख्य उद्देश्य है, ज्यादा से ज्यादा रोजगार पैदा करना, और ग्रामीण क्षेत्रों में कमाई के अवसर मुहैया कराना। अगर इससे हमारा मकसद पूरा होता है--तो क्यों नहीं!'

सामाजिकता ही वह पहलू है जो देसीक्रू को ऊर्जावान बनाए रखता है--मैनेजमेंट स्तर पर भी।

'हमारे प्रेजीडेंट और सीईओ मणिवन्नन हैं। वह *सत्यम* के रूरल बीपीओ 'ग्रामआईटी' के संस्थापक सदस्य भी थे।'

अशवंत और थिरु भी हमारी स्टार्ट-अप टीम का हिस्सा हैं।

'अशवंत ने यूके से एमबीए किया है, जो सिविल सर्विस की परीक्षा देने के लिए वापस आए थे, लेकिन उसके बजाय वह देसीक्रू में शामिल हो गए। थिरु एक उद्यमी, लेक्चरार, और हार्डवेयर इंजीनियर हैं--और भी बहुत से काम उनकी श्रेणी में आते हैं।'

सभी लोग, जो कहीं और काम करके इससे ज्यादा पैसे कमा सकते थे,

लेकिन उन्होंने यहां रहना पसंद किया।

'मैं सोचती हूं कि कुछ नई चीज गढ़ना ज्यादा मूल्यवान होता है, लेकिन एक नए और दिलचस्प तरीके से, शायद इसीलिए हम सब यहां हैं।'

मुनाफा तो है ही, लेकिन बात काबिलियत और संतुष्टि की भी है।

'तो, अगर कोई इंश्योरेंस कंपनी कहती है--''हम तुम्हें काम दे सकते हैं, लेकिन आपको बॉम्बे में 100 लोग काम करने के लिए देने पड़ेंगे।'' तो हम वह काम नहीं लेते। क्योंकि वह हमारे मकसद के साथ फिट नहीं बैठता, हम छोटे शहरों में, स्थानीय लोगों के साथ काम को अंजाम देते हैं।'

'हमारा बिजनेस इतना बड़ा हो पाया, क्योंकि हम नहीं जानते थे कि हम क्या-क्या कर सकते थे। किसी को न कह पाना बहुत मुश्किल होता था, क्योंकि एक प्रोजेक्ट से 300 लोगों को रोजगार मिलता था--इससे कंपनी को बड़ा फायदा होता।'

लेकिन, जैसा कि वे कहते हैं, छलांग लगाने से पहले देखो...

यद्यपि, कभी-कभी आपको सिर्फ भरोसे के बल ही छलांग लगानी पड़ती है--जैसे सलोनी ने किया--जब उन्होंने चेन्नई में ही रहने का फैसला किया।

कंपनी सेट करने में 2 साल लग गए। और उससे भी ज्यादा काम का सही मॉडल तलाश करने में। लेकिन, फिर देसीक्रू की सफलता की कहानी शुरू हुई, आईआईटी मद्रास का पहला सफल बीज, जो अब फल देने लगा था।

'इनक्यूबेटर को अब रूरल टैक्नोलॉजी और बिजनेस इनक्यूबेटर कहा जाने लगा है--तो अब इसके तहत शुरू होने वाले कामों में ग्रामीण, तकनीक और बिजनेस का भाव होना जरूरी है। पिछले 2 सालों में ऐसी 12 कंपनियां सामने आ चुकी हैं।'

और आखरी सवाल आता है, 'सामाजिक प्रभाव' का। इसका हमें कैसे पता होगा? इसके लिए हाल ही में कई शोध किए गए हैं।

'जब लोग ज्यादा पैसा कमाने लगते हैं, तो अर्थव्यवस्था में भी ज्यादा पैसा मौजूद होता है। चलिए अपने एक गांव की बात करते हैं--कोल्लर--जहां लगभग 25 लोग काम करते हैं। वह सभी औसतन 5000 रुपये प्रतिव्यक्ति कमाते हैं, इससे क्रय शक्ति भी मजबूत होती है।'

इसके अप्रत्यक्ष परिणाम भी हैं। जैसे देसीक्रू गांवों में ब्रॉडबैंड कनेक्टिविटी लाया। अब तक 60 लोग उसी एक्सचेंज से कनेक्शन ले चुके हैं।

इससे भी ज्यादा है युवाओं पर पड़ने वाला प्रभाव, खासकर लड़कियों पर।

'ज्यादातर अभिभावक कहते हैं कि अगर देसीक्रू नहीं होता, तो उनकी बेटियां घर पर ही बैठी होतीं। अब वे कमा रही हैं, और अपने भविष्य को लेकर ज्यादा आश्वस्त और आशावान हैं।'

बहुत सी लड़कियां अपनी शादी के लिए पैसे बचा रही हैं; कुछ ने डिस्टेंस लर्निंग प्रोग्राम में दाखिला ले लिया है। यहां तक कि लड़के भी, जो खेतों पर काम करना पसंद नहीं कर रहे, वे यहां नौकरी करके खुश हैं।

आखिरकार जो सोचा, वही हुआ। देसीक्रू ग्रामीण भारत के लिए आय और अवसर लेकर आया है।

और यह सब हुआ बस एक 23 साल की लड़की की दीवानगी की वजह से, जिसने कुछ अलग करने की ठान ली थी। भले ही राह में कितनी ही रुकावटें क्यों न आएं।

'कभी-कभी चीजें अपने मुताबिक नहीं चलती, या कभी तो स्थिति और भी खराब हो जाती है... मुझे एक घटना याद है, जब हमारा एक फ्रेंचाइसी हमारे ही कस्टमर के साथ मिल गया। हमने उस टीम को प्रशिक्षित करके उपकरण दिलाए थे! हमें वो सब वापस लेने के लिए पुलिस स्टेशन जाना पड़ा था!'

उस समय मैंने खुद से सवाल किया था, 'मैं क्या कर रही हूं?'

लेकिन समय निकल गया।

'किस्मत से, मेरे मम्मी-पापा ने हमेशा मेरा साथ दिया।'

मतलब शादी के लिए दबाव नहीं डाल रहे हैं।

'हां, उन्होंने मुझे आजादी दी और मुझे बताया कि मैं खुद अपने लिए फैसले ले सकती हूं। अपनी मर्जी का काम कर सकती हूं।'

अगर और ज्यादा मां-बाप अपने बच्चों से यह कहें, तो हमें और भी सलोनी मिल सकती हैं।

और ज्यादा विद्रोही, पर अच्छे कारण के लिए।

*

युवा उद्यमियों को सलाह

अपने अनुभव से मैं बस एक ही बात कह सकती हूं कि हमें कुछ कर दिखाने के लिए 5 साल लगे, और अभी भी हम रोज कुछ सीखते हुए आगे बढ़ रहे हैं।

देसीक्रू एक समर्पित टीम के बिना यहां नहीं पहुंच सकता था।

आप कहीं बीच राह में ही अटक जाएंगे। अगर आपमें वाकई कुछ करने का जुनून है, सिर्फ तभी आप आगे बढ़ पाएंगे। आप आधे मन से कुछ नहीं कर सकते, इससे आप कहीं नहीं पहुंचोगे। तो आधा-अधूरा काम मत करो।

अगर आप किसी काम या संगठन को अपना योगदान देना चाहते हो--लेकिन अपनी नियमित नौकरी के साथ-साथ--तो यह सही है।

आप पार्टटाइम या सप्ताह में एक घंटे भी काम कर सकते हो, लेकिन उसके लिए आपको दिल से तैयार होना होगा। जैसे जब मैंने काम करना शुरू किया, तो मुझे नहीं पता था कि मैं क्या करना चाहती हूं। तो मैंने पार्टटाइम और एनजीओ के सहायक के रूप में बहुत सा काम किया।

आप अपनी क्षमता के अनुसार योगदान दे सकते हैं। करने के लिए बहुत काम है--एनजीओ में हमेशा संसाधनों की कमी होती है। इससे आपको अपनी रुचि का काम समझने में मदद मिलेगी।

जब मैं दिल्ली में वेबचटनी में काम करती थी, तो यह साफ हो गया था कि किसी भी काम को वास्तविक जमीन पर उतारने के लिए आपको रोज 18-20 घंटे काम करना पड़ता है। मेहनत करने के लिए तैयार रहो, भले ही आप किसी भी तरह का काम क्यों न करो।

पुकारते पहाड़

इशिता खन्ना
स्पीति इकोस्फेयर

युवा इशिता प्रकृति संरक्षण के लिए पूरी तरह आदर्श और जोश से लबालब हैं। लेकिन उनका मानना है कि विकास के लिए सबको साथ खड़ा होना होगा। इकोस्फेयर के जरिए इशिता ने इको-टूरिज्म और बेरी प्रोसेसिंग का प्रचार किया—इससे पहाड़ी लोगों के लिए अपनी अमूल्य धरोहर को बचा पाना मुमकिन हो सका।

जब भी मैं पहाड़ों पर जाती हूं, तो हैरान होती हूं कि यहां रहनेवालों की जीवन शैली कैसी होती है।

इसीलिए मैं इशिता खन्ना की तरफ आकर्षित हुई। एक युवती, जो अपना दिल स्पीति वैली को दे चुकी थी, उसने उसी को अपना घर और अपना ऑफिस बना लिया।

2002 से, इशिता 'स्पीति इकोस्फेयर' चला रही हैं, एक ऐसा उद्योग जो जीवनयापन और प्रकृति संरक्षण को समर्पित है। ऊंचे लक्ष्य जिनके बारे में बातें तो सभी करते हैं, लेकिन कुछ थोड़े ही उन्हें हासिल कर पाते हैं।

कौन जानता था कि उन मुलायम संतरी बैरी में ऐसा कौन सा जादू छिपा था, जिसने गांववालों के हाथों में शक्ति दे दी।

एक युवा महिला का मजबूत दृढ़निश्चय, जो हमेशा से ज्योग्राफी से प्यार करती आई थी।

क्योंकि पहाड़ों को हमेशा ही गर्व से सिर उठाए खड़ा रहना होगा।

पुकारते पहाड़

इशिता खन्ना
स्पीति इकोस्फेयर

इशिता खन्ना का जन्म और पालन पोषण देहरादून में हुआ।

'मैंने वेल्हम गर्ल्स स्कूल से पढ़ाई की। मेरे पिता मर्चेंट नेवी में थे और मां एक गृहिणी।'

इशिता पढ़ाई में कभी भी अच्छी नहीं थीं, उन्हें इसमें रुचि ही नहीं थी। उन्हें तो बस एक ही सब्जेक्ट से प्यार था--ज्योग्राफी।

'बहुत छोटी उम्र से ही मैं पर्यावरण, जानवरों और जंगली जीवन के बारे में जानना चाहती थी। मेरी मां मुझे और मेरी बहन को बहुत सारी ट्रेकिंग पर ले जातीं, तो इस तरह से प्रकृति--खासतौर पर पहाड़ों-- से प्यार बढ़ता गया।'

इशिता पढ़ाई के लिए दिल्ली विश्वविद्यालय गईं और ज्योग्राफी की पढ़ाई की--इस इकलौते विषय में ही तो उन्हें मजा आता था।

'दरअसल मेरा नंबर सेंट स्टीफन कॉलेज में भी आ गया था, लेकिन इंग्लिश ऑनर्स के लिए। और मैं समझौता करने के लिए तैयार नहीं थी...'

ग्रेजुएशन के बाद, इशिता ने सोशियोलोजी में मास्टर करने के लिए टीआईएसएस (टाटा इंस्टीट्यूट ऑफ सोशल साइंस) में दाखिला ले लिया। उनकी योजना पर्यावरण प्लानिंग के क्षेत्र में काम करने की थी। लेकिन टीआईएसएस ने उन्हें शहरी और ग्रामीण समुदाय के विकास का प्रस्ताव दिया, और उन्होंने उस समय के लिए मान लिया।

'मैंने मास्टर्स के निबंध के लिए टूरिज्म पर सोशियो कल्चर और इकोलोजिकल

के पड़ने वाले प्रभाव पर लिखा। मैंने गंगोत्री को अपनी जांच का केंद्र बनाया, जहां बहुत से तीर्थयात्री आते हैं।'

प्रोजेक्ट में फील्ड वर्क भी सम्मिलित था--जैसे मंदिर अधिकारियों, साधु, यात्रियों और ट्रेवल इंडस्ट्री में शामिल लोगों से मिलना था। इशिता इस परिणाम पर पहुंची कि इससे इकोसिस्टम पर काफी नकारात्मक प्रभाव पड़ रहा था।

'वहां जल निकासी और कूड़े की समस्या प्रमुख थी। इसके लिए आपको सही प्लानिंग की जरूरत तो थी ही लेकिन समस्या से निबटने के लिए इसमें स्थानीय लोगों को भी शामिल किया जाना चाहिए था। यही मेरा निष्कर्ष था।'

एमए पूरा करने के बाद, इशिता के पास कोई खास मकसद नहीं था, सिवाय पर्यावरण विभाग में नौकरी करने के। इसलिए वह केंद्रीय सरकार के एजेंसी सीएपीएआरटी से जुड़ गईं। यह एजेंसी विभिन्न एनजीओ को उनके काम के लिए फंड मुहैया कराती थी। ग्रामीण क्षेत्रों में काम करने की उत्सुक इशिता ने अपना ट्रांसफर हिमाचल प्रदेश के राज्य सरकार के पास करवा लिया।

और तब उन्हें पहली बार स्पीति जाने का मौका मिला, और वह उस जगह से प्यार करने लगीं। उस जगह, वहां के लोगों और इकोस्फेयर से। पर्यटन से बिल्कुल अनछुई जगह--लेकिन कब तक यह अव्यवस्थित विकास के झांसे से बच सकता था?

'उसके लिए एक बेहतर तरीके की जरूरत थी,' इशिता ने सोचा। 'एक ऐसा तरीका जिससे आर्थिक विकास के साथ-साथ पर्यावरण की भी रक्षा की जा सके।'

बदलाव के रास्ते में बहुत से विचार थे। और हर बड़े विचार की शुरुआत तो छोटी ही होती है--इस मामले में छोटी झाड़ी में उगे संतरी रंग के बेर, जिन्हें *सीबेरी* के नाम से जाना जाता है।

'सीबेरी की फसल सूखे और ऊंचे इलाकों में होती है, इन्हें दुनिया में विटामिन सी की अधिकता के लिए जाना जाता है। तो आर्थिक रूप से भी यह फायदे का सौदा हो सकता था!'

और क्या, यह झाड़ी खुद ही जमीन में पैर जमाकर उसे भू-क्षरण से बचाती है। इसमें नाइट्रोजन भी होता है, जिससे जमीन उपजाऊ होती है।

'मैंने सरकार के साथ मिलकर इस प्रोजेक्ट पर काम करने की कोशिश की, लेकिन उन्होंने कोई 10 साल पहले हुई किसी रिसर्च से यह मान लिया था कि यह बेरी स्पीति घाटी के लिए सही विकल्प नहीं है। उन्हें इस प्रोजेक्ट में कोई दिलचस्पी नहीं थी।'

लेकिन इशिता को भरोसा था कि *कुछ* किया सकता है। सीबेरी का उत्पादन पास ही में लद्दाख में हो रहा था, जिसे किसी व्यक्ति ने अपने दम पर शुरू किया था, और उसका परिणाम भी अच्छा रहा था। 2002 में, उन्होंने नौकरी छोड़कर, अपने दो दोस्तों--परीक्षित* और सुनील--के साथ म्यूज नाम का एक एनजीओ शुरू किया।

'हम सभी पहाड़ों को लेकर उत्साहित थे और स्पीति वेली के स्थिर विकास के लिए काम करना करना चाहते थे।'

इशिता ने जिस पहले इंसान को अपने काम से जोड़ा, वह थे स्पीति के 'राजा' नोनो सोनम अंगदुई। एक ऐसे इंसान जो अब शासक तो नहीं रहे, लेकिन स्थानीय लोगों में उनका खासा सम्मान है।

'वह बहुत ही प्रगतिशील इंसान हैं, वे वाकई में घाटी के लोगों के लिए कुछ करना चाहते थे। उन्होंने सीबेरी की क्षमताओं के बारे में सुना था, और वह अपनी तरफ से हरसंभव मदद देने को राजी हो गए।'

ऐसा अनुमोदन जो किसी 'बाहरी' इंसान की मदद करे--वो भी उनके अनोखे विचारों में--फौरन मान लिया जाता है।

इशिता ने खेती में स्थानीय महिलाओं को शामिल किया, और उन्हें बेरी को साफ और प्रोसेस करने में प्रशिक्षित किया।

'काम के लिए किसी कॉन्ट्रेक्टर को नियुक्त करना ज्यादा आसान होता लेकिन उनका विचार स्थानीय लोगों तक फायदा पहुंचाना था। हमने लेह बेरी के साथ करार किया कि वह हमसे माल खरीद लें, ताकि हम अपना सारा ध्यान प्रोडक्शन पर लगा सकें।'

पहले साल में 2 टन फसल का उत्पादन और प्रोसेस हुआ; अगले साल यह 5 टन का। बेरी सितंबर महीने में लगाई जातीं, दो सप्ताह के लिए। इस

* 2003 की सर्दियों में एक भयानक सड़क हादसे में परिक्षित की मृत्यु हो गई।

'पहाड़ों से आप बहुत कुछ सीखते हैं। आपको पता चलता है कि आप पर प्रकृति ने पूरा नियंत्रण कर रखा है, और इससे आपमें विनम्रता आती है।'

दौरान एक जर्मन एजेंसी जीटीजेड एक छोटी सी प्रोसेसिंग यूनिट के लिए पैसे देने को तैयार हो गई।

'उस समय तक हम सही तरह से रजिस्टर भी नहीं हुए थे। मुझे लगता है कि हम खुशकिस्मत रहे! हमने प्रपोजल रखा और उन्होंने हमें 11 लाख रुपये दे दिए।'

उसमें से ज्यादा पैसा मशीनरी में ही लग गया, जैसे बैरल, क्रेट्स, एक पल्पर, एक जेनरेटर--फलों के जूस की उत्पादन यूनिट में जरूरी उपकरण। स्थानीय लोग--ज्यादातर महिलाएं--क्लीनिंग और प्रोसेसिंग के काम में लग गए। औसतन वह रोज के 500-800 रुपये कमाने* लगे।

सब कुछ ठीक था, लेकिन उद्योग बहुत टिकाऊ नहीं था। समस्या थी, सीबेरी के क्रय-मूल्य की--वहां एक ही खरीदार उपलब्ध था, और उसे मनमाने दामों पर सामान बेचने के लिए वे मजबूर थे।

'सही दामों के लिए हमें बार-बार लेह बेरी के साथ उलझना पड़ता। तो 2004 में हमने तय किया कि हम *टीसेरिंग* नाम से अपना ब्रांड लॉन्च करेंगे।'

इस काम में मामूली सा मुनाफा भी होने लगा।

इस दौरान इशिता को अहसास हुआ कि वहां और भी महत्वपूर्ण मसले हैं, जैसे टूरिजम की बढ़ती तेज और अव्यवस्थित दर। 1990 के दशक की शुरुआत तक, भारतीयों को भी स्पीति जाने के लिए परमिशन लेनी पड़ती थी। लेकिन जब उसे खोला गया, तो यह भी टिपिकल हिल स्टेशन की तरह आनन-फानन में विकसित होने लगा।

'हर जगह गेस्टहाउस बनने लगे, लेकिन नाली निकास के लिए कोई उचित

* 2008 में सीबेरी के किसानों को 30 रुपये प्रतिकिलो दिए जाते थे; इससे 30 गांवों के लगभग 500 परिवारों को लाभ मिला था।

व्यवस्था नहीं थी। और इन गेस्टहाउसों का फायदा सिर्फ अमीरों को ही हो रहा था, वे और अमीर बनते जा रहे थे। हमने इको-टूरिजम के जरिए उसे बदलने का निर्णय लिया।'

टूरिजम बिजनेस का अधिकांश काम दिल्ली और मनाली के ऑपरेटर्स संभाल रहे थे। इससे यात्रियों को स्थानीय संस्कृति का अनुभव मिलने लगा।

'मुझे पता है कि लोग कुछ अलग करना चाहते हैं। हमने घरों में रहने की व्यवस्था कराई, तो जिस किसी के भी पास अतिरिक्त कमरा हो, वह कुछ पैसे कमा सकता है। और पर्यटक को स्थानीय लोगों के साथ रहने-खाने का मौका मिलता है, और कभी-कभी तो खाना पकाने का भी।'

होमस्टे के अलावा, इकोस्फेयर स्थानीय लोगों को ट्रेकिंग और जीप सफारी कराने का प्रशिक्षण भी देते हैं। कैंप लगाना, ग्रुप को गाइड करना और फर्स्ट एड की भी आधारभूत जानकारी देते हैं--वे जानते हैं कि उन्हें सब कैसे संभालना है।

इस बीच, इशिता ने मार्केटिंग को पूरी तरह संभाल लिया। और इसमें उन्होंने मुख्य रूप से इंटरनेट का ही इस्तेमाल किया।

'ट्रेवल एजेंट्स और होटल हमारे लिए बड़ी चुनौती थे, तो हमें खुद का प्रचार करना ही था। पिछले साल हमें 30 ग्रुप मिले--खासकर विदेशी। उनमें से कुछ स्वयंसेवक के तौर पर हमारे साथ काम भी करने लगे।'

इन प्रोजेक्ट्स में सब्जियां उगाने के लिए ग्रीनहाउस लगाना, और एनर्जी एफिशियंट घर बनवाने में लोगों की मदद करना। इन प्रयासों से लकड़ी की खपत प्रति घर 50-60 प्रतिशत कम हो जाएगी!

'हम अपने ट्रिप को इको-फ्रेंडली बनाने के लिए प्लास्टिक का इस्तेमाल कम करते हैं। हमारे ग्रुप मिनरल वॉटर बोतल नहीं खरीदते--हम उन्हें एक्वागार्ड वाटर देते हैं।'

टूरिजम प्रोजेक्ट से हर साल 35-40 लाख रुपये की कमाई हो जाती है और इसमें मुनाफा भी है। अब तक सीबेरी यूनिट भी ठीक से काम करने लगी थी।

'हमने पिछले साल 17 टन बेरी का उत्पादन किया, लेकिन एक नया ब्रांड खड़ा करना धीमी प्रक्रिया है। हम धीरे-धीरे वहां तक पहुंच रहे हैं!'

इकोस्फेयर अपनी सालाना आय का 50 प्रतिशत कमाता है--बाकी का 50

प्रतिशत फंड एजेंसियों के द्वारा आता है। लेकिन वह चाहती हैं कि उनका यह सामाजिक उद्योग खुद अपने खर्च पर ही चल पाए।

'अगर आप पैसों के लिए पूरी तरह से एजेंसियों पर निर्भर रहते हैं तो आपको हर समय हाथ में कटोरा लेकर उनके पीछे भागना पड़ता है। और अक्सर उनका फोकस आपके फोकस से भिन्न होता है। चूंकि इकोस्फेयर आत्मनिर्भर है, इसलिए हमें कुछ भी करने की पूरी आजादी होती है।'

हर साल इशिता आठ महीने--अप्रैल से नवंबर--स्पीति में बिताती हैं। दिल्ली की एक छोटी सी टीम भी उनके इस काम में मदद करती है।

इकोस्फेयर का स्थानीय ऑफिस काजा में है, स्पीति वेली का हेडक्वार्टर। काजा स्पीति का हलचल भरा शहर है, जैसे शिमला।

'मैं ऑफिस के सामने ही एक कमरे में रहती हूं--और सामान्य तौर पर सुबह 9 बजे से शाम को 6-7 बजे तक काम करती हूं। यकीनन वहां सारा काम गर्मियों में ही होता है क्योंकि सर्दियों में तो वहां का तापमान माइनस 35 डिग्री तक पहुंच जाता है!'

2002 तक वहां एसटीडी की सुविधा नहीं थी, अब वहां मोबाइल फोन और साइबर कैफे तक खुल गए हैं।

'गर्मियों में बिजली की कोई परेशानी नहीं होती, लेकिन पानी की बड़ी समस्या है। अक्सर पानी ठंड से जम जाता है और पानी निकालने के लिए आपको हैंडपंप के पास पहले आग जलानी पड़ती है।'

स्पीति की संस्कृति--भाषा, खान-पान--पर तिब्बत का प्रभाव देखने को मिलता है। लोग सीधे और मिलनसार हैं, और औरतें बहुत ही मजबूत।

'एक महिला के तौर पर मुझे कभी किसी मुसीबत का सामना नहीं करना पड़ा। और मेरे परिवार ने भी हमेशा मेरी मदद की,' इशिता बताती हैं।

तो आगे की क्या योजना है? इकोस्फेयर ने पास की ही लाहौल वेली में भी विकास के काम करने शुरू कर दिए हैं। इशिता पहाड़ों में कूड़े की समस्या को सुलझाने के लिए किसी योजना पर विचार कर रही हैं।

'आखिरकार हम सरकार के साथ एक नीति पर काम करना चाहते हैं। स्पीति वैली में आने वाले पर्यटकों की संख्या पर एक अंकुश लगाया जाना चाहिए,

जैसा कि भूटान में किया गया। यह प्रदेश पर्यावरण के स्तर पर ज्यादा दबाव नहीं झेल सकता।'

स्पीति के जादुई पहाड़ों से इशिता को जितना लगाव है, उतना ही उनका ध्यान स्थानीय लोगों को सक्षम बनाने की ओर भी है। पिछले दो सालों में उन्होंने खुद के काम को सीमित करते हुए सलाहकार की भूमिका तक ही रखा।

इकोस्फेयर के प्रयोग से उन्हें बहुत कुछ सीखने को मिला।

'मैंने यह जाना कि किसी काम के लिए सबको एक साथ मिला पाना बहुत मुश्किल होता है। सीबेरी में, हमने स्थानीय लोगों को साथ लिया। लेकिन पर्यटन में हमारी नजर प्रोफेशनल्स पर थी।'

और गांव में, सीधे पहाड़ी लोगों के साथ काम करने के लिए आपमें बहुत धीरज होना चाहिए।

'शहरों में जिंदगी बहुत तेजी से भागती है। यहां किसी भी काम की शुरुआत करने में ही कम से कम दो महीने लगते हैं!'

तो इशिता अब क्या करने वाली हैं?

'मैं पैसों के मामले में बहुत महत्वाकांक्षी नहीं हूं--कि मैं इतनी बड़ी रकम कमाना चाहती हूं, या कि मुझे किसी खास ब्रांड की गाड़ी में ही घूमना है। मैं बस कुछ ऐसा काम करना चाहती हूं, जिससे लोगों की जिंदगी में सुधार आए, और पर्यावरण में भी।'

हां, इसका मतलब थोड़ा अलग तरीके से रहना होता है, लेकिन मुझे कभी नहीं लगा कि मैं कुछ त्याग कर रही हूं।

'मेरे मां-पापा अक्सर शिकायत करते हैं कि मैं उनके साथ ज्यादा समय नहीं बिताती--जो कि सच भी है। मैं सोचती हूं कि किसी दिन मैं वापस देहरादून जाकर ही बस जाऊंगी।'

अभी के लिए, बहुत से पहाड़ चढ़ने अभी बाकी हैं। और इकोस्फेयर को और आगे जाना है।

प्रकृति की इस संतान और विश्व के नागरिक को अभी और मुकाम हासिल करने हैं।

✳

युवा उद्यमियों को सलाह

अगर आपके पास कोई आइडिया है तो बस आगे बढ़ जाइए--यही तो हमने किया। हमारे पास कोई पैसा नहीं था, कोई रोडमैप नहीं था लेकिन मुझे लगता है कि काम करने का यही तरीका है। आपको बस एक छलांग लगानी पड़ती है। अगर आप बहुत सारी योजनाएं बनाते हैं तो कभी-कभी आप साहस नहीं जुटा पाते।

जितना ज्यादा आप दोगे, उतना ज्यादा आपको वापस मिलेगा। अपनी जिंदगी में किए गए छोटे-छोटे बदलाव, पर्यावरण को भी बदल सकते हैं। आप जानते हैं कि जब आप ब्रश करते हुए नल बंद कर देंगे तो वह क्या कहेंगे...

हर छोटी बूंद की एक कीमत होती है। जब से मैंने स्पीति में रहना शुरू किया, मैंने इसका खुद अनुभव किया! मैं जानती हूं कि ऊंचे क्षेत्रों में हैंडपंप से एक बाल्टी पानी खींचना भी कितना मुश्किल होता है।

हम लोगों को स्पीति में जाकर दिखाते हैं कि यहां के लोग कितनी कठिन परिस्थितियों में रह रहे हैं। आपके जीवन का छोटा सा बदलाव भी उनके जीवन पर कुछ प्रभाव डाल सकता है।

सौर ऊर्जा

हरीश हांडे
सेल्को

हरीश हांडे एक 'पागल' वैज्ञानिक हैं। पीएचडी छात्र के तौर पर, उन्होंने श्रीलंका और भारत के ग्रामीण क्षेत्रों में दो साल बिताए। फिर उन्होंने अपनी कंपनी सेल्को शुरू की, जिसका काम था ग्रामीणों के लिए सस्ती और अच्छी सोलर लाइट बनाना। सेल्को कर्नाटक में 120,000 सिस्टम लगा चुका है, और उनकी योजना है कि निकट भविष्य में वह पूरे देश में अपनी लाइट लगाएंगे।

घुंघराले बाल, सलवटों वाली कमीज और तेज मुस्कान वाले हरीश हर तरह से युवा वैज्ञानिक नजर आते हैं।

लेकिन कुछ समय पहले--एक पीएचडी छात्र के तौर पर--वह अपनी लेबोरेट्री से बाहर निकल गए थे।

लोगों की बिजली की समस्या का समाधान करने--असली दुनिया में।

'मैंने महसूस किया कि समीकरण अर्थहीन हैं, असली चुनौती तो तकनीक को गरीब लोगों तक पहुंचाने की है--वे लोग जिन्हें इसकी सबसे ज्यादा जरूरत है!'

लेकिन समाधान ढूंढ़ने से पहले, आपको पूरी तरह से समस्या को जानना होगा। और इसलिए, हरीश ने दो साल गांवों में रहते हुए बिताए। आखिर में वह एक बात तो निश्चित तौर पर जान गए थे।

गरीब लोग भी सोलर एनर्जी के लिए खर्च कर सकते हैं।

लेकिन, ऐसी कोई तकनीक नहीं है, जो हर हालात पर फिट हो जाए। आपको लोगों की जरूरत के हिसाब से उत्पाद बनाना होगा।

इस प्रकार, 1995 में सेल्को कंपनी अस्तित्व में आई। यथार्थवादी समझ और वित्त को नियंत्रित करते हुए, सेल्को ने वो कर दिखाया, जिसके बारे में दूसरे लोग महज सेमिनारों और कॉन्फ्रेंस में बात करते हुए ही रह जाते हैं। बड़े पैमाने पर सोलर एनर्जी सिस्टम बनाकर।

सिस्टम को किसानों, पानी-पूरीवालों, कामवाली बाईयों और दिहाड़ी मजदूरों ने खरीदा है। क्योंकि, यह आर्थिक रूप से भी फायदेमंद है।

'एनर्जी को आय उत्पादन से जोड़कर, इसे गरीबों की पहुंच में बनाया गया है,' हरीश बताते हैं।

रविवार की एक सुबह, सेल्को के बंगलुरु स्थित मुख्यालय के शांत माहौल में, हरीश ने बड़े विस्तार से अपने काम के बारे में बताया। अपने आदर्शों, प्रेरणा और भविष्य की योजनाओं के बारे में।

एक ऐसी राह, जिस पर हर कोई नहीं चलता। लेकिन वह बहुत आकर्षक और बहुत चमकदार है।

सौर ऊर्जा

हरीश हांडे
सेल्को

हरीश हांडे का जन्म बंगलुरु में और पालन-पोषण राउरकेला में हुआ।

'मेरे पिता एक स्टील प्लांट में काम करते थे। राउरकेला बहुत आधुनिक सोसाइटी है, जहां आपको सारी सुविधाएं मिलती हैं, वहां की पढ़ाई भी बहुत अच्छी थी।'

घरवालों के दबाव से, हरीश आईआईटी में जगह बना पाने में कामयाब हो गए, और उन्होंने जेईई रैंक हासिल की। उन्हें आईटी बीएचयू में कंप्यूटर साइंस और आईआईटी खड़गपुर में कैमिकल इंजीनियरिंग के बीच चुनाव करना था।

हरीश ने खड़गपुर को चुना, लेकिन उसमें एक असामान्य सा कोर्स लिया।

'मैंने तय किया कि मैं अपनी बैचलर डिग्री एनर्जी इंजीनियरिंग में करूंगा–वह छोटा डिपार्टमेंट था, वहां महज 7 छात्र ही थे!'

लोगों ने उन्हें चेताया कि इसमें नौकरी मिलने में दिक्कत आएगी। लेकिन हरीश का जवाब था, 'हम यह कैसे तय कर सकते हैं कि चार साल बाद वाकई में क्या होने वाला है?'

इसके अलावा, नौकरी का ख्याल उस समय उनके दिमाग में था भी नहीं। वह बस अपने कोर्स का मजा ले रहे थे, उसमें इलेक्ट्रिकल, कैमिकल और मैकेनिकल इंजीनियरिंग का मिश्रण था।

'एनर्जी के स्तर पर, वह बायोगैस से लेकर बायोमैस और न्यूक्लियर तक

की *खिचड़ी* था। लेकिन दूसरे वर्ष में मैं सोलर एनर्जी के प्रति आकर्षित होने लगा, और मैंने तय किया कि मैं मास्टर्स यूएस में करूंगा।'

तो, फाइनल ईयर में, हरीश ने एनर्जी पर अच्छा कोर्स करवाने वाली यूनिवर्सिटी की तलाश शुरू कर दी। मैसाचुसेट्स यूनिवर्सिटी (यूमास) में यह कोर्स होता था, और उन्हें वहां एमएस के लिए चुन लिया गया।

यूमास में, हरीश ने 'थर्मल साइड' पर काम करना शुरू कर दिया।

'मैं शोध कर रहा था कि जब सूरज की तेज रोशनी स्टील पर पड़ती है, तब पिघले हुए नमक की क्या प्रतिक्रिया होती है।'

यूनिवर्सिटी में हरीश के सलाहकार जोस मार्टिन थे।

'एक दिन--एमएस के दौरान--उन्होंने मुझसे डोमिनियन रिपब्लिक जाने को कहा। वहां, मैंने पहली बार देखा कि लोग किस प्रकार सौर ऊर्जा का उपयोग अपने घरों में करते हैं।'

उस अनुभव ने उनकी सोच की दिशा को पूरी तरह बदल दिया।

हरीश ने अपने सलाहकार के मित्र, रिचर्ड आनसेन के साथ रूरल इलेक्ट्रिफिकेशन फील्ड पर काम करते हुए दो महीने बिताए। रिचर्ड ने इस पर 1984 से ही काम करना शुरू कर दिया था।

'मैं वहां गया और रूरल एरिया में किया गया उनका काम देखा। बहुत गरीब लोग भी सोलर पावर का इस्तेमाल कर पा रहे थे, और इसकी कीमत भी चुका पा रहे थे! तब मैंने महसूस किया कि मुझे समीकरण और तकनीक के पार जाकर देखना होगा।'

1991 में, हरीश यूमास लौट आए, और उन्होंने अपने प्रोफेसर से पूछा कि क्या वह अपना शोध एनर्जी की सोशियो-इकोनॉमिक साइड पर कर सकते हैं। विभाग को इस पर आपत्ति थी।

उन्होंने कहा, 'यह इंजीनियरिंग विभाग है, तो आपको पीएचडी इंजीनियरिंग से संबंधित विषय में ही करनी होगी!'

लेकिन हरीश का सलाहकार उनके साथ खड़ा रहा। उन्होंने हरीश को वापस भारत आकर फील्ड वर्क करने की परमिशन भी दिलवाई। हरीश को जिस सवाल का जवाब ढूंढ़ना था, वह आसान था।

'मान लो की तकनीक है, और उसका इस्तेमाल किया जा सकता है। लेकिन वो क्या चीज है, जिससे वह सबके लिए उपयोगी हो पाएगी? लोग कैसे उसे अपनाने को तैयार हो पाएंगे?'

हरीश पहले श्रीलंका गए। क्योंकि वह स्थानीय लोगों के साथ घुलमिलकर वास्तविक जवाब हासिल करना चाहते थे। न कि किसी *साहिब* या पढ़े-लिखे विद्वान की तरह ऊपरी सर्वेक्षण।

'वह मेरी सोच थी--सही या गलत!' वह विश्वास से कहते हैं।

इसके पीछे दूसरा तार्किक कारण यह था कि उनका एक दोस्त श्रीलंका में एनजीओ सेक्टर में काम कर रहा था।

हरीश ने उनसे संपर्क किया और पूछा, 'क्या तुम मुझे उस गांव में टिका सकते हो, जहां तुम काम कर रहे हो?'

वहां के हालात कठिन थे, उम्मीद से कहीं ज्यादा।

'लेकिन कई मायनों में मजेदार भी--और फिर आपको इसकी आदत पड़ जाती है।'

वहां भाषा की समस्या थी, लिट्टे की समस्या, और गांवों में संसाधनों की कमी तो थी ही। जैसे आप कोलंबो जाना चाहते हैं, तो आप बस स्टेंड जाओगे। और वहां पहुंचकर आपको पता चलेगा, 'अगली बस 3 दिन बाद आएगी।'

'मुझे सीखना पड़ा कि ओके, कोई प्रोब्लम नहीं है, यही तो लाइफ है!'

आप कुछ भी झेलने के लिए तैयार हो जाते हैं।

लंका के उस गांव में 6 महीने रहने के बाद, हरीश भारत आ गए। उन्होंने डेढ़ साल कर्नाटक के एक गांव में बिताया, और एक बार फिर से उस माहौल में उन्होंने खुद की तलाश की।

'मैंने जाना कि इतने सालों में मैंने जो कुछ भी सीखा है... उससे कुछ हासिल नहीं होने वाला।'

वो लोग जिस तरह जीवन जीते हैं, और जैसे चीजों को देखते हैं वह बिल्कुल ही अलग है। वैसे ही उनकी जरूरतें भी अलग हैं।

'उदाहरण के लिए, मुझे सोलर होम लाइटिंग की कुशलता के बारे में पढ़ाया गया। लेकिन ग्रामीण भारत में शायद ही कोई इस पर ध्यान देता है।'

आखिरकार, यहां सोलर एनर्जी लगाने के लिए छत ही नहीं होती है!

फिर वो शोध, जो बताते हैं कि औसतन ग्रामीणों को 500 वाट बिजली की जरूरत होती है। लेकिन हरीश ने पाया कि ऐसा सच नहीं था।

'अधिकांश गांववालों को सुबह के समय महज दो घंटे के लिए लाइट की आवश्यकता थी, जिससे वह गाय का दूध निकाल सकें। और इसके लिए सिर्फ 20 वाट की ज़रूरत थी।'

ये वो चीजें थीं, जिनके बारे में हरीश कभी भी बंगलुरु में बैठकर नहीं जान सकता था। और इसी प्रायोगिक समझ से सेल्को का विचार उत्पन्न हुआ।

1994 में, हरीश वॉशिंग्टन डीसी में थे, जहां उनकी मुलाकात नेविले विलियम्स से हुई। नेविले एक गैर-मुनाफा वाली संस्था सेल्फ–सोलर इलैक्ट्रिक लाइट फंड–चलाते थे।

उन्होंने कहा, 'हरीश क्या तुम भारत में सोलर लाइटिंग प्रोजेक्ट लगाने में दिलचस्पी रखते हो?'

'हां, जरूर!' हरीश ने जवाब दिया।

लेकिन एक सप्ताह बाद ही, उन्होंने नेविले को फोन करके कहा, 'आपका प्रोजेक्ट भारत में कामयाब नहीं है।'

100 सिस्टम लगने के बाद क्या होगा? बिक्री के बाद दी जाने वाली सेवाओं को कौन संभालेगा? क्या हम यह काम बस कुछ अच्छी तस्वीरें खींचकर यह जताने के लिए करने वाले हैं कि 'हमने सामाजिक कार्य किया है'?

इसके बजाय, हरीश का प्रस्ताव था, 'चलो एक कंपनी शुरू करते हैं।'

लेकिन कंपनी क्यों और एनजीओ नहीं? क्योंकि एक कंपनी में ज्यादा पारदर्शिता होती है, वह अपने ग्राहकों के प्रति ज्यादा जिम्मेदार और जवाबदेह भी होती है।

'श्रीलंका के अपने अनुभव के जरिए, 'गांव' मेरा ही एक भाग बन गया। मेरा मतलब अगर 10 दिन पानी न मिले, तो भी मैं गुजारा कर सकता हूं। और दूसरी तरफ मेरे मम्मी-पापा को कुछ सूझ नहीं रहा था कि मैं क्या करने वाला था...!'

'अगर हम एक बने बनाए ढांचे में गरीबों को आंकें तो हमें उनकी समस्याओं का समाधान भी सतही ही मिलेगा, यही वजह है कि हम अपने देश से या फिर दुनिया की किसी और जगह से गरीबी को पूरी तरह हटाने में नाकामयाब रहे हैं।'

'अगर एक कंपनी कोई सिस्टम लगाती है और वह ठीक से काम न करे, तो वह अपने इंजीनियर को भेजती है उसे ठीक करने के लिए!'

ऐसा 'चैरिटी' मॉडल में नहीं होता।

और इस तरह 1994 में, सेल्को अस्तित्व में आई। उसका नाम एडिसन'स इलैक्ट्रिक लाइट कंपनी से प्रेरित था और उसका लक्ष्य दो बड़े आइडियाज* पर काम करना था।

'गरीब लोग भी भुगतान कर सकते हैं, और इस तरह वह खुद ही अपनी तकनीक का ध्यान रख पाएंगे।'

वो सब तो ठीक था, लेकिन 1994 में एक कंपनी शुरू करना आसान काम नहीं था। e+co नाम का एक सामाजिक निवेशक कंपनी के शेयर का छोटा भाग खरीदने को तैयार हो गया। लेकिन इसके लिए एफआईपीबी (फोरेन इंवेस्टमेंट प्रमोशन बोर्ड) से इजाजत लेनी जरूरी थी।

'मैं पेपर वर्क के बारे में कुछ नहीं जानता था। और इसके लिए आपको एफआईपीबी, दिल्ली भी जाना पड़ता--जो काफी महंगा पड़ता। तो, पहले दो साल, मैंने किसी तरह अपनी बचत से काम चलाया।'

पैसा मिलने में एक साल लगा--रकम 4 लाख रुपये थी। 1995 में, सेल्को को औपचारिक रूप से रजिस्टर कराया गया, और अगले साल उसे यूएसएआईडी से काम करने के लिए लोन मिला।

तब तक हरीश ने बहुत कम बजट में अपना काम चलाया, 1000-1500 रुपये महीना पर।

* सेल्को के 60 प्रतिशत ग्राहकों के पास बिजली थी ही नहीं, और बाकी बिजली की खराब सप्लाई से परेशान थे।

'लेकिन मैं कहूंगा कि मैं खुशकिस्मत था। चूंकि हमारे पास शुरुआती साल में पैसा नहीं था, तो हमें नए-नए विचारों को सोचकर आगे बढ़ने का मौका मिला।'

सेल्को ने किसी नई तकनीक का 'आविष्कार' नहीं किया था। सोलर पैनल की तकनीक स्तरीय ही होती है--छत पर एक पैनल लगता है, एक बैटरी होती है, जो रोज चार्ज होती है और उससे लाइट आती है।

'बैटरी सूख भी जाती है, तो किसी को 6-8 महीने में उसे खोलकर चैक करना होता है।'

आपको पैनल भी धोना होता है और यह भी ध्यान देना होता है कि कोकरोच और चूहे तार को काट न दें।

'भारत में सोलर पैनल टाटा बीपी जैसी कंपनियां बनाती हैं--हम बस समय के साथ उस तकनीक में कुछ सुधार करते हैं,' हरीश बताते हैं।

तो फिर आविष्कार कहां था? सोलर लाइटिंग में मुख्य समस्या लागत की थी। जब सेल्को की शुरुआत हुई, तो उनके सिस्टम की कीमत थी 15,000 रुपये। जिसे संपन्न किसान भी खरीदने को तैयार नहीं थे।

'लेकिन एक किसान कि मां वह लगवाना चाहती थीं। तो एक दिन जब वह घर पर नहीं था, तो मैं चुपचाप उसके घर पर गया और अपना पहला सिस्टम लगा दिया।'

जब हरीश एक सप्ताह बाद कुछ घबराहट से दोबारा वहां गए, तो पाया कि किसान खुश था और वह पूरा पैसा देने को तैयार हो गया था।

'इससे हम सभी रोमांचित थे!' वह चहका।

सेल्को का पहला सिस्टम मुलेरी में लगाया गया--कर्नाटक-केरल बॉर्डर पर

'हमारे लिए, मुनाफा बुरा शब्द नहीं था। अगर हम किसी फेरी लगाने वाली की जरूरतों को पूरा करते हैं, तो उसे भी जीवित रहने के लिए पैसे कमाने ही होंगे। अगर उसके पास मुनाफा आएगा, तो हमें भी खर्चा पानी मिलने लगेगा। अधिक समय तक एकतरफा लेन-देन नहीं चल सकता।'

'हम धाराप्रवाह वक्ताओं और आलीशान कैरियर छोड़कर *सोशल उद्यमी* बने लोगों की प्रशंसा करते हैं। लेकिन यह इंसान जिसके पास न तो चमक-धमक वाली शिक्षा थी, न ही शानदार व्यक्तित्व, बस था तो अपनी सोच पर विश्वास, जिससे आज *सेल्को* का निर्माण हो पाया है।'

एक गांव। पहले साल में, 1995-96 में हरीश ने लगभग 150 सिस्टम लगाए। सभी अपने हाथों से।

'मैंने पहले 400 सिस्टम खुद ही लगाए। मैं सुबह 5.30-6.00 बजे निकलता, जिससे कि मैं रात के दस बजे तक काम खत्म करके आखरी बस से लौट सकूं।'

दरअसल, हरीश के पास किसी और को काम पर रखने के लिए पैसे नही थे। लेकिन काम खुद करने का फायदा उन्हें तब मिला, जब उन्होंने दूसरे तकनीशियनों को काम पर रखा।

'मैं अच्छी तरह जानता था कि चार कमरों के घर में सिस्टम लगाने में कितना समय लगता है। इससे कोई भी मुझे बुद्धू नहीं बना सकता,' वह हंसते हुए बताते हैं।

सेल्को के पहले 'कर्मचारी' को 1996 की शुरुआत में नियुक्त किया गया। साल खत्म होते-होते उनके पास तीन कर्मचारी थे--श्रीधर राव, गुरुप्रकाश और उमेश।

'मेरे पहले 2-3 तकनीशियन कमाल के थे। उनका काम करने के लिए तो मुझे पीएचडी करनी पड़ती--वे उन लोगों में से थे जो जोखिम लेते हैं, त्याग करते हैं।'

टीवी रिपेयर करने जैसे छोटे-मोटे कामों को छोड़कर वे लोग ऐसी कंपनी के लिए काम करने को तैयार हो गए, जिसका नाम भी किसी ने नहीं सुना था, और पगार भी नाममात्र की ही थी।

'मैं उनके घर में ही खाना खा लेता था, और मैं देख सकता था कि किस तरह साल खत्म होते-होते उनके चावल और सब्जी महज उबले हुए सादे चावलों

में तब्दील हो चुके थे!'

यकीनन उनकी मांएं और पत्नियां इससे खुश नहीं थीं।

'तुम क्यों ऐसे इंसान के साथ काम कर रहे हो जिसके दिमाग में ऐसे ऊल-जुलूल विचार आते हैं? उसे छोड़ दो और कोई ढंग का काम देखो!' वे कहते।

'चिंता मत करो, सब ठीक हो जाएगा,' वे उन्हें हंसकर जवाब देते।

हालांकि यह हंसने की बात नहीं थी। हमारे शुरुआती ग्राहक--संपन्न किसान, डॉक्टर, टीचर इत्यादि थे। लेकिन अगर सेल्को को अपने ग्राहक बढ़ाने थे तो एक बात तो साफ थी कि उसे अपने संभावी ग्राहकों के लिए फाइनेंस की व्यवस्था करवानी होगी।

लोग हमसे पूछते, 'क्या आप हमारे लिए फाइनेंस दिलवा सकते हैं?'

सेल्को के पास न तो पैसे थे, और न ही वे लोगों को उधार देने की स्थिति में थे। तो हरीश ने लोकल फाइनेंशियल संस्थानों से बात करनी शुरू की।

'भारत में आरआरबी या *रिजनल रूरल बैंक* का बढ़िया नेटवर्क है। क्यों न उसका इस्तेमाल किया जाए?'

लेकिन जब हरीश ने बैंक मैनेजर से बात की तो उन्होंने सपाट सा जवाब दे दिया।

'सोलर लाइट से आय उत्पन्न नहीं होती। यह कृषि फाइनेंस में नहीं आता, तो हम इसके लिए लोन नहीं दे सकते!'

हरीश 'न' सुनने को तैयार नहीं थे।

'मैं उनसे मुलाकात करता रहा, उन दबाव डालता रहा, इसमें मुझे दो साल लग गए--लेकिन आखिरकार मैं उन्हें मना पाने में कामयाब हो ही गया।'

आरआरबी ने 5000-7000 रुपये महीना आयवाले सेल्को ग्राहकों को लोन देना शुरू कर दिया। 1997-98 में सेल्को ने साल में 300-350 उत्पाद बेचे। लेकिन--अभी भी काफी नहीं था।

'हम 3000 रुपये महीना आयवालों को भी अपने उत्पाद बेचना चाहते थे। और उससे कम आयवालों को भी। ऐसा करने के लिए, हमें कुछ अलग सोचना पड़ा।'

'पिछले महीने, सोनमहल्ली गांव के 30 परिवारों—जो लगभग 1600 रुपये महीना कमाते थे—ने 9500 रुपये की कीमत वाले सोलर सिस्टम लगवाए। पहले वे परिवार हर महीने मोमबत्ती और केरोसिन के नाम पर 210 रुपये महीना खर्च करते थे।'

फिर यूजर सेगमेंट का विचार आया, हर उत्पाद के लिए अलग। यह विचार ग्राहक की जरूरत और वित्त के हिसाब से था।

'उदाहरण के लिए, पानी पूरी वाले को चार घंटे के लिए एक लाइट की जरूरत होती है और उसमें धुंधलापन नहीं होना चाहिए। मैं ऐसा उत्पाद आसानी से बना सकता था। लेकिन वह रोज के हिसाब से भुगतान कर सकता था, तो क्या उसको कोई ऐसा फाइनेंस मिल सकता था?'

असल आविष्कार तो यही था।

इसी तरह, एक धान उगाने वाले किसान को दो लाइटों की जरूरत होती—एक उसकी बीवी को शाम को खाना बनाते समय, और दूसरी अंधेरा होने के बाद धान छंटाई के लिए।

'हालांकि उसकी फसल जनवरी में ही बिकती है, तो वह वार्षिक भुगतान कर सकता था—मतलब पांच साल में रकम पूरी होगी।'

ईएमआई में से 'एम' हटाने से अचानक ही 'महंगी' तकनीक 'गरीबों' की भी पहुंच में नजर आने लगी।

'दरअसल, गरीब लोग तो आपकी या मेरी तुलना में लाइट के नाम पर ज्यादा खर्च करते हैं। औसतन, बंगलुरु का एक फेरीवाला रोज केरोसिन पर 15 रुपये खर्च करता है।'

इससे महीने के 450 रुपये हो जाते हैं, इतने पैसों में पांच सालों में छह लाइटों वाले सोलर सिस्टम की कीमत अदा हो जाएगी!

'हालांकि, सेल्को एक लाइटवाले सोलर सिस्टम की ही सलाह देता है, जिसकी लागत 6 रुपये प्रतिदिन पड़ेगी,' वह बताते हैं।

एक दक्ष तकनीशियन—5-10 मिनट में—तकनीक का 'राइट साइज' और

वित्त का सही पैकेज आंक सकता है। फिर चाहे वह कामवाली हो, पानी पूरी वाल, धान का किसान, मूंगफली किसान या गन्ना किसान--यह सबके बजट में आ सकता है।

ग्राहक कह सकता है, 'मुझे चार लाइट चाहिए।'

लेकिन तकनीशियन जानता है कि वह उसके बजट में नहीं आएगा।

तो वह सलाह देगा, 'आपको चारों कमरों में एक साथ लाइट की जरूरत नहीं पड़ेगी। मैं आपको दो लाइट लगवाने की सलाह दूंगा--जब आपका खाना बन जाएगा, तो उस कमरे में आकर बैठ सकते हैं, जहां बच्चे पढ़ाई कर रहे हैं।'

इस तरह कि गैर परंपरागत सोच से, सेल्को सोलर लाइट ज्यादा से ज्यादा लोगों की पहुंच में आ गया। 2009-10 में, कंपनी ने ग्रामीण कर्नाटक में 12,500 सिस्टम लगाए। और इसके ग्राहकों में दिहाड़ी मजदूर भी शामिल हैं--जो सी के प्रहलाद के पिरामिड में सबसे नीचे जगह पाता है।

इसे संभव बनाने के लिए, सेल्को के पास 170 लोगों की मजबूत टीम है। इनमें 21 ब्रांचों में फैले हुए 140 कर्मचारी; हर ऑफिस के 2 तकनीशियन, 2 सेल्स स्टाफ, एक ऑफिस असिस्टेंट और मैनेजर शामिल है। उनमें से बहुतों को तकनीशियन से प्रबंधन तक में जगह मिली है।

'हमारे डिप्टी ऑपरेशन मैनेजर ने 1999 में एक गांव में, ऑफिस असिस्टेंट के रूप में काम करना शुरू किया था। आज वह बंगलुरु में बैठकर 21 ब्रांचों के काम पर निगरानी रखते हैं।'

और नहीं, उनके पास इस काम की कोई औपचारिक शिक्षा नहीं है।

'दार्शनिक रूप से अगर आप सेल्को को देखें तो यह वैसा ही है, जैसा हमने चाहा था। पदानुक्रम को हटाते हुए, हमने व्यक्ति की भावी संभावनाओं को देखते हुए उन्हें चुना।'

और अपने दर्शन पर टिकते हुए, सेल्को में क्यूबिकल कल्चर नहीं है।

'कोई भी तकनीशियन सीधे मेरे कमरे में आकर कह सकता है--हरीश आपने बहुत ही बेवकफाना गलती कर दी है।'

तकनीशियन सिर्फ सिस्टम को लगाने और उसकी देखरेख तक ही सीमित

नहीं हैं।

'हम हमेशा तकनीशियन से कहते हैं कि जिस भी सिस्टम को आप लगाते है, उसकी 50 प्रतिशत जिम्मेदारी तुम्हारी ही है।'

ग्राहक या स्टाफ मेंबर, अब आप सेल्को 'परिवार' का ही हिस्सा हैं।

'पांच साल पहले, जब हमारे तकनीशियन की शादी हुई, तो उसमें शामिल होने के लिए हमारे 150 क्लाइंट आए थे!'

पहले 500 ग्राहक--जिनके सिस्टम हरीश ने खुद लगाए थे--आज भी उनके बारे में उनका नाम लेकर ही पूछते हैं। जो मैनेजर उनका फोन लेता है, वो अक्सर वहां किसी तकनीशियन को भेज देता है, लेकिन वे कभी संतुष्ट नहीं होते।

'वह कहां है--क्या वो इतना बड़ा हो गया है?'

'ऐसा नहीं है।'

हरीश माफी मांगते हैं, और खुद उनके घर जाते हैं।

पंद्रह सालों में, सेल्को ने 120,000 घरों में सोलर लाइट लगाई है। उनका लक्ष्य अगले चार सालों में 2 लाख घरों तक पहुंचने का है। लेकिन बात सिर्फ नंबरों की ही नहीं है।

'हमारी प्राथमिकता है कि 2012 तक, हमारे ग्राहकों में से 40 प्रतिशत लोग सबसे गरीब तबके में से होने चाहिएं--जिनकी मासिक आय 2000 रुपये महीना हो।'

वर्तमान में, सेल्को के लगभग 35 प्रतिशत ग्राहक 3000-5000 रुपये महीना कमाने वाले हैं। अगले निम्न आय वर्ग तक पहुंचने के लिए, सेल्को को आगे कदम बढ़ाना होगा।

उदाहरण के लिए, बैंक सामान्य तौर पर उधार बढ़ाने के लिए अनिच्छुक

'हमारे पास ऐसे भी मैनेजर हैं, जिन्होंने मेरे सामने ही अपनी सैलरी चैक फाड़कर कूड़ेदान में डाल दिया और कहा--तुम्हारा दिमाग खराब हो गया है। हमने अच्छा काम नहीं किया है, तो मैं यह पैसे नहीं ले सकता।'

'हमारे यहां क्यूबिकल कल्चर नहीं है। 'कोई भी तकनीशियन सीधे मेरे कमरे में आकर कह सकता है--हरीश आपने बहुत ही बेवकुफाना गलती कर दी है।'

हैं। दस हजार रुपये के सोलर उत्पाद पर 1500 रुपये का मुनाफा आता है। दिहाड़ी मजदूर के लिए तो यह अच्छी रकम है।

'सेल्को इस मार्जिन मनी को कम करेगा। हम इसे सब्सिडाइज तो नहीं कर सकते, बस धीरे-धीरे किस्त बढ़ा सकते हैं।'

एक साल बाद, उन्हें डाउन पेमेंट मिल पाई। सेल्को ने पैसे लेकर उसका इस्तेमाल नए ग्राहकों की मदद करने में किया। और इस तरह चक्र* चलता रहा।

यकीनन, कुछ मामले कर्ज न चुका पाने के भी थे; ऐसे मामलों में सेल्को ने अपने उत्पाद वापस खरीदकर बैंक की मदद की।

'एनपीए होना स्वाभाविक है--8 से 10 प्रतिशत यह हो ही जाता है। मुझे माइक्रोफाइनेंस इंस्टीट्यूशन (एमएफआई) पर भरोसा नहीं है, जो दावा करते हैं कि उनके पास लोन न चुका पाने का कोई मामला नहीं होता!'

समय-समय पर सेल्को को एमएफआई की तर्ज पर अपना स्केल बढ़ाने की सलाह मिलती रही है। या फिर सिस्टम को गरीबों तक पहुंचाने के लिए माइक्रोफाइनेंस का इस्तेमाल करो। लेकिन सेल्को कभी उस राह पर गया ही नहीं।

'एमएफआई की ब्याज दर बहुत ज्यादा है, इससे हमारा प्रोडक्ट ज्यादा महंगा हो जाता है। और वे अपना पैसा 15 महीनों में वापस चाहते हैं, 5 साल में नहीं!'

हालांकि, सेल्को एमएफआई के साथ काम करता है, जैसे सेवा बैंक। और उसके साथ सेल्को का अनुभव बहुत अच्छा रहा।

'सेवा को जमीनी स्तर पर काम करने का 35 वर्षों का अनुभव है। सेवा बैंक नए और अविष्कृत उत्पादों को अपनी वित्तीय सहायता देता है।'

* लेमल्सन फाउंडेशन, इ एंड को और गुड इंजीनियर्स ने सेल्को के 90 प्रतिशत शेयर ले लिए; और आईएफसी का भी कुछ उधार था

उदाहरण के लिए, सेवा जानता है कि कूड़ा बीनने वालों को सोमवार, बुधवार और शुक्रवार को पैसा मिलता है। तो बैंक ने पैसे वापस लेने का शैड्यूल उसी हिसाब से बनाया है।

सेवा बैंक मीटिंग के मुख्य बिंदुओं पर गौर करके सेल्को को भी उसी हिसाब से अपने प्रोडक्ट डिजाइन करने में मदद मिली।

सेल्को के पूरे ऑपरेशन के पीछे मुख्य कठिनाई थी कि वे चाहते थे कंपनी अपने खर्चें पर चले। पहले दिन से ही, हरीश जानते थे कि कंपनी को 'फायदेमंद' होना ही था। लेकिन आप सामाजिक कार्य को करते हुए वित्त को कैसे संभाल सकते हो?

'आज यह शब्द--सामाजिक उद्यमिता--काफी प्रचलित हो गया है। लेकिन जब हमने काम करना शुरू किया, तो ऐसा कुछ नहीं था। हमने तो बस कर डाला!'

बेसिक सोच सिंपल थीः 'मुनाफा बनाओ और उसे फिर से निवेश कर दो, कंपनी के विकास के लिए।'

इस प्रकार 2009-10 में, सेल्को की सालाना आय 14.5 करोड़ रुपये थी, और इसमें उनकी बचत 40 लाख रुपये थी। इस रकम को नए सेंटर बनाने और कर्मचारियों की पगार बढ़ाने में लगाया गया।

शेयरधारकों को ब्याज मिलने का कोई प्रावधान नहीं है। सेल्को की मालिकियत तीन गैर-मुनाफा में बंटी है। और हरीश के पास भी इसका सिर्फ अनुमानित हिस्सा है। लेकिन स्वामित्व के भाव--और मिशन प्राप्ति हेतु--इसे संगठन द्वारा चलाया जाता है।

'हमारी मैनेजमेंट टीम में से कई लोग इससे 10 गुणा ज्यादा कमा सकते थे--अन्य किसी जगह पर!'

ऐसे ही एक इंसान हैं टी रेवती, सीएफओ और वाइस प्रेजीडेंट। रेवती जैसे प्रोफेशनल्स सिस्टम में वित्तीय अनुशासन लेकर आए। और फिर भी, सेल्को ने सामाजिकता को कभी दरकिनार नहीं किया।

'सभी सेंटरों के लिए एक तयशुदा कमाई करना जरूरी है। लेकिन ऐसा सिर्फ वह दो अस्पतालों को एक लाख रुपये के सिस्टम बेचकर नहीं दर्शा सकते।'

सिस्टम में उतार-चढ़ाव तो होते ही हैं, और यकीनन असहमतियां भी।

'आपको धमाल देखने के लिए हमारी ऑपरेशन मीटिंग में आना चाहिए। हमारे मैनेजमेंट में समाज कल्याण का नजरिया रखने वालों से लेकर वित्त की पाई-पाई का किसाब रखने वाले लोग शामिल हैं। इन्हीं लोगों की वजह से सेल्को जीवित है।'

और इस पचरंगे समूह में आनंद नारायण जैसे विद्रोही भी शामिल हैं।

1998 में, हरीश एक गांव में अपने सोलर पैनल का नमूना दिखा रहे थे, तभी एक आदमी ने खड़े होकर पूछा, 'तुम किस आईटी से हो?'

यही सेग, आनंद नारायण--आईआईटी चेन्नई से स्नातक। यूनिवर्सिटी ऑफ कोलोरेडो से मास्टर और पीएचडी, लेकिन रह रहे थे ग्रामीण कर्नाटक में। ऑर्गेनिक नारियल उगाकर।

'आनंद के पास बिजली नहीं थी, तो वह सेल्को के ग्राहक बन गए--और एक अच्छे दोस्त भी।'

दो साल बाद आनंद अपनी गर्लफ्रेंड की पीएचडी में मदद करने के लिए कोलोरेडो चले गए। फिर उन्होंने शादी कर ली, और बच्चा होने के बाद, वह वापस ग्रामीण कर्नाटक में आकर बस गए। इस बार सेल्को के लिए लेबोरेट्री सेट करने के लिए।

'हमारा विचार था कि समस्याओं को पहचानकर उनका समाधान ढूंढ़ा जाए। बजाए कि मौजूदा समाधानों को जबरन समस्याओं पर लागू करने के।'

2008 से, उजिर विलेज--बंगलुरु से 5 किमी. दूर--की यह लेबोरेट्री दुनिया भर की प्रतिभाओं को आकर्षित कर रही है।

'हमारी समर इंटर्नशिप की सीटें एक सप्ताह से भी कम समय में भर जाती हैं। हमारे छात्र एमआईटी और लंदन के इंपीरियल कॉलेज से भी आए हैं।'

इंटर्न्स अलग-अलग तरह की समस्याओं पर काम करते हैं--जैसे लंबे समय तक चलने वाली बैटरियों से लेकर, मानसून में सोलर एनर्जी का इस्तेमाल कैसे किया जाए। बहुत से अपने कॉलेजों में लौट जाने के बाद भी इन प्रोजेक्ट्स पर काम करते रहते हैं।

> '**सेल्को संगठन की नीतियां खुली हुई है, वहां गुप्तता बरतने का चलन नहीं है। हम जो भी किसी को सीखा सकते हैं, उसके लिए हम हमेशा तैयार हैं।**'

सेल्को जो काम कर रहा है, वो वाकई काबिले तारीफ है। एक सवाल जो आप पूछे बिना नहीं रह सकते है, वो यह है कि वो इसका विस्तार क्यों नहीं कर रहे हैं? अपने इस सफल मॉडल को देश के बाकी हिस्सों में क्यों नहीं ले जा रहे हैं?

'हम सेल्को का विस्तार चाहते हैं, लेकिन उसके लिए हम सही आदमी की तलाश में हैं, जो हमारे साथ मिलकर इसे हर राज्य में फैला सके।'

सेल्को ने अब *ई एंड को* और *ग्रामीण फाउंडेशन, सीटल* से पार्टनरशिप कर ली है।

'हमने 4-5 उद्यमियों की लिस्ट बनाई है, और उनके साथ 3 महीने का प्रोग्राम सेट किया है। उम्मीद है कि वे 5 सालों में ही उस काम को कर देंगे, जिसे करने में सेल्को को 15 साल लगे!'

सरकार के सहयोग--पॉलिसी के स्तर पर--से भी मदद मिली है।

'हमारे पास *फाइनेंशियल इनक्लूजन* नाम से बेहतरीन सिस्टम है। ऐसा ही *एनर्जी इनक्लूजन* क्यों नहीं हो सकता।'

आरआरबी को आदेश दिए जाने चाहिए कि उन्हें सिर्फ खेती के अलावा, एनर्जी की जरूरतों के लिए लोन देना चाहिए।

'अगर लोकल मैनेजर सोलर लाइट के लिए 5 प्रतिशत का लक्ष्य भी रख ले, तो भी चीजें बहुत तेजी से बदल जाएंगी।'

साथ ही साथ, हमें हर रोज और ज्यादा सक्षम उपकरणों की जरूरत होती है।

'अहमदाबाद की एक महिला--दर्जिन--अपनी सिलाई मशीन को सोलर पावर से चलाना चाहती थीं। लेकिन हमारे पास ऐसा कोई भी उत्पाद नहीं था, जो 40 वाट की मोटर पर काम कर सके।'

ऐसी मशीन बनाने के लिए, आपको एक बार फिर से सोलर क्रांति में डूबना पड़ता है।

'इसमें सालों लग गए, और सालों ही लगे मेरे पिता को हमारी तकनीक में विश्वास करने में,' हरीश हंसते हुए बताते हैं।

'कोयले' के कट्टर समर्थक, हांडे सीनियर आज सोलर एनर्जी के उत्साही सहायक हैं।

उनका दूसरा जोशीला समर्थक उनकी पत्नी रुपल हैं। रुपल बोस्टन में ही रहती और काम करती हैं। उन दोनों की मुलाकात भी बोस्टन में ही हुई थी, और फिर उन्होंने शादी कर ली।

'हमारी ग्यारह सालों की शादी में हम दोनों दूर-दूर ही रहे हैं। वो वहां बोस्टन में, और मैं यहां भारत में।'

दोनों की एक आठ साल की बेटी है--आदिश्री--जो हर गर्मियों में भारत आकर, अपने पिता के साथ गांवों में जाती है। वह उस दुनिया का अनुभव लेना चाहती है, जहां उसके पापा का मन रहता है।

'कर्नाटक स्टेट बोर्ड की दसवीं क्लास की टॉपर हमारे ही एक क्लाइंट की बेटी है,' हरीश चहकते हुए बताते हैं।

जब उसका रिजल्ट आया, तो उसके पेरेंट्स ने पहला फोन सेल्को ऑफिस में ही किया।

'आपकी लाइटों की वजह से, हमारी बिटिया रात को पढ़ाई कर पाई,' उन्होंने कहा।

आखिर में यही कहानियां तो आपकी सफलता की राह की मील का पत्थर साबित होती हैं।

इसीलिए तो सेल्को अपने मिशन के प्रति समर्पित रह पाता है।

चिलचिलाती धूप में भी।

आशा की फसल लिए, खुशियों की किरण लिए।

❋

युवा उद्यमियों को सलाह

आप जो करना चाहते हैं, उसके साथ कुछ समय बिताओ, बजाए पहले दिन से ही पैसों की चिंता किए बगैर। जैसे, अगर आप सोलर बिजनेस करना चाहते हैं, तो इसके लिए पहले आपको खुद सब समझना होगा। आपको कुछ तकनीकी ज्ञान रखना होगा।

प्रक्रिया को समझो--इसमें काफी रोमांच है। इसे समझने के लिए 2-3 साल का समय चाहिए। खुद से पूछो कि क्या तुम इतना समय देना चाहते हो। भविष्य में, इसमें काफी संभावनाएं हैं।

किसी फैंसी बिजनेस प्लान के साथ शुरुआत मत करो। अगर आप पीपीटी तैयार करके, किसी के पास पैसे लेने जाओगे, तो कोई भी आपको गंभीरता से नहीं लेगा।

सिर्फ एक्सेल शीट पर काम करने से कभी डिजाइन नहीं बन सकता।

यहां तक कि जब आप काम में उन्नति भी करने लगो, तो भी अपने कान खुले रखना। किसी भी बोर्ड मीटिंग से पहले मैं अक्सर 2-3 तकनीशियन को बुलाकर, उनसे पूछता हूं, 'बॉस, क्या है--आज क्या होने वाला है।'

अपने संगठन में हर इंसान की बात सुनो, भले ही वह कितना ही छोटे स्तर का क्यों न हो। सेल्को में हम लोगों की नियुक्ति और प्रमोशन के मौके पर रिज्यूम नहीं देखते। हम लोगों का मूल्यांकन वास्तविक धरातल पर करते हैं, न कि डिग्री नाम के कागज पर।

अंत में, यह तकनीक नहीं है, न ही प्रक्रिया है। आपको बस सही लोगों की जरूरत होती है, जो आपके, आपके संगठन के मिशन में विश्वास रखते हैं। बाकी सब तो अपने होता चला जाता है।

संवरती जिंदगी

संतोष पारुलेकर
पीपल ट्री

संतोष एक सुव्यवस्थित आईटी प्रोफेशनल थे, जब तक कि उन्हें एक दिन अपने काम के सिलसिले में बाहर जाकर माइक्रोफाइनेंस को जानने की जरूरत नहीं आ पड़ी। आज, वह एक अलग तरह का सोशल एंटरप्राइज चला रहे हैं, जहां कम पढ़े-लिखे ग्रामीण युवाओं को उच्च दक्षताओं वाला कंस्ट्रक्शन वर्कर बना दिया जाता है।

संतोष पारुलेकर बहुत विनम्र, सटीक और मेहनती इंसान हैं। मुझे यकीन है कि आईटी बिजनेस के क्लाइंट उनके नाम की कसमें खाते होंगे।

यहां तक कि जब संतोष शिकायत करते हैं, तो भी वह शिकायत जैसी नहीं लगती।

'देखिए, हम यह काम कर रहे हैं, इसने बहुत से लड़कों की जिंदगी बदल दी है। लेकिन हम ऐसी अपेक्षा नहीं रखते कि वे आकर हमें *धन्यवाद* दें। ऐसा तो नहीं होने वाला।'

वास्तव में, लेकिन संतोष उनमें से हैं जो हमेशा चीजों को संभव बना देते हैं। सिटी बैंक और अमेरिकन आईटी कंसल्टिंग फर्म के साथ काम करने के बाद, इस युवा ने अपने कैरियर के लिए एक नई उड़ान भरी।

बल्कि वे आईटी पार्क की आलीशान इमारत को छोड़कर बाहर निकल आए, जो 'हमारे भारत' को 'उनके भारत' से बचाता है। और पाया कि वे अलग तरह की चुनौतियों का सामना करने के लिए बने हैं।

उन्होंने बड़ी तत्परता से एक दूसरे मॉडल का अध्ययन किया--माइक्रोफाइनेंस इंस्टीट्यूशन, सेल्फ हेल्प ग्रुप और गांवों के वास्तविक हालात। उन्होंने एक समस्या, जो उनके दिल के बहुत करीब थी, उसका एक अनोखा ही समाधान निकालाः आजीविका उत्पन्न करना।

गोरेगांव की गुमनाम सी बिल्डिंग के उनके छोटे से ऑफिस में बैठकर, मैं दंग थी। मेरे सामने बैठा इंसान वास्तव में, तटस्थ रूप से बात कर रहा था।

लेकिन उनकी इस चेतना के अंदर क्या था।

इतनी हिम्मत--प्रतिबद्धता--को करने की शक्ति।

मैं आपको अपने भारतीयों की तरफ से *धन्यवाद* कहती हूं।

संवरती जिंदगी

संतोष पारुलेकर
पीपल ट्री

संतोष पारुलेकर का जन्म और पालन-पोषण मुंबई में हुआ। उनके पिता म्यूनिसिपैलिटी के कॉन्ट्रेक्टर थे।

'माहिम की गलियों में मैं बड़ा हुआ और स्थानीय स्कूल--सरस्वती विद्या मंदिर--में पढ़ाई।'

यह उन्हें वीजेआईटी--मुंबई का आईआईटी के बाद दूसरा सर्वश्रेष्ठ इंजीनियरिंग कॉलेज--में जाने से नहीं रोक पाया।

'मेरा हमेशा से ही पढ़ाई की तरफ झुकाव था, और इंजीनियरिंग टैक्नीकल सब्जेक्ट है, जिसके लिए इंग्लिश इतनी जरूरी नहीं थी।'

स्नातक के बाद, संतोष टाटा में काम करने लगे। दो साल काम करने के बाद, उन्होंने इंडियन कंप्यूटर एकेडमी (इंडियन इंस्टीट्यूट ऑफ बंगलुरु की शाखा) से मास्टर्स करने का निर्णय लिया।

'मैंने अपनी पोस्ट ग्रेजुएशन कंप्यूटर साइंस में की। यह एक साल का कोर्स है, हार्वर्ड यूनिवर्सिटी के कोलेब्रेशन से। तो मैंने कुछ समय के लिए यूएस में भी पढ़ाई की।'

1990 में अपनी मास्टर्स पूरी करने के बाद, संतोष सिटीकॉर्प में काम करने लगे। वहां वह टैक्नोलॉजी में काम करने लगे। कुछ समय बाद, उन्हें विदेश भेज दिया गया--पहले यूके, और फिर पोलैंड।

'मैं मुख्य रूप से टैक्नीकल साइड पर था, लेकिन सिटीबैंक में *प्योर*

टैक्नोलॉजी जैसा कुछ नहीं है।' तो बिजनेस भी फ्रेम में आ गया था।

छह साल संगठन के साथ काम करने के बाद, संतोष ने कुछ और करने का फैसला लिया। उन्होंने 'थिंक' सिस्टम नाम की कंपनी जॉइन की। उस कंपनी की शुरुआत भारत में जन्मे सेंडी तुंगरे और रवि रेड्डी ने की थी। संतोष यूएस आकर रहने लगे।

'थिंक सिस्टम के बहुत खास प्रोडक्ट थे--ए *डिमांड प्लानर*। जब मैंने वहां काम करना शुरू किया, तब उनके पास बहुत कम क्लाइंट थे। बहुत ही कम समय में मैं 200 से ज्यादा कस्टमर बना पाने में कामयाब रहा।'

1997 में, कंपनी ने 150 मिलियन डॉलर के आई2 टैक्नोलॉजी बेची थी। हालांकि संतोष सेंडी और रवि के साथ जुड़ गया, और उनकी शुरू की हुई कंपनी 'विस्तार' में चला गया।

'मैंने कंपनी डायरेक्टर के तौर पर काम करना शुरू किया, मेरे पास कुछ शेयर भी थे। विस्तार यूएस की कंपनी थी, लेकिन हम भारत का काम भी संभालते थे।'

विस्तार आखिर काम क्या करती थी? खैर, ज्यादा विस्तार में न जाते हुए, कंपनी--या कंपनियों का समूह--'सॉल्यूशन' उपलब्ध कराता था। हालांकि ये प्योर टैक्नोलॉजी के ही सोल्यूशन नहीं थे।

'उदाहरण के लिए, एक कंपनी है आरओडब्ल्यू2, जिससे मैं करीब से जुड़ा हुआ रह चुका हूं। यह दवाइयों के सॉल्यूशन उपलब्ध कराती थी--दवाओं की खोज नहीं--बल्कि उन तक जाने की राह।'

भारत के वैज्ञानिकों और तकनीशियनों की मजबूत टीम के साथ आरओडब्ल्यू2 दवाई कंपनियों की परफेक्ट फॉर्मूला ढूंढ़ने में मदद करती थी। यह आईपी और पेटेंट के नजरिए से भी महत्वपूर्ण है।

ऐसे ही प्रोडक्ट दूसरे उद्योगों के लिए भी बनाए जाते हैं--जैसे, शिपिंग कंपनी के लिए भी।

सब ठीक चल रहा था, लेकिन 2002 में संतोष के पिता गंभीर रूप से बीमार हो गए। इस वजह से उन्हें भारत वापस आने के बारे में सोचना पड़ा।

लगभग उसी समय, आईटी क्षेत्र में भारी मंदी का दौर भी आया। यह संतोष की जिम्मेदारी थी कि डूबने की कगार पर पहुंचे प्रोजेक्ट को संभालें।

'माइक्रोफाइनेंस का मतलब सिर्फ आर्थिक मदद--या ऋण लेने वालों के लिए आसान सा विकल्प ही नहीं होना चाहिए। इसे जीविका भी अर्जित करनी चाहिए।'

काम मुश्किल था, लेकिन वह सफल रहे। 'मैनेजमेंट' की पढ़ाई किए बिना, संतोष बिजनेस मैनेजर बन चुके थे।

'यह सच है... दरअसल मैंने 2005 में, एस पी जैन से अपनी ईएमबीए पूरी की। क्योंकि मुझे कई बार लगता कि कहीं कुछ छूट न रहा हो--हो सकता है डिग्री से कुछ मदद मिल जाए।'

उसी दौरान, एक एसकेएस नाम के माइक्रोफाइनेंस इंस्टीट्यूशन (एमएफआई) ने विस्तार से बात की।

'विस्तार के संस्थापक कुछ ट्रस्ट भी चलाते थे। एसकेएस ने फंड के लिए इन ट्रस्ट से संपर्क किया।'

संतोष 'माइक्रोफाइनेंस' के बारे में सबकुछ जानना चाहते थे। उसकी तकनीक, काम करने का तरीका। आखिरकार, लोग दावे तो तरह-तरह के करते हैं, लेकिन सचाई की जमीन पर कुछ ही टिक पाते हैं।

पता लगाने के लिए संतोष ने पूरे आंध्र प्रदेश की यात्रा की, उनके साथ एसकेएस और दूसरे एमएफआई के कुछ सदस्य भी थे।

'मैं टॉप के लोगों से ज्यादा नहीं मिला, इसके बजाए मैंने जमीनी लोगों से ज्यादा बात की। मैंने कुछ समय गांवों की उनकी ब्रांचों में बिताया। और मैं प्रभावित था।'

यह संतोष की 'सामाजिक उद्यमिता' से पहली मुलाकात थी। बिजनेस की सोच रखते हुए, हरेक सामाजिक उद्देश्य को पूरा करना। उन्होंने और गहराई में जाने का निर्णय लिया।

'मैं बांग्लादेश के ग्रामीण बैंक से प्रभावित था। मैंने उनसे संपर्क किया, उनके मॉडल के बारे में जाना, और दरअसल मैं तो उनके काम को ठीक प्रकार से समझने के लिए बांग्लादेश भी जाने वाला था।'

लेकिन जल्द ही खालिदा जिया और शेख हसीना के समर्थकों में झड़प के

वजह से तनाव उत्पन्न होने लगा। तो वह ट्रिप कैंसल हो गया।

फिर संतोष ने अपना फोकस महाराष्ट्र सरकार द्वारा संचालित एमएवीआईएम--महिला आर्थिक विकास मंडल--पर लगाया। एमएवीआईएम उन सेल्फ हेल्प समूहों की मदद करता है, जो छोटे पैमाने पर आर्थिक गतिविधियों को बढ़ावा देते हैं।

'मैंने बांद्रा और भिवंडी की उनकी टीमों के साथ काफी समय बिताया। मैं समझना चाहता था कि वे क्या काम करते हैं, और क्या हमारे ट्रस्ट को उनकी मदद करनी चाहिए।'

इसी तरह, संतोष ने स्वाधार के संस्थापक, वीना मानेकर के साथ भी काफी समय बिताया। वह भारत में शहरी माइक्रोफाइनेंस के अग्रेता माने जाते हैं।

'मैं आईसीआईसीआई और सिडबी के लोगों से भी मिला,' संतोष याद करके बताते हैं।

आईसीआईसीआई चाहता था कि संतोष अपना एमएफआई (माइक्रो फाइनेंस इंस्टीट्यूशन) शुरू कर लें। और कुछ समय तक उन्होंने इस विकल्प के बारे में गंभीरता से सोचा भी। एक करीबी मित्र और वीजेआईटी का क्लास मेट--शैलेंद्र गास्ते--की भी इसमें दिलचस्पी थी।

'हम एक दूसरे मित्र से मिले, जो बैंकर था और एक एनबीएफसी (नॉन बैंकिंग फाइनेंशियल इंस्टीट्यूशन) खोलने का मन बना रहा था।'

एनबीएफसी क्यों? क्योंकि उस समय ज्यादातर एमएफआई वाले संघर्ष कर रहे थे, और बहुत छोटे स्तर पर भी थे। संतोष ने महसूस किया कि ग्रामीण बैंक की श्रेणी को किसी बड़ी शुरुआत की जरूरत थी।

'उदाहरण के लिए, ग्रामीण बैंक बांग्लादेश के गांवों में ऐसी कई योजनाएं शुरू करवा रहे थे, जिससे कई नौकरियां उत्पन्न हो रही हैं। हम ऐसा ही कुछ भारत में करना चाहते थे।'

एमएफआई के पैसे देने का एक और नियम था कि लोन ज्यादातर महिलाओं को ही दिया जाता था। इससे डिफाल्ट की दर में कमी आई, लेकिन संतोष इसे और व्यापक पैमाने पर लागू करना चाहते थे।

'मैं युवा लड़कों के साथ कुछ करना चाहता था, जिससे उन्हें कमाई का

साधन मिल सके।'

जब वह इन सवालों से जूझ रहे थे, तो माइक्रोफाइनेंस की दुनिया में एक भूचाल आया। दिसंबर 2006 में, ग्रामीण बैंक के मोहम्मद यूनुस को नोबेल प्राइज मिला।

'यूनुस के नोबेल प्राइज जीतने से पहले कोई नहीं जानता था कि माइक्रोफाइनेंस क्या है। उन्हें सम्मान मिलने के बाद, मानो हर कोई माइक्रोफाइनेंस में ही छलांग लगाना चाहता था।'

और यही हुआ। रिलायंस और भारती जैसी कंपनियां वेंचर कैपिटल और एडवेंचर कैपिटल के नाम पर एमएफआई में आ गईं।

'मेरे पिता--जो सोचते थे कि मैं *पागल* हो गया हूं, जो अपना काम छोड़कर वहां गांव में सिर मार रहा हूं--को भी अचानक यह *गुड आइडिया* लगने लगा,' संतोष बताते हैं।

संतोष को समझ आ गया कि एमएफआई में बहुत ज्यादा व्यापारीकरण हो गया है। और इससे वह उत्साहित नहीं हुए।

दूसरी तकनीकी समस्या यह थी कि बांग्लादेश की तरह आरबीआई एनबीएफसी वालों को सेविंग अकाउंट खोलने की इजाजत नहीं देता है।

'हम कम ब्याज दर पर लोन का प्रस्ताव देना चाहते थे। लेकिन यह तब तक संभव नहीं था, जब तक आप कस्टमर से कोई डिपोजिट न लो।'

इससे प्रोजेक्ट को ताक पर रख दिया गया। लेकिन, तब तक संतोष दर्जनों गांवों में घूम चुके थे, उन्होंने वहां की समस्याओं को करीब से देखा था। किसी भी तरह वह कुछ ऐसा करना चाहते थे, जिससे इसमें कुछ फर्क आए।

सवाल था 'क्या'।

संतोष ने महसूस किया कि कमाई ही वह साधन है। यहां तक कि जब वह एमएफआई को समझने की कोशिश कर रहे थे, एक सवाल बार-बार उनके दिमाग में आता था। माइक्रोफाइनेंस कैसे जीविका के साधन उत्पन्न कर सकता था?

'जब मैंने यह सवाल पूछा, तो मुझे बताया गया कि कंप्यूटर डाटाबेस में पूरी डिटेल है कि किसको, किस काम के लिए लोन दिया गया है। लेकिन आपको यह कैसे पता चलेगा कि जो पैसे पशु खरीदने के लिए दिए गए हैं, उनसे वाकई में पशु ही खरीदे गए हैं?'

आप नहीं जानते।

और माइक्रोफाइनेंस वालों को इसकी परवाह भी नहीं है। बस उन्हें पैसे देने और अपने पैसे वापस लेने से मतलब है, भले ही आप उन पैसों से जो भी करो।

'आप देखेंगे कि माइक्रोफाइनेंस पुरानी साहूकारी से कुछ भी अलग नहीं हैं, बस उस पर शिष्टता का आवरण चढ़ गया है।'

दूसरी बात, जिसकी संतोष को चिंता है कि माइक्रोफाइनेंस कंपनी सिर्फ महिलाओं को लोन देती हैं। जवान और बेरोजगार लड़कों का क्या? उन्हें लोन देने के लिए भरोसेमंद नहीं माना जाता!

'जब मैं गांवों में जाता, तो वहां के बहुत से लड़के मेरे पास आकर कहते--साहब क्या आप हमें कोई नौकरी दे सकते हैं?'

कोई आठवीं पढ़ा होता, कोई पांचवीं, और कुछ ने दसवीं पास कर रखी होती। उन्हें खेतों में काम करने में कोई दिलचस्पी नहीं थी, और गांवों में कोई नौकरी तो थी नहीं।

एक दिन संतोष और उनके पार्टनर शैलेंद्र व विक्रम ने एक फैसला किया।

'कुछ ऐसा करते हैं, जिससे उन लोगों को कुछ कमाने का मौका मिले--एक चैरिटेबल ट्रस्ट बनाते हैं।'

इस तरह *पीपल ट्री* अस्तित्व में आया।

अब सवाल आता है, आपका लक्ष्य स्व-रोजगार पर है, या आप लोगों को रोजगार योग्य बनाना चाहते हैं।

'हर कोई चाहता था कि लड़को को स्व-रोजगार के विषय में ही सोचना चाहिए। लेकिन इसे लेकर हमें कुछ संदेह था। अपना रोजगार खड़ा करने के लिए आपको पैसों की जरूरत होती है, एक लगन की जरूरत होती है, और उसे हासिल करना आसान नहीं है।'

फिर पीपल ट्री ने लड़कों को नौकरी के लिए प्रशिक्षित करने का बीड़ा उठाया। लेकिन किस तरह की नौकरी, किस तरह की दक्षता? उनका विचार कम पैसों के लिए मजदूर खड़े कर देना नहीं था। हर जगह मौजूद होने वाले सिक्योरिटी गार्ड की तरह।

'सिक्योरिटी गार्ड में वैसी कोई दक्षता नहीं होती हैं, तो उन्हें पगार भी एक सी ही मिलती है--लगभग 3500 रुपए महीना--भले ही उन्हें कितनी भी देर तक काम करना पड़े।'

तो वे कैसे जिंदा रह पाते हैं? दूसरा काम पकड़कर, खुद को शराब में डुबोकर।

'जब तक वह चालीस का होता है, या तो अपनी आदतों की वजह से मर चुका होता है, या घर बैठकर अपने बेटे को अपनी जगह काम पर भेज देता है।'

और इस तरह से चक्र चलता रहता है।

संतोष को यह मंजूर नहीं था। उन्होंने दूसरे क्षेत्रों पर नजर रखनी शुरू की, जहां सप्लाई से ज्यादा डिमांड हो।

'हमारे दिमाग में रिटेल का भी ख्याल आया, लेकिन वह इन लड़कों के प्रोफाइल से मैच नहीं करता था। वे बहुत स्मार्ट नहीं थे और न ही अंग्रेजी में बात करते थे। उन्हें पूरी तरह बदलना भी आसान नहीं था।'

ऐसा ही आईटी सेक्टर में था।

लेकिन एक इंडस्ट्री, जहां कुछ संभावनाएं दिखाई दे रही थीं, वह था कंस्ट्रक्शन या निर्माण कार्य। इसके कई कारण थे।

'निर्माण कार्य देश में रोजगार की दूसरी बड़ी संभावनाएं देता है, और उसके हिसाब से इन लड़कों का प्रोफाइल भी ठीक था। और ज्यादातर निर्माण कंपनियां मजदूरी की तंगी से गुजर रही थीं।'

कुछ कंपनियां प्रशिक्षित मजदूर चाहती थीं--लेकिन प्रशिक्षित मजदूरों को जब दूसरी जगह से अच्छा प्रस्ताव मिलता, तो वे नौकरी छोड़कर चले जाते। एक आदमी की समस्या, कभी दूसरे के लिए अवसर बन जाती है।

अब सवाल था कि उस राह पर चला कैसे जाए...

'हम जानते थे कि यह ऐसा पारंपरिक बिजनेस नहीं है, जहां पैसे बनाए जा सकते हैं। हां, विकास दर स्थिर रहने पर आप कुछ पैसे कमा सकते हैं।'

'कोई बिजनेस शुरू करके आपको तीन साल तक उसके फलने-फूलने का इंतजार करना पड़ता है, लेकिन ऐसे सामाजिक काम में आपको कम से कम पांच साल इंतजार करना पड़ता है।'

'शुरुआत में हमने एक ट्रस्ट बनाने का सोचा, लेकिन प्रोफेशनलों को हमारे साथ काम करने में दिक्कत आती।'

और इसलिए पीपल ट्री को एक प्राइवेट लिमिटेड कंपनी के रूप में चलाने का निर्णय लिया गया।

'हद से हद हम अपना पैसा गंवा बैठते। लेकिन उस जोखिम को लिया जाना जरूरी था।'

एक कंपनी को बनाने का सबसे बड़ा फायदा होता है कि आप बाहर के निवेशकों को आकर्षित कर सकते हैं।

और इस तरह, बड़े पैमाने पर काम किया जा सकता है।

संतोष और उनके दोनों पार्टनरों ने 50-50 लाख रुपए का निवेश किया। दो स्ट्रेटेजिक इंवेस्टर* और एक वेंचर कैपिटलिस्ट ने बाकी के पैसे लगाए।

इस प्रकार नवंबर 2007 में, 8 करोड़ रुपए के फंड के साथ, पीपल ट्री का औपचारिक रजिस्ट्रेशन किया गया।

हैरानी की बात थी कि इतने पैसों की जरूरत क्यों थी।

'क्योंकि हम अपना खुद का ट्रेनिंग सेंटर बनाना चाहते थे।'

यह पारंपरिक सोच के विपरीत था। आखिरकार, ट्रेनिंग का काम किराए की जगहों पर भी तो हो सकता था। इतने पैसे किसी ऐसे काम में क्यों निवेश करना, जहां से कोई स्थिर आय नहीं मिलने वाली हो।

क्योंकि यह संतोष के सोचने का तरीका है।

वह बड़ा सोचते हैं।

'लोग कम सामान के साथ बिजनेस शुरू करना चाहते हैं, ताकि बाहर निकलने में कोई परेशानी न हो। लेकिन जब आपके पास हेवी मॉडल होता है, तो शेयरधारकों, छात्रों, निर्माण कंपनियों और निवेशकों में एक अलग तरह का

---

* केएमसी कंस्ट्रक्शन और बीएससीपीएल इंफ्रास्ट्रक्चर, दोनों हैदराबाद की निर्माण कंपनियां हैं।

भरोसा उत्पन्न होता है।'

इससे पता पड़ता है, 'मैं यहां टिकने के लिए आया हूं।'

दूसरा अच्छे प्रशिक्षण के लिए आपको जगह और उपकरणों में निवेश करना ही पड़ता है।

'भारी मशीनों को चलाने के लिए आपको जगह की जरूरत होती है। और भारी उपकरण भी बहुत महंगे आते हैं।'

एक ग्रैडर की कीमत 40-60 लाख रुपए होती है, एक पैव 2-5 करोड़ रुपए का होता है। इनमें से कुछ मशीनें निर्माण कंपनियां दान कर देती हैं। लेकिन बाकी तो आपको खरीदनी ही होती हैं।

हैदराबाद में तैयार किया गया, बड़ा-पूरा कैंपस लगभग 4 करोड़ रुपए में बनकर तैयार हुआ।

'यह 25 एकड़ का परिसर है, जिसे 29 सालों के लिए लीज पर लिया गया है। हमने एक रेजिडेंशियल फैकेल्टी भी बनाई, जहां एक ही समय पर 200 लड़कों को प्रशिक्षित किया जा सके।'

पीपल ट्री ने टीएएफई (ऑस्ट्रेलिया की एक बड़ी तकनीकी कंपनी) के साथ भी करार किया है।

'हम उन्हें यहां आकर लड़कों को प्रशिक्षित करने के लिए सर्विस और रॉयल्टी फी देते हैं। इसी तरह, हमने कुछ जर्मन कंपनियों और विशेषज्ञों के साथ भी टाई-अप किया है।'

क्या मार्केट के निचले स्तर पर फोकस करना ज्यादा आसान नहीं होता। लेकिन संतोष जानते थे कि स्पेशल ट्रेनिंग के जरिए इन लड़कों की तरक्की की बेहतर संभावनाएं हैं।

'हम उन्हें स्टील-फिक्सिंग और बार-बेंडिंग जैसे काम सिखाने के साथ ही, भारी मशीनों पर काम करना भी सिखाते--जो काफी जटिल होते हैं।'

इस प्रोग्राम की सफलता इसे नौकरी के साथ जोड़ने में है। संतोष और उनकी टीम ने कई निर्माण कंपनियों से मुलाकात की, यह समझने के लिए कि उनकी जरूरतें क्या हैं। लेकिन उनके विचारों में बहुत अंतर है।

'आप किसी निर्माण कंपनी के पास जाओ, वे आपको रेडीमेड कंटेंट सौंप

देंगे। बदकिस्मती से, अगर आप अपने लड़कों को वहीं पढ़ा दें, तो भी लड़के नौकरी लायक नहीं बन पाएंगे। इसलिए उन्हें ऐसे तैयार करें, ताकि वे पहले दिन से ही काम करने लगें।'

जो हर मालिक चाहता है...

तो पीपल ट्री ने अपना अलग प्रोग्राम बनाया, छह सप्ताह की ट्रेनिंग का। इससे छात्रों में इसके प्रति दिलचस्पी पैदा होगी।

'जो लड़के छठी और आठवीं क्लास में स्कूल छोड़ चुके हैं, क्योंकि उनमें पढ़ाई के प्रति दिलचस्पी नहीं थी। वो एक साल के प्रोग्राम के लिए धैर्य नहीं रख पाते!'

तो मामला यह था कि आप छह सप्ताह में क्या करोगे, जिससे उनका काम बेहतर हो जाए।

'मैंने हमेशा अपने लोगों से कहा कोर्स कंटेंट तो बस मार्गदर्शन के लिए है। मैं अपने लड़कों को उन क्षमताओं में दक्ष करना चाहता हूं, जो उनके दिन ब दिन के काम में लाभदायक हों।'

काम की गुणवत्ता और उत्पादकता की ही महत्ता होती है।

'तो मैं उन लड़कों को बस पांच चीजें सिखाता हूं, लेकिन उनमें वे बिल्कुल कुशल हो जाते हैं। और इससे वह काम के लिए 80 प्रतिशत तैयार हो जाते हैं।'

बाकी 20 प्रतिशत वह अगले साल सीख पाते हैं, क्योंकि उस दौरान ट्रेनर लड़कों के साथ ही रहता है।

इसकी जरूरत क्यों पड़ी, यह दूसरी कहानी है।

शुरुआत में, संतोष विभिन्न निर्माण कंपनियों के मालिकों से मिलते; वे प्रशिक्षित लड़कों को काम पर रखने के लिए राजी होते। लेकिन यह कमिटमेंट करना तो आसान था। लेकिन साइट मैनेजर के साथ डील करना उतना ही मुश्किल था।

'जब आप मालिक और सीनियर मैनेजर से मिलते हैं, तो आपको एक तस्वीर देखने को मिलती है। जब आप साइट पर पहुंचते हैं, तो दूसरी।'

और वह तस्वीर सुहानी नहीं होती।

अधिकांश कंपनियां अपने कर्मचारियों को पे-रोल पर नहीं रखना चाहती। कई तरह के कामों के लिए वे सब-कॉन्ट्रेक्टरों को प्राथमिकता देती हैं। और

वे उन लोगों के साथ बहुत ही वाहियात व्यवहार करते हैं।

'उप-ठेकेदार उन्हें समय पर पैसे नहीं देता, सही खाना नहीं देता--हमें अपने लड़कों के लिए ऐसी नौकरी नहीं चाहिए थी।'

कुछ कंपनियां पीपल ट्री के लड़कों को एनएमआर रोल, या प्रोजेक्ट रोल पर ले लेती थीं। लेकिन जब लड़के साइट पर जाते तो या तो उन्हें कोई काम दिया ही नहीं जाता, या फिर उनका शोषण किया जाता। वे सोचते कि इस तरह ये आठ-दस दिन में दुखी होकर भाग जाएंगे।

'साइट मैनेजर की उप-ठेकेदार से अलग सेटिंग होती और वह उसके भेजे हुए लड़कों को ही काम पर रखता। वह किसी भी तरह से सहयोग करना ही नहीं चाहता।'

पीपल ट्री से लड़कों का पहला बैच दिसंबर 2008 में निकला। 2-3 बैचो के इन मामलों से संघर्ष करने के बाद, संतोष ने बड़ा कदम उठाया।

'पीपल ट्री उप-दलाल के तौर पर भी काम करेगा, काम की पूरी जिम्मेदारी लेगा, निर्माण कंपनियों से पैसा लेगा और अपने लड़कों से काम करवाएगा। और इस तरह हमारे कस्टमर और छात्र दोनों ही संतुष्ट थे।'

यकीनन, कुछ समस्याएं तो रहती ही हैं। आपको एक साथ कई मोर्चे संभालने पड़ते हैं। पीपल ट्री से एक प्रशिक्षक हमेशा लड़कों के साथ रहता। साइट पर काम संभालने के लिए भी एक आदमी को छोड़ा जाता है।

'इससे हमारी लागत बढ़ गई। हमारे पे-रोल पर 30-35 प्रशिक्षक थे, लेकिन जरूरी यह था कि अब सब चीजें लाइन पर थीं।'

और निश्चित तौर पर, यह सफल भी रहा।

छात्रों के नजरिए से, उन्हें स्थिर आय मिल रही थी, और साथ ही आगे बढ़ने का मौका भी।

'कम से कम--जिसे मजदूर वर्ग कहा जाता है--उन लड़कों को 6000 रुपए महीना आय मिलने लगी। रहना फ्री।'

औसतन एक लड़का अपने खाने-पीने पर 1000 रुपए महीना खर्च करता है, और 1000 रुपए पीपल ट्री में ली गई ट्रेनिंग पर लग जाते।

'इस तरह उनके हाथ में 4000 रुपए थे, और वे खुश थे।'

और जो लड़के भारी मशीनें चलाना सीख जाते थे उन्हें 7 हजार रुपए महीना पगार मिलती थी। पीपल ट्री निर्माण कंपनी से उन्हें पे-रोल पर लेने का भी आग्रह करती।

'भारी मशीनों के प्रशिक्षण में महंगे उपकरणों की जरूरत होती, इसलिए एक साल के प्रशिक्षण के लिए 2000 रुपए काट लिए जाते।'

इस तरह पीपल ट्री के छात्र को 5000 रुपए महीना तक आय मिलने लगती, लेकिन काम के दूसरे साल उनकी आय 8000 रुपए महीना तक पहुंच जाती। ये लड़के ग्रेडर ऑपरेटर तक बन जाते। उस पॉइंट पर वे 25,000 रुपए महीना तक कमा सकेंगे।

कुछ लड़के अभी भी पीपल ट्री से जुड़े हुए हैं, और वे अब सुपरवाइजर बन गए हैं।

'अगर वे मजदूरी भी करते, स्टील-फिक्सिंग और बार-बेंडिंग भी करते तो आसानी से हर महीने 8-10 हजार रुपए महीना कमा लेते।'

निर्माण साइट पर फॉरमैन को 18-20 हजार रुपए महीना मिलते हैं। इसके लिए लड़कों को कुछ अतिरिक्त प्रशिक्षण की आवश्यकता होगी। और संतोष--मन ही मन--उसके लिए भी योजना बना रहे हैं।

अपने छात्रों के प्रति पीपल ट्री की प्रतिबद्धता कमाल की है। उन्हें पता है कि कोर्स की फीस शुरुआत में 1500 रुपए महीना है। बाकी की फीस लड़कों की आय में से काटी जाती है। तो उन लड़कों को उतने पैसे मिलने चाहिए कि उन्हें आय में से पैसे कटने का बुरा न लगे।

लेकिन कोशिशों के सामने रकम बहुत छोटी है। यह एक समाज सेवा से ऊपर उठकर स्थिर बिजनेस मॉडल कब बनेगा?

'उसके लिए आपको ज्यादा छात्रों की जरूरत होती है। हमारा मुख्य कैंपस

'लोगों का मन बदलने और विश्वास हासिल करने में समय लगता है। जब आप किसी क्षेत्र में ट्रेनिंग सेंटर की शुरुआत करते हैं, तो ज्यादातर लोगों का मानना होता है कि आप कुछ महीनों में ही भाग खड़े होंगे। वे आपको आंकने के लिए समय लेते हैं।'

'अगर मैं सरकारी मदद लेकर 20,000 लड़कों को प्रशिक्षित करता और उन्हें नौकरी नहीं दे पाता... तो उससे कोई फायदा नहीं होता। मैंने बस फंड का सही इस्तेमाल करके दिखाया है।'

हैदराबाद में है, लेकिन हमारे प्रवक्ता रायबरेली, नासिक, बिहार और राजस्थान में भी हैं।'

हर प्रवक्ता एक समय में 25-50 छात्र लेकर आता है, और एक ही समय पर दो प्रोग्राम साथ-साथ चलाए जाते हैं। पीपल ट्री हर साल अपने कैंपस से 300-400 छात्र निकालते हैं।

उन्हें उम्मीद है कि अगले साल 1500 छात्र निकलेंगे और उसके अगले साल 5000।

'जब हम साल में 5000 लड़कों को प्रशिक्षित कर लेंगे, तो हमारे मॉडल में स्थिरता आ जाएगी। और पीपल ट्री फिर कुछ मुनाफा भी कमाना शुरू कर देगा।'

और निवेशकों* और प्रमोटरों के लिए इतना काफी है।

'हम सिर्फ नंबरों के पीछे भी भाग सकते थे, लेकिन हमने अच्छा नाम कमाने और समस्याओं के समाधान पर ध्यान केंद्रित किया। फिर, विकास खुद ब खुद होने लगा।'

पीपल ट्री आसानी से 5-10 करोड़ रुपए का अनुदान सरकार से ले सकती थी। 20 हजार लड़कों को प्रशिक्षित करती। लेकिन, फिर क्या?

'इससे लड़कों का हम पर से भरोसा उठ जाता। कागजों पर हम 20 हजार लड़कों को प्रशिक्षित कर चुके होते, लेकिन उनके लिए कोई स्थिर रोजगार नहीं ढूंढ़ पाते।'

इसका मतलब होता कि शुरुआती 20 हजार लड़कों के बाद, अगले साल प्रोग्राम में 20 लड़के भी दाखिला नहीं लेते। और संतोष पैसों के पीछे भागने वालों में से भी नहीं हैं। दरअसल, उन्होंने अपना पूरा जीवन ही इस काम को समर्पित कर दिया है।

---

*   अक्टूबर 2010 में, आईडीएफसी फाउंडेशन—आईडीएफसी की गैर-मुनाफे वाला विभाग—ने पीपल ट्री में कुछ शेयर लिए।

'शुरुआत में हमने सोचा कि हम इस काम के लिए प्रोफेशनल लोगों को रख लेंगे। फिर हमें लगा कि हममें से किसी एक को तो फुल-टाइम यहां देना होगा। क्योंकि अगर जुनून और प्रतिबद्धता न हो तो आप कठिनाई का सामना नहीं कर पाते हैं।'

इसकी किसी भी तरह की उद्यमिता में जरूरत होती है, लेकिन सामाजिक उद्यमिता में तो ज्यादा होती है।

'कंपनियां मोबाइल फोन या लक्स साबून बेचने का फॉर्मूला पता लगा लेती हैं। यहां तक कि माइक्रोफाइनेंस मॉडल भी सफल होने के तरीके ढूंढ़ ही लेता है। लेकिन हमारा काम ज्यादा मुश्किल है!'

यद्यपि माइक्रोफाइनेंस पैसे देता है, वहीं पीपल ट्री पैसे लेता है। बेशक रकम छोटी है, लेकिन इतने समय में हासिल किया गया गांववालों का विश्वास उससे काफी बड़ा है।

'जब हमने बिहार में काम शुरू किया तो लड़के कहते--*हम पांच सौ रुपया भी नहीं देंगे*। धीरे-धीरे वे आने लगे, और आज वे 1500 रुपए देने को तैयार हैं।'

हर अच्छे काम पर पहले संदेह ही किया जाता है। लड़के ढूंढ़ने से लेकर उन्हें प्रशिक्षित करना, कंपनी की उम्मीदों पर खरा उतारना, सबको पीपल ट्री ने अपना बेस्ट दिया है।

और इसकी भी अपनी चुनौतियां रहीं।

लखनऊ से रायबरेली जाते हुए, पीपल ट्री के ट्रेनिंग एवीपी सचिन संतोष से पूछते हैं, 'आपने मुझसे कहा कि यह बिजनेस अलग है, कि कुछ मसले हैं, कुछ हैरानी। लेकिन अगर ऐसा रोज ही होता रहे, तो कोई काम कैसे कर सकता है?'

एक छोटा सा उदाहरण--पीपल ट्री ने लड़कों के एक समूह को चेन्नई में काम करने के लिए भेजा। वे एक ही सप्ताह में वापस आ गए, और कहने लगे, 'पीने का पानी बराबर नहीं था।'

जबकि असली वजह कुछ और ही थी।

'लड़के होली के लिए घर वापस आना चाहते थे, तो उन्होंने यह बहाना बनाया था। वही लड़के आज राजस्थान में अच्छी तरह काम कर रहे हैं।'

काम को बीच में छोड़ देना तो एक समस्या है। उससे भी ज्यादा, वे पीपल ट्री के ट्रेनिंग सेंटर पर आकर बहुत तमाशा खड़ा कर देते हैं।

लड़के सेंटर के बाहर धरने पर बैठ गए, और कहने लगे, 'हमें नौकरी दो, नहीं तो हम सबको बता देंगे कि आप धोखेबाज हो।'

वास्तव में, वे लोग पूरी रात दरवाजा पीटते रहे।

'उस दिन हम बहुत ही हताश हुए, हालांकि बाद में हमने उन्हें दूसरी जगह नौकरी दे दी थी।'

संतोष काम का एक राज बताते हैं।

'अंदर से आपको बहुत विनम्र होना चाहिए, लेकिन बाहर से कभी उसे दिखाना नहीं चाहिए। नहीं तो दूसरे लोग आपका शोषण करने लगते हैं।'

और कभी आप सोचते हैं कि क्या सच में ऐसा होता है?

'शुरुआत में लड़के मुझे आधी रात में फोन कर देते। कोई भी शराब के नशे में गालियां देने लगता, क्योंकि उसे साइट पर रोटी नहीं मिली थी।'

समय और धैर्य के साथ संतोष ने इन समस्याओं से निबटना सीख लिया।

'अब मैं सबको अपना नंबर दे देता हूं, लेकिन मेरे दो नियम हैं। अगर आपको कोई समस्या हो तो पहले मुझे मैसेज करो, फिर मैं तुम्हें फोन करूंगा। और दूसरा मैं सुबह 11 बजे से शाम 7 बजे तक ही फोन पर बात करूंगा।'

किसी और समय--और रविवार को--संतोष फोन नहीं उठाएंगे।

इन सब परेशानियों के बावजूद, उन्हें अपने लड़कों से एक अपनेपन का अहसास भी है।

'अब साइट पर ज्यादातर काम, 90 प्रतिशत मामले वे खुद ही संभाल लेते हैं। लेकिन फिर भी मैं चाहता हूं कि मैं उनके लिए उपलब्ध रहूं।'

इस स्तर के जुनून और प्रतिबद्धता के लिए आपको कुछ समझौते भी करने पड़ते हैं--निजी जीवन में।

'मेरी बीवी बहुत समझदार हैं लेकिन शुरुआत में मुझे बहुत ही सफर करना पड़ता था। महीने में 20-25 दिन।'

जब उनका पांच साल का बेटा उन्हें घर पर देखता, तो पूछता, 'पापा आप दोबारा कब जाओगे?'

हालात पहले से तो सुधरे हैं, लेकिन आज भी संतोष महीने में कम से 15 दिन सफर करते ही हैं।

इसके अलावा, संतोष अपनी निजी जीवनशैली को भी नियंत्रण में रखते हैं।

'मैं आठ साल से एक ही कार चला रहा हूं। मुझे ऐशोआराम पर पैसा खर्च करना अच्छा नहीं लगता।'

संतोष पीपल ट्री से अपनी पगार लेते हैं, लेकिन वह उसे फिर से काम में ही लगा देते हैं।

वह उस बीज के माली हैं, जो अब पौधा बन गया है, और एक दिन यह वृक्ष बन जाएगा।

'जैसे बुद्ध ने पीपल के पेड़ के नीचे ज्ञान हासिल किया था, उसी तरह हमारे छात्र यहां अपनी क्षमताएं विकसित कर रहे हैं।'

आशा है यह पीपल भी सब जगह प्रकाश और प्यार फैलाए।

और सूरत की रोशनी में तपते हुए लोगों पर शीतल छाया करे।

❋

युवा उद्यमियों को सलाह

देश को सामाजिक उद्यमियों की जरूरत है। मुझे नहीं लगता कि राजनेता विकास कार्यों में सफल हो पाते हैं।

लेकिन जिन लोगों में वाकई जुनून है, उन्हें ही इसमें उतरना चाहिए।

आपको हताशा स्वीकारने के लिए भी तैयार रहना चाहिए। आपको तैयार रहना होगा कि जिन लोगों की आप मदद कर रहे हैं, वे कभी आपको 'धन्यवाद' भी न कहें।

आपका दिल भले ही नम्र हो, लेकिन आपको बाहर से मजबूत दिखना होगा। तभी आप भरोसा और आदर के हकदार हो पाओगे।

मैं सलाह दूंगा कि लोगों को कुछ पैसे जोड़कर रखने चाहिए। तभी आप अपने रोज के खर्चे उठा पाओगे। नहीं तो शुरुआती सालों में आपको बड़ी कठिनाई हो सकती है, खासकर तब, जब आपके साथ आपका परिवार भी हो।

नीली क्रांति

दीनबंधु साहू
प्रोजेक्ट चिल्का

दीनबंधु साहू एक समुद्रीय जीवविज्ञानी हैं, जिन्होंने अपनी लेबोरेट्री से निकलकर वास्तविक दुनिया में पांव रखा। प्रोजेक्ट चिल्का के जरिए साहू ने उड़ीसा में बहुत से गांववालों को 'समुद्रीय खेती' करनी सिखाई। 'नीली क्रांति' का बीज बोकर, उन्होंने दुनियाभर के लाखों लोगों में आशा की नई किरण का संचार किया।

मैं वैज्ञानिकों की कॉलोनी में पली-बढ़ी। बेतरतीब से कपड़े पहने, मूडी, अधेड़ उम्र के इंसान जो परिसर में मोटे चश्मे लगाए, घूमते-फिरते थे।

मुझे हैरानी होती कि वास्तव में ये लोग करते क्या हैं?

'तो आप लैब में रिसर्च करते हैं,' एक बार मैंने अपने पापा से पूछा। 'लेकिन उसका क्या उपयोग है?'

मुझे बड़ी घबराहट हुई, क्योंकि वह कोई भी संतोषजनक जवाब नहीं दे सके।

सालों बाद, मैं मूलभूत रिसर्च की महत्ता तो समझ गई हूं; मैं मानती हूं कि वे अस्त-व्यस्त से रहने वाले लोग अपना जीवन भविष्य को कुछ नई चीजें देने के लिए समर्पित कर देते हैं।

लेकिन फिर भी, एक ऐसे विज्ञान के आदमी से मिलना ताजगी भरा रहा, जिसने खुद को उस लैब से बाहर निकालकर, अपना ज्ञान वास्तविक दुनिया में बांटने की कोशिश की।

दीनबंधु साहू ने अपना पूरा जीवन समुद्री शैवाल के गूढ़ क्षेत्र को समर्पित कर दिया। वह भी दूसरे किसी अकादमिक की तरह अपना जीवन बिता सकते थे। शांति से अपनी लैब में काम करते हुए, बीच-बीच में इंटरनेशनल जरनल में उनका लेख छप जाता।

लेकिन इतना उनके लिए काफी नहीं था।

साहू चाहते थे कि उनकी तकनीक से लोगों के जीवन पर फर्क पड़े, उनके जीवन में सुधार आए। और यही काम वे 'चिल्का प्रोजेक्ट' के माध्यम से कर रहे हैं। गांववालों को समुद्र से खेती करना सिखाकर, और शैवाल की खेती से स्थिर जीविका उत्पन्न करके।

साहू ने कभी खुद को 'सामाजिक उद्यमी' नहीं समझा, लेकिन वह हैं। मैं उनके लॉन की ताजा कटी घास पर, पालथी मारकर बैठी थी। बीच-बीच में एक मच्छर उनकी बातों में व्यवधान डाल रहा था।

और मैंने सोचा, 'आपको कुछ करने के लिए सबकुछ छोड़ने की जरूरत नहीं है।'

अपनी नौकरी से शुरू करो। फिर, अपने काम से ज्यादा कुछ काम करो। और आखिर में भूल जाओ कि तुम कुछ काम कर रहे हो।

फिर देखो जादू।

नीली क्रांति

दीनबंधु साहू
प्रोजेक्ट चिल्का

दीनबंधु साहू का जन्म और पालन-पोषण जगन्नाथजी की नगरी पुरी में हुआ।

'मेरे परिवार में कोई भी ज्यादा पढ़ा-लिखा नहीं था--मैंने ही सबसे पहले कॉलेज से ग्रेजुएशन की थी।'

अपनी फीस भरने के लिए, साहू ने बच्चों को ट्यूशन पढ़ाना शुरू कर दिया। उनकी मेहनत तब रंग लाई, जब वह यूनिवर्सिटी में फर्स्ट आए। लेकिन, किसी तकनीकी खराबी के चलते, लिस्ट में उन्हें 'सैकेंड' दिखाया गया।

'तब मैंने तय किया कि अगर मुझे जिंदगी में कुछ करना है, तो यहां से बाहर निकलना ही होगा। मैंने पोस्ट-ग्रेजुएशन की लिए दिल्ली विश्वविद्यालय में आवेदन किया।'

बड़ी मुश्किल से साहू ने दिल्ली के सफर के लिए 800 रुपए जमा किए। वह पहली बार अपने राज्य से बाहर कदम रख रहे थे।

'मैं बिना रिजर्वेशन के दिल्ली आया। दरअसल, मैंने अपनी पहली रात स्टेशन पर ही सोकर बिताई।'

साहू को बॉटनी में एमएससी में दाखिला मिल गया, और साथ ही नेशनल स्कॉलरशिप भी मिली। लेकिन कोर्स खत्म होने पर वह फिर से शून्य पर थे।

'कुछ पता नहीं था कि आगे क्या करना है।'

साहू के जापानी रूममेट, शुनजी होसाका ने उनके लिए टोक्यो के अखबार--*असही शिम्बुन* में नौकरी ढूंढ़ दी। लेकिन, इससे वह रोमांचित नहीं हुए।

मैंने एक शोधकर्ता के रूप में दिल्ली विश्वविद्यालय में फिर से नामांकन करा लिया। बहुत से अन्य छात्रों की तरह मैं भी सिविल परिक्षाओं की तैयारी में लग गया।

और यह कहानी भी लाखों लोगों से जुदा नहीं होने वाली थी, तभी किस्मत ने करवट ली। दीनबंधु साहू को 1987 में अंटार्कटिका जाने वाले पहले छात्र के रूप में चुना गया। उन्हें उस बर्फीय महाद्वीप पर 7वें भारतीय वैज्ञानिक अभियान दल के साथ जाना था। यह ऐसा प्रस्ताव था, जिसे वह मना नहीं कर पाए।

'मैंने सबकुछ छोड़ दिया और अंटार्कटिका गया। तब मुझे वास्तविक दुनिया देखने का मौका मिला।'

साहू ने बड़े पैमाने पर--कई देशों की--यात्रा की, और इससे उन्हें बहुत कुछ जानने-समझने का मौका मिला। 1980 के दशक में, भारत और विकसित देशों के बीच मतभेद कड़े होने लगे थे।

1989 में, दिल्ली विश्वविद्यालय से बॉटनी में पीएचडी पूरी करने के बाद, साहू को यूएस भेज दिया गया। हालांकि वह प्रोफेशनल रूप से अच्छा काम कर रहे थे--विदेश की ऐशो-आराम की जिंदगी भी जी रहे थे--लेकिन उनका मन यहीं भारत में रह गया था।

'मेरे पास कार थी, एसी था और बड़ा घर भी था। लेकिन फिर भी कहीं यह भावना थी कि मुझे अपने देश लौट आना चाहिए--और कुछ करना चाहिए।'

कुछ 'अलग'।

साहू दिल्ली विश्वविद्यालय लौट आए--इस बार, एक अकादमिक के रूप में। वह किसी समुद्रीय जीवविज्ञानी के लिए आदर्श जगह नहीं थी, लेकिन वह इसके आसपास ही काम करने लगे।

'जब मैंने काम करना शुरू किया था, तभी तय कर लिया था कि मैं *चिल्का लेक* पर काम करूंगा। क्योंकि मैं बचपन से इसे देखता हुआ ही बड़ा हुआ था।'

न सिर्फ लेक, बल्कि इसके आसपास मानवीय और समुद्रीय इकोसिस्टम। एक शोधकर्ता के रूप में, साहू को समुद्रीय शैवाल में खास रुचि थी।

भारत में इस पौधे के उपयोग और पोषकीय तत्वों के बारे में काफी कम जानकारी है। जबकि दक्षिणपूर्व एशिया में शैवाल को मुख्य आहार के रूप में खाया जाता है।

'रोजमर्रा के जीवन में शैवाल का बहुत तरह से उपयोग* किया जाता है,' साहू बताते हैं। 'टूथपेस्ट, आइसक्रीम, टॉमेटो कैचप, चॉकलेट, डाई इंडस्ट्री, टैक्सटाइल प्रिंटिंग--यहां तक कि दवाइयों में भी।'

यकीनन शैवाल की बहुत-सी किस्में आती हैं। लाल शैवाल--ग्रासिलेरिया वेरुकोसा--व्यापारिक दृष्टिकोण से बहुत महत्वपूर्ण है, जो चिल्का लेक में उगती है। लेकिन उद्योग के हिसाब से उसकी मात्रा बहुत कम है।

'क्या उसे बदलने के लिए कोई वैज्ञानिक पद्धति अपनाई जा सकती है?' साहू सोचते हैं।

फिलीपिंस में 10,000 से ज्यादा परिवार शैवाल की खेती करके अपनी जीविका अर्जित कर रहे हैं। गंजम जिले के समुद्रीय क्षेत्र में भी यही संभावनाएं हैं। इस संभावना के बारे में जागरूकता फैलाने के लिए साहू ने वर्ष 2000 में, एक किताब लिखी, 'फार्मिंग द ओशियन'।

लेकिन भारत में शैवाल की खेती पर कम ही ध्यान दिया जाता है--यहां मछली पालन पर ध्यान है। और बदकिस्मती से झींगा, श्रिम्प और दूसरे समुद्री जीवों की खेती से लेक का इकोसिस्टम बिगड़ रहा है।

'दूसरी तरफ शैवाल की खेती इको-फ्रेंडली है, और स्थिर भी। मैंने तय किया कि मैं एक ऐसा मॉडल विकसित करूंगा, जहां शैवाल स्थानीय जनता के लिए आय का माध्यम बन सके।'

एक ऐसा मॉडल, जिसे देश के दूसरे भागों में भी अपनाया जा सके।

मॉडल सिंपल था--स्थानीय लोगों को व्यापारिक दृष्टि से उपयोगी शैवाल की खेती के बारे में सिखाया जाए, और दूसरी तरफ उद्योगों को फिक्स कीमत पर उनका माल खरीदने के लिए तैयार कर लिया जाए। इस तरह किसानों के पास गारंटी आय आने लगेगी।

'समय के साथ, जब शैवाल की अच्छी मात्रा प्राप्त होने लगे, तब आप

* उद्योगों में लगभग 50,000 रुपए के शैवाल के सत्त का इस्तेमाल किया जाता है।

'समुद्र तटीय क्षेत्रों का सामाजिक-आर्थिक हिसाब देश के दूसरे हिस्सों से अलग होता है। बड़े शहर में एक रुपए की कोई कीमत नहीं होती, लेकिन उड़ीसा में 10 पैसे की भी कीमत है।'

छोटे पैमाने पर अपना उद्योग* भी लगा सकते हैं।'

सुनने में तो यह आसान और उपयोगी मॉडल लगता है; मजेदार उद्योग। लेकिन आप तुरंत खेती कैसे शुरू कर सकते हैं? साहू एक वैज्ञानिक हैं, बिजनेसमैन नहीं। तो, पहले उन्होंने विभिन्न सरकारी विभागों के पास जाने का निर्णय लिया।

'मैं बहुत से वरिष्ठ नौकरशाहों और मंत्रियों से मिला--सभी ने कहा, आइडिया तो अच्छा है लेकिन इसे आगे ले जाने के लिए वे कुछ नहीं कर सकते।'

आखिरकार, साहू ने डिपार्टमेंट ऑफ साइंस एंड टेक्नोलॉजी (डीएसटी) से संपर्क किया। डीएसटी के 'साइंस एंड सोसाइटी' विभाग में उस एप्लाइड रिसर्च के लिए खास फंड दिया जाता था, जिससे समाज को कोई लाभ मिलने वाला हो।

एक कमेटी ने साहू के प्रोजेक्ट की जांच की और उन्हें तीन साल के एक पाइलट प्रोजेक्ट के लिए 20 लाख रुपए दे दिए।

'मैंने भारत के भिन्न-भिन्न भागों में ग्रामीणों को प्रशिक्षित करने के लिए एक मॉडल बनाया। चूंकि उसका आइडिया यहीं से आया था, इसलिए हमने उसका नाम ही *चिल्का मॉडल* रख दिया।'

शैवाल की खासियत यह है कि यह अपने आप ही बढ़ती है। आप बस बीज डालिए, उसे बढ़ने के लिए छोड़ दीजिए और फिर 45 दिनों बाद उसे काट लीजिए। इसमें निवेश भी काफी कम है; और जमीन पर खेती की तरह आपको इसमें जुताई, सिंचाई और उर्वरकों का उपयोग भी नहीं करना होता।

'झील ही इसका प्रमुख स्रोत है--यह किसी एक इंसान का न होकर पूरे समुदाय का प्रोजेक्ट होता है।'

कहना होगा कि यह शैवाल का 'विज्ञान' है।

* तमिलनाडु में, शैवाल की खेती करने वाले 5000 परिवारों ने अब एक फैक्टरी भी लगा ली है।

'हमने चार भिन्न प्रकार के शैवालों की पहचान की, जिनकी राष्ट्रीय और अंतर्राष्ट्रीय बाजारों में अच्छी मांग है। दरअसल, मांग बढ़ी ही है--प्रतिवर्ष 10 प्रतिशत की दर से।'

फिर महत्वपूर्ण काम था वहां उगने वाली वनस्पति की पहचान करना। क्योंकि जलवायु और पानी की गुणवत्ता के मापदंड बहुत मायने रखते हैं।

'हमारा काम है चिल्का का वैज्ञानिक नजरिए से सर्वेक्षण। खारेपन, पीएच बैलेंस और गंदलेपन की जांच करते हुए, हम उन वनस्पति की सलाह देते हैं, जो ऐसी जलवायु में बिना रुके बढ़ सके।'

जरूरी बात है कि इस सूचना को स्थानीय लोगों में आसान और सहज तरीके से पहुंचाना। इस सूचना को भिन्न भाषाओं में अनूदित किया जाता है--उड़िया, तमिल, तेलुगु, मराठी। और फिर प्रशिक्षण और काम करके दिखाने के लिए वर्कशॉप भी लगाई जाती हैं।

ऐसा पहला प्रोग्राम ग्रासिलेरिया वनस्पति पर फरवरी 2009 में, चिल्का लेक की सातपाड़ा साइट पर आयोजित किया गया था।

जमीनी स्तर पूरे काम की जिम्मेदारी एनजीओ और सेल्फ हेल्प ग्रुप ने उठा ली थी। खुद साहू ने प्रशिक्षक, को-ऑर्डिनेटर की भूमिका निभाई थी।

'शैवाल की खेती बहुत ही आसान है। बस आपको कुछ सामान्य से उपकरण, जैसे--बांस, नाइलोन की रस्सी, मछली के पुराने जाल और हथौड़े--की जरूरत होती है।'

'राफ्ट कल्चर' का ही इस्तेमाल किया जाता है। प्रशिक्षण पाने के बाद, महिलाओं के चार एसएचजी समूहों ने चिल्का लेक की लांगलेस्वरा साइट पर शैवाल की खेती शुरू की।

'खेती के पंद्रह दिनों में ही हमें बेहतर परिणाम मिलने लगे!' साहू खुश होकर बताते हैं।

शैवाल की क्रय कीमत 10 रुपए प्रतिकिलो तय की गई। औसतन एक किसान 5000 रुपए महीना कमा सकता है--उड़ीसा के गांवों के हिसाब से यह अच्छी रकम है।

'उनके पास बस नरेगा का ही एक विकल्प है--जहां आप दिहाड़ी पर मजदूरी

'वैज्ञानिक के तौर पर आप पेपर लिखकर नाम कमाते हैं—यह तो हुई
एक बात। लेकिन असली चुनौती है, जब आप अपनी
तकनीक को जमीन पर उतारते हैं, तो उनमें से
99 प्रतिशत प्रोजेक्ट फेल हो जाते हैं।'

का काम करते हैं। और वह भी बस कुछ दिनों के लिए ही होता है।'

दूसरी तरह, शैवाल की खेती से नियमित आय आने लगती है।

'पानी के पांच एकड़ के क्षेत्र में एक परिवार के तीन लोग काम कर रहे हों तो—वह एक तरफ से रोपाई करते हुए, दूसरी तरफ बढ़ते हैं... 45 दिन पूरे होने पर उनकी पहली फसल तैयार हो जाती है, और वे उसे काट लेते हैं।'

फसल काटने के साथ ही अगली फसल के लिए भी बीज रोंप दिए जाते हैं। तो एक तरह से आपके पास बारहमासी आय होने लगती है।

'एक आदमी को एक मछली देकर आप उसे पूरे दिन का खाना दे देते हैं, यह पुरानी चीनी कहावत है। इसके लिए मैं कहता हूं—एक आदमी को शैवाल की खेती करना सिखाओ, और आप उसे पूरे जीवन का खाना दे देंगे।'

यकीनन यह धीमी प्रक्रिया है। चिल्का लेक के आसपास के अनेकों गांवों तक अभी इस खेती का पहुंचना बाकी है, लेकिन इसमें कुछ समय लगेगा।

'प्रोग्राम का प्रचार धीमे हो रहा है, क्योंकि हमने सरकार से कोई मदद नहीं ली है,' वह बताते हैं।

चिल्का प्रोजेक्ट का एक पहलू जीविका है, लेकिन इसी के साथ संरक्षण का पहलू भी जुड़ा है। शैवाल की खेती ज्यादा लोकप्रिय—लेकिन जहरीले—मत्स्य पालन का स्थिर विकल्प है।

'मत्स्य पालन एक अलग सिस्टम है, जहां आपको अप्राकृतिक उर्वरकों का उपयोग करना पड़ता है, जबकि शैवाल की खेती एक प्रकाशसंश्लेषण की प्रक्रिया है। यह वास्तव में पानी से कार्बन के अवशेष शोषित करती है।'

साहू का मानना है कि भविष्य में समुद्रों से कार्बन डाईऑक्साइड हटाना

बड़ा प्रोजेक्ट बनने वाला है। वह 11 देशों के एशिया पेसिफिक नेटवर्क का हिस्सा हैं, जो इस समस्या पर शोध कर रहा है।

लेकिन एक 'रिक्शावाला' या 'चायवाला' समुद्र के अमलीकरण के प्रति कैसे सजग हो सकता है? आप आम आदमी के लिए तटीय इकोलॉजी की महत्ता को कैसे संरक्षित रख सकते हैं?

अपने ट्रेनिंग मॉडल में साहू सिर्फ तकनीक की ही बात नहीं करते; एक बड़े प्राकृतिक संसाधन के अतिरिक्त चिल्का एक सांस्कृतिक धरोहर भी है।

'मैं बात करता हूं कि कैसे चिल्का इतने सारे लोगों की जीवनरेखा है, उड़ीसा का गर्व है, और लेखकों व कवियों की प्रेरणा है।'

और इस विचार से चिल्का पर एक डॉक्यूमेंट्री फिल्म बनाने का ख्याल भी उन्हें आया--*चिल्का-द अनटोल्ड स्टोरी*। इस प्रोजेक्ट का फंड और सारी कोशिशें सिर्फ उन्हीं की हैं। इस फिल्म में लेक के न सिर्फ 'प्राकृतिक' पहलू पर ध्यान केंद्रित किया गया है, बल्कि मानवीय जीवन पर भी, जो इस पर निर्भर करते हैं।

'मैंने सुंदरबन पर एक एनजीओ की बनाई हुई डॉक्यूमेंट्री देखी थी, मैंने उन्हें अपनी वर्कशॉप में आमंत्रित किया और उनसे इसे फिल्माने को कहा। वहीं से मुझे इस पर पूरी फिल्म बनाने का ख्याल आया, किसी कहानी के साथ।'

साहू ने तीन पन्नों का एक खाका तैयार किया, इसे बाद में स्क्रिप्ट में ढाला गया। फिर उन्होंने कैमरा क्रू को बुलाकर फिल्म बनानी शुरू कर दी; लेकिन यह इतना आसान नहीं था।

'हम वापस आए और देखा कि पिक्चर क्वालिटी बहुत खराब थी, कुछ शॉट गायब थे। तो हमें और 3-4 बार जाकर शॉट लेने पड़े। लेकिन आखिर में उसका फिल्मांकन बहुत ही बढ़िया हुआ।'

हालांकि उसका पूरा खर्च साहू ने ही उठाया था, फिर भी वह अपना क्रेडिट एनजीओ नेचर एनवायरमेंट वाइल्डलाइफ सोसाइटी (एनईडब्ल्यूएस) के साथ बांटते हैं।

'उन्होंने हमारी बहुत मदद की, कोलकाता का अपना स्टूडियो भी हमें इस्तेमाल करने दिया। मैं फिल्म के सह-निदेशक बिस्वजीत रॉयचौधुरी का विशेष

आभार व्यक्त करना चाहूंगा।'

आखिरकार वह पूरी टीम का काम था, एक दरवाजे के बाद ही तो दूसरे दरवाजे खुलते हैं। और उसका परिणाम भी बेहद सराहनीय रहा।

'जब मैंने वह फिल्म स्वीडिश इंटरनेशनल डूवलपमेंट एजेंसी (एसआईडीए) को दिखाई, तो उन्हें यह बहुत पसंद आई। और उन्होंने इसे *प्रोजेक्ट ऑफ चेंज* के रूप में लिया।'

साहू को उम्मीद है कि प्रोजेक्ट चिल्का जल्द ही न सिर्फ उड़ीसा, न भारत बल्कि पड़ोसी देशों जैसे थाइलैंड और मालदीव में भी अपना असर दिखाएगा।

एक सवाल जो बार-बार मेरे मन में आ रहा था: 'क्यों?' क्या शोध करना, पेपर छपना और अंतर्राष्ट्रीय सम्मेलनों में जाना उनके लिए काफी नहीं था? एक अकादमिक क्यों अपनी लैब से बाहर आया होगा, अपनी आस्तीनें मोड़कर, वास्तविक दुनिया से टक्कर लेने?

'क्योंकि जब मैं तीस साल बाद पीछे मुड़कर देखूं, तो मुझे समाज के प्रति अपना भी कुछ योगदान नजर आए। अगर आप में वैसी सोच नहीं है, तो आप जीते ही क्यों हैं?'

और नहीं, इससे साहू को कोई आर्थिक मदद भी नहीं है। उन्होंने कोई कंपनी नहीं बनाई है, जिसके कुछ शेयर उनके पास हों, और उनके इस अतिरिक्त काम के उन्हें ज्यादा पैसे भी नहीं मिलते हैं।

'दरअसल, आप कोई फील्डवर्क या ट्रेनिंग करने जाओ, तो विश्वविद्यालय आपसे छुट्टियां लेने को कहता है!' वह स्थिति से कुछ नाराज होते हुए अपना सिर हिलाते हैं।

साहू अपने काम से 'सालाना आय' की उम्मीद नहीं रखते। वह चाहते हैं कि एसएसजी और गांवों के को-ऑपरेटिव खुद इस काम को संभाल लें।

'मैं बिजनेसमैन नहीं हूं,' वह बड़ी सादगी से कहते हैं।

अगर किसी कंपनी को उनकी तकनीक की जरूरत पड़ी, तो वे उससे पैसे ले लेंगे। लेकिन वह इन गरीब लोगों से पैसे लेने की सोच भी नहीं सकते।

'जिंदगी में अच्छाई बहुत जरूरी चीज है। आप कितना भी पैसा क्यों न कमा लें, आपकी भूख इतनी ही रहेगी! मैं और मेरी बीवी, दोनों काम करते

हैं--हमारा दिल्ली में एक घर है--इससे ज्यादा हमें क्या चाहिए?'

बस एक अफसोस होगा कि परिवार को ज्यादा समय नहीं दे पाया। सफर और फील्ड वर्क में काफी समय बीत जाता है। लेकिन साहू खुशकिस्मत हैं कि उनके पास पीएचडी छात्रों का मजबूत समूह है, जिनमें इस काम को लेकर उनके जितना ही जुनून है।

'हमने *हरित क्रांति* देखी, *श्वेत क्रांति* देखी। मेरा सपना है कि अब हम *नीली क्रांति* देखें। समुद्र की अपार संभावनाओं को खेते हुए।'

उड़ीसा जैसे राज्य में, जहां कुपोषण प्रमुख समस्या है, साहू का मानना है कि शैवाल इसके लिए असरदार हथियार रहेगें।

'क्या आप जानती है कि 100 ग्राम शैवाल में एक किलो सब्जी जितने ही पोषक तत्व होते हैं?' वह पूछते हैं।

हम्म, मुझे सच में नहीं पता था।

लेकिन मैं जानती हूं कि अगर एक वैज्ञानिक दुनिया को बेहतर जगह बनाने की ठान ले, तो वह 100 आईएएस से बेहतर काम कर सकता है।

आइए पुराने विचारों को उखाड़कर, नए विचारों के बीज बोएं।

ऐसे बीज जिनमें अच्छाई की ताकत हो, और शैवाल के जितने ही विनम्र भी हों।

❋

युवा उद्यमियों को सलाह

समाज ने हमें बहुत सी चीजें दी हैं, अब समय आ गया है कि आप भी उसे कुछ दो, जिस तरह भी संभव हो। हर किसी की अपनी भूमिका है, और मैं मानता हूं हर व्यक्ति, अगर चाहे तो, कुछ भी कर सकता है।

अगर हर इंसान सोचने लगे, 'मुझे बस अपने काम से मतलब है--अगर 'मैं' ही सबकुछ हो जाएगा,' तो यह समाज कहां जाएगा। बहुत से ऐसे लोग हैं, जो अपनी नौकरी छोड़कर समाजसेवा में उतर आते हैं। मेरी स्थिति ऐसी नहीं है कि मैं नौकरी छोड़ सकूं, लेकिन मैंने नौकरी में रहते हुए ही अपने लिए कुछ अच्छा काम ढूंढ़ लिया।

मैं अपनी पूरी सक्षमता से लोगों की मदद कर रहा हूं और इससे मुझे बेहद संतुष्टि का अनुभव होता है।

आशा की किरण

आनंद कुमार
सुपर 30

आनंद कुमार गणित के शिक्षक हैं, जो अपनी खुद की कोचिंग क्लास चलाते हैं। लेकिन 2002 में, उनका क्लासरूम एक अलग तरह के सामाजिक प्रयोग का हिस्सा बना। उन्होंने गरीब बच्चों को पढ़ाकर उन्हें आईआईटी जेईई के लिए तैयार किया। 2008 में, 'सुपर 30' के सभी छात्रों ने एग्जाम पास करके अंधेरे में आशा की किरण जगाई। भारत के गांवों और गलियों में छिपी सफलता की भूख को जगाया।

मैं बिलबोर्ड्स की तरफ बहुत आकर्षित रहती हूं। उनके जरिए आपको शहर, और वहां के निवासियों के बारे में काफी कुछ जानने को मिलता है।

पटना में, आपको हर तरफ 'आईआईटी कोचिंग' के इश्तेहार देखने को मिल जाएंगे।

पूरे भारत में किसी भी छात्र के लिए आईआईटी की सीट महत्वपूर्ण होती ही है। लेकिन बिहार में तो यह जीने और मरने का सवाल तक बन जाती है।

मेहनत करो और आईआईटी में दाखिला लो, तो तुम्हारी जिंदगी बन जाएगी। लेकिन फेल होने पर तुम यहीं फंसे रह जाओगे, जहां कुछ होने वाला नहीं है।

इस सबके बीच आनंद कुमार ने कदम रखा। एक गणित प्रेमी, जो कोचिंग क्लासें चलाता--बहुत से अन्य लोगों की तरह। जब तक कि एक दिन उन्होंने प्रयोग करना शुरू नहीं कर दिया।

उन्होंने 30 गरीब लेकिन प्रतिभावान छात्रों का एक बैच बनाया और उन्हें पढ़ाना शुरू किया--मुफ्त में--जेईई की परीक्षा देने के लिए। इस प्रयोग को 'सुपर 30' का नाम दिया गया।

ऐसा प्रोग्राम जो एक नए महत्वाकांक्षी वर्ग के लिए आईआईटी के दरवाजे खोलता है।

अगर आरक्षण का मतलब स्तर गिरना है, तो सुपर 30 इसे ऊपर उठाता है।

सुपर 30 की अद्भुत सफलता इस बात का प्रमाण है कि प्रतिभा ही महत्वपूर्ण है। लेकिन कुछ पाने की तड़प, खुद को कुछ बना पाने की चाह भी उतनी ही जरूरी है।

एक अच्छा शिक्षक किसी छात्र में यह चाह जगा सकता है।

ऐसे हजारों बच्चे मिलकर एक ऐसा ज्वार लाएंगे, नई पीढ़ी को बहाकर नए भारत में पहुंचा देगा।

आशा की किरण

आनंद कुमार
सुपर 30

आनंद कुमार का जन्म पटना के निम्न-मध्यवर्गीय परिवार में हुआ।

'मेरे पिता डाक विभाग में एक क्लर्क थे। हमारा परिवार काफी बड़ा था--संयुक्त परिवार--तो पैसों की हमेशा तंगी बनी रहती थी।'

आनंद ने पटना हाईस्कूल--एक सरकारी स्कूल--में पढ़ाई की, लेकिन शुरुआत से ही उनका नजरिया अलग था।

'मेरा सपना था कि मैं वैज्ञानिक बनूं। दूसरे बच्चे क्रिकेट खेलते, जबकि मैं साइंस के मॉडल बनाने और महान वैज्ञानिकों की जीवनी पढ़ने में व्यस्त रहता।'

नौवीं क्लास में पहुंचने तक आनंद को एक चीज का अहसास हो गया। अच्छा वैज्ञानिक बनने के लिए, 'मॉडल' बनाना ही काफी नहीं था। उसे गणित में भी एक्सपर्ट होना पड़ेगा।

'यही समझकर मैंने अपने आपको गणित में पूरी तरह डूबा दिया। मैं मैथ के लिए पूरी तरह से गंभीर हो गया।'

दसवीं के बाद, आनंद ने पटना विश्वविद्यालय के बिहार नेशनल कॉलेज (बी एन कॉलेज) में दाखिला ले लिया।

'बारहवीं के बाद, मैं कनफ्यूज था। क्योंकि बिहार जैसे गरीब राज्य में, ज्यादातर लोग मेडिसन या इंजीनियरिंग के क्षेत्र में ही जाते हैं। या फिर वे आईएएस की तैयारी करते हैं। लेकिन मैं सिर्फ एक ही चीज चाहता था--गणितज्ञ बनना।'

आनंद अपना ज्यादातर समय गणित के हल ढूंढ़ने में लगाते, और फिर एक को कई अलग तरीकों से हल करने की कोशिश करते। अब तक, वह पटना विश्वविद्यालय के साइंस कॉलेज के प्रमुख, डॉ. देवी प्रसाद वर्मा को भी जान गए थे।

'आज भी डॉ. वर्मा बहुत ही निपुण और सम्मानित प्रोफेसर माने जाते हैं। मैं अक्सर उनके पास जाकर नए आइडिया और फॉर्मूला साझा करता।'

डॉ. वर्मा युवक को काफी प्रोत्साहित करते। उन्होंने उनकी प्रेजेंटेशन को पोलिश करके, उनके कुछ काम को भारत और विदेशों के मैथमैटिक्स जरनल में छपने के लिए भेजा। उनमें से एक प्रसिद्ध ब्रिटिश जरनल 'मैथेमेटिकल एजेंट' भी था, जिसके संपादक जी एच हार्डी भी रह चुके हैं।

'जब मेरे फॉर्मूले ऐसे जरनलों में छपे, तो मेरा उत्साह बढ़ा। मैंने 1994 में मास्टर डिग्री के लिए कैम्ब्रिज विश्वविद्यालय में आवेदन किया।'

आनंद को एडमिशन तो मिल गया, लेकिन आंशिक स्कॉलरशिप के साथ। बाकी का खर्च उठाने के लिए परिवार के पास पैसे नहीं थे। लेकिन आनंद के पिता ने अपने विभाग से मदद के लिए आवेदन किया। विभाग ने उन्हें 50,000 रुपए की स्कॉलरशिप का अनुमोदन दे दिया। लेकिन इससे पहले कि उन्हें पैसे मिल पाते, एक आकस्मिक घटना घटित हो गई। 23 अगस्त 1994 को, अचानक आनंद के पिता चल बसे।

'वह एकदम सामान्य थे, उन्हें कभी कोई बीमारी भी नहीं रही थी। वह घर आए, खाना खाया और सोने चले गए। दस मिनट बाद--वह जा चुके थे।'

एक ही रात में सबकुछ बदल गया।

'हमारे ऊपर दुखों का पहाड़ टूट पड़ा। ऐसा लगा जैसे जीवन में कुछ बचा ही नहीं।'

पूरे घर की जिम्मेदारी युवा आनंद के कंधों पर आ पड़ी।

'सबसे पहले मैंने तय किया कि मैं कैम्ब्रिज नहीं जाऊंगा। मैं पटना में ही रहकर परिवार की मदद करूंगा।'

उनके पिता के सहकर्मियों ने सलाह दी, 'बेटे डाक विभाग में ही नौकरी कर लो, जो तुम्हारे पिता के बदले किसी रिश्तेदार को दी जानी है।'

'एक सवाल को कई तरह से बनाना, नए-नए फॉर्मूले से देखना, ये सब करते रहते थे हम।'

आनंद ने तर्क दिया, 'अंकल, मैं एक छात्र हूं और मुझे गणित पसंद है। अगर मैं अभी नौकरी करना शुरू कर देता हूं, तो मुझे अपनी पढ़ाई बीच में छोड़नी पड़ेगी।'

हां, उन्हें किसी भी कीमत पर पैसे तो कमाने ही थे। लेकिन क्या वह ऐसा उस चीज को छोड़े बिना कर सकते थे, जिससे वह सबसे ज्यादा प्यार करते थे? आनंद की मां ने अपने बेटे की दुविधा को समझा।

उन्होंने कहा, 'कोई और रास्ता निकालते हैं।'

उनकी मदद के साथ, आनंद ने पापड़ बेचने का बिजनेस शुरू किया। 'मेरी मां पड़ोस की कुछ महिलाओं के साथ मिलकर पापड़ बनाने लगीं। हमने इसका नाम *आनंद पापड़* रखा। हर शाम 4 से 7 बजे मैं इसे घर-घर बेचने जाता।'

उससे जो पैसा आता, वह घर चलाने के लिए काफी था। और उसमें से कुछ पैसे आनंद के छोटे भाई के पास भेज दिए जाते, जो बनारस हिंदू विश्वविद्यालय में पढ़ रहा था।

'मैंने संपन्न लोगों के बच्चों को ट्यूशन पढ़ाना शुरू कर दिया। लेकिन सप्ताह भर में ही वे भाग खड़े हुए, यह कहते हुए कि *हमें आपका पढ़ाना अच्छा नहीं लगा*।'

आनंद को बहुत शर्मिंदगी हुई--क्या वह इतने खराब शिक्षक थे? लेकिन उन्होंने हिम्मत नहीं हारी। अपने बचाए हुए 500 रुपए से उन्होंने स्कूल के पास ही एक कमरा किराए पर ले लिया। हर शाम 5 से 8 बजे, वह छात्रों को गणित पढ़ाते।

'1995-96 में, पता नहीं कब से मैंने छात्रों को सिंपल मैथ पढ़ाते-पढ़ाते आईआईटी की तैयार करवानी शुरू कर दी। और इसमें काफी सफलता भी मिली।'

दो छात्रों के साथ कोचिंग सेंटर की शुरुआत हुई। पहला साल खत्म

होते-होते वहां 100 छात्र थे और ढाई साल बाद, वहां 1000 से ज्यादा छात्र आने लगे।

'शुरुआत से ही मैं अपनी फीस के लिए मशहूर था--मैं साल की 500 रुपए फीस लेता था, जो बिहार के हिसाब से भी काफी कम थी। लोग हैरान थे कि मैं इतना अच्छा पढ़ाने के बावजूद कम पैसे क्यों लेता था, और कई बच्चों ने तो बस दूसरों के मुंह से सुनकर ही दाखिला ले लिया था।'

लेकिन, अभी और आना बाकी था।

1998 में, आनंद *द टाइम्स ऑफ इंडिया*, पटना के संपादक उत्तम सेनगुप्ता के ऑफिस में पुलिस अपर निदेशक, अभयानंद से पहली बार मिले।

'हमने गणित के बारे में बात की, और उसके बाद मैं उनके संपर्क में बना रहा, और उनसे नियमित रूप से मिलता रहा।'

अब तक, आनंद ने अपनी क्लास को और ज्यादा 'सिस्टमैटिक' बनाने का फैसला कर लिया। चूंकि बहुत से छात्र इंजीनियरिंग की प्रवेश परीक्षा पास करना चाहते थे और उसमें भी आईआईटी जेईई, क्यों न उन्हें और अच्छा प्रदर्शन करने के लिए तैयार किया जाए?

'मैंने आईआईटी प्रवेश परीक्षा के लिए एक कोर्स तैयार किया, और फिर से बहुत कम फीस के साथ। मैं साल में 1500 रुपए लेता, इसमें स्टडी मैटिरियल, टेस्ट और असाइनमेंट शामिल थे।'

500 छात्रों ने तुरंत ही दाखिला ले लिया, परिणाम उत्साहजनक थे। लेकिन बार-बार कोई न कोई छात्र आकर कहता रहता, 'सर पंद्रह सौ की फीस मेरे लिए कुछ ज्यादा है।'

ऐसे छात्रों को आनंद सर मुफ्त में पढ़ा देते।

एक दिन एक लड़का, अपने पिता के साथ आनंद के पास आया और बड़ी विनम्रता से कहने लगा, 'सर मैं आपकी फीस किस्तों में दे दूंगा। मैं अभी आपको 500 रुपए दूंगा, फिर तीन महीने बाद 500 रुपए दे दूंगा और बाकी के पैसे अपने पिता की आलू की फसल कटते ही चुका दूंगा।'

आनंद ने कहा, 'इतने कष्ट से फीस तो भर लोगे, लेकिन तुम रहोगे कहां?'

लड़के ने बताया कि उसके गांव का एक वकील अब पटना में रहता है।

> '**पहली ही क्लास में मैं छात्रों से कह देता था कि हम**
> **मैथ पढ़ रहे हैं क्योंकि हमें इससे प्यार है। हमारे लिए**
> **यह एक तरह का जादू है...**'

वह उसके घर पर गार्ड की तरह काम भी कर लेगा और सीढ़ियों के नीचे रह भी लेगा।

बच्चे की लगन से प्रभावित होकर, आनंद ने उसे दाखिला दे दिया। एक दिन, ऐसे ही मस्ती में, उन्होंने सोचा कि चलो देखते है, क्या लड़का सचमुच सीढ़ी के नीचे रहता है?

'मैंने उसे सचमुच सीढ़ी के नीचे पढ़ते हुए पाया। मुझे अपने स्कूल के दिन याद आ गए, जब मैं भी ऐसे ही गरीबी में पढ़ा करता था और पैसों की कमी के कारण कैम्ब्रिज नहीं जा पाया था।'

कुछ करना चाहिए ऐसे बच्चों के लिए, आनंद ने सोचा। उन्होंने इन विचारों को अभयानंद से साझा किया, और पाया कि वह भी कुछ करना चाहते हैं।

यद्यपि आईपीएस ऑफिसर, अभयानंद को शिक्षण से बेहद लगाव था। जब उनका बेटा रामकृष्ण मिशन स्कूल, देओघर (अब झारखंड में) में पढ़ रहा था, तब भी वह छात्रों के साथ व्यस्त रहा करते थे।

'छात्रों से सवाल पूछते हुए, उनसे बातें करने में उन्हें बहुत खुशी मिलती। बच्चों ने उनसे सीखा कि अपनी समझदारी से कैसे समस्याओं का हल निकालें और उन्हें नई पीढ़ी के सोचने का तरीका समझ आया।'

अभयानंद ने पाया कि अपने बारे में सोचने से ज्यादा संतोष दूसरों के बारे में सोचने पर मिलता है।

अब उनका बेटा और बेटी बड़े हो गए हैं और वे आईआईटी प्रवेश परीक्षा की तैयारी कर रहे हैं। आनंद उनकी तैयारी मैथ पढ़ाने में करते हैं, तो उन्हें फिजिक्स के फंडे अभयानंद ही सिखाते हैं।

'मुझे फिजिक्स से बहुत प्यार है, लेकिन गणित के लिए खास आकर्षण है। जब रिचा और श्वेतांक दोनों आईआईटी में दाखिला लेकर घर छोड़कर चले

गए, तो वहां बड़ा खालीपन सा आ गया। उन्हें पढ़ाने के दौरान मैंने जो ज्ञान हासिल किया था, उसे मैं खोना नहीं चाहता था।'

इस प्रकार, 2002 में, आनंद कुमार और अभयानंद ने मिलकर 'सुपर 30' बनाया। उनका विचार था 30 गरीब लेकिन होनहार छात्रों का एक समूह बनाएंगे। और सुपर 30 उन बच्चों को जेईई पास करने लायक बनाएगा।

प्लान तैयार था, लक्ष्य सामने था। पीछे से कोई आर्थिक सहायता नहीं थी, लेकिन उनके दिमाग में एक ही बात थी कि पैसों की वजह से कोई रुकावट नहीं आनी चाहिए। उनके ग्रुप में बस वो ही छात्र थे, जिन्हें सफलता की भूख थी और उनकी भूख मिटाने के लिए वहां दो समर्पित आत्मा मौजूद थीं।

आनंद की मां ने उन बच्चों की पेट की भूख मिटाने में मदद की। 30 बच्चों को दाखिला देकर, उन्हें पास के घरों में कमरे दिलवाकर ठहराया गया। क्लासें भी टीन की छत के छोटे से कमरे में शुरू होने लगीं, टूटे हुए बेंच और लकड़ी का एक पेंट किया हुआ ब्लैक बोर्ड।

अभयानंद मजाक करते हुए बताते हैं, 'मुझे शिक्षक के तौर पर अपनी दक्षता को निखारना था, ताकि मैं क्लास में छात्रों को ज्यादा से ज्यादा ज्ञान दे पाऊं और वहां उनका ध्यान मुझसे ज्यादा खेलते हुए चूहे खींच रहे थे।'

लेकिन इससे कोई फर्क नहीं पड़ता। पढ़ाई के प्रति छात्रों का जुनून, सीखने की भूख इतनी तेज थी कि लंच ब्रेक के थोड़े से समय में भी वह कॉन्सेप्ट और फॉर्मूला की चर्चा करते थे।

शिक्षकों को अहसास हो गया कि वे बस उत्प्रेरक हैं--उनकी उपस्थिति से छात्रों में एक उत्तेजना आती है, लेकिन उस गति को बनाए रखना सिर्फ छात्र के हाथ में ही होता है।

'किस्मत से, हमारे सभी छात्र बहुत मेहनती और खुद को पढ़ाई में पूरी तरह झोंक देने वाले हैं। हम नियमित रूप से टेस्ट लिया करते थे और साल खत्म होते-होते हम सहमत थे कि इन छात्रों को गहरी नींद से भी उठाकर जेईई का पेपर हल करने के लिए दिया जाए, तो ये उसे भी हल कर देंगे।'

शुरुआत से ही यह स्पष्ट हो गया था कि सफलता के लिए आत्मविश्वास बहुत जरूरी है।

'आईआईटी जेईई का डर ही सबसे बड़ी समस्या है,' अभयानंद कहते हैं। 'यहां तक कि समर्थ छात्र भी डर से लड़खड़ा जाते हैं और आखिर में रेस हार जाते हैं।'

कोचिंग का साल खत्म होने पर, 'सुपर 30' के छात्र कह रहे थे, 'सर, मैं वेट कर रहा हूं कि मुझे क्या रैंक मिलेगा' यद्यपि सभी लोग चकित रह गए थे, जब 30 में से 18 छात्रों ने वाकई में परीक्षा पास कर ली थी। पहले ही बैच में।

अपने अनुभव के आधार पर--कोर्स में कुछ बदलाव करके--दूसरे बैच के दाखिले शुरू हुए। इस बार, स्थानीय अखबार में खबर छपने की वजह से 1000 से ज्यादा छात्रों ने 'सुपर 30' के लिए आवेदन किया। उसके लिए एक लिखित परीक्षा का आयोजन किया गया।

अभयानंद बताते हैं, 'हमारे प्रबंधन ग्रुप में हमारे पास एक ऐसा इंसान है जिसके पास औपचारिक शिक्षा तो नहीं है, लेकिन उसकी निरीक्षण शक्ति कमाल की है। उन्होंने छात्रों में विश्वास की परख करने के लिए एक नायाब तरीका विकसित किया। हम हैरान थे, उसके परिणाम की भविष्यवाणी, हमारे टेस्ट रिजल्ट के परिणाम के करीब ही थी!'

और 'सुपर 30' में दाखिले के लिए शिक्षक छात्रों में इन्हीं स्पष्ट और अस्पष्ट गुणों को देखते हैं।

जेईई 2004 में सुपर 30 के 22 छात्रों ने, बेहतर रैंक के साथ आईआईटी का पेपर पास किया। एक मजदूरी करने वाले और रिक्शावाले के बच्चों को आईआईटी में प्रवेश पाता देख बहुत ही सुखद रहा। 'सुपर 30' को मीडिया में और जगह मिली और अगले बैच के लिए इससे भी ज्यादा आवेदन आए।

'कुछ लोगों ने इसे गुरुकुल कहा, कुछ ने फैक्टरी। हम बस और सुलझे हुए ढंग से अपने प्रयास करते रहे,' आनंद बताते हैं।

'हमें इस काम से कोई पैसा नहीं मिलता। फिर भी हम छात्रों से गुरु दक्षिणा के रूप में मांगते हैं कि तुम समाज को ज्यादा नहीं तो उतना तो लौटाओ, जितना तुम्हें मिला है।'

'गरीब छात्रों के पास ताकत होती है। हम उनके मन में ये बात डालते हैं, जिससे वो पूरे जोश से तैयारी करके, एग्जाम आने की राह देखें।'

परिवारवालों और उनकी उम्मीदों को संभाल पाना भी एक चुनौती बन गया, 'हमें अहसास था कि मां-बाप अपने बच्चों के लिए कितनी तकलीफें झेलते हैं,' अभयानंद बताते हैं।

'जो हम पर भरोसा करते हैं वो हमें अपना काम करने के लिए आजाद छोड़ देते हैं, और उनके बच्चे उन बच्चों से अच्छा काम करते हैं, जिनके माता-पिता बीच-बीच में दखल देते हैं... अगर किसी को प्रक्रिया में भरोसा हो तो, उसके परिणाम भी बेहतर ही होते हैं।'

हालांकि सफलता के साथ कुछ अंधेरा भी आता ही है। राज्य के कोचिंग माफिया ने निर्णय लिया कि 'इनका कुछ तो करना पड़ेगा।'

नवंबर 2004 में, आनंद एक कातिलाना हमले में बाल-बाल बचे। हालांकि उन्हें मामूली चोटें आई थीं, लेकिन स्टाफ का एक सदस्य इस हमले में गंभीर रूप से घायल हो गया था। फरवरी 2005 में, सुपर 30 सेंटर पर एक और हमला किया गया, लेकिन भारी हथियार लिए हमलावरों को मौके पर ही पकड़ लिया गया।

'पुलिस विभाग ने मुझे सशस्त्र सैनिकों की सुरक्षा दी थी। मैं राज्य सरकार का उनकी कोशिशों के लिए आभारी हूं,' आनंद कहते हैं।

इस ड्रामे के बावजूद, सुपर 30 में पढ़ाई का माहौल प्रभावित नहीं हो पाया। 2005 में, 26 छात्रों ने आईआईटी में दाखिला लिया। क्या 'सुपर 30' अगले साल पूरे 100 प्रतिशत परिणाम देने वाला था? बहुत से लोग उन्हें वित्तीय सहायता देने के लिए आगे आए--ताकि छात्रों को अच्छा इंफ्रास्ट्रक्चर मिल सके।

'काफी विचार-विमर्श हुआ और आखिर में हमने तय किया कि हम किसी से कोई पैसा नहीं लेंगे, भले ही व्यक्तिगत मदद हो या संस्थानगत। हमने बस 30 छात्रों का ही समूह बनाने पर टिके रहने का निर्णय लिया।'

जिन लोगों ने मदद करने का प्रस्ताव दिया था, उन्हें विनम्र जवाब भेज

दिए गए, 'सुपर 30 को बस आपकी शुभकामनाओं की ही आवश्यकता है।'

लेकिन अब एक नया मोड़ सामने आया। 2006 में, आईआईटी जेईई का पैटर्न बदल दिया गया। अब परीक्षा के डर के साथ-साथ 'अनजान' परीक्षा का भय भी जुड़ गया। लेकिन 'सुपर 30' के छात्रों ने चुनौती का डटकर सामना किया। '30 में से 28 छात्रों ने बाजी मार ही ली, जिसमें से एक छात्र ऑल इंडिया रैंक में दसवें स्थान पर रहा!' आनंद चहकते हुए बताते हैं।

बिहार के मुख्यमंत्री नीतीश कुमार ने छात्रों को बधाई दी और सभी छात्रों को 50,000 का नकद ईनाम भी दिया।

अगले साल फिर से 28 छात्रों का आईआईटी का सपना पूरा हो गया। आखिरकार 2008 में 'सुपर 30' ने जंग जीतते हुए अपने 30 छात्रों को आईआईटी में घुसा ही दिया। सभी 30 छात्र जेईई पास करने में सफल रहे।

इस मोड़ पर, गणित के शिक्षक और पुलिस ऑफिसर की राहें जुदा हो गईं।

'जब हमने 100 प्रतिशत का लक्ष्य हासिल कर लिया, तो वहां मेरे साबित करने के लिए कुछ और नहीं बचा था,' अभयानंद को ऐसा महसूस हुआ। 'अब समय आ गया था कि इस सामाजिक प्रयोगशाला को किसी और क्षेत्र में ले जाया जाए।'

'अब सुपर 30 का क्या होगा?' शक करने वाले सोच सकते हैं। लेकिन वह वैसे ही फलता-फूलता रहा।

आनंद के दो पूर्व छात्रों--प्रवीण कुमार और अमित कुमार--ने शिक्षक के तौर पर वहां काम करना शुरू कर दिया। उनके भाई प्रमोद, जो मुंबई में वायलिन वादक थे, उन्होंने भी पटना आकर प्रशासन का काम संभाल लिया। 2009 में, एक बार फिर से पूरे 30 छात्रों ने आईआईटी परिसर में प्रवेश किया।

उसी साल 'रहमानी-30', मुस्लिम समुदाय के 10 छात्र, जिन्हें 'सुपर 30' की ही तर्ज पर प्रशिक्षित किया गया था--उन्हें मार्गदर्शन दिया था अभयानंद ने--उन्होंने भी 100 प्रतिशत परिणाम हासिल किया।

अब बात प्रतियोगिता की थी।

आनंद ने 'सुपर 30' समूह को 45 छात्रों तक बढ़ा दिया। उनकी योजना

'हमारा मकसद सिर्फ पैसे कमाना ही नहीं था। कभी-कभी 45 मिनट का लैक्चर समस्या का हल सुलझाने में 2 घंटे तक भी चलता था।'

भविष्य में इस संख्या को 60 और फिर 90 तक ले जाने की है। अभयानंद ग्रुप बनाने के लिए 30 बच्चों की तलाश में हैं। लेकिन दोनों ही लगे हुए हैं...

आनंद के शब्दों में कहें तो, 'गरीबी का बच्चा इतिहास बनाता है।'

इसे समझाने के लिए आनंद दो चरित्रों को लेते हैं--रिक्की और भोलू।

'रिक्की एक अमीर छात्र है, वह बाइक पर आता है, पीत्सा खाता है, और *हाय* करता है। भोलू गरीब छात्र है, साइकिल पर आता है, चपाती खाता है और नमस्ते करता है।'

रिक्की अच्छा, चौकस छात्र है लेकिन भोलू ज्यादा अच्छी तरह, एक व्यवस्था में सोच पाता है...

'हम दोनों को एक सवाल देते हैं और देखते हैं कि रिक्की कैसे उसे जटिल बना देता है, जबकि भोलू उसे 9वीं या दसवीं के क्लास की तरह 2-3 लाइनों में हल कर देता है। मैं उन्हें दूसरा सवाल देता हूं, रिक्की उसमें फिर कन्फ्यूज होता है, लेकिन भोलू उसे सिंपल तरीके से सुलझा देता है।'

यह अंतर इसलिए है, क्योंकि भोलू पहले समस्या को समझता है, फिर उसके लक्ष्य को देखता है और फिर उसका समाधान ढूंढ़ता है।

'जब हम एक बार समस्या का समाधान ढूंढ़ लेते हैं, फिर हम उसे दूसरे तरीके से सुलझाने की कोशिश करते हैं।'

आखिरकार आनंद अपने छात्रों को समस्या पहचानना और उसी प्रकार की अन्य समस्याएं बनाना सिखाते हैं।

लैक्चर को एक कहानी के जरिए बताना, हर मैथमैटिक्स के सवाल को एक नहीं कई समाधानों से हल करना... उसका सामान्यीकरण करना... यही हमारा सीक्रेट है।

और इस स्तर को वे लगातार उठाते रहते हैं। छात्रों को उनकी सीमाओं

से भी परे प्रोत्साहित करना।

'मैं मुश्किल सवालों को ढूंढ़ता रहता हूं। एक समय तो मैं इंटरनेशल मैथमैटिक्स ओलंपिआ के भी सवाल हल करने लगा था।' आनंद कहते हैं।

सब बढ़िया और अच्छे से चल रहा है, लेकिन वह बाहर से कुछ भी पैसा लिए बिना इस काम को कैसे कर पाते हैं?

'सुपर 30' के प्रयासों को 'रामानुजन स्कूल ऑफ मैथमैटिक्स' की तरफ से अनुदान मिलता है। यह वही नियमित, मध्यवर्गीय छात्रों की कोचिंग क्लास हैं, जिसे आनंद अब भी चलाते हैं। वह साल के 500 छात्र लेते हैं, फिजिक्स, कैमिस्ट्री और मैथ्स के लिए 9000 रुपए प्रतिवर्ष लेते हैं।

'हम इन छात्रों को आईआईटी की प्रवेश परीक्षा के लिए तैयार करते हैं, लेकिन दूसरी कोचिंग क्लासों की तरह नहीं, जो लाखों रुपए लेते हैं।'

इस कमाई से 'सुपर 30' को मदद मिलती है--उन्हें मुफ्त रहना, खाना और प्रशिक्षण देने के लिए।

'करने को काफी काम है,' आनंद कहते हैं। 'लेकिन अच्छे शिक्षक ढूंढ़ पाना मुश्किल है।'

आनंद को खुद कोटा के एक बड़े कोचिंग ने बड़ी रकम का प्रस्ताव दिया था कि वहां जाकर नौकरी कर लो।

'मुझे कई कोचिंग सेंटरों ने पार्टनरशिप का भी प्रस्ताव दिया है, और वह रकम लाखों में नहीं करोड़ो में होती है। लेकिन मुझे उसमें दिलचस्पी ही नहीं है।'

अपने खाली समय में आनंद मैथमैटिक्स के लिए पेपर लिखने में व्यस्त रहते हैं। और अपने छात्रों की समस्याओं के समाधान के नए-नए तरीके तलाश करते रहते हैं।

जहां तक अभयानंद का सवाल है, वह अपनी पुलिस की जिम्मेदारियों के अलावा पूरे बिहार में 'सुपर 30' मॉडल का अनुकरण बनाने में व्यस्त हैं।

हर 'सुपर 30' समुदायों की मदद से शुरू की गई कोशिश है। उदाहरण के लिए लगभग दर्जनभर व्यवसायियों और डॉक्टरों ने 5 लाख रुपए जमा किए और 'मगध सुपर 30' की शुरुआत दांडीबाग, गया में की। बिहारशरीफ में,

स्थानीय डॉक्टर और स्कूल मालिक अरविंद कुमार ने आगे आकर 'नालंदा सुपर 30' शुरू किया। भागलपुर में, स्थानीय इंजीनियरिंग कॉलेज के दो रिटायर प्रोफेसरों ने 'अंग सुपर 30' में मैथ और फिजिक्स पढ़ाना शुरू किया है।

समुदाय ही प्रत्येक सेंटरों को चला रहे है। अभयानंद उनका मार्गदर्शन कर रहे हैं। रहमानी सुपर में वह फिजिक्स की क्लास लेते हैं; दूसरे केंद्रों पर वह महीने में एक बार चक्कर लगाते हैं।

'मैं भागलपुर, नालंदा और गया के छात्रों के लिए फोन पर भी क्लास लेता हूं,' वह बताते हैं।

वाट एन आइडिया सरजी!

मौलिक सुपर 30 बहुत ही कमाल का और प्रेरक है। इस मॉडल का अनुकरण भी किया जा सकता है, और सफलता की ऊंची दर इस हौसले को दूना कर देती है।

चुनौती है धूल में पड़े हीरों को ढूंढ़ने की। ताकि उनकी पोलिश करके उनकी स्वाभाविक चमक को तराशा जा सके। हो सकता है, उनमें से ऐसे कुछ टीचर और निकल आएं, जो अपना जीवन ऐसे काम को समर्पित कर दें।

❋

युवा उद्यमियों को सलाह

सबसे बड़ी बात है लगन की। काम के प्रति एक नशा हो जाना चाहिए। सोते, जागते, सपने में--मन में काम के बारे में ही सोचें।

आपके अंदर अपने काम के प्रति दीवानगी होनी चाहिए।

घर के लोग आपके साथ हो या आपके खिलाफ, लेकिन आप अपने काम के प्रति पूरी तरह समर्पित हो तो किसी और बात से कोई फर्क नहीं पड़ता।

संसाधनों की कमी और हालात कभी आपकी राह में बाधा नहीं डाल सकते।

ये चीजें कोई मायने नहीं रखतीं, अगर आपका हौसला बुलंद है।

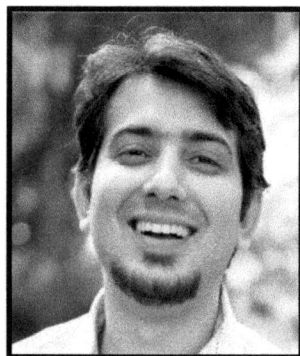

गुनगुनाती खामोशी

ध्रुव लाकरा
मिरेकल कुरियर्स

ध्रुव लाकरा एक इंवेस्टमेंट बैंकर बन सकते थे। इसके बजाए उन्होंने खुद एक बहुत ही अनोखे आइडिया में इंवेस्ट कर दिया--एक कुरियर कंपनी, जिसमें सिर्फ बहरे लोगों को काम पर रखा गया। दो साल के कम समय में ही, मिरेकल कुरियर्स ने बड़ी सफलता हासिल कर ली। और ध्रुव का सपना है कि इस कंपनी को फेडैक्स जैसा बड़ा बनाना है, लेकिन सामाजिकता के साथ।

मिरेकल ऑफिस की एक व्यस्त सुबह। दर्जनों युवक चमचमाती संतरी रंग की यूनिफॉर्म पहने हुए; एक लड़की तेजी से अपने कंप्यूटर पर कुछ टाइप करती हुई।

लेकिन, इस जगह में कुछ तो अलग है। आप हैरान हो जाते हैं, यह महसूस करके कि वहां बहुत खामोशी है।

मिरेकल एक ऐसी कंपनी है, जहां सारे कर्मचारी बहरे हैं। लेकिन बहरे लोगों में ही इतनी दिलचस्पी क्यों? मैंने ध्रुव से पूछा।

'लोग दीवाली पर मानसिक रूप से कमजोर बच्चों के बनाए हुए दीये खरीदते हैं, या फिर ब्लाइंड स्कूल में जाकर मिठाई बांट आते हैं,' वह जवाब देते हैं। 'लेकिन मुझे बताओ, क्या आपने कभी इन लोगों के बारे में सोचा, जो सुन नहीं सकते हैं?'

बात तो सही है... लेकिन इसके लिए क्या किया जा सकता है? ध्रुव लाकरा ने सोचा, कुछ तो करना है।

ऑक्सफोर्ड के एसएआईडी बिजनेस स्कूल से स्नातक करते ही, उन्होंने कुरियर बिजनेस के बारे में सोचा।

एक पारंपरिक, बड़ी संभावनाओं वाला व्यवसाय, जहां वाकई में बातचीत की कोई जरूरत नहीं है।

मुंह बंद करके, सामान पहुंचा दो।

मिरेकल कुरियर्स 200 पाउंड की पूंजी और 10 शिपमेंट की साथ शुरू किया गया। महज 18 महीनों में ही, यह महीने की 60,000 डिलीवरी संभालने लगा। लेकिन वास्तविक कहानी एक्सेल शीट पर नहीं है।

वह तो कर्मचारियों की आंखों की चमक में है।

उनकी चाल के गर्व और दिल की उम्मीद में है।

मिरेकल वास्तव में एक चमत्कार ही है।

दुनिया में दुख है, अन्याय है लेकिन इंसान को इसके बारे में कुछ करना होगा...

ऊपरवाला सुन रहा है... पुकार के तो देखो।

गुनगुनाती खामोशी

ध्रुव लाकरा
मिरेकल कुरियर्स

ध्रुव लाकरा का जन्म जम्मू के एक व्यावसायिक परिवार में हुआ।

'मेरे डैड फर्नीचर और कैमिकल का बिजनेस करते हैं। मेरी मॉम भी उद्यमी हैं, वह घर से ही अपना बुटिक चलाती हैं।'

ध्रुव ने जम्मू के जाने-माने एमएचएसी स्कूल में दाखिला लिया। उसी स्कूल में उनके पिता, भाई और अंकल भी पढ़े थे।

'स्कूल में बहुत बड़ा खेल का मैदान था, और इसके साथ में एक नदी भी बहती थी!'

बचपन में ध्रुव की एक ही ख्वाहिश थी कि वह तैराक बनना चाहते थे। लेकिन उन्हें परिवार से ज्यादा प्रोत्साहन नहीं मिला। हालांकि एक अच्छी बात यह हुई कि वह दसवीं के बाद, अपना बैग पैक करके पढ़ाई के लिए बॉम्बे आ गए।

'मेरे मॉम और डैड दोनों ने दिल्ली से पढ़ाई की थी, तो वे चाहते थे कि मैं भी बड़े शहर में पढ़ूं। मैंने एचआर कॉलेज में पढ़ाई की, लैक्चर लिए--बहुत सारी पार्टी भी कीं--और बड़े शहर के सारे अनुभव लिए।'

और इसमें वास्तविक दुनिया, क्लास से बाहर की दुनिया की भी समझ लेना भी शामिल था।

'मैंने दो महीने तक कैशियर का काम करके नौ हजार रुपए भी कमाए। और मुझे उन पैसों को खर्च करने में भी खूब मजा आया! लेकिन मैंने

नौकरी से सीखा भी बहुत।'

फिर ध्रुव ने टाटा फाइनेंस इंटर्नशिप प्रोग्राम में आवेदन किया। वह उसमें चुने जाने वाले बहुत कम छात्रों में शामिल थे। उनके काम में दहिसर और मीरा रोड के रास्ते में हीरो बाइक्स बेचना भी शामिल था।

लेकिन, फिर क्या?

'किसी को बाइक खरीदने के लिए राजी करना--मुझे लगा कि यह अच्छी चुनौती होगी!' वह मुस्कुराकर बताते हैं।

और फिर, बीकॉम पूरा करने के बाद ध्रुव भी कैट की परीक्षा देने की चूहा दौड़ में शामिल हो गए। वह उसे पास नहीं कर पाए।

और क्या, उन्होंने सोचा, 'यह मेरे लिए नहीं था।'

'मैं 20 मिनट में 30 सवाल कर ही नहीं सकता था--सॉरी, मैं नहीं कर सकता! तो एग्जाम के बाद मैं उत्तरांचल चला गया, वहां दो महीने तक घूमता रहा। कुछ खोज करता रहा।'

उस समय, उनके दादा-दादी उनके लिए परेशान हो गए। उन्होंने पूछा, 'तुम ड्रग्स तो नहीं ले रहे?'

आखिरकार, ध्रुव मुंबई लौट आए और उन्होंने मेरिल लिंच की इंवेस्टमेंट बैंकिंग डिविजन में काम करना शुरू कर दिया। एक ऐसी नौकरी जिससे उन्हें बहुत नफरत थी, लेकिन इससे उन्हें काफी सीखने को भी मिला।

'मैं सोचता हूं कि इंवेस्टमेंट बैंकर शैतान हैं, लेकिन जब व्यवसायीकरण और अनुशासन की बात आती है, तो आप उन्हें हरा नहीं सकते! जो काम सोमवार को होना है, वह तभी होगा!'

ऐसी परिणाम-आधारित सोच ध्रुव के भीतर गहराई तक घर कर गई।

'दूसरा, छह महीनों में ही मेरा उससे मन भर गया। हां इंवेस्टमेंट बैंकर को काफी पैसे मिलते हैं, लेकिन मैं ऐसी लाइफ नहीं चाहता था।'

लगभग दो साल बाद, ध्रुव ने काम छोड़ दिया और अब वह करने का निर्णय लिया, जो वो सच में चाहते थे। सामाजिक क्षेत्र में जाने का। वह मुंबई में *दसरा* नाम के एनजीओ से जुड़े, और किस्मत से तभी सुनामी आ गई।

'उन्होंने मुझे एक शर्त पर पोजीशन का ऑफर दिया कि मैं 3-4 महीने

'आईआईएम के बहुत से लोग मानते हैं कि जीवन की आखरी मंजिल इंवेस्टमेंट बैंकिंग ही है। लेकिन ऐसा नहीं है! यह बकवास है।'

तमिलनाडु के सुनामी प्रभावित इलाकों में, मछुआरों के साथ बिताऊंगा। मैंने तुरंत स्वीकार कर लिया।'

ध्रुव ने दासरा में दो साल तक, विभिन्न प्रोजेक्ट पर काम किया। सुनामी के अलावा ध्रुव ने महिला संगठन, एचआईवी एड्स, बच्चों और विकलांगों के लिए काम किया। उस काम से उन्हें रणनीति, स्तर, प्रभाव आंकलन, जवाबदेही और फंड लेने का अनुभव मिला।

'दरअसल, दासरा पूर्व इंवेस्टमेंट बैंकरों द्वारा शुरू किया गया था, तो इसमें भी वही व्यावसायिक दृढ़ता, अनुशासन और काम की गुणवत्ता पर जोर दिया जाता है। मैंने इसके हर पल का मजा लिया।'

और इसमें एक अनपेक्षित बोनस भी मिला। जब ध्रुव ने ऑक्सफोर्ड यूनिवर्सिटी के एसएआईडी स्कूल ऑफ बिजनेस में आवेदन किया, तो उन्हें स्कोल फाउंडेशन की तरफ से फुल स्कॉलरशिप दी गई। जिसकी खास दिलचस्पी सामाजिक उद्यम के क्षेत्र में थी।

स्कॉलरशिप 45,000 पाउंड की थी और स्कोल स्कॉलर्स के लिए अनिवार्य शर्त यह थी कि उन्हें सामाजिक उद्यमिता को ही वैकल्पिक तौर पर लेना होगा। कोर्स में 'सोशल एंटरप्राइजेज एंड डिजाइन', 'सोशल फाइनेंस' और 'सोशल इनोवेशन' शामिल हैं।

'मैं वैसे भी यह कोर्स करता लेकिन यह सोचकर अच्छा लगता है कि कोई मेरे लिए पैसे दे रहा है!' ध्रुव कहते हैं।

ऑक्सफोर्ड का अनुभव कमाल का रहा, और इसने कई दरवाजों को खोला। इतने अकादमिक ज्ञान और नए विचारों से प्रेरित होकर ध्रुव ने महसूस किया, 'मुझे कुछ अपना ही काम करना है।'

लेकिन क्या? उन्हें इसका कोई आइडिया नहीं था। अगस्त 2008 में, समर

प्रोजेक्ट के दौरान उन्हें इसका आइडिया आया। एक बस में बैठे हुए।

'मेरे सामने एक लड़का बैठा था। उसने कंडक्टर को लिखकर बताया कि वह कहां जाना चाहता है, और यही बात मुझमें घर कर गई। मैंने इससे पहले कभी बहरे लोगों की तरफ ध्यान क्यों नहीं दिया?'

'क्या तुम नौकरी करते हो?' ध्रुव ने लड़के से पूछा।

'नहीं,' उसने जवाब दिया।

घर आकर, ध्रुव गूगल पर सर्च करने लगा। वहां जो आंकड़े मिले वो चौंकाने वाले थे। भारत बहरे लोगों की जनसंख्या के मामले में विश्व में दूसरे नंबर पर है।

'लेकिन मैं इसके लिए क्या कर सकता हूं?' यही सवाल ध्रुव को बार-बार डराने लगा।

और संयोग से, एक दोपहर वह घर पर बैठकर चाय पी रहे थे कि तभी एक कुरियर आ पहुंचा। जब उन्होंने शिपमेंट पर साइन किया तो ध्रुव ने नोट किया कि उस पूरी प्रक्रिया में दोनों के बीच कोई बात नहीं हुई थी।

और तब उन्हें ख्याल आया--'मैं एक कुरियर कंपनी चला सकता हूं, जहां बहरे लोग काम कर पाएंगे।'

इसके बारे में जानकारी हासिल करने पर पता चला कि कुरियर बॉय को अच्छी पगार और साथ ही कुछ भत्ते भी मिलते हैं।

बेशक यह मुश्किल काम था, लेकिन सम्मानजनक था।

अक्टूबर 2008 में, ध्रुव ने ऑक्सफोर्ड में अपना कोर्स पूरा किया और भारत लौट आए। अगले महीने उन्होंने एक बहरे लड़के, गणेश के साथ *मिरेकल कुरियर्स* की स्थापना की।

'मैं संकेत भाषा नहीं जानता था, क्योंकि मैं किसी गूंगे-बहरे इंसान को करीब से नहीं जानता था। तो मैं ऐसे लोगों के क्लब में गया और वहां पर गणेश को अपने साथ काम करने के लिए राजी किया।'

पहला ऑर्डर, एक दोस्त के जरिए मिला, जिसमें 10 शिपमेंट थे।

'गणेश ने पांच डिलीवरी कीं और पांच मैंने,' वह याद करके बताते हैं।

पहले छह सप्ताह तक बिजनेस बहुत छोटा, लेकिन स्थिर रहा। फिर, एक

पहचान के जरिए, मिरेकल को अपना पहला बड़ा ऑर्डर मिला--5000 डिलीवरी का!

ध्रुव ने क्लाइंट से कहा, 'इसे पूरा करने में मुझे 10 दिन लगेंगे।'

क्लाइंट ने कहा, 'कोई बात नहीं--मेरा इवेंट 3 सप्ताह बाद है। आराम से काम करो।'

तुरंत ही ध्रुव ने गणेश से कहा कि और ऐसे गूंगे-बहरे लड़कों को ढूंढ़ लाओ जो काम करना चाहते हैं। और इस तरह वह ऑर्डर पूरा हो गया।

'उस बंदे को हमारा काम बेहद पसंद आया और उसने हमें 5000 शिपमेंट का एक और ऑर्डर दे दिया। तो आखिरकार कमाई आनी शुरू हो ही गई।'

ज्यादा ऑर्डर, ज्यादा कर्मचारी--कमाल है। लेकिन जगह कहां थी? मिरेकल एक दोस्त के घर से काम कर रहा था, और उनके पास अब काम बढ़ाने के लिए कोई जगह नहीं थी। किस्मत से, ध्रुव मुंबई की न्यायाधीश और एचआर कॉलेज की प्रिंसिपल, इंदू साहनी के माध्यम से थर्मेक्स की अनु आगा से मिल पाए।

'मिसेज इंदू साहनी हमेशा से प्रोत्साहित करने वालों में से रहीं--वह असाधारण हैं।'

थर्मेक्स ने उन्हें जो जगह उपलब्ध करवाई वह 6-7 लोगों के बैठने के लिए पर्याप्त थी। तो, ध्रुव ने और स्टाफ रखना शुरू कर दिया। गूंगे-बहरे लोगों को नौकरी ढूंढ़ने में काफी दिक्कत होती है, लेकिन इसका यह मतलब नहीं है कि उनसे काम लेना आसान हो।

'गूंगे-बहरे लोगों की अपनी एक दुनिया होती है। सुन सकने वाले लोगों के लिए उसमें घुसना आसान नहीं होता!'

यकीनन, टीम में मौजूद लड़के ही नए लड़कों को नियुक्त करने में बेहतर भूमिका निभा सकते थे। फिर जनवरी 2009 में, मिरेकल ने एक बहरी लड़की, रेशमा को काम पर रखा। ध्रुव को इसके लिए पहले उसके माता-पिता को मनाना पड़ा।

'मुझे उन्हें समझाना पड़ा कि उसे गोरेगांव से चर्चगेट तक अकेले सफर करने दें। और इस पर पगार भी बहुत शानदार नहीं थी!'

आखिरकार, मिरेकल स्कोल स्कॉलरशिप के बचे हुए 200 पाउंड की पूंजी से ही शुरू किया गया था।

कंपनी की कुछ सालाना आय तो होने लगी थी, लेकिन नकद बहुत कम था।

'पैसे की बहुत तंगी थी। जब पेमेंट की बात आती, तो लोग कुरियर के पैसे सबसे आखिर में देना चाहते।'

और आपको तो अपने कर्मचारियों को ही महीने पैसे देने ही होंगे। भरोसे के लिए।

'वैसे भी गूंगे-बहरे लोग बोल सकने वाले लोगों पर जल्दी से भरोसा नहीं करते। उनका तर्क है--हम बहरे हैं, इसलिए हमेशा हमारे साथ भेदभाव किया जाता है। तो उनका विश्वास जीतने के लिए आपको कड़ी मेहनत करनी होती है। उन्हें खुद पर भरोसा करने दो।'

दोस्त और परिवार ने समय-समय पर उन्हें वित्तीय सहायता दी। फिर, ध्रुव को अपना ऐंजल इंवेस्टर मिला, जिसने उन्हें एक लाख रुपए का फंड दिया।

'अगर उन्होंने हमारी मदद न की होती, तो हम आज यहां नहीं होते।'

एक बढ़ते हुए बिजनेस की भूख भीम की तरह होती है, जिसे जितना भी दो कम पड़ जाता है। ज्यादा पैसा, मतलब आप ज्यादा क्लाइंट का काम कर पाएंगे। और जबकि बहुत से वीसी सामाजिक उद्यमों को पैसा देने के लिए तैयार हैं, लेकिन ध्रुव ने कभी उनसे संपर्क नहीं किया।

'जब एक निवेशक मैदान में आता है, तो पूरा गेम बदल जाता है। वीसी वालों को केवल अपनी एक्सेल शीट से मतलब होता है!'

'रिटर्न' फाइल करने के लिए बहुत ही दबाव रहता है।

और इसलिए ध्रुव ने फंड के लिए अपारंपरिक स्रोत को चुना--उन्होंने प्रतिष्ठित इकोइंग ग्रीन फैलोशिप के लिए आवेदन किया। यह फैलोशिप हर साल दुनिया भर के 15 सामाजिक उद्यमियों को दी जाती है।

'यह बहुत मुश्किल, बहुत प्रतियोगात्मक प्रक्रिया है, जिसमें छह महीने लग जाते हैं। मैंने अपना तन-मन इसमें झोंक दिया था!'

ध्रुव को अपनी मेहनत का परिणाम भी मिला। वह 2009 में इकोइंग ग्रीन

'मेरा झुकाव हमेशा से सामाजिक क्षेत्र के कार्य की तरफ था, लेकिन मैं मानता था कि जिस क्षेत्र में आपकी कमाई नहीं होती, वह व्यावसायिक नहीं हो सकता। यह उन लोगों के लिए हो सकता है, जो इसे बड़े पैमाने पर नहीं करना चाहते।'

फैलोशिप के लिए चुने गए। फैलोशिप की राशि लगभग 60,000 रुपए थी--जिसे 24 महीनों में किस्तों में दिया जाना था।

किसी चमत्कार की तरह ही इस मिरेकल को भी न सिर्फ अपना अस्तित्व बचाए रखना था, बल्कि फलना-फूलना भी था।

काम का फोकस बदला गया--अब उन्होंने सिस्टम और बुनियादी ढांचा बनाए जाने पर जोर दिया। मार्च 2010 तक, मिरेकल महीने की 60,000 डिलीवरी संभाल रहा था।

'मेरा लक्ष्य अगले साल तक, महीने की 200,000 डिलीवरी संभालना था। वह करने के लिए हमें एक ट्रैकिंग सिस्टम की जरूरत थी, लेकिन हम बस ऐसे ही मार्केट में जाकर पहले से उपयोग में आता सिस्टम नहीं ला सकते थे...'

क्योंकि सामान्यतौर पर जिस तकनीक का इस्तेमाल किया जाता है, उसमें हर बारकोड की स्केनिंग के बाद बीप की आवाज आती है। जबकि मिरेकल को ऐसे सिग्नल की जरूरत थी, जो दिखाई दे सके--ऐसे सिस्टम को बनाने में कुछ समय लगा।

इस दौरान, कुरियर बिजनेस क्लासिक 'फैक्टरी' फैशन में चलता रहा।

'लड़कियां कुरियर पैकेटों की छंटाई करती थीं। जब काम बढ़ जाता था, तो लड़कों को भी इसमें हाथ बंटाना पड़ता।'

छटाई पिनकोड के हिसाब से होती थी और हर लड़के को उसका एक एरिया दे दिया जाता। जैसे चर्चगेट (मुंबई 400020) की डिलीवरी के लिए रोज एक ही लड़का जाएगा।

'हर लड़के को अपना एरिया पता था, और वह खुद उस पर अपना रूट बनाते थे। जब तक कोई इमरजेंसी न हों, हम उसमें कोई बदलाव नहीं करते

'मैंने जिंदगी में बहुत सारी चीजों का अनुभव लिया है।'

थे।'

कभी-कभी पता अधूरा होता, तो लड़कियां गूगल मैप का इस्तेमाल करके उस पर लैंडमार्क भी लिख देतीं, जैसे कोई चर्च या मंदिर। इससे लड़कों को पता ढूंढ़ने में आसानी होती।

'गूंगे-बहरे लोगों को डिलीवरी करने में अमूमन कोई परेशानी नहीं होती थी। अगर उन्हें कुछ बात कहनी भी है, तो वह उसे बयां करने का तरीका ढूंढ़ लेते थे।'

दरअसल, हर डिलीवर खत और पार्सल के साथ, मिरेकल 'इंडियन साइन लैंग्वेज शीट' भी लगा देता। लेकिन ज्यादातर लोग माल लेकर पीओडी पर साइन करते समय कुछ भी बात नहीं किया करते।

'इस मॉडल की खासियत ही यह थी कि आपको यह जानने की जरूरत ही नहीं थी कि जो लड़का माल देने आया है, वह बोल-सुन सकता है या नहीं।'

लेकिन स्टैम्प लगा हुआ खत जब आपके हाथ में आता है, तो उससे बहुत अच्छा महसूस होता है--पैकेट डिलीवरी, डेफ एडल्ट।

'हमारी एक क्लाइंट एक मैग्जीन कंपनी है। उसके संपादक ने मुझे फोन करके कहा कि उनके सब्सक्राइबर कह रहे थे--मुझे बड़ी खुशी हुई कि आप मिरेकल के जरिए अपने कुरियर भिजवा रहे हैं। लेकिन क्या उसके लिए वो मुझे प्रति डिलीवरी एक रुपया ज्यादा देंगे?'

जवाब यकीनन 'न' ही था। लेकिन ऐसे आम लोग ही नहीं, कॉरपोरेट के लोग भी हमें दूसरों के बराबर या फिर मौका मिले, तो उससे भी कम देने को तैयार थे।

'45 क्लाइंटों में से सिर्फ एक ही मिरेकल को अच्छे पैसे देने को तैयार था, और वह विदेशी महिला है।'

ध्रुव कहते हैं कि यह पैसे हम दान के लिए नहीं मांग रहे हैं, लेकिन अक्षम लोगों से काम लेने में लागत ज्यादा आती है। इसके अतिरिक्त मिरेकल अपने

कर्मचारियों को भत्ते के अलावा पीएफ जैसी सुविधाएं भी देता है।

परचेज मैनेजर अपना कंधा झटकते हुए कहते हैं, 'गुरु, वह मेरी परेशानी नहीं है।'

कॉरपोरेट सोशल रिस्पॉन्सबिलिटी (सीएसआर) की वजह से कुछ सीईओ इस बारे में बात करते हैं। लेकिन सिर्फ टीवी पर। लेकिन वास्तविक जीवन में इसके कोई मायने नहीं हैं।

'यूएस में, विविधता बहुत बड़ा मसला है। कुछ राज्यों में तो ऐसे कानून भी हैं, जो उन मालिकों के हक में हैं, जो अल्पसंख्यकों या अपंग लोगों को रोजगार देते हैं।'

लेकिन नहीं, ध्रुव शिकायत नहीं कर रहे हैं। उन्होंने स्थिति को जानते-समझते हुए इस ओर कदम बढ़ाया है--किसी भी युवा उद्यमी की तरह।

'हम बस पहली बार में अपनी कमजोरी बता सकते हैं, लेकिन उसके बाद मैदान सबके लिए बराबर है। आपको परिणाम देने ही होंगे।'

दरअसल, पहले कुछ महीनों में, मिरेकल ने पांच रुपए के लिए भी डिलीवरी की।

'लड़के नए थे, मैं उन्हें प्रशिक्षण देना चाहता था। तो मैंने कहा कि नुकसान की भरपाई मैं कर लूंगा, उन्हें बस काम सीखने दो।'

यह बेहतरीन निर्णय था।

'मैं अब उन कीमतों पर डिलीवरी नहीं करता,' वह बताते हैं। 'भले ही इस वजह से कुछ काम हाथ से ही क्यों निकल जाए।'

मिरेकल की क्लाइंट लिस्ट में कुछ बड़े नाम भी शामिल हैं, जैसे महिन्द्रा एंड महिन्द्रा, ए वी बिरला ग्रुप, गोदरेज एंड बॉयस ग्रुप। लेकिन ध्रुव की नजर अब बैंकों पर है, जिनके पास काफी काम होता है। और वह जानते हैं कि इस स्तर का काम संभालने के लिए मिरेकल को वह करना होगा, जो उन्होंने पहले कभी नहीं किया।

अनुभव की ताकत।

'मैंने एक ऑपरेशन मैनेजर को नियुक्त करने का फैसला किया, कोई ऐसा जिसे कुरियर बिजनेस के बारे में पूरी जानकारी हो।'

इंटरव्यू के लिए आठ आवेदक आए थे, उनमें से सात लोगों ने कहा, 'आप बिना कोई बात किए काम करवा ही नहीं सकते हो!'

आठवां इंसान था समीर भोंसले, जिन्हें एएफएल, एल्बी और वेलोसिटी कुरियर कंपनी के साथ काम करने का 16 सालों का अनुभव था।

'उन्होंने ऑफर ले लिया और सच में कंपनी के साथ उनका जुड़ना हमारे लिए बेस्ट रहा!'

भोंसले कुरियर बिजनेस का पूरा ककहरा जानते थे--और बहानों के भी सिर पैर से अच्छी तरह वाकिफ थे।

'मैं किसी ऐसे इंसान को नियुक्त करना चाहता था, जो मुझसे अलग हो। मैं रणनीति बनाने और बिजनेस लाने में बढ़िया हूं, लेकिन समीर उन्हें करवाने में माहिर हैं।'

मिरेकल अब क्लासिक हब-एंड-स्पोक मॉडल बना रहा था। टाउन ऑफिस आदित्य बिरला ग्रुप द्वारा मुहैया कराई जगह, चर्चगेट के इंडस्ट्री हाउस में चलाया जा रहा है। दूसरा ऑफिस--जिसे भोंसले संभाल रहे हैं--अंधेरी में है। यह शहर की डिलीवरी संभालता है।

मार्च 2010 में, बिजनेस स्थिर था, 1.5 लाख रुपए महीना। छह महीनों में ही वे इससे आगे बढ़ जाएंगे, शायद पहले ही। तो मिरेकल के लिए क्या लक्ष्य है?

'मैं कुरियर बिजनेस में डीएचएल या फेडेक्स के जितना बड़ा बनना चाहता हूं, लेकिन मैं हमेशा अक्षम लोगों को ही काम पर रखना चाहता हूं!' ध्रुव साफ कहते हैं।

क्योंकि हर अक्षम इंसान नौकरी मिलने से कई मायनों में सक्षम हो जाता है।

'हमारा एक स्टार बॉय है भूपेश। वह रोज भिवपुरी से सफर करके आता

'हमारी रणनीति थी कि हमारा प्रवेश प्रो-डिसेब्लिटी संगठन के रूप में हो। उसके बाद तो, गेम सबके लिए बराबरी का ही होता है। काम तो करके दिखाना ही पड़ेगा!'

'मैं अकाउंटेंट के पद पर किसी बहरे या अंधे इंसान को काम पर रखना चाहता हूं–लेकिन मुझे ऐसा कोई नहीं मिला!'

है--उसे एक तरफ के सफर में दो घंटे लगते हैं,' ध्रुव बताते हैं।

भूपेश के पिता शराबी हैं, उनके पास कोई काम भी नहीं है। भूपेश का भाई भी बहरा है। भूपेश के लिए--जो महज 10वीं पास है--मिरेकल के साथ काम करना सम्मान की बात है।

'पहली बार किसी ने भूपेश पर भरोसा किया था, उसे जिम्मेदारी सौंपी थी।'

फिर ये लड़कियां--वनिता और रेशमा--जो सुपरवाइजर का काम करती हैं। वे सभी डिलीवरी पर नियंत्रण बनाए रखती हैं--कितने शिपमेंट उठाए गए, कितने पहुंच गए। और शाम को लड़के वापस आकर उन्हें रिपोर्ट करते हैं।

'आप उस आत्मविश्वास की कल्पना कीजिए, जो इन्हें नौकरी से मिल रही है!'

और रेशमा तो दूसरे लेवल के लिए तैयार होने लगी है--वह टेली सीख रही हैं।

मिरेकल के सभी कर्मचारियों के पास पेन नंबर, ग्रुप इंश्योरेंस, सेलेरी अकाउंट और एटीएम कार्ड हैं। जो वाकई में बड़ी बात है, क्योंकि ज्यादातर बैंक बहरे लोगों को कार्ड नहीं देते।

'समस्या है वेरिफिकेशन की--जो फोन पर ही की जाती है।'

यकीनन, कार्ड होने का यह मतलब नहीं है कि आप उसे इस्तेमाल ही करो।

'ज्यादातर वे लोग कार्ड को घर पर ही रखते हैं,' ध्रुव आह भरते हैं। 'यह लड़कियां घर से बस बीस रुपए लेकर, इतनी दूर का सफर तय करती हैं!'

फिर देर रात को काम करने की समस्या भी है। मिरेकल ऑफिस शाम छह बजे बंद हो जाता है--जबकि ज्यादातर कुरियर कंपनी देर रात तक काम

करती हैं।

'अभिभावक नहीं चाहते कि लड़कियां रात में सफर करें। तो वे जल्दी आती हैं, और जल्दी चली जाती हैं।'

वर्तमान में मिरेकल के पास 58 लोगों का स्टाफ है, जिसमें से 55 बहरे हैं। अपने विकास के साथ, ध्रुव की योजना अंधे और बहरे-अंधे लोगों को काम पर रखने की है। कैसे?

क्योंकि उनकी सोच है कि हर अक्षम इंसान किसी एक काम में मास्टर होता है।

'देखिए डिलीवरी तो बहरे लोग ही संभालेंगे, लेकिन ऑफिस का काम अंधे लोग संभाल सकते हैं। हम किसी न किसी तरह उन्हें अपने सिस्टम में जगह दे ही देंगे।'

हालांकि उनका सपना सैंकड़ों अक्षम लोगों को रोजगार देने के बजाए, हजारों अक्षम लोगों को रोजगार देने का है।

'जिस नजर से अक्षम लोगों को देखा जाता है, हम उस सोच को बदलना चाहते हैं। कॉरपोरेट को दिखाना चाहते हैं कि ये लोग भी बेहतरीन परिणाम दे सकते हैं। आशा है कि इससे दूसरे संगठन भी अक्षम लोगों के लिए अपने दरवाजे खोलने को प्रभावित होंगे।'

बहरे लोगों के साथ काम करते हुए, ध्रुव सजग हैं कि सिर्फ रोजगार देना ही पूरा समाधान नहीं है। सामाजिक अनदेखी भी एक समस्या है, उन्हें हमेशा चिंता रहती है कि मेरे मां-बाप के मरने के बाद मैं कहा रहूंगा।

लेकिन ध्रुव इसके लिए प्रतिबद्ध हैं।

'इस बिजनेस में गला-काट प्रतियोगिता है--हमें बिजनेस बढ़ाने के लिए पूरी तरह से फोकस करना होगा। लेकिन आज से पांच साल बाद, मैं एक ऐसे फाउंडेशन या ट्रस्ट की स्थापना करूंगा जहां अक्षम लोगों से जुड़ी समस्याओं पर काम किया जा सके।'

जहां एक तरफ मिरेकल विकास की चुनौती का सामना कर रहा है, वहीं उनकी निजी जीवन में कई तरह के संघर्ष हैं।

'मैं मुश्किल से ही अपने लिए कुछ बचा पाता हूं,' वह मानते हैं। 'मेरी

गर्लफ्रेंड को इससे बहुत शिकायत है।'

जहां तक पैरेंट्स की बात है, तो उन्हें बहुत गर्व है और वे बहुत मदद भी करते हैं। लेकिन ध्रुव की *लोग क्या सोचते हैं*, को लेकर एक दार्शनिक अवधारणा है।

'यह बहुत मजेदार है। जब मैंने मेरिल लिंच में काम करना शुरू किया था, हर कोई खुश था। फिर मैंने एनजीओ के लिए वहां का काम छोड़ दिया, तो सबने कहा--एक नंबर का गधा है।'

तभी, ध्रुव को ऑक्सफोर्ड के लिए फुल स्कॉलरशिप मिल गई, तो अचानक लोग कहने लगे, 'हम शुरू से ही जानते थे कि इस लड़के में कुछ तो बात है।'

'लेकिन जब मैंने वापस आकर मिरेकल शुरू किया, तो फिर से मुझे लोगों का उपहास झेलना पड़ा। लेकिन जब मुझे हेलेन केलर और इकोइंग ग्रीन फैलोशिप मिली, तो मैं एक *स्टार* बन गया।'

आखिर में, आप जो भी करते हैं, तो कुछ लोग उसके लिए आपको प्रोत्साहित करेंगे, और कुछ निरुत्साहित।

'उनकी मत सुनो, जो कहते हैं--नहीं हो सकता।'

कभी-कभी आपको अंधेरे में तीर चलाकर किसी चमत्कार की उम्मीद रखनी होती है।

✳

युवा उद्यमियों को सलाह

बस कर डालो--यही मेरी सलाह है।

मैं भी खुद को असुरक्षित महसूस कर सकता था, मैं भी सोच सकता था, 'क्या मेरे पास पर्याप्त पैसे हैं?' आज पीछे मुड़कर देखने पर लगता है, मुझे तो कॉलेज के बाद ही शुरू कर देना चाहिए था।

जहां तक अनुभव की बात है, तो हां मुझे इसका थोड़ा फायदा मिला। लेकिन इस काम को लेकर मेरी कोई पृष्ठभूमि नहीं थी। मैं यह भी मानता हूं कि जिस काम के बारे में आप जानते नहीं है, उसके लिए आप काफी रचनात्मक तरीके से सोच पाते हैं।

कॉलेज का माहौल ऐसा था कि बस हर कोई कैट या कॉरपोरेट सेक्टर में ही जाना चाहता है।

इसमें कुछ गलत नहीं है, अगर आपको वो सुहाता है तो, लेकिन अगर उसमें ठीक महसूस न हो तो आपको वह नहीं करना चाहिए।

कुछ समय लो, कुछ खुद को टटोलो। आपके मन की आवाज को सुनो, और फिर उस राह पर चल निकलो।

बदलाव के लिए

एक अकेला आदमी आंदोलन की शुरुआत कर देता है, जबकि पूरा संसार यही कहता रहता है, 'यह नहीं हो सकता'। बदलाव लाने वाले छोटे-छोटे कदम बढ़ाकर हालात को जैसे वो होने चाहिए, वैसे बनाते हैं।

वैज्ञानिक समाजवादी

माधव चवन
प्रथम

राजनीतिक परिवार में पैदा हुए माधव चवन का लगभग कम्युनिस्ट लीडर बनना तय था। लेकिन बदलाव की हवा उन्हें भिन्न दिशा में ले गई। माधव अपनी पीएचडी पूरी करके भारत लौट आए और 'शिक्षा' को ही अपनी जिंदगी का मकसद बना लिया। आज, प्रथम इस क्षेत्र का सबसे बड़ा एनजीओ है, जो सरकार के साथ काम करते हुए लाखों बच्चों के जीवन पर अपनी छाप छोड़ रहा है।

बिजनेसमैन का बेटा, बिजनेस ही करता है।

फिल्मस्टार का बेटा, फिल्मों में ही काम करता है।

नेता का बेटा, राजनीति में ही आता है।

लेकिन माधव चवन नहीं।

स्वतंत्रता सेनानियों की संतान, यूनियन लीडरों के बीच पला-बढ़ा, उनके पास नारेबाजी और आंदोलनों का आना तो स्वाभाविक ही था। लेकिन यूएस में पढ़ाई और दुनिया की समझ ने उन्हें अपने पुराने आदर्शों के बारे में फिर से सोचने पर मजबूर कर दिया।

और जीवन को फिर से दिशा देने के लिए।

1989 से, माधव अपना समय, अपनी ऊर्जा, अपना दिलो-दिमाग सब शिक्षा को भारत के लिए एक सचाई बनाने में लगा रहे हैं। वह भारत जो नगर निगम के स्कूलों में जाता है, सरकारी स्कूलों में जाता है या किसी भी स्कूल में नहीं जाता।

वह इस काम को राजनेता की समानुभूति, वैज्ञानिक की दृढ़ता और बच्चों के जोश के साथ अंजाम दे रहे हैं।

जब वो अपनी कहानी सुनाते हैं--इडली-सांभर के लेट लंच के साथ--मैं खुद से सवाल करती हूं, 'क्या यह वही इंसान है जो एसी लैब में बैठकर, कैमिकलों के साथ खेलते हुए अपना जीवन बिताने वाला था।'

इसके बजाय, मानव वास्तविक दुनिया में आए, नए समीकरण बनाए। शिक्षा की ऑक्सीजन से सोते हुए दिमागों को जगाया।

वैज्ञानिक समाजवादी

माधव चवन

प्रथम

माधव चवन का जन्म और पालन-पोषण बॉम्बे में हुआ।

'मेरे दादा कोल्हापुर के प्रिंसली स्टेट में जज थे। मेरे पिता को पढ़ाई करने की सहूलियतें और माहौल दोनों मिले थे... लेकिन 17 साल की उम्र में वह कम्युनिस्ट बन गए और उन्होंने खुद को स्वतंत्रता संग्राम में झोंक दिया।'

माधव के माता-पिता 1942 में मिले, जब उनके पिता भूमिगत राजनैतिक कार्यकर्ता थे। वह उनकी मां के घर में ही छिपे थे। बाद में वह मजदूर संघ के सदस्य बन गए।

'मैं इकलौता बच्चा हूं लेकिन मेरा पालन-पोषण बड़ों के बीच हुआ। हमारा घर एक धर्मशाला की तरह था, जिसमें उनके सहकर्मी--कभी-कभी उनके परिवार भी--रह जाया करते थे।

रात में वह घर होता था और दिन में ऑफिस, जहां सैकड़ों लोगों का आना-जाना लगा रहता था।'

माधव के पिता लाल निशान पार्टी से थे--और राजनैतिक व यूनियनों के बीच उनकी खासी पहचान थी।

'मुझे काफी कम उम्र में ही सामाजिक, राजनैतिक विचारों की जानकारी होने लगी थी। दसवीं करने के बाद मैंने वामपंथी गतिविधियों में हिस्सा लेना शुरू कर दिया था। यह 70 के दशक की शुरुआत की बात है।'

माधव ने जय हिंद कॉलेज में दाखिला ले लिया। जबकि उनके अधिकांश

दोस्त इंजीनियरिंग और मेडिकल में जा रहे थे, वह मैडम कामा रोड पर इंस्टीट्यूट ऑफ साइंस में गए।

'लेकिन उसमें मैं बहुत गंभीर नहीं था। मैं बस अपनी स्नातक पूरी करना चाहता था। मेरा पहला काम था छात्र संघ और दूसरे राजनीतिक काम।'

बीएससी करने के बाद, माधव ने सालभर तक लाल निशान पार्टी के साथ काम किया। लेकिन फिर, आपातकाल की घोषणा हो गई, और बहुत से अन्य कारणों से उन्होंने आगे की पढ़ाई के लिए कॉलेज जाने का निर्णय कर लिया।

'तब तक मैंने सोच लिया था कि मुझे पूरे समय के लिए राजनीति में तो नहीं जाना है।'

माधव ने इनऑर्गेनिक कैमिस्ट्री में एमएससी में दाखिला लिया। वह पहले साल में तो ज्यादा गंभीर नहीं थे, लेकिन दूसरे साल में उन्हें डिस्टिंक्शन मिली।

अब सवाल था 'आगे क्या?' माधव ने पीएचडी के लिए आईआईटी में आवेदन किया, लेकिन उनका नंबर नहीं आया। उस दौरान यूएस किसी को भी अपने यहां पीएचडी करने के लिए आमंत्रित कर रहा था, और साथ में स्कॉलरशिप भी दे रहा था।

तो 1973 में, वह छात्र संघ के साथ जिस दूतावास के सामने विरोध प्रदर्शन कर रहे थे, 1978 में उसी दूतावास के सामने वीजा के लिए लाइन लगाए खड़े थे।

'मैंने ओहियो स्टेट यूनिवर्सिटी, जिसे कैमिस्ट्री के लिए टॉप 10 यूनिवर्सिटी में एक माना जाता है, से पीएचडी पूरी की। मैं यह तो नहीं कह सकता कि मुझे नोबेल पुरस्कार मिला, लेकिन उन सालों में मैंने कैमिस्ट्री को जितनी अच्छी तरह जाना था, उतना पहले कभी नहीं।'

उससे भी ज्यादा महत्वपूर्ण था कि दुनिया को देखने का माधव का पूरा नजरिया बदल गया था। वह लातिन अमेरिका, वियतनाम और चीन की समस्याओं से रूबरू हुए। और उन्हें अपनी पुरानी मान्यताएं डगमगाती सी दिखीं।

'साम्राज्यवाद, पूंजीवाद--ये शब्द सिस्टम की व्याख्या करते हैं। लेकिन जब आप यथार्थ में लोगों से मिलना शुरू करते हैं, तो आपको पता चलता है कि उनका कोई वास्तविक अर्थ नहीं है।'

'मेरे पिता को कभी तनख्वाह नहीं मिली; मेरी मां की स्कूल टीचर की नौकरी की वजह से हमारा घर चल रहा था। लेकिन हमारे पास जरूरत की सभी चीजें थीं।'

माधव को अमेरिका के बारे में जिस चीज ने आकर्षित किया वो था सामान्य जीवन में 'समानता' का भाव। पीएचडी पूरी करने के बाद, फैकेल्टी में पोजिशन भी मिल गई और ग्रीन कार्ड भी, लेकिन माधव का मन भारत आने को बेचैन हो रहा था।

'मेरे पास दो विकल्प थे। यूएस में रहकर, वहां के समाज की चुनौतियों का सामना करो या फिर भारत आकर, भारतीय समाज की चुनौतियों का। मैंने वापस आना चुना।'

यह 1986 की बात है। प्रधानमंत्री राजीव गांधी ने 'साइंटिफिक पूल ऑफिसर' स्कीम शुरू की थी, और वह भारत के बाहर से वैज्ञानिकों को आमंत्रित कर रहे थे। माधव उस स्कीम के तहत नेशनल कैमिकल लेबोरेट्री, पुणे में काम करने लगे।

जल्द ही उनके पास यूडीसीटी (यूनिवर्सिटी डिपार्टमेंट ऑफ कैमिकल टैक्नोलॉजी) में काम करने का प्रस्ताव आया और वह मुंबई आकर रहने लगे। जब माधव शिक्षण में मजा ले रहे थे, उनका रिसर्च प्रपोजल लाल फीताशाही में दो साल के लिए अटक गया।

इस बीच, वह एक बार फिर से राजनीति में फंसने लगे।

'लाल निशान मेरे लिए परिवार की तरह था--मैं फिर से उसमें जा घुसा। मैं मीटिंगों में जाता और उनके अखबार इत्यादि के प्रकाशन में भी मदद करता।'

अब तक इस पार्टी में गोर्बाचोव की लाइनों की वजह से दोबारा सोचने पर बहस होने लगी थी। हवा में बदलाव की बातें आने लगी थीं।

अंतर्राष्ट्रीय स्तर पर, कम्युनिज्म अपनी फिर से खोज कर रहा था। दरअसल, 1986 में माधव को चाइनीज अकेडमी ऑफ साइंस के निमंत्रण पर चीन जाने का मौका मिला।

'मैं माओवादी साहित्य को पढ़कर और उसकी प्रशंसा करते हुए बड़ा हुआ। चीन में, मैंने युवा पीढ़ी से जाना कि वे सांस्कृतिक क्रांति को किस नजरिए से देखते हैं और यह गलत क्यों थी। इससे उन्हें बड़ा झटका लगा।'

भारत भी बदल रहा था। *गरीबी हटाओ,* जैसे नारे नए विचारों, नई शुरुआतों के साथ बदल रहे थे। ऐसी ही एक पहल थी--राष्ट्रीय साक्षरता मिशन, जिसके जनक सैम पित्रोदा* थे।

उनका विचार था कि मजबूती से वयस्क शिक्षा को लागू किया जाना। जिससे, दूसरे क्षेत्रों में भी विकास देखने को मिलेगा।

'यह बहुत जमीनी सोच थी। इसे यूनीसेफ, वर्ल्ड बैंक या कोई और आपको नहीं बता सकता। जैसे आपको अनाज की जरूरत होती है, पानी की जरूरत होती है, जैसे तकनीक की जरूरत होती है, ऐसे ही आपको शिक्षा की भी जरूरत होती है।'

राष्ट्रीय साक्षरता मिशन ऐसे लोगों की तलाश कर रहा था, जो उसके आंदोलन को आगे ले जा सकें। माधव चवन निश्चित रूप से ऐसे इंसान थे। लेकिन वह शिक्षा मंत्रालय की नजरों में कैसे आए, इसकी भी एक कहानी है।

1988 में, यूनिवर्सिटी के टीचर हड़ताल पर चले गए, वे सरकार से चौथे वेतन आयोग की सिफारिशें लागू करने की मांग कर रहे थे। माधव यूडीसीटी की ब्रिगेड का नेतृत्व कर रहे थे। और उस समय उन्होंने प्रधानमंत्री को एक खत भी लिखा।

पत्र में मुख्य रूप से कहा गया थाः 'कॉलेज बंद पड़े हैं, बच्चे इधर-उधर घूम रहे हैं और आप हमारी शिक्षा नीतियों पर एक बहस भी शुरू नहीं करवा रहे हैं कि पता चले क्या गलत है। इसके बजाए आप सौदेबाजी में लगे हैं कि या तो प्रोफेसर झुकते हुए साइन कर देंगे, या उनकी आय 5 प्रतिशत या 7 प्रतिशत बढ़ानी पड़ेगी। यह तो बहुत ही गलत है।'

राजीव गांधी ने यह पत्र पढ़ा और उसे तत्कालीन शिक्षा मंत्री, अनिल बोर्डिया को भेज दिया।

हड़ताल को आखिरकार खत्म कर दिया गया लेकिन अनिल बोर्डिया ने माधव

---

* पित्रोदा राजीव गांधी के प्रधानमंत्री काल में तकनीकी से जुड़ी कई योजनाएं शुरू की थीं।

को मिलने के लिए बुलाया, यह देखने के लिए कि ये कौन आदमी है। और वह माधव को देखकर दंग रह गए।

'मुझे लगता है कि वह किसी बूढ़े आदमी की उम्मीद कर रहे थे, 34 वर्षीय आदमी की नहीं!' माधव हंसते हैं। हालांकि, शुरुआती मुलाकात उतनी खुशनुमा नहीं थी। वादे किए गए, जो पूरे भी नहीं हुए। लेकिन दिल्ली के दूसरे दौरे पर--लाल निशान पार्टी के प्रतिनिधित्व के तौर पर--माधव बोर्डिया से फिर से मिले।

दोनों में लंबी बात हुई और लगभग आधी रात के वक्त बोर्डिया ने कहा, 'तुम सामाजिक क्रांति और न्याय की बात करते हो; पोस्टर और पर्चे छपवाते हो। लेकिन आपको इस बात की चिंता नहीं है कि जिन लोगों के लिए आप लिखते हो... वह पढ़ नहीं सकते हैं!'

'और अचानक ही सब चीजें आपस में जुड़ती हुई दिखाई देने लगीं। यूएस में बिताया मेरा समय, जो समानता मैंने देखी थी, लोकतंत्र। मार्क्सवाद पर मेरी सोच, जो कुछ मैंने चीन में देखा था।'

उस रात की गई बात, वो पल साबित हुई। माधव चवन की जिंदगी का एक 'टर्निंग पॉइंट'। 1989 से, उन्होंने अपनी पूरी शक्ति साक्षरता के नाम कर दी। हालांकि वह दिन में अपनी यूडीसीटी की नौकरी करते, फिर चेंबूर और धारावी की झुग्गियों में जाकर अपना असली काम करते।

'यह चौंकाने वाली बात थी कि झुग्गियों में रहने वाले ये युवा कुछ कर दिखाने के लिए कितना बेताब थे। सवाल था कि वास्तव में मैं उनकी कैसे मदद कर सकता था?'

उस समय, राष्ट्रीय साक्षरता मिशन एक प्रोग्राम चला रहा था, मास प्रोग्राम फॉर फंक्शनल लिटरेसी (एमपीएफएल)। माधव ने तय किया कि इस प्रोग्राम के लिए वह अपने आस पास के लोगों से बात करेगा।

'मेरे कई मित्र महिला मुक्ति के लिए काम कर रहे थे। कुछ मित्र विज्ञान को लोकप्रिय बनाने की दिशा में काम कर रहे थे। मैंने उनसे कहा--जो काम आप करना चाहते हो, वो तब तक संभव नहीं हैं, जब तक लोग लिखना-पढ़ना न सीखें।'

और वे आंदोलन से जुड़ने के लिए तैयार हो गए।

'राष्ट्रीय साक्षरता मिशन की अच्छाई यह थी कि यह दूसरी सरकारी योजनाओं की तरह नहीं था। यह लोगों का आंदोलन था।'

माधव ने कोरो, कमेटी ऑफ रिसोर्स ऑर्गेनाइजेशन के नाम से अपना रजिस्ट्रेशन कराया। उनका विचार मुंबई में ऐसे लोगों की लिस्ट बनाना था, जो साक्षरता प्रोग्राम के लिए सहायक हो सकते थे।

भारत सरकार ने कोरो को एक लाख रुपए का अनुदान दिया। लेकिन एमपीएफएल को लागू करने को लेकर कई तरह के संदेह थे। क्या मुंबई के संभ्रांत कॉलेजों में पढ़ रहे छात्र वास्तव में अनपढ़ों को पढ़ाना पसंद करेंगे? माधव ऐसा नहीं सोचते थे।

'जब मैंने वास्तव में फील्ड पर जाना शुरू किया, तब मुझे लगा कि वहां कोई तालमेल नहीं था। आप कैसे जेवियर या रूइया के छात्रों को उठाकर चेंबूर की झुग्गियों में भेज सकते हैं? और दूसरी तरफ, उन झुग्गियों में भी ऐसे बहुत से युवा हैं जो खुद 8वीं औा 10वीं पास हैं, उनमें कुछ करने की इच्छा भी है।'

कोरो ने झुग्गियों के इन युवाओं को पकड़ा और चेंबूर व धारावी की झुग्गियों में प्रौढ़ शिक्षा कार्यक्रम शुरू किया। नई शुरुआत के बावजूद, एक साल बाद माधव ने पाया कि उनके प्रोग्राम की सफलता की दर महज 10 प्रतिशत थी।

किसी अनपढ़ इंसान को पढ़ना-लिखना सिखाना उससे कहीं ज्यादा मुश्किल होता है, जितना हम इसे समझते हैं।

सच तो यह है कि कोरो अपनी रिपोर्ट में 50 प्रतिशत या फिर 90 प्रतिशत सफलता का भी दावा कर सकता था, और इस बात को बिना किसी प्रमाण के मान भी लिया जाता। लेकिन माधव *चलता है* सोच रखने वालों में से नहीं हैं।

'मेरा मानना है कि जो काम नहीं कर रहा, उसे बदल दो।'

भले ही इस वजह से सरकार से अनुदान मिलना बंद हो जाए। बहुत खोज, विचारों और चर्चाओं के बाद माधव को सही साक्षरता मिशन का अर्थ समझ

'मैंने मार्क्सवाद या और भी किसी विचारधारा को नकारा नहीं है। लेकिन मेरे मन कुछ सवाल जरूर है।'

आया।

'हम रात में क्लासें लेते, लोगों के समूह को पढ़ाते और जरूरत के हिसाब से अपने पढ़ाने के तरीकों में भी बदलाव लाते।'

हर बदलाव से नई ऊर्जा मिलती, प्रोग्राम में नई दिलचस्पी पैदा होती। और इसने जल्द ही साक्षरता पर अच्छा प्रभाव डालना शुरू कर दिया।

ऐसा ही एक विचार था कि अलग-अलग झुग्गियों की महिलाओं को एक बड़े हॉल में इकट्ठा करो और उन्हें विभिन्न महिला संगठनों द्वारा किए जा रहे काम के बारे में बताओ।

'तो एक संगठन ने आय बढ़ाने के बारे में बात की, दूसरे ने घरेलू हिंसा पर। पुणे के एक समूह ने बताया कि उन्होंने किस तरह अपने इलाके में चल रहे अवैध शराब के ठेकों को बंद कराया।'

उन्होंने कहा, 'यह बहुत आसान था, हम बस गए और उन्हें तोड़ दिया। बस कहानी खत्म हो गई।'

उसी शाम, बस से घर जाती महिलाओं के समूह में से एक ने कहा, 'हमें भी ऐसा ही करना चाहिए।'

और उन्होंने सच में घर जाकर, सबको इकट्ठा करके अपने इलाके के अवैध ठेके तोड़ डाले। यह विचार बड़ी तेजी से कई इलाकों में फैला।

इस दौरान, 1991 में, भारत सरकार ने माधव को यूटीडीसी की शिक्षण ड्यूटी से आराम देते हुए उन्हें राष्ट्रीय शिक्षा मिशन के डेप्यूटेशन पर भेज दिया। इस बिंदु पर, माधव 'सर्वशिक्षा अभियान' से जुड़ गए।

'एर्णाकुलम में सौ फीसदी शिक्षा दर हासिल करने के बाद, भारत सरकार हर जिले में सर्वशिक्षा अभियान की शुरुआत करना चाहती थी। मुझे वह योजना मुंबई में लागू करनी थी।'

जागरूकता और समूहों को आकर्षित करना इसके मुख्य सिद्धांत थे, लेकिन

माधव इसके लिए कुछ और भी करना चाहते थे।

'मैं स्टेशन के अंदर प्रचार की इजाजत मांगने, रेलवे बोर्ड के पास गया। फिर हम पोस्टल यूनियनों के पास गए, और वह पोस्टमैन की भागीदारी के लिए राजी हो गए। ऐसा और कहीं नहीं हो रहा था।'

राष्ट्रीय साक्षरता मिशन कागजों पर बहुत बड़ी योजना थी। लेकिन मकसद और उसे लागू करने में बहुत बड़ा अंतर था।

उदाहरण के लिए, ओ एंड एम ने टेलीविजन पर प्रचार के लिए एक खूबसूरत थीम तैयार की थी, 'पढ़ना लिखना सीखो'। उस विज्ञापन के खत्म होने पर नीचे एक छोटे से बॉक्स में लिखा होता थाः 'अगर आप पढ़ना चाहते हैं, तो हमें पत्र लिखो और हम आपको साक्षरता किट भेजेंगे।'

लाखों लोगों ने उन्हें खत लिखे, लेकिन राष्ट्रीय साक्षरता मिशन के पास भेजने के लिए कोई किट ही नहीं थी। तो उन्होंने एजेंसी से कहा कि वे उस लाइन को ही हटा दें।

'वह बहुत निराशाजनक मार्केटिंग प्लान था। अगर आप किसी प्रोडक्ट का विज्ञापन दे रहे हैं तो वह उपलब्ध होना ही चाहिए। यह तो बहुत ही सिंपल बात है।'

एक दूसरी बात, जो माधव ने जानी वो यह थी कि 'सिस्टम' भले ही लचर हो, लेकिन अगर उसमें उत्साही लोग काम करें तो, वही सिस्टम आपको बेहतर परिणाम देने लगता है।

माधव को याद है, एक बार उन्हें एमएसईबी (महाराष्ट्र स्टेट इलैक्ट्रिसिटी बोर्ड) की एक कर्मचारी सुजाता खांडेकर की आवश्यकता कोरो के लिए थी।

'मैं श्री शरद पवार--तत्कालीन महाराष्ट्र मुख्यमंत्री--के पास गया, और उन्हें बताया कि कोरो को सुजाता की जरूरत है, लेकिन हम उन्हें सेलरी नहीं दे सकते। उन्होंने फोन उठाया और एमएसईबी के चेयरमैन को फोन किया...'

जल्द ही, सुजाता खांडेकर कोरो के साथ काम करने लगीं, जबकि उनकी

'साक्षरता मिशन बाद में आने वाली तकनीकों—सूचना तकनीक, टेलीकॉम—से ज्यादा या उनके बराबर ही महत्वपूर्ण है।'

पगार एमएसईबी से आ रही थी!

फिर ऑल इंडिया रेडियो में काम करने वाली मेधा कुलकर्णी भी आगे आईं।

'मेधा ने मुझे एक बार फोन किया, रेडियो पर एक प्रोग्राम करने के लिए। लेकिन उस फोन पर हुई बात से हमने साक्षरता विषय पर रेडियो प्रोग्राम की पूरी सीरिज की योजना बना ली। न सिर्फ मैं, बल्कि झुग्गियों से हमारे युवाओं को भी प्रोग्राम एडिटर का प्रशिक्षण दिया गया।'

जब मानव संसाधन विकास मंत्रालय साक्षरता के प्रोग्राम को ऑल इंडिया रेडियो के जरिए पूरे भारत में प्रसारित नहीं कर पाया, तो मेधा कुलकर्णी ने इसे प्रौढ़ शिक्षा प्रोग्राम को क्षेत्रीय स्तर पर प्रसारित किया। सिर्फ इसलिए, क्योंकि उनमें इस प्रोग्राम के प्रति जुनून था।

वह शो दस भागों में प्रसारित हुआ। उसका नाम 'शालेबहेरची शाला' था। और वह एआरआई के नियमित कार्यक्रमों से काफी अलग था।

'मैंने साक्षरता के विभिन्न स्तरों पर 10 लोगों के समूह बनाए। एक दिन मैं कुछ अनपढ़ गडरियों के साथ प्रोग्राम में बैठा, जो पूरी तरह से अनपढ़ थे।'

माधव ने स्टूडियों में उनके साथ लगभग 25 मिनट बात की और आखिर में गडरियों ने कहा, 'हां, हम पढ़ना चाहते हैं!' उस शो को हल्की-फुल्की एडिटिंग के साथ प्रसारित कर दिया गया।

दूसरे एपिसोड में 2 महिलाओं को बुलाया गया, जिन्होंने बस अपना नाम लिखना सीखा था। सप्ताह दर सप्ताह, प्रोग्राम को श्रोता मिलने लगे। वह प्रोग्राम साक्षरता के फायदों पर किया जा रहा था, लेकिन उसे सफल बनाने में एआईआर के बेहतरीन संगीत और उम्दा प्रोडक्शन का भी हाथ था।

लगभग उसी समय, दूरदर्शन पर, प्राइम टाइम में एक शो *अक्षरधारा* का भी संचालन कर रहे थे। वह शो लगभग एक-डेढ़ साल चला। और वह सामाजिक क्षेत्र का पहला ऐसा प्रोग्राम था, जिसका प्रसारण प्राइम टाइम पर हो रहा था।

वह भी एक ऐसे इंसान के जुनून की वजह से ही हो पाया, जो साक्षरता को प्रसारित करना चाहते थे। उसकी शुरुआत 30 सैकंड के छोटे-छोटे क्लिप बनाने के विचार से हुई। जैसे एक सब्जी वाले का बेटा अपनी मां को पढ़ा रहा हो।

जब माधव ने पहलेपहल यह प्रस्ताव विजया धुमाले के सामने रखा--दूरदर्शन, मुंबई के असिस्टेंट स्टेशन डायरेक्टर--तो उन्होंने कहा, 'पहले मैं देखना चाहती हूं कि आप क्या करते हैं, फिर इस बारे में सोचा जाएगा।'

झुग्गी में घूमने और वहां के लड़के-लड़कियों से बात करने के बाद, वह 30 सैकंड के क्लिप की बजाय 30 मिनट का प्रोग्राम बनाने पर राजी हो गईं।

'माधव,' उन्होंने कहा, 'क्या तुमने कभी टीवी के लिए कोई स्क्रिप्ट लिखी है।'

माधव ने नहीं लिखी थी, लेकिन वह तैयार थे।

'यह बहुत बढ़िया है,' उन्होंने कहा। 'आप प्रजेंटर भी क्यों नहीं बन जाते?'

प्रोग्राम बहुत ही बढ़िया बना और विजया उसे प्राइम टाइम पर प्रसारित करने के लिए बंदोबस्त कर पाई, क्योंकि एक नियमित प्रोड्यूसर समय पर अपने एपीसोड की डिलीवरी नहीं कर पाया था।

अगले एपिसोड के लिए विजया ने अपने पूर्व सहयोगी नीतिश भारद्वाज--बी आर चोपड़ा की *महाभारत* के लोकप्रिय कृष्ण--को बुला लिया। नीतिश ने *अक्षरधारा* का दो मिनट का परिचय दिया और एकदम से प्रोग्राम उस सप्ताह की टॉप लिस्ट में आ गया। उसे प्राइम टाइम पर फिक्स जगह मिल गई।

माधव को वह प्लेटफॉर्म मिल गया था, जिसकी उन्हें अपना संदेश देने के लिए जरूरत थी। और अगर रचनात्मक ढंग से कहा जाए, तो उन्होंने मौके पर चौका मार दिया था। अपने अच्छे दिनों में *अक्षरधारा* की टीआरपी 25 पर पहुंच गई थी। जबकि *रामायण* भी 44 पर ही चल रहा था। प्रोग्राम काफी सफल रहा था; बस उसमें एक ही परेशानी थी कि उसका कोई व्यावसायिक नजरिया नहीं था।

'मैंने सब काम फ्री में किया--मुझे इसमें कोई दिक्कत नहीं थी। समस्या यह थी कि सरकार ने कोरो को मदद देना बंद कर दिया था। तो मुझे जरूरत थी कुछ फंड की जिससे आगे काम चलाया जा सके।'

कोरो बहुत टाइट बजट में काम कर रहा था, लेकिन वह पैसा कहीं और से आया था। किस्मत से, डिपार्टमेंट ऑफ साइंस एंड टेक्नोलॉजी (डीएसटी) ने सफाई और कूड़ा प्रबंधन पर एक प्रोग्राम की शुरुआत की थी। उनका विचार

था कि कूड़े को एनर्जी में बदला जाए और झुग्गियों में भी पैसे देकर शौचालय को इस्तेमाल करने का विचार फैलाया जाए।

डीएसटी के सचिव और तत्कालीन प्रधानमंत्री पी वी नरसिम्हा राव के सलाहकार डॉ. वसंत गोवारिकर थे। माधव डॉ. गोवारिकर को पारिवारिक संपर्कों की वजह से जानते थे। लेकिन महत्वपूर्ण यह था कि डॉ. गोवारिकर ने अक्षरधारा प्रोग्राम देखा था, और अब वह चाहते थे कि माधव पैसे देकर शौचालय इस्तेमाल करने के विचार पर फिल्म बनाएं।

'मैं वहां गया और मैंने पाया कि शौचालय अच्छे थे, लेकिन मैनेजमेंट के खराब सिस्टम की वजह से लीकेज हो रही थी। कॉन्ट्रेक्टर वास्तव में सरकार को लूट रहा था।'

माधव ने सलाह दी की शौचालयों का प्रबंधन स्थानीय लोगों के साथ मिलकर, को-ऑपरेटिव के माध्यम से होना चाहिए।

'उधर लोगों को ही काम करने दो, जो उसके किराए से आए पैसे से ही आय ले लेंगे। वहां कॉन्ट्रेक्टर या सरकार के फंड की कोई जरूरत ही नहीं है।'

डॉ. गोवारिकर इस योजना को नए बने हुए शौचालयों में लगाने के लिए राजी हो गए, और वह योजना काफी सफल भी रही। इस प्रकार बहुत से कोरो के स्वयंसेवकों को काम भी मिल गया। दूसरे युवा एआईआर में प्रोडक्शन तकनीक सीख चुके थे, और उनके इस काम की बहुत मांग भी थी।

इन सब आय से साक्षरता कार्य आगे बढ़ रहा था और कोरो भी अपने दम पर खड़ा था।

काम में कठिनाई तो थी, लेकिन कुछ आगे बढ़ने का अहसास भी था। ऐसा लग रहा था कि थोड़े समय में ही काफी कुछ हासिल हो जाएगा। लेकिन दिसंबर 1992 में, एक तगड़ा झटका लगा। अयोध्या में बाबरी मस्जिद को गिरा दिया गया। जिसके फलस्वरूप बॉम्बे में भी दंगे छिड़ गए और शहर में काफी तनाव उत्पन्न हो गया था।

'हालांकि जिन झुग्गियों में हम काम करते थे, उन पर कोई प्रभाव नहीं पड़ा था, लेकिन मूड बदल गया था। साक्षरता अब उतनी प्रमुखता पर नहीं रहा

'मैंने राजीव गांधी को पत्र लिखा कि अगर आप वाकई में संघर्ष करना चाहते हैं तो शिक्षा के विषय और उसे देने के माध्यमों पर कीजिए।'

था और हमने जो गति उत्पन्न की थी, उसमें ठहराव आने लगा था।'

लगभग उसी दौरान उन्हें अचानक साहा--साक्षार्थ हक समिति, बॉम्बे नगर निगम--से बाहर निकाल दिया गया। न उन्हें कोई नोटिस दिया गया, न ही कोई कारण बताया गया। यह उनके जीवन में बदलाव का दूसरा पल साबित हुआ।

'उस दिन मैंने तय कि इसके बाद अगर मैं कुछ भी करूंगा, तो वह स्वतंत्र रूप से करूंगा। ऐसा नहीं है कि मैं सरकार के साथ काम नहीं करूंगा, लेकिन मैं यह सुनिश्चित करूंगा कि उसमें मुझे मालिकाना हक मिले।'

उसी समय--1993-94 में--प्रथम का विचार भी आकार लेने लगा था।

'लोग सोचते हैं कि प्रथम का विचार मेरा था, लेकिन पहले यह लाइन यूनिसेफ ने दी थी।'

1991 में, शिक्षा के क्षेत्र में पब्लिक-प्राइवेट पार्टनरशिप (पीपीपी) का विचार जोमेशन कॉन्फ्रेंस में उठाया गया। बॉम्बे में यूनिसेफ के ऑफिस में पीपीपी के कॉन्सेप्ट को लेकर मीटिंग होने लगीं। यह पहल यूनिसेफ के दो उल्लेखनीय अधिकारियों ने की--रिचर्ड ब्रीडले और एमी वटनबे।

रिचर्ड ब्रीडले ने कहा, 'हमें सामाजिक मिशन के इस विचार को तैयार करना ही होगा।'

यूनिसेफ सरकार और नगर निगम की मदद करने में खुश थी, लेकिन काम खुद करना चाहती थी। ये संस्थान अच्छे परिणाम नहीं दे पाते थे।

'आपको काम चाहिए, एनजीओ और नागरिकों को स्वामित्व और नगर निगम साथ काम करने को तैयार है। तो इस सामाजिक मिशन को प्राथमिक शिक्षा का स्तर सुधारने में मददगार बनाते हैं।'

उस समय तक माधव की पहचान 'सामाजिक कार्यकर्ता' के रूप में नहीं थी, जो रजिस्टर्ड एनजीओ चलाता हो। तो उन्हें इन मीटिंग में नहीं बुलाया जाता

था। लेकिन उनकी एक सहकर्मी फरीदा लाम्बे, *निर्मला निकेतन कॉलेज ऑफ सोशल वर्क* की लेक्चरार, वहां मौजूद थीं। तो उन्होंने उनका परिचय उस ग्रुप से कराया।

18 महीनों और बहुत सी मीटिंगों के बाद भी कुछ काम आगे नहीं बढ़ पाया था। दरअसल, सबकुछ अटक सा गया था।

एनजीओ वाले कहते, 'हमें पैसे दिखाओ, फिर हम तुम्हें अपना प्लान बताएंगे!'

यूनिसेफ का कहना था, 'समुदायों को इस बारे में आगे आना चाहिए।'

बिजनेस वाले कहते, 'हमें अपना प्लान बताओ, फिर हम देखते हैं क्या किया जा सकता है।'

नगर निगम का कहना था, 'जब आप तय कर लें कि आप क्या कर सकते हो, तब हमारे पास आना।'

वहां न तो कोई ऊर्जा थी, और न ही कोई सहमति। बस माधव ही उन कुछ लोगों में से थे, जो कह रहे थे कि यह हो सकता है। यूनिसेफ ने उनसे प्रोजेक्ट संभालने को कहा।

एजेंसी ने एक ऑफिस और कुछ स्टाफ रखने के लिए 2.5 लाख रुपए का अनुदान दिया। माधव भी वहां कंसल्टेंट के तौर पर काम करने लगे। लेकिन इसे सामाजिक मिशन बनाने के लिए और ज्यादा लोगों की भागीदारी की आवश्यकता थी।

प्रथम पब्लिक चैरिटेबल ट्रस्ट बनाने के लिए पहला औपचारिक निर्णय दिसंबर 1994 में लिया गया। वह मीटिंग बॉम्बे के म्यूनिसिपल कमिश्नर, शरद काले ने बुलाई थी। उस मीटिंग में कई सम्मानित नागरिक मौजूद थे, जैसे एसपी गोदरेज, जे बी डिसूजा और अरमेति देसाई।

यह तय किया गया कि प्रथम के सदस्यों में राज्य सरकार और नगर निगम

'चूंकि मैं विज्ञान की पृष्ठभूमि से हूं, तो मेरा जोर रहता है कि हम अपने साक्षरता प्रोग्राम की सफलता की दर का मूल्यांकन करें; नहीं तो हम भी बस *हां, हो गया* कहकर रिपोर्ट बनाते रहते।'

'शिक्षा के क्षेत्र में मेरा प्रवेश इसलिए नहीं हुआ कि यह शिक्षाविद का विश्वास है। यह एक सामाजिक-राजनीतिक का भरोसा था कि इससे लोगों को ज्यादा अधिकार मिलेंगे और लोकतंत्र ज्यादा मजबूत होगा।'

के भूतपूर्व अधिकारियों और समाज से बुद्धिजीवियों को लिया जाएगा। माधव चवन को उसका 'एग्जीक्यूटिव सेक्रेटरी' चुना गया। उन्हें ऑर्गेनाइजेशन को शुरू से खड़ा करना था।

'अब हमारे पास ट्रस्ट था, और ट्रस्टी भी। लेकिन हमारे पास न तो पैसा था और न ही प्रोग्राम। सवाल था कि कहां से शुरू करो?'

खैर, अच्छी शुरुआत है समस्या को *समझना*।

सैकेंडरी डाटा के हिसाब से लगभग 2.5 लाख बच्चे स्कूल से बाहर थे। अगर इन बच्चों को पढ़ाया जाए, तो और ज्यादा क्लास रूम की जरूरत पड़ेगी। लेकिन नगर निगम के वर्तमान स्कूलों का क्या किया जाए। वो किस हालत में थे?

यह सूचना उपलब्ध नहीं थी; किसी को जाकर यह पता लगाना होगा। लेकिन कोई भी, पूरे शहर में ऐसा काम बिना पैसों के कैसे हो सकता था?

अपना दिमाग खपाओ और कुछ बेहतरीन आइडिया लेकर आओ।

'मैं इंडियन मेडिकल एसोसिएशन के पास गया और उन्हें बताया कि मुझे कुछ डॉक्टरों की जरूरत है, जो नगर निगम के स्कूलों में जाकर इंस्पेक्शन कर सकें। देखें कि क्या वो हवादार हैं... क्या उनमें पीने का पानी आता है...क्या बाथरूम साफ हैं?'

एसोसिएशन के सचिव ने पलटकर कहा।

'यह सेनिटरी इंस्पेक्टर का काम है!'

माधव ने उस काम की महत्ता बताई। डॉक्टरों के शब्दों पर किसी सफाई अधिकारी से ज्यादा भरोसा किया जाता है। इसके अलावा इसमें डॉक्टर का कोई छिपा हुआ मतलब भी नहीं हो सकता।

'औरतों ने अपने पतियों से कहना शुरू कर दिया, 'शराब पीकर
अंदर नहीं आना।' अगर पीनी ही है तो, बाहर
किसी गटर में पीकर पड़े रहो।'

उन्हें मनाने में कुछ समय लगा, लेकिन आईएमए आखिरकार माधव के प्रस्ताव के लिए राजी हो गए। लगभग 400 डॉक्टरों ने नगर निगम 900 स्कूलों में जाकर यह सर्वे किया। उनका फीडबैक प्रथम ऑफिस के कंप्यूटर में दर्ज कर लिया गया।

परिणाम चौंकाने वाले थे। डॉक्टरों ने पाया कि नगर निगम के 75 प्रतिशत स्कूल ओके थे।

'ऐसा कैसे हो सकता है?' माधव हैरान थे। 'मैं खुद भी नगर निगम के स्कूलों में गया हूं, और वहां के गंदे शौचालय देखे हैं।'

'इंडिया में कौन सा पब्लिक टॉयलेट साफ है,' डॉक्टरों ने जवाब दिया। वे प्रेक्टिकल लोग थे, जो सफाई और स्वास्थ्य की रोज की समस्याओं से लड़ाई करते हैं।

जो सकारात्मकता इस प्रयोग से निकलकर आई थी उससे माधव हैरान थे। और साथ ही बोनस यह कि इतने बड़े प्रयोग की लागत महज 25,000 रुपए आई थी।

तो स्कूल की इमारतें सही थीं, लेकिन स्टाफ का क्या? प्रथम ने अपना फोकस टीचरों की ट्रेनिंग और अपग्रेडिंग पर केंद्रित किया।

परेशानी यह थी कि टीचरों की इसमें दिलचस्पी नहीं थी। और उन्हें नहीं लग रहा था कि ट्रेनिंग की कोई जरूरत थी। फीडबैक सेशन के दौरान, एक टीचर ने कहा, 'यह सब तो बहुत बढ़िया है, लेकिन क्या यह हमारे क्लासरूमों में काम आ पाएगा?'

माधव ने इस बात को गंभीरता से लिया।

'मेरे अनुभव से सबसे ज्यादा जरूरी है, अपनी आंख-कान खुले रखना। अलग-अलग लोगों की बातें सुनों, और समझो वो क्या कहना चाह रहे हैं।'

एक और समस्या जो हम तक बार-बार आ रही थी, वह यह कि जो बच्चे नगर निगम के स्कूलों में दाखिला लेने आते हैं, उन्हें उससे पहले किसी तरह के स्कूल या क्लर्स का अनुभव नहीं होता। इसका मतलब, उन्हें एक जगह बैठकर, मन लगाकर पढ़ने में परेशानी होती है।

'क्या आप इस बारे में कुछ कर सकते हैं?' शिक्षकों ने प्रथम से पूछा।

यह एक तरह की चुनौती थी कि *चलो कुछ करके दिखाओ*। प्रथम ने इस मौके को पकड़ लिया। प्रथम ने नगर निगम मॉडल में ही एक सिंपल सा तरीका ढूंढ़ लिया।

'कम्युनिटी डूवलपमेंट ऑफिसर ने कुछ स्कूलों में बालवाड़ी शुरू की थी। उन्होंने जगह उपलब्ध करवाई, और एक व्यक्ति भी जो काम को संभाल सके।'

जो इंसान बालवाड़ी चला रहा था, उसे फीस के रूप में छोटी रकम--हर बच्चे से 5-10 रुपए महीना--लेने की इजाजत थी। यह उद्यमिता मॉडल जैसा लगता है--फीस का बोझ नहीं।

क्या बालवाड़ी को शहरभर के स्कूलों में खोला जा सकता है? कॉरपोरेशन अधिकारी इसमें अनिच्छुक था।

'मैं जवाब में न सुनने वालों में से नहीं हूं,' माधव चहकते हुए कहते हैं। 'हम झुग्गियों में प्रौढ़ शिक्षा क्लासें चला चुके थे। हम ऐसा ही बालवाड़ी के साथ क्यों नहीं कर सकते?'

इस प्रकार 'कम्युनिटी बालवाड़ी मॉडल' का लॉन्च हुआ। इसमें वे एक भले इंसान, खासकर जोश से भरी युवा लड़की को काम पर रखने वाले थे, जो कुछ करना चाहती हो। उसका काम होगा बच्चों को डांस और गाने में बिजी रखना, उन्हें दो घंटे अपने यहां आने को राजी करना। उनमें क्लास के माहौल के लिए थोड़ी सी आदत आ जाए, और वे क्लास में बैठकर बात सुनना समझ लें।

प्रथम ने उस लड़की को 100 रुपए महीना दिया। और बच्चों से जो भी फीस मिलती वह उसे अपने पास रखती। जगह का बंदोबस्त या तो कम्युनिटी ने करा दिया, या फिर इंस्ट्रक्टर ने।

मंदिर, मस्जिद, चर्च, शिवसेना ऑफिस, कांग्रेस ऑफिस, गली, बरामदा,

किसी का घर--कोई भी जगह मंजूर थी। जब तक कि पढ़ाई में कोई दखल न दिया जाए और राजनीतिक या धार्मिक संदेश को दूर रखा जाए।

इतने खुले मॉडल का फायदा यह हुआ कि साढ़े तीन साल के छोटे से समय में शहरभर में 3000 बालवाड़ी खुल गईं।

हमारे पास 11 लोगों की टीम थी, हर कोई एक वार्ड का इंचार्ज था। हर वार्ड से हमने स्थानीय लोगों को चुना और उनसे कहा कि अपने लोगों में से ही हमें एक व्यक्ति दे दो बालवाड़ी चलाने के लिए।

जैसे-जैसे मॉडल का स्केल बढ़ता गया, उसकी मॉनिटरिंग का मामला भी सामने आता गया।

'कभी-कभी हमें लगता कि हमसे कुछ छूट रहा है। लेकिन मॉडल अपने लक्ष्य की ओर बढ़ता जा रहा था। जब बालवाड़ी के बच्चों का स्कूलों में दाखिला हुआ तो उनका प्रदर्शन कमाल का था।'

प्रथम ने पाया कि जो लड़कियां बालवाड़ी चला रही थीं, वे भी अपने आप में ज्यादा विश्वस्त और ज्यादा सक्षम हो गई थीं।

'बालवाड़ी इन लड़कियों के लिए एक किस्म की इंटर्नशिप बन गई। बहुत सी लड़कियां कॉलेज गईं, और दूसरी नौकरियां भी कीं। और एक युवा मां के रूप में भी वे अपने बच्चों को पालने में ज्यादा समर्थ थीं।'

जैसे-जैसे बालवाड़ी प्रोग्राम बढ़ा, तो प्रथम की साख भी बढ़ी।

'सरकारी अधिकारी जिस काम को नहीं लेते, वही काम एनजीओ वाले बड़ी गंभीरता से कर देते हैं। सरकारी अधिकारियों का कहना है कि आप जानते हैं कि सौ बच्चों को कैसे पढ़ाना है, हजारों बच्चों को भी आप पढ़ा सकते हैं, लेकिन हमें तो लाखों बच्चों को संभालना पड़ता है।'

सार्वजनिक स्थान पर एकत्रित होकर अपने विचारों को एक तरीके से प्रदर्शित करने में आपकी मदद के लिए कई दरवाजें खुलते हैं। और कुछ अलग हटकर विचार भी आपकी मदद करते हैं।

ऐसी ही एक पहल प्रथम ने 'खुशनुमा शिक्षा' के रूप में की। उस समय ब्रिटिश एयरवेज ने 'चेंज फॉर गुड' प्रोग्राम की शुरुआत ही की थी, जहां सवारियों से उनके खुले पैसे किसी अच्छे काम के लिए दान करने को कहा जाता था।

प्रथम को सबसे पहले उस प्रोग्राम से फायदा हुआ।

प्रथम ने जो काम किया वो बहुत सिंपल था।

'टीचर ट्रेनिंग प्रोग्राम काम नहीं कर पा रहे थे, तो हमने उन्हें बंद कर दिया। इसके बजाए, हमने उन्हें कुछ अच्छी चीजें करने के लिए प्रोत्साहित किया।'

प्रथम ने हर क्लास को 100 रुपए का सामान मुहैया कराया। सामान को 5000 क्लासों में बांटा गया, इसमें 5 लाख रुपए का निवेश करना पड़ा। जिसकी वापसी हमें शिक्षण में सहायता, और शिक्षकों द्वारा बनाए गए खिलौनों और सामान के रूप में हुई।

'सभी टीचरों ने सुंदर और उपयोगी चीजें नहीं बनाई थीं, लेकिन जो सामने आया, उसमें सभी के लिए जोश था, क्योंकि कोई किसी से यह नहीं कह रहा था कि--*मैं तुम्हें बताता हूं क्या करना है।* बल्कि सब कह रहे थे--*तुम इससे क्या कर सकते हो।*'

इस तरह प्रथम के पास कुछ बहुत ही दिलचस्प सामान, खिलौने, शिक्षण का सामान इकट्ठा हो गया। हर आइटम पर बनाने वाली टीचर का नाम लिखा था, और इसे सभी स्कूलों में बांट दिया गया। उनका विचार था कि टीचरों में अपने काम के प्रति एक उत्साह आए--और ऐसा ही हुआ।

'टीचर हमारे पास आकर कहने लगे कि वह और काम करना चाहते हैं।'

इस मोड़ पर, शिकागो यूनिवर्सिटी से पीएचडी करके लौटीं, डॉ. रुक्मिणी बनर्जी प्रथम के साथ जुड़ गईं। उन्होंने सीखने की क्षमता की तरफ से बच्चों का मूल्यांकन किया। हालांकि कुछ बच्चों का प्रदर्शन काफी अच्छा रहा, लेकिन ज्यादातर बच्चे इसमें फेल हो गए।

वास्तव में, तीसरी, चौथी और पांचवीं क्लास में दाखिला लेने वाले बच्चे ठीक तरह से लिख-पढ़ भी नहीं सकते थे। उन्हें बेसिक मैथ की समझ भी नहीं

'जब आप कोई आंदोलन शुरू करने की कोशिश करते हैं, जो *जिंदाबाद, मुर्दाबाद* टाइप के सामाजिक कार्यकर्ता आपके कोई काम नहीं आते। आपको ऐसे लोगों का साथ चाहिए होता है, जिनमें लीक से हटकर सोचने की क्षमता हो।'

थी।

प्रथम ने शिक्षकों से कहा कि ऐसे बच्चों की एक लिस्ट तैयार की जाए और उन्हें हर रोज, दो घंटे अलग से पढ़ाया जाए।

'कभी-कभी बच्चों को एक थपकी की जरूरत होती है, कोई उनके पास बैठा होना चाहिए, यह कहने के लिए कि मैं तुम्हारे साथ हूं। यह सिर्फ पढ़ाई की बात नहीं है, पर हर किसी को खास ध्यान दिए जाने की बात है।'

शुरू में काम के इस अतिरिक्त बोझ को संभालने के लिए फुल-टाइम स्टाफ को ही कहा गया। लेकिन प्रथम ने इस बारे में एक मजबूत कदम उठाया।

'क्यों न हम इस काम के लिए झुग्गियों से स्वयंसेवकों को बुला लें। हो सकता है वह लड़की कभी आप ही की छात्र रही हो। वह आकर दो घंटे के लिए बच्चों को आप ही की क्लास में पढ़ा देगी और हम उसे बालसखी कहेंगे।'

लोगों ने कहा *यह कैसे हो सकता है?* लेकिन प्रथम ने तर्क दियाः या तो टीचर इसे करने के लिए राजी हों, या हमें यह अपने तरीके से करने दो। और इस तरह से निर्णय हो गया।

बालसखी को दो सौ रुपए महीना दिया गया--बड़ी रकम तो नहीं--लेकिन झुग्गी से आने वाली लड़की के लिए एक फेलोशिप की तरह था, जिसे आगे की पढ़ाई के लिए कॉलेज जाना था।

'मेरा मानना है कि लोगों को प्रेरित करने के लिए, सिर्फ पैसा ही सबकुछ नहीं होता। उन्हें कुछ पहचान की जरूरत होती है, वे कुछ सीखना चाहते हैं और किसी बड़े आंदोलन का हिस्सा बनकर उन्हें अच्छा महसूस होता है। भले ही वे छोटा सा योगदान ही दे रहे हों।'

और ये सब छोटे-छोटे योगदान ही बड़ा प्रभाव उत्पन्न करते हैं।

एमआईटी के अर्थशास्त्री ने बड़ौदा और मुंबई में बालसखी के काम का मूल्यांकन किया। उन्होंने पाया कि इससे बड़ा फर्क देखने में आया है।

'1998 में, पहली बार, भारत सरकार ने शिक्षा में सुधार की जरूरतों को महसूस किया। मुझे लगता है कि यह भी प्रथम के लिए एक उपलब्धि है, सरकार ने नीति* के स्तर पर इसमें सुधार लाने की सोचा।'

---

*   वर्तमान सर्वशिक्षा अभियान राज्य सरकार को शिक्षा प्रोग्रामों में सुधार के लिए पैसे देता है।

इसी समय सरकार ने स्कूल से बाहर के बारे में सोचना शुरू किया, जो प्रथम अब तक करता आ रहा था। समस्या थी स्कूल छोड़ चुके बच्चों को दोबारा पढ़ाई की तरफ आकर्षित करने की।

या तो वो समझ ही नहीं रहे थे कि क्लास में क्या चल रहा है, या क्लास में जो पढ़ाया जा रहा था वो बहुत नीरस था।

एक बार फिर प्रथम ने बालसखी को इन बच्चों के ऊपर ध्यान आकर्षित करने के काम में लगाया। बालसखी को उन बच्चों का खुद में और सिस्टम में भरोसा लौटाना था।

हैरानी की बात यह थी कि ये सब काम जो किए जा रहे थे--और बेहद सफल भी हो रहे थे--बहुत ही छोटी सी रकम से पूरे हो पा रहे थे।

पहले साल में प्रथम का बजट 2.5 लाख रुपए था, जो दूसरे साल में 18 लाख हुआ और तीसरे साल में 40 लाख। इसके लिए वे आईसीआईसीआई से मिले अनुदान के आभारी थे।

दरअसल, यह श्री एन वघुल--वित्त संस्थान के तत्कालीन चेयरमैन--का निजी विश्वास था, जिस वजह से यह संभव हो पाया।

श्री वघुल ने कहा था, 'मुझे तुम्हारा काम पसंद है, हम तुम्हारी मदद करेंगे। लेकिन मैं पैसे देने से पहले देखना चाहता हूं कि तुम काम किस तरह करते हो।'

और वह वाकई में उन झुग्गियों में गए, जहां प्रथम काम करता था।

'उन्होंने युवा लड़कियों को पढ़ाते हुए देखा, और उन्होंने अपनी टूटी-फूटी हिंदी और मजाकिया लहजे में उन लोगों से बात भी की,' माधव याद करके बताते हैं।

श्री वघुल प्रथम और इसके काम करने के तरीके के कायल हो गए। और इसका बहुत सकारात्मक प्रभाव पड़ा।

'अगर आप एक संस्थान को चलाना चाहते हैं, तो आपको उस संस्थान के अंदर के लोगों में ऊर्जा भरनी होगी। उनमें चैंपियन बनाने होंगे।'

'श्री वघुल के साथ जुड़ने से बिजनेसमैन को भी हम पर भरोसा हुआ, जैसे अजय पीरामल, अजीम प्रेमजी और मुकेश अंबानी। उन्होंने भी हमारी मदद करना शुरू कर दिया।'

इस प्रकार शिक्षा के क्षेत्र में प्रथम पहला ऐसा एनजीओ बन गया, जिसे कॉरपोरेट का साथ प्राप्त था।

लेकिन फंड में बढ़ने के अलावा, माधव का एक सिंपल रूल थाः 'हम जो भी प्रोग्राम बनाएं, वह सरकारी शिक्षा बजट* से 1 प्रतिशत से ज्यादा नहीं होना चाहिए।'

उनका विचार था कि हमें खुद को टाइट रखते हुए अच्छे परिणाम देने हैं, ताकि इसका लाभ बड़े स्तर पर लोगों को पहुंच सके।

1998 तक, प्रथम का पूरा फोकस बस मुंबई तक ही केंद्रित था। लेकिन जैसे-जैसे इसका काम पहचान पाने लगा, तो इस मॉडल को दूसरी जगहों पर लगाने की मांग भी उठने लगी। शिक्षा सचिव, श्री एम के कॉ ने विभिन्न सरकारी अधिकारियों को बॉम्बे आकर प्रथम का काम देखने के लिए आमंत्रित किया।

यूपी और राजस्थान सरकारों ने उनके बच्चों की पढ़ाई में मदद करने के लिए प्रथम को आमंत्रित किया। लेकिन यह काम करने के लिए कौन लखनऊ और जयपुर जाता? वही युवक और युवतियां, जो प्रथम के लिए इन झुग्गियों में काम कर रहे हैं।

'उन्होंने कभी बाहर की दुनिया नहीं देखी थी, लेकिन वे विश्वास से परिपूर्ण थे। हमने उन्हें अपने प्रोग्राम को बाहर प्रसारित करने के लिए भेजा।'

जयपुर में, प्रशासन स्तब्ध रह गया, जब एक युवती--रेखा जाधव--और उनके सहकर्मी सचिन ने महज 3 सप्ताहों में 30 ब्रिज क्लासें तैयार कर दीं। काम की ऐसी गति अब तक सुनने में नहीं आई थी।

रेखा की कहानी भी प्रथम की कहानी ही है। उन्होंने बालवाड़ी टीचर के तौर पर काम शुरू किया था, और संगठन में जल्द ही अपनी काबिलियत का लोहा मनवा लिया था। जब जयपुर का प्रोजेक्ट आया, तो उन्होंने अपना हाथ उठाकर कहा, 'मैं जाऊंगी।'

---

* उस समय नगर निगम का अनुमानित शिक्षा बजट 400 करोड़ रुपए था।

जयपुर हो या मुंबई, फॉर्मूला सिंपल था।

आप लोगों के पास जाकर कहो, 'तुम्हारे बच्चे स्कूल नहीं जाते, तुम्हें शर्म नहीं आती?'

न ही कोई सर्वे, न कोई नौकरशाही। आप बस जाओ, और उनसे निजी स्तर पर संपर्क बनाकर क्लास शुरू कर दो। एक बार दो तीन बच्चे आ जाएं तो बाकी तो पीछे-पीछे पाइड पाइप की तर्ज पर ही आ जाएंगे।

'और इसका बेस्ट पार्ट यह है कि आपको काम करने के लिए सरकारी पैसे की जरूरत नहीं है। हम तुरंत ही उनके सामने अपने काम का प्रदर्शन करके अपने मॉडल की नींव रख देते हैं। बाद में, सरकार उसमें अपना हाथ डालकर इसे और बड़े पैमाने पर लागू करती है।'

इस प्रोग्राम की सफलता दर भी बढ़ी है। स्कूल छोड़कर गए बच्चों में से 55-60 प्रतिशत बच्चे स्कूलों में वापस आ गए और उनमें से अधिकांश टिके भी रह पाए।

इस दौरान दूसरे राज्यों से भी इस मॉडल को अपनाने के निवेदन प्रथम के पास आने लगे। माधव दिल्ली के एक सम्मेलन को याद करते हुए बताते हैं कि वहां उनके सामने बैठे सज्जन ने पूछा, 'मुझे प्रथम का विचार अच्छा लगा, इस प्रोग्राम को दिल्ली में कैसे शुरू किया जा सकता है?'

माधव ने जवाब दिया, 'आप कहिए, मैं इसे दिल्ली में कर दूंगा।'

उस आदमी ने कुछ पल सोचकर कहा, 'ठीक है। मैं प्रथम को दिल्ली में शुरू करूंगा। अब क्या?'

वह आदमी श्री विनोद खन्ना थे, जाने-माने भूतपूर्व राजदूत और आईएफएस मैन। उन्होंने खुद जिम्मेदारी लेते हुए प्रथम, दिल्ली की स्थापना की। इसी तरह, अहमदाबाद, बड़ोदा, लखनऊ, इलाहाबाद, बंगलुरु, मैसूर, पुणे और राजस्थान में प्रथम की शुरुआत हुई।

'यह प्रथम की सहज प्रतिध्वनि थीं--कुछ स्वामित्व के साथ। या तो उनमें सरकार ने अपना स्वामित्व रखा, या कुछ मामलों में समाज के बुद्धिजीवियों के पास इसका स्वामित्व था।'

महत्वपूर्ण बात थी कि समाज के विभिन्न वर्गों से आए लोगों के समूह

ने, एक स्वतंत्र ट्रस्ट की स्थापना की थी। माधव ने तो उन्हें सलाह भी दी थी कि हर ट्रस्ट का अपना नाम होना चाहिए।

बंगलुरु ने इसका नाम अक्षरा फाउंडेशन रखा, तो दूसरे लोग उनके पास आए और कहा कि हम इसका नाम 'प्रथम' ही रखना चाहते हैं।

'मैं इससे थोड़ा बचना चाहता था, क्योंकि एनजीओ के लोगों में मेरे बारे में बात होने लगी थी--ये माधव अपने आपको क्या समझता है, पता नहीं। वह तो अपना साम्राज्य खड़ा करना चाहता है।'

लेकिन आखिरकार वह मान गए।

इस तरह प्रथम दिल्ली, प्रथम इलाहाबाद, प्रथम बड़ौदा का जन्म हुआ--हालांकि यह कोई फ्रेंचाइज एंग्रीमेंट नहीं था। हर प्रथम एक स्वतंत्र इकाई था, पर सबका मकसद एक ही था।

'यकीनन, हम लगातार एक-दूसरे से बात करते रहते, एक-दूसरे से कुछ सीखते रहते। हमारे जवाबदेही और वित्तीय आदर्श समान थे, लेकिन बाकी सब स्वतंत्र था।'

जिस तरीके से आप हैदराबाद में पढ़ाते हो, उस तरीके से जयपुर में नहीं पढ़ा सकते। लेकिन मूलभूत आदर्श जैसे स्तर, प्रति बच्चा लागत और दूसरे मापदंड समान ही हैं।

माधव प्रथम मॉडल की तुलना उडुपी रेस्टोरेंट के मॉडल से करते हैं।

'मोटे तौर पर सभी उडुपी रेस्टोरेंट एक जैसे हैं--मेन्यू, डेकोरेशन, खाने का स्वाद समान ही है। लेकिन वे एक-दूसरे के समरूप नहीं है। यह मैक्डॉनाल्ड की तरह नहीं है कि सभी जगह की सप्लाई एक ही जगह से होती हो।'

यकीनन इस मॉडल में भरोसे की जरूरत ज्यादा है। और लोगों की भलमनसाहत पर भी यकीन करना जरूरी है। लेकिन इससे प्रथम को भी कम समय में पूरे देश में फैलने की सहूलियत मिली। हालांकि इतने बड़े स्तर पर विकास होने के साथ-साथ ज्यादा फंड की भी आवश्यकता होने लगी।

'आईसीआईसीआई 1999 में आईसीआईसीआई बैंक बन गया। और इससे प्रथम को मिलने वाले अनुदान में कमी आ गई।'

इस समय प्रथम ने यूएस और यूके से पैसा लेना शुरू कर दिया।

'हम पहले भी अपने काम टाइट बजट में कर रहे थे।'

अब तक, सरकार और एनजीओ दोनों ने अपनी अलग आंगनवाड़ी और बालवाड़ी शुरू कर दी थीं। इससे प्रथम को कोई ऐतराज नहीं था। उनका मानना था कि इससे कोई फर्क नहीं पड़ता कि काम कौन कर रहा है, पर काम हो तो रहा है।

साल 2000 दूसरे मायने में बदलाव का पल था। राजनीतिक समीकरण बदल रहे थे और कुछ यूनियन नेताओं ने और चुने हुए प्रतिनिधियों ने आरोप लगाने शुरू कर दिए कि प्रथम सत्ता पक्ष का पसंदीदा है।

'मैं हमेशा से पार्टनरशिप में काम करना चाहता था,' माधव ने कहा। 'लेकिन अगर दूसरा पक्ष इसके लिए सहमत न हो तो बात करने की कोई गुंजाइश ही नहीं बचती।'

प्रथम ने नगर निगम के स्कूलों से बाहर आकर अपना काम समुदायों के स्तर पर करना शुरू किया।

इस पहल का आधार वे 200 बस्तियां थीं, जहां वे काम करते रहे थे। प्रथम ने पहले इन जगहों पर पूरा सर्वे कराया कि कितने बच्चे स्कूलों में पढ़ रहे थे, कितने बच्चों ने पढ़ाई छोड़ दी थी, पढ़ाई में दिक्कत कितने बच्चों को हो रही थी। फिर बस्ती* की आवश्यकता के अनुरूप एक प्रोग्राम तैयार किया।

उसी समय प्रथम ने निर्णय लिया कि अब उन्हें सिर्फ संख्याओं पर फोकस करने की बजाय, शिक्षा सुधार की गुणवत्ता के पहलू पर भी काम करना चाहिए। इससे एक सवाल निकलकर आया; एक बच्चा 2-3 महीनों में कितना सीख सकता है?

प्रौढ़ शिक्षा के अपने अनुभव के साथ, माधव जानते थे कि अगर आप कुछ शोध कर लें तो सीखने की प्रक्रिया में तेजी लाई जा सकती है। आप बस कुछ भाग पढ़ाते हो। लेकिन मुश्किल पार्ट क्या था? प्रथम ने तय किया कि वे सिर्फ अच्छे परिणामों पर ही शोध करेंगे।

'हमने पाया कि कुछ समय में ही, 7-10 साल के बच्चे अपनी पढ़ाई की क्षमता बढ़ा पाने में सफल हो गए। दरअसल, 30-45 दिनों में ही बच्चे धाराप्रवाह

---

* 2008 में, मुंबई की 900 बस्तियों के 180,000 परिवारों के साथ काम कर रहा था।

रूप से किताब पढ़ने लगे।'

यकीनन, प्रथम ने इस तकनीक को उपयोगी बनाने के लिए बहुत काम किया। सबसे पहले इसने साक्षरता विशेषज्ञ, प्रोफेसर जलालुद्दीन के बाराखड़ी चार्ट को अपनाया। फिर एक सामान्य सी मूल्यांकन पद्धति।

'कोई भी इंसान गांवों और झुग्गियों में जाकर बच्चों का टेस्ट ले सकता है, ताकि वह बता पाएगा कि--यह बच्चा जीरो स्तर पर है, यह बच्चा वर्ण पहचानता है, यह शब्द और यह बच्चा पूरा वाक्य पढ़ सकता है।'

चाहे वे किसी भी स्तर पर हों, इससे उन्हें आगे ले जाया जा सकता है।

इस प्रोग्राम का राज था कि इसे खेल की तरह पढ़ाया जाए। इसमें बोलना, करना, पढ़ना और लिखना शामिल होना चाहिए।

इसके लिए बस थोड़ी सी अध्ययन सामग्री की जरूरत थी, जैसे वर्णमाला कार्ड्स, पेराग्राफ कार्ड्स, छोटी कहानियां और बारहखड़ी चार्ट। साथ ही एक उत्साहपूर्ण शिक्षक की भी।

'हमने पाया कि नवीनता कुछ नया करने में ही नहीं होती, बल्कि चीजों को दोबारा से व्यवस्थित करने से भी नवीनता महसूस होने लगती है।'

रीडिंग प्रोग्राम की सफलता ने प्रथम को नई ऊर्जा दी। जो काम वर्ण के साथ किया जा सकता था, वो यकीनन नंबरों के साथ भी किया जा सकता होगा। इसमें भी सबसे जटिल संरचना को खोजना था।

'हमने पाया कि बच्चे प्लेस वैल्यू को ठीक से समझ नहीं पा रहे थे, जैसे इकाई, दहाई, सैंकड़ा। क्योंकि इसमें वे अपने हाथों से कुछ नहीं कर रहे थे, और कुछ भी चीज सीखने के लिए यह सबसे जरूरी चीज है। कुछ सीखने के लिए उसे आपको अपने हाथ से करके देखना पड़ता है।'

गणित की शुरुआत रीडिंग के जैसी नहीं रही, लेकिन इन प्रयोगों ने प्रथम के कार्यों की पद्धति में खासा बदलाव किया। बालवाड़ी और बालसखी प्रोग्राम की लंबी अवधियों के बजाय, उनका फोकस अब 2-3 महीनों के प्रोग्राम पर हो गया था।

बच्चों के एक समूह को पढ़ाओ, उन्हें स्कूल सिस्टम के लायक बनाओ; फिर दूसरे समूह की तरफ बढ़ जाओ।

लेकिन प्रथम का मकसद बस बच्चों को स्कूल में डालना ही नहीं था, उसे यह तय करना था कि बच्चों को पढ़ना आ जाए। किसी भी अन्य उद्योग की तरह, वह भी हमेशा सोचते हैं कि अब आगे क्या करना है। और इस प्रकार लाइब्रेरी प्रोग्राम की शुरुआत हुई।

'हमने समुदायों को लाइब्रेरी से परिचित कराया और बच्चों को वह आइडिया पसंद आया। समस्या यह थी कि हमारे पास ज्यादा किताबें नहीं थीं!'

जल्द ही, प्रथम ने अपना प्रकाशन शुरू कर दिया। इसे प्रथम बुक्स के नाम से जाना गया, इसकी अगुआ रोहिणी नीलेकणी और उनके बंगलुरु के सहकर्मी रहे।

'लेकिन फिर हमने अपने सहकर्मी से जाना कि एआईडी इंडिया, तमिलनाडु में आप रीडिंग कार्ड बना सकते हैं। और एक कार्ड की लागत मुश्किल से एक रुपया आएगी। फिर हमने रीडिंग कार्ड भी बनाने शुरू कर दिए।'

अगर आप 350 रीडिंग कार्ड बनाते हैं, तो 350 बच्चे उन्हें ले जा सकते हैं। और कीमत आएगी 350 रुपए। इतने ही पैसों में आप केवल 30 किताबें ही दे पाएंगे।

एक कदम और आगे जाते हुए, प्रथम ने बिहार में बच्चों के लिए अखबार भी बनाया। चार पन्नों के अखबार--छोटे आकार का, ब्लैक एंड वाइट--की कीमत 50 पैसे आई। उनका विचार था कि अखबार की 20-25 कॉपियां हर स्कूल में एक रात पहले ही भेज दी जाएं।

प्रोग्राम को शुरुआत में काफी सराहना मिली; फिर बिहार सरकार ने खुद ही इसे हाथ में लेकर राज्य भर में प्रसारित कर दिया।

'प्रथम की जरूरत नहीं है... यही तो सफलता है!' माधव खुश होकर बताते हैं। वह और उनकी टीम किसी नई दिशा में बढ़ जाते हैं।

हमेशा आगे बढ़ने का अहसास होना चाहिए, प्रथम में 'और ज्यादा हम क्या कर सकते हैं'। कुछ प्रयास उल्लेखनीय हैं, कुछ असफल। लेकिन बात है निरंतर कोशिश करते रहने की।

2004 से, 'पढ़ना सीखो' प्रोग्राम--'पढ़ो भारत'--40 शहरी केंद्रों और 120 ग्रामीण जिलों में पहुंचा है। प्रथम ने सोनिया गांधी के विधानसभा क्षेत्र अमेठी

में भी काम किया है।

जब नई सरकार सत्ता में आई तो माधव को राष्ट्रीय सलाहकार परिषद में शामिल कर लिया गया। उन्होंने सलाह दी कि सरकार को वार्षिक 'शिक्षा स्तर' की रिपोर्ट लानी चाहिए। लेकिन जब यह न हो सका, तो प्रथम ने वह काम खुद करना शुरू कर दिया।

माधव ने महसूस किया कि 'पढ़ो इंडिया', संगठन की योग्यता--आखरी गांव तक पहुंचने की--में कुछ अड़चनें हैं।

उन्होंने अपने सहकर्मी से कहा, 'क्या हम पूरे भारत में एक सर्वे कर सकते हैं?'

'और यह प्रथम का दूसरा पहलू है। शायद यह कुछ कमजोर है... फिर भी कोई कभी न नहीं कहता। हर कोई कहता है कि हां, हम कर सकते हैं।'

इसे पूरा करने में तीन महीने लगे; पहले पॉइंट से जब माधव ने पहली ई-मेल भेजी थी और जनवरी 2006 में इसकी रिपोर्ट भी पेश हो गई।

हमेशा की तरह, इसमें स्वयंसेवकों ने काम किया।

'प्रथम ने यह सर्वे कराने के लिए 20-25 हजार लोगों को तैयार किया, क्योंकि हमारा संदेश सही था। हमने कहा--अगर आप एक शिक्षा कर देने के लिए तैयार हो जाएं तो, आपको पता चल पाएगा कि आपका बच्चा कुछ सीख पा रहा है या नहीं!'

मुंबई नगर निगम के स्कूलों में किए गए सर्वे की तरह, अब प्रथम के पास पूरे देश, राज्य के आंकड़े मौजूद थे, जिनमें कितने बच्चों ने स्कूल में दाखिला लिया, कितनों ने पढ़ाई बीच में छोड़ दी और दूसरे मापदंड थे।

किसी भी काम से ज्यादा प्रथम को *एनुअल स्टेटस ऑफ एजुकेशन रिपोर्ट* के लिए जाना जाता है।

'सर्वे कराना, शिक्षण, विश्लेषण और एकता की शक्ति की वजह से एएसईआर हमारा गर्व बन गया,' माधव बताते हैं।

अपने हाथ में आए इस डाटा के दम पर, प्रथम सरकार को बता सकता है, 'हमारे स्कूल के 50 प्रतिशत बच्चे पढ़ नहीं सकते--अपनी नीतियों को इन पर केंद्रीत कीजिए।'

और ऐसा ही हो रहा है। प्रथम ने पढ़ो भारत के दूसरे दौर का विमोचन किया है।

इससे हमारे सामने सवाल आता है कि उन लोगों पर प्रथम का क्या प्रभाव पड़ा है, जिनके लिए इसने काम किया है? यह महत्वपूर्ण है, लेकिन फिर भी इसे नापना मुश्किल है।

बालावाड़ी प्रोग्राम की बात करते हैं।

प्रथम ने कुछ समुदायों में, साधारण सी पढ़ाई शुरू की, जहां 16 साल और उससे कम उम्र के बच्चे थे। उन्होंने पाया कि एक बार जब बालवाड़ी शुरू हुई तो, उन बच्चों की संख्या कम होने लगी, जिन्होंने पढ़ाई छोड़ी थी। लेकिन माधव के अंदर के वैज्ञानिक ने यह बात नहीं मानी।

'अर्थव्यवस्था बदल रही है, महत्वाकांक्षाएं बढ़ रही हैं, लोगों को शिक्षा चाहिए... तो आप सटीक कारण और प्रभाव तक नहीं पहुंच सकते; आप बहुत से दावे कर सकते हैं।'

लेकिन एक बात, जिस पर आप संदेह नहीं कर सकते, वह यह है कि प्रथम एक अलग और मापनीय मॉडल है--सामाजिक क्षेत्र की एक सफल कहानी। इसका क्या राज है?

'पहली चीज तो हमने हर बात को सिंपल और पारदर्शी रखा। आमतौर पर एनजीओ आपको नहीं बताते कि उन्हें पैसे कौन दे रहा है, क्योंकि उन्हें चिंता होती है कि कोई और उनके दाता* को खींच लेगा।'

दूसरा, प्रथम ने कुछ सीमाओं में रहते हुए, लोगों को आजादी दी है।

'जब तक आपसे मुझसे ज्यादा पैसे नहीं मांगते, और आप अपने लक्ष्यों को हासिल कर रहे हैं, तो आप अपनी मर्जी से काम करने के लिए स्वतंत्र हैं। क्योंकि मैंने तुम्हारी आत्मा को नहीं खरीद लिया है; आप एक इंसान हो जो सोच सकता है, महसूस कर सकता है।'

दरअसल, प्रथम के नियम स्टाफ को प्रोत्साहित करते है और उसे 'घोंसले' से बाहर निकलने को प्रेरित करते हैं। 1998-99 से माधव स्थानीय समूहों को खुद के मंडल बनाने के लिए प्रेरित कर रहे हैं।

---

* कॉरपोरेट अभी भी फंड देता है, लेकिन 80 प्रतिशत पैसा यूएस और यूके के दाताओं से आ रहा है।

'महाराष्ट्र में आज 20-25 संगठन हैं, जो ऊषा राने जैसे लोगों ने बनाए हैं, जिन्होंने कभी प्रथम के साथ काम शुरू किया था। वे सिर्फ रचनात्मककर्मी ही नहीं, अपितु अगुआ भी है। मुंबई में ऐसे चार संगठन हैं और प्रथम के लगभग सभी प्रोग्रामों को वो मार डालते हैं।'

क्या फर्क है? कुछ भी नहीं, और बहुत कुछ। ये संगठन नगर निगम के साथ काम करने को आजाद हैं और इन्हें जिला सरकारों से अनुदान भी मिलता है; प्रथम को नाम या स्वामित्व नहीं चाहिए।

'हम बस इतना चाहते हैं कि हम पिछले साल से बेहतर स्थिति में हों।'

और यह करने के लिए आपको कभी-कभी रुककर, एक कदम पीछे की तरफ लेना पड़ता है।

'पढ़ो भारत प्रोग्राम जो 370 जिलों में फैल चुका था, अब 250 जिलों में आ गया है। अब हमारा फोकस सीखने की उच्च गुणवत्ता और चहुंमुखी विकास पर है।'

यह सब करने के लिए कुछ नए कदम भी उठाने पड़े।

'हमारा ग्रामीण प्रोग्राम पूरी तरह से बिना पगार के स्वयंसेवियों पर आधारित था। अब उन्हें शिक्षा के बदले शिक्षा के तहत कुछ हर्जाना मिल जाता है।'

जिसका मतलब है कि स्वयंसेवक अपने पास के कंप्यूटर सेंटर में जाकर उसे चलाना सीख सकते हैं।

इतना सब होने पर भी, प्रथम बाल मजदूरी हटाने के लिए पूरी तरह से प्रतिबद्ध है--और युवाओं की वोकेशनल ट्रेनिंग के लिए भी।

यद्यपि प्रथम परिवार माधव का ज्यादा समय और ध्यान ले लेते हैं, उनके अपने बच्चे--निमिषा और जॉय--हमेशा उनके लिए खुशी और आकांक्षा के स्रोत बनते हैं।

'जिस तरह छोटी निमिषा ने पढ़ना सीखा, उसी से मुझे प्रथम के लिए *पढ़ना सीखो* तकनीक का ख्याल आया।'

अब निमिषा कुछ बीसेक साल की है, उसी तरह प्रथम भी सोलह साल का हो गया है।

एक ऐसा मिशन जो आज भी उतना ही प्रासंगिक और अनोखा है।

अभी और बहुत सफर तय किया जाना बाकी है।
कई मील, ताकि हम सब पढ़ना सीख पाएं।

✳

युवा उद्यमियों को सलाह

पहले यह तय करना जरूरी है कि आप क्या करना चाहते हैं, और क्यों।

मैं अभी भी अपने 'क्या' और 'क्यों' को खंगालता रहता हूं। यह एक तरह का टैस्ट है कि आप अपने मकसद को लेकर कितने ईमानदार हैं। यह मुझे अपनी राह पर बने रहने के लिए भी प्रेरित करता है।

आखिर में, बहुत ज्यादा प्रशंसा और बहुत ज्यादा आलोचना की अनदेखी करता हूं। दोनों ही नुकसानदायक होते हैं, अगर गंभीरता से ले लिए जाएं तो। जब मैं कुछ अच्छा और सही काम करता हूं तो अपने आप ही फील गुड होने लगता है। अगर अच्छा महसूस नहीं होता, तो मतलब और बेहतर किए जाने की जरूरत है।

नंगा सच

अंशु गुप्ता
गूंज

जनसंचार में प्रशिक्षित, अंशु गुप्ता ने समुदाय तक, अलग अंदाज में संदेश पहुंचाने का निर्णय किया। व्यवस्थित तरीके से इकट्ठे किए, संवारे गए और गूंज द्वारा बांटे गए कपड़े बड़े समुदाय तक पहुंचते हैं। जिन्हें थोड़े सम्मान के साथ लोग पहन सकें।

मैंने जे93 की घंटी बजाई और मैं दरवाजे पर इंतजार कर रही थी कि कोई मोटी सी पंजाबी महिला दरवाजा खोलेगी।

सरिता विहार पारंपरिक मध्यवर्गीय पता है। लेकिन जे93 के अंशु गुप्ता किसी भी मायने में पारंपरिक नहीं हैं, और न ही उनके जीवन का मिशन पारंपरिक है।

'हम रोटी, कपड़ा और मकान की बात करते हैं लेकिन कितने लोग कपड़े को एक समस्या मानते हैं?' गहरी आंखों वाले, हैंडसम आदमी ने पूछा।

वह मुझे अपने घर से पांच मिनट दूर 'प्रोसेसिंग सेंटर' में ले जाते हैं। मदनपुर खादिर में अंशु और उनकी टीम पुराने कपड़ों को नया जीवन देते हैं। और कपड़े बांटने का काम बड़े सम्मान और सलीके के साथ पूरा करते हैं।

गूंज अपनी सफलता को नंबरों में नहीं नापता।

यह दो भारत के बीच एक आंदोलन, विचार और एक पुल है।

जे93 वाला भारत और मदनपुर वाला भारत।

अगली बार जब आप अपने पुराने कपड़े 'भूकंप राहत' के लिए देंगे, तो एक पल ठहरकर सोचो कि वह सही जगह पहुंच पाएंगे या नहीं।

आपका बोझ गूंज अपने पंखों पर उठाकर ले जाएंगे।

कहीं किसी गांव में, हो सकता है आपका पुराना स्वेटर किसी की जिंदगी बचा दे।

नंगा सच

अंशु गुप्ता
गूंज

अंशु गुप्ता का जन्म एक मध्यवर्गीय परिवार में हुआ।

'एक ईमानदार मध्यवर्गीय परिवार। मेरे पिता एमईएस में थे, तो हर तीन साल में हमें जगह बदलनी पड़ती थी--ज्यादातर यूपी और उत्तरांचल के क्षेत्रों में।'

इंजीनियर परिवार से आने के कारण, उनका इंजीनियरिंग की डिग्री लेना स्वाभाविक था। लेकिन अंशु जब 12वीं क्लास में ही थे, तो उनका बहुत बड़ा एक्सीडेंट हुआ और वह पूरी तरह से बिस्तर पर आ गए।

'उस समय मैंने महसूस किया कि इंजीनियरिंग मेरे बस की बात नहीं है। मैंने पढ़ने में बहुत समय लगाया और मुझे अहसास हुआ कि मुझे पत्रकारिता में खास रुचि है।'

अंशु ने बहुत से अखबारों के लिए लिखना शुरू कर दिया, खासकर *सुमन सौरभ* नाम की बच्चों की मैगजीन के लिए। उन्होंने *दून दर्पण* नाम के स्थानीय अखबार में गंभीर संपादकीय लिखना भी शुरू कर दिया था।

'वे वास्तव में लेख का साइज नापते और कुछ 5 रुपए प्रति सेंटीमीटर के हिसाब से पैसे दिया करते,' वह याद करके बताते हैं।

अंशु ने देहरादून से इकोनॉमिक्स में बीए किया और इंडियन इंस्टीट्यूट ऑफ मास कम्यूनिकेशन (आईआईएमसी) से पीजी कोर्स किया। उन्होंने आईआईएमसी से एक नहीं बल्कि दो डिप्लोमा कोर्स किए--पहला जर्नलिज्म में, और दूसरा एडवर्टाइजिंग और पीआर में।

'मैंने दूसरा कोर्स इसलिए किया ताकि मुझे हॉस्टल में और रहने का मौका मिल पाए, लेकिन उन्होंने दूसरे कोर्स के लिए मुझे कमरा नहीं दिया। तो मैंने खुद का खर्च चलाने के लिए स्वतंत्र रूप से लेखन शुरू कर दिया।'

वह तय नहीं कर पा रहे थे कि उन्हें वास्तव में करना क्या है। ऐसे में उन्होंने एक एडवर्टाइजिंग कंपनी चैत्रा में काम करना शुरू कर दिया, जहां उन्हें कॉपीराइटिंग का काम करना था। यह 1992 की बात है और उन्हें 2000 रुपए पगार मिल रही थी।

कुछ महीने काम करने के बाद अंशु को अहसास हुआ कि उन्हें तस्वीरें लेने का जुनून है। उन्होंने एड एजेंसी छोड़ दी, और फोटोग्राफी को फुल-टाइम कैरियर बनाने की सोची। लेकिन तभी एक अजीब बात हुई।

'मैं लगभग 22 साल का था, और मुझे दाईं आंख में मोतियाबिंद हो गया। वह एक बड़ा झटका था--मुझे लगा कि मेरा फोटोग्राफी कैरियर खत्म हो गया।'

अंशु ने ऑपरेशन कराया और इस दौरान उनके पास एक प्राइवेट सेक्टर की कंपनी 'पावरगेट' से इंटरव्यू का फोन आया। हालांकि उन्हें नौकरी करने में कोई दिलचस्पी नहीं थी, लेकिन उस वक्त वही करने में समझदारी थी, तो उन्होंने काम करने का तय किया। उन्होंने एस्कोर्ट (कोरपोरेट कम्यूनिकेशंस) में आने से पहले उस कंपनी में दो साल बिताए।

'वह बहुत नीरस सा काम था--आपने कोई न्यूजलैटर या वार्षिक रिपोर्ट तैयार की। और अगर किसी डायरेक्टर को रिपोर्ट या उसका लेआउट पसंद नहीं आया, तो उसे फिर से बनाओ।'

आप दिन में 8-10 घंटे बिजी रहते हैं, और दिन खत्म होने पर आपको अपने काम में संतुष्टि नहीं मिलती।

'और मुझे याद नहीं पड़ता कि अपने किसी भी बॉस के साथ मेरी बहुत अच्छी पटी हो।'

अपने कैरियर में रोमांच की कमी की वजह से, अंशु को किसी दूसरे स्रोत से कुछ 'किक' मिलने की उम्मीद थी। और वह कहानी 1992 में शुरू हुई, जब उन्हें एक हिंदी अखबार *साप्ताहिक हिंदुस्तान* में एक लेख लिखना था।

'मैं नया पत्रकार था, तो मुझे कहानी के लिए पुरानी दिल्ली जाना पड़ा।

वहां मैंने एक रिक्शा देखा, और उस पर लिखा था--*दिल्ली पुलिस, शव वाहन*।
तो मैंने उस आदमी पर लेख लिखा, जिसका काम सड़क पर लावारिस लाशों
को उठाना था।'

उस आदमी को हर लाश के लिए 20 रुपए और एक सफेद कपड़ा मिलता
था। उसकी कही दो बातों से अंशु को गहरा सदमा लगा; दरअसल उन बातों
से वह बहुत समय तक दहशत में रहे।

शव उठाने वाले ने बताया, 'सर्दियों में अच्छा काम होता है, कभी-कभी
तो इतना काम होता है कि मैं संभाल भी नहीं पाता।'

और उसकी पांच साल की बेटी ने बताया, 'जब मुझे ठंड लगती है, तो
मैं एक लाश से चिपककर सो जाती हूं।'

अंशु की रीढ़ की हड्डी में एक सिहरन सी हुई। एक साल पहले, जब
वह भूकंप पीड़ितों की राहत के लिए उत्तरकाशी गए थे।

'मैंने 15 दिनों के लिए अपनी क्लासें बंक की थीं और वह कोई भी
गांव देखने का मेरा पहला अनुभव था। मैं यहां-वहां घूम रहा था, और मैंने देखा
कि किस प्रकार लोगों को रहने या खाने की चिंता नहीं थी, बल्कि वे सिर्फ
गर्म कपड़ों और कंबल की ही मांग कर रहे थे।'

अंशु हैरान थे कि किस प्रकार राहत एजेंसी आकर बिना जरूरत का सामान
डाले जा रही थीं। और प्रभावित लोगों के सम्मान को भी रौंदे जा रही थीं।

'इससे मुझे बहुत परेशनी हुई--बच्चे सर्दी में बिना कपड़ों के कैसे रह सकते
थे। लेकिन किस्मत से या बदकिस्मती से मैं एनजीओ में किसी को भी नहीं
जानता था, और मुझे कोई आइडिया नहीं था कि इसके बारे में क्या करना
है।'

लेकिन कभी न कभी कुछ करना है--ये वह जानते थे।

1995 में, अंशु की शादी हो गई। बीवी मिनी ने बीबीसी में काम करना
शुरू किया था, और उनकी वित्तीय हालत ठीक थी। काम से बहुत बोर होकर
और 'कुछ' करने की चाह में अंशु ने एस्कोर्ट का काम छोड़ दिया।

22 जुलाई 1998 को, उन्होंने एक नोट तैयार किया कि वह 'गूंज' के
बैनर तले क्या करना चाहते हैं।

'मैं बहुत व्यावहारिक आदमी हूं और मैं जानता हूं कि एक बोरा कैसे सिलते हैं और कैसे भरते हैं—मैंने यह सीखा है।'

'हमने एक एनजीओ नहीं बनाया--नोट में सिर्फ यह था कि हम सबको आगे आकर गरीबों की कपड़ों की समस्या को हल करना है, खासकर बच्चों की।'

मूवमेंट की शुरुआत अंशु और मिनी के दान किए हुए 67 कपड़ों से हुई।

'हमने तय किया कि हम वे सब कपड़े हटा देंगे, जिनका हमने 3 साल से, जबसे शादी हुई है, इस्तेमाल नहीं किया है। कुछ जरी की साड़ियां छोड़कर हमने सारा माल निकाल दिया।'

अंशु लोगों के घर से भी कपड़े इकट्ठा करने जाते। शाम को, वह ऑफिस से मिनी को लेते और फिर वे दोनों मिलकर घर-घर कपड़े लेने जाते। लगभग 9 बजे तक घर पहुंचकर वे उन कपड़ों को अपनी वॉशिंग मशीन में डाल देते। ताकि उन्हें बांटने के लिए तैयार किया जा सके।

बांटने का पहला काम दिल्ली की झुग्गी में किया गया, जो बहुत आराम से तो नहीं हुआ।

'पहला, लोग तुमसे बहुत ज्यादा उम्मीदें करते हैं, वे आपकी ईमानदारी पर शक करते हैं। और दूसरी बात, अगर आप कुछ मुफ्त में दे रहे हैं, तो उसकी कोई वैल्यू नहीं होती!'

फिर गूंज ने एम्स जैसे अस्पताल के बाहर के लोगों को कपड़े बांटने की योजना बनाई। बाहर के राज्यों से इलाज के लिए आए लोग, जिन्हें दिल्ली की सर्दी का अंदाजा नहीं होता, और उनके पास गर्म कपड़े खरीदने के लिए पैसे नहीं होते।

जनवरी की एक ठंडी रात में, अंशु एम्स के बाहर खड़े थे। उन्होंने देखा कि एक वृद्ध महिला गूंज द्वारा उपलब्ध कराए कपड़ों के ढेर में कुछ ढूंढ़ रही हैं। उन्होंने कई अच्छे कपड़ों को हटा दिया था।

अंशु ने पूछा, 'माताजी आप क्या ढूंढ़ रही हो?'

वह बोलीं, 'मैं देख रही हूं कि कोई काली शॉल मिल जाए।'

आधी रात को, जमाने वाली ठंड में, काली ही क्यों?

उन्होंने कहा, 'बेटा मेरे पास एक लाल साड़ी है और काली शॉल उसके साथ अच्छी दिखेगी।'

उस दिन अंशु को अहसास हुआ कि गरीब से गरीब लोगों के भी सपने होते हैं। उनकी भी पसंद होती है। और जरूरतें भी। अब सही कपड़े के लिए सही इंसान ढूंढ़ना गूंज की प्राथमिकता बन गई।

'अमीर लोग बहुत से पुराने कपड़े निकालते हैं। लेकिन इसमें हमेशा एक कमी होती है, एक अंतराल--क्योंकि आप हमेशा वे चीजें निकालते हैं, जो आपको नहीं चाहिए होती, न कि वो जिसकी दूसरे को जरूरत हो।'

जब आपदा प्रबंधन की बात आती है, तो यह खासतौर से देखने में आता है।

1999 में, चमोली में भूकंप आया था। अंशु ने पांच बोरे कपड़े और एक बोरा जूते रेड क्रॉस के माध्यम से वहां भिजवाए।

'रेड क्रॉस राहत कार्यों में एक आइकन की तरह है। तो जब उनकी गाड़ी आपके दरवाजे पर पहुंचती है, तो आप फटाफट सामान निकालकर दे देते हैं। हम बहुत खुश थे कि हमारा सामान उनके साथ जा रहा है।'

यह ऐसा पल था, जिससे गूंज में आगे बढ़ते रहने की उम्मीद जागी। दिन ब दिन के मुश्किल हालातों में।

'मैंने अपना पीएफ का पैसा इसमें लगा दिया। हमारे पास गोदाम किराए पर लेने के पैसे नहीं थे, तो हमने अपना फर्नीचर बेचकर एक बेडरूम का इस्तेमाल इकट्ठा किए हुए माल को रखने में किया।'

कुछ स्वयंसेवक भी मदद के लिए आगे आए, लेकिन पैसों से हाथ बहुत तंग था। 1999 में, जब उड़ीसा में चक्रवात आया, गूंज ने कई ट्रकों में भरने लायक सामान जोड़ा। लेकिन एक बार फिर उन्हें अपना सामान रेड क्रॉस के द्वारा भिजवाना पड़ा।

'मुझे याद है कि गूंज के पास 1000 रुपए भी नहीं थे कि मैं खुद उड़ीसा जा सकता। और मुझे रेड क्रॉस के गोदाम में जाकर बहुत निराशा हुई, क्योंकि

'जब हमने गूंज का लैटरहैड बनवाया तो, हमने इसमें दो डॉट लगवाए। मेरी सोच है कि एक डॉट फुलस्टॉप होता है, जबकि दो डॉट निरतंरता की निशानी हैं।'

उन्हें हमारे दिए सामान की कोई वैल्यू ही नहीं थी। न ही वे उन्हें हमारे जैसे सलीके से सामान बांटते थे।'

उसी साल गूंज रजिस्टर्ड एनजीओ बन गया। अंशु के करीबी दोस्त ने कहा कि आधे से ज्यादा एनजीओ धोखेबाज होते हैं। 'तो तुमने भी यह शुरू कर दिया...' उसने कहा।

दुनिया ऐसी ही है--चिढ़ फूट पड़ी।

यहां तक कि फंडिंग एजेंसियों ने भी कोई दिलचस्पी नहीं दिखाई, क्योंकि कपड़ों की समस्या उनके एजेंडे में नहीं आती थी।

'मुझे याद है कि जब मैंने फंडिंग एजेंसियों को लिखा, तो उन्होंने बड़ी विनम्रता से जवाब दिया--*आपके प्रयास बहुत अच्छे हैं लेकिन ये हमारे पैमाने के अंदर नहीं आते*। अगर हम एडस जागरूकता को लेकर काम कर रहे होते, तो हमें बड़े आराम से संदेश लिखीं टोपी और जैकेट बनाने के लिए तीन लाख रुपए मिल जाते!'

समर्थक दृढ़ तो हो सकता है, लेकिन अड़ियल नहीं। आप उसे अपनाओ, कुछ बदलाव लाओ और नए समाधान तलाशो।

कुछ ही महीनों में, गूंज ने तय कर लिया कि वह झुग्गियों में कपड़े बांटना बंद करके, अपना ध्यान गांवों पर लगाएगा।

'समस्या यह थी कि हमारे पास गांवों में जाने का फंड नहीं था। तो हमने गांवों के साथ साझेदारी में काम करना शुरू कर दिया।'

गूंज ने अपने सामान को अलग-अलग श्रेणियों में बांटकर इसे स्थानीय ग्राम समूहों के पास पहुंचाया। लेकिन इसमें भी पैसों की जरूरत होती है।

'हम जितनी भी यूनिट बांटते थे उनमें संचालन लागत आती थी। संचालन मतलब--काम करने की जगह, श्रम, ट्रांसपोर्ट और इसी तरह के काम में लगने

वाली लागत।'

यह ज्यादा तो नहीं थी--लगभग 15-20 हजार रुपए एक महीने का काम चलाने के लिए चाहिए होते। लेकिन इस रकम को भी इकट्ठा करना चुनौती का काम था। लोग सामान को दान देने में तो खुश होते हैं, लेकिन बात जब पैसों की आती है, तो वे किसी स्थापित संगठन को ही देना चाहते हैं।

'हमारे कोई अमीर दोस्त नहीं थे और वो लोग जो कोरपोरेट में काम करते हैं, वह नहीं समझ सकते कि हम यह सब क्यों कर रहे हैं। वे एक सामांतर जीवन जीते हैं। तो हमें मदद छोटी-छोटी राशि जैसे 10 रुपए, 50 रुपए, 100 रुपए में मिलती।'

गूंज रद्दी पेपर, बीयर बोतल, कैन इत्यादि सामान बेचकर भी पैसे कमाता। कमाई का दूसरा जरिया थे हाथ से बनाए हुए बंबू क्लॉक।

'हम बांस और बाकी के औजार ले आए। मैंने खुद उसे बनाना सीखा।'

'द होम स्टोर' से उन्हें 22,500 रुपए का बड़ा ऑर्डर मिला।

'हमने कड़ी मेहनत करके ऑर्डर पूरा किया और बस डिलीवरी से कुछ समय पहले हमने उन्हें पॉलिश किया। मैंने और मेरे दोस्त ने सारे पीस मारुति 800 में रखे और डिलीवरी देने गए।'

स्टोर पहुंचने पर उन्होंने पाया कि जिस अखबार में उन्होंने घड़ियां पैक की थीं, उनकी छपाई उसकी ताजा की हुई पॉलिश पर आ गई थी। और वह पूरा ऑर्डर कैंसल कर दिया गया।

लेकिन जिंदगी चलती रहती है। गूंज ने फरवरी 1999 में, दिल्ली हाट में एक स्टॉल लगाया।

'लोगों ने हमें देखा, हमारे काम को समझा, और उन्होंने हम में दिलचस्पी भी दिखाई, क्योंकि हमारे स्वयंसेवकों ने अच्छे कपड़े पहन रखे थे और वे अलग तरह से बात भी कर रहे थे। हम लोग उनसे पैसे नहीं मांग रहे थे, उनकी कोई पुरानी चीज मांग रहे थे।'

फोन आने लगे--और ज्यादा से ज्यादा लोग अपना पुराना सामान लेकर आने लगे।

गूंज को सामान रखने के लिए 600 रुपए में किराये पर कमरा लेना पड़ा

और इसने अपना पहला कर्मचारी भी 700 रुपए और यात्रा भत्ते पर किराए पर रखा।

'सुभाष हमारी कामवाली का पति था। वह सारा दिन पीता और इधर-उधर घूमता रहता। लेकिन हमने उसे काम पर लगाया और उसे भी हमारे साथ काम करके बहुत अच्छा लगा।'

जनवरी 2001 में आया गुजरात भूकंप कई मायनों में बदलाव का पल साबित हुआ।

'हमने देखा कि लोग रोहिणी, सरिता विहार से गूंज को सामान देने के लिए आ रहे हैं। जबकि सामान इकट्ठा करने के लिए दर्जनों कैंप हर कॉलोनी में लगाए गए थे। इससे हमें बहुत सा आत्मविश्वास मिला--कि हम सही दिशा में काम कर रहे थे--और फिर हमारे बारे में और ज्यादा लोग जानने लगे।'

एक बार फिर से गूंज के पास पैसे नहीं थे कि वह खुद गुजरात जाकर यह सामान वहां दे आए। गूंज ने बस सब सामान को कायदे से पैक कर दिया। यह देखकर कि कोई कपड़ा बेतरतीबी की हालत में न पहुंचाया जाए--और हर कपड़ा किसी जरूरतमंद के पहनने के काम आ सके।

दिसंबर 2004 की सुनामी वो पल था, जहां गूंज खुलकर खुद को अभिव्यक्त कर पाया।

'गुजरात भूकंप के दौरान, मीडिया ने सड़कों पर पड़े हुए बिना इस्तेमाल कपड़ों की तस्वीर दिखाई। क्यों? क्योंकि ये कपड़े या तो ज्यादा बड़े थे, या कल्चर के हिसाब से फिट नहीं हो रहे थे।'

एजेंसियां शहरी भारत से जींस, लेडीज सूट, टी-शर्ट इत्यादि लेकर ग्रामीण भारत में बांट रही थीं। जबकि वहां की महिलाओं को साड़ी, ब्लाउज व पेटीकोट की दरकार थी। कुछ कपड़े फटे हुए या फिर गंदे होते--यहां तक कि दान दिए कपड़ों में आपको इस्तेमाल किए हुए अंडरगारमेंट्स भी मिल जाएंगे!

'आपदाग्रस्त लोग जो पारंपरिक रूप से भिखारी नहीं हैं। शाहरुख खान भी सागर किनारे के बंगले में रहता है। ऐसे ही वे लोग भी सागर किनारे बंगले में रह रहे थे, जहां सूनामी ने दस्तक दी। आपको किसने यह हक दे दिया कि आप उन लोगों को अपने इस्तेमाल किए हुए अंडरगारमेंट्स दो?'

सुनामी के बाद सरकारी गोदामों में सैकड़ों ट्रक कपड़े ऐसे ही बेकार पड़े थे। किसी की समझ में नहीं आ रहा था कि उनका क्या किया जाए।

तमिलनाडु प्रशासन ने कहा, 'ये सब पुराने कपड़े हैं, किसी को ये नहीं चाहिए।'

अंशु ने कहा, 'आधा देश पुराने कपड़े पहनता है, आप कैसे कह सकते हैं कि किसी को ये कपड़े नहीं चाहिए?'

गूंज ने तमिलनाडु सरकार के साथ एक एमओयू साइन किया।

'दक्षिण भारतीय बनाम उत्तर भारतीय की वजह से वहां कई समस्याएं आ रही थीं, लेकिन मि. सी वी शंकर, जो एक अच्छे अधिकारी थे, की वजह से आखिरकार एग्रीमेंट पर साइन हो ही गए।'

गूंज ने पहली यूनिट का काम निबटाया, जिसमें 1300 मंकी कैप निकलीं। चेन्नई के लिए मंकी कैप? हां कुछ कम दिमाग के लोग 'राहत सामग्री' के नाम पर ऐसा सामान भी भेज देते हैं। ऐसा हर आपदा के दौरान होता है--दंगे, भूकंप या बाढ़।

बाजार बहुत बड़ा है, यह आप पर निर्भर है कि आप क्या ले सकते हैं।

वह संगठन जो कभी अंशु की अपनी अलमारी के 67 कपड़ों से शुरू हुआ था, आज हर महीने 50,000 किलो कपड़े इकट्ठा करके बांटता है। कपड़ों के अलावा गूंज चप्पल-जूते, खिलौने, स्टेशनरी, छोटा फर्नीचर, किताबें और कंप्यूटर भी इकट्ठा करके बांटता है।

'किसी भी आपदा के दौरान, अचानक ही मात्रा में वृद्धि हो जाती है,' अंशु बताते हैं।

अपने 100 लोगों के स्टाफ के अलावा गूंज के पास सैंकड़ों स्वयंसेवक और 150 पार्टनर ग्रुप हैं, जिनमें भारतीय सेना से लेकर गांव पंचायत तक शामिल हैं।

'हम अपने पुराने कपड़े दान करके, बड़े दानी बनकर पूछते हैं कि वह सही इंसान तक पहुंचे या नहीं। लेकिन दुनिया में ऐसा कौन है, जो अपने उपयोग की वस्तुओं को दान करता हो।'

स्वयंसेवा बहुत आसान है, जैसे कोई आगे आकर किसी भी शहर में अपना घर का एक कमरा भी हमारा सामान इकट्ठा करने के लिए दे सकता है। कुछ लोग इससे इतने जुड़ गए हैं कि उन्होंने अपनी पूरी जिंदगी ही गूंज के नाम कर दी। 24 साल के रोहित सिंह ऐसे ही इंसान हैं। एक साल स्वयंसेवा करने के बाद, उन्होंने हेविट की अपनी नौकरी छोड़ दी और अब गूंज मुंबई का काम संभालते हैं।

'मेरी टीम में युवा लोग हैं। गूंज में नंबर दो पर हैं रुचिका। उन्होंने गूंज के साथ काम करना तब शुरू किया था, जब वह 19 साल की थीं। उन्होंने स्नातक भी नहीं किया था!'

इतनी बड़ी तादाद में आने वाले सामान से निबटने के लिए दिल्ली में, जहां से गूंज शुरू हुआ था, बहुत ही बढ़िया प्लानिंग का बंदोबस्त है।

सरिता विहार के पीछे मदनपुर खादर गांव, जहां सारे सामान को साफ किया जाता है, पहनने योग्य और नहीं पहनने की श्रेणी में बांटकर माल विभिन्न पार्टनर ग्रुपों को भेज दिया जाता है। कुछ जिलों जैसे एमपी में खांडवा और बिहार में छपरा में इस मॉडल को और विकसित कर लिया गया है।

'हमने *क्लॉथ फॉर वर्क* प्रोग्राम शुरू किया। गांववाले कुआं खोदते, सड़कों की मरम्मत करते, मोहल्ले की सफाई कर देते--काम उनके समुदाय की जरूरत पर ही निर्भर होता।'

अब प्रोग्राम का नाम *वस्त्र सम्मान* रख दिया गया है। और यह सम्मान गूंज द्वारा इकट्ठा करके बांटे गए कपड़ों में भी दिखाई देता है।

'हम अंडरगारमेंट्स, गंदे, फटे, ढीले वैस्टर्न कपड़े अलग कर देते हैं। फिर कपड़ों को धोकर, मरम्मत करके कंपलीट सेट बनाते हैं।'

उदाहरण के लिए दान में आए 50 प्रतिशत से ज्यादा सलवारों में नाड़ा नहीं होता। स्वयंसेवक इन बातों का ध्यान रखते हैं, और जुराबों के भी जोड़े बनाकर रखते हैं!

कपड़ों को भी अलग-अलग छांटा जाता है--'महिलाओं', 'बच्चे' और ऐसी ही अलग श्रेणियों में। सामान भेजने से पहले हर टाइप के कपड़ों पर कोड डाल दिया जाता है, जिससे गूंज के पास ट्रैक रहे कि कहां कितना माल भेजा

'मुझे याद है कि पहले ही साल में, एक युवा जोड़ा हमारे पास आया और 5000 रुपए दान किए। हमें भरोसा नहीं हो रहा था कि कोई गूंज पर इस तरह भरोसा कर सकता है!'

गया है। और यह करने का भी एक तरीका है।

'हम ठंडी जगहों पर गर्म कपड़े; मुस्लिम क्षेत्रों में सलवार सूट और पश्चिम बंगाल की तरफ गाउन भेजते हैं, जहां ज्यादातर महिलाएं गाउन पहनती हैं। यह सामान का ठीक प्रकार से किया गया उपयोग है।'

यही प्रक्रिया स्कूल यूनिफॉर्म, एक्सपोर्ट सरप्लस और हर प्रकार के इकट्ठा किए हुए सामान में अपनाई जाती है। बर्तन, जूते से लेकर पुराने फर्नीचर तक के वितरण में।

इस दौरान, जो कपड़े पहने जाने योग्य नहीं थे, उनको भी काम में आने लायक सामान में बदल दिया जाता है--स्कूल बैग, दरी, योगा मैट, बच्चों की बिछौनी और खासतौर पर सैनिटरी नैपकिन।

'हमने 2004-05 में इस विचार पर काम करना शुरू किया; यह पुराने कपड़ों से किया गया लैब एक्सपेरिमेंट था। हमारे साथ काम कर रही 45 महिलाएं इसमें शामिल थीं और बेसिक सवाल यही था कि इसमें लूप दिया जाना चाहिए या नहीं...'

लेकिन उन्हें बेकार कपड़ों से नैपकिन बनाने का विचार कहां से आया?

'मुझे याद है कि मध्यवर्गीय सरकारी कॉलोनियों में कपड़े छत पर सुखाए जाते थे। कहीं आपको कोई चादर का पतला सा टुकड़ा सूखता दिखता था, और आप सोचते थे कि यह क्या हो सकता है।'

सालों बाद, जब उन्होंने गूंज शुरू किया, तो अंशु को महसूस हुआ कि उड़ीसा जैसे ग्रामीण क्षेत्रों में औरतें सिर्फ साड़ी लपेटती हैं, वे पेटिकोट और ब्लाउज का खर्च नहीं उठा सकतीं। फिर शायद वे अंडरगारमेंट्स भी नहीं पहनती होंगी, तो फिर महीने के वे पांच दिन कैसे संभालती होंगी?

'लोग इस पर बात करने से कतराते हैं--कोई इस पर बात नहीं करना

चाहता। फिर हमें पता चला कि वे रेत, राख, जूट के टुकड़े, अखबार यहां तक कि पोलीथीन का भी इस्तेमाल करती हैं।'

एक महिला इसके लिए अपने ब्लाउज का इस्तेमाल कर रही थी--उसे जंग लगे हुक से इंफेक्शन हो गया और वह सेप्टिक की वजह से मर गई।

आज गूंज महीने में लगभग दो लाख सैनिटरी नैपकिन बनाता है, और देशभर की महिलाओं को सुरक्षा और स्वास्थ्य का आसान सा समाधान उन्हें दे दिया है।

गूंज के कामों को संभालने वालीं, इसकी रीढ़ की हड्डी भी महिलाएं ही हैं--यह उनके लिए 'नौकरी' ही नहीं है, बल्कि जिंदगी जीने का तरीका है।

'यहां पर कोई छोटा-बड़ा नहीं है, लेकिन एक गाइडेड सिस्टम है। हर कर्मचारी खुद का मालिक है,' अंशु कहते हैं।

'मैं आपको आसान सा उदाहरण देता हूं; हमारे पास मिनट दर मिनट का हिसाब है। लेकिन कोई टारगेट देने के बजाय हम कहते हैं, आपको 3 बोरे का काम खत्म करना है।'

जब लोग खुद के लिए काम करते हैं, तो वे दिल से काम करते हैं।

हालांकि किसी भी काम को करने के लिए नकद नारायण की जरूरत होती ही है। अब गूंज का वार्षिक बजट 3 करोड़ रुपए है। इसमें से लगभग आधा निजी दाताओं से आता है; 15-20 प्रतिशत उत्पादों की बिक्री से। एक छोटी, लेकिन महत्वपूर्ण राशि अंशु को अवार्ड* के रूप में मिलती है।

और आखिरकार, कॉरपोरेट भी आगे आ गया। लेकिन रुपए तो बस माध्यम हैं, यह सामाजिक उद्यम है; और अंशु को दृढ़ता से आगे बढ़ना है।

'हमारा बोर्ड आसानी से 10 प्रतिशत मैटिरियल बेचने का निर्णय ले सकता था--अच्छी क्वालिटी का मैटिरियल--और बाकी का 90 प्रतिशत सब्सिडाइज हो जाता। पूरी दुनिया कहती कि क्या बढ़िया बिजनेस मॉडल है! हमारे सामने यह विकल्प भी था, लेकिन हमने उसका चयन नहीं किया।'

जिस पल आप एक्सेल और पीपीटी पर काम करने लग जाते हैं, आप

* अशोक फैलो, वर्ल्ड बैंक ग्लोबल 'डूवलपमेंट मार्केटप्लेस' अवार्ड, अंशु को इससे लगभग 50 लाख रुपए की राशि प्राइज के रूप में मिली।

बिजनेस करने लगते हैं।

'लेकिन मेरा मुद्दा यह है कि अगर मैं बिजनेस करना चाहता, तो बिजनेस ही करता। लेकिन मैं सामाजिक समस्या को बिजनेस की तरह डील नहीं करना चाहता।'

'एक आदमी माधेपुरा में मर रहा हो और आप उसे राहत सामग्री नहीं भिजवा सकते क्योंकि आप अपने लक्ष्य से भटकना नहीं चाहते। हम इस तरह काम नहीं करते।'

सिस्टम महत्वपूर्ण हैं; गूंज के द्वारा किए गए हर काम का ब्लूप्रिंट है ताकि कोई भी, कहीं भी उनका अनुकरण कर सके।

'लेकिन संस्था को किसी सिस्टम के तहत नहीं; बल्कि इंसानियत के तहत काम करना चाहिए। यही तो सबसे बड़ा फर्क है।'

गूंज खुद को एक आंदोलन के रूप में देखती है, तो आंकड़े तो अप्रासंगिक ही लगेंगे।

'अगर आप नंबरों में ही उलझे रहेंगे, तो एक आदमी को एक कपड़ा देकर कहेंगे, मैंने एक आदमी की मदद कर दी। जैसे कि बहुत से एनजीओ और कॉरपोरेट वाले आकर कहते हैं--*हमने सौ गांवों को गोद ले रखा है*। तुमने वहां किया क्या? एक हैंडपंप लगा देने या एक स्कूल की पुताई करवा देने से समाज सेवा नहीं होती।'

अंशु गूंज का प्रभाव इसी रूप में देखते हैं कि अब कम से कम कपड़े को मुद्दा तो माना जाने लगा है।

'बहुत से लोग हमारे काम की नकल करने लगे हैं। पहले सिर्फ हम ही थे, जो दिल्ली की सर्दी में गर्म कपड़े की बात करते थे। अब फिल्म स्टार के द्वारा कपड़े बांटने के इवेंट होने लगे हैं, तो कुछ जागरूकता तो इस ओर बढ़ी ही है।'

अगर गूंज आपदाग्रस्त इलाके में किसी की मदद के लिए जाता है, तो वह किसी खास क्षेत्र के लोगों की सेवा के लिए ही नहीं बंध जाता।

दूसरी दिलचस्प बात है कि एड्स के बाद सबसे ज्यादा फंड रिप्रोडक्टिव चाइल्ड हेल्थ या आरसीएच को दिया जाता है। हालांकि इनमें से किसी भी प्रोजेक्ट में सैनेटरी नैपकिन का बजट नहीं होता। अब, सेल्फ हेल्प ग्रुप आगे आकर इसे आय के स्रोत के रूप में अपना रहे हैं।

आय की बात करें, तो गूंज के 'स्थिर' होने के बाद, मिनी ने भी तीन साल पहले अपनी नौकरी छोड़कर, इसके साथ जुड़ने का निर्णय कर लिया था।

'मैं उन्हें गूंज की रीढ़ कहता हूं,' अंशु बताते हैं।

गूंज एक इको है; जिनके पास सब है उनके दिलों की गूंज, उनके लिए जिनके पास कुछ नहीं है। यही काम है; यही परिवार है; यही सबकुछ है, अंशु को बस इतना ही पता है।

✳

युवा उद्यमियों को सलाह

घिसी-पिटी परिपाटी से आगे बढ़कर, यथार्थवादी बनकर सोचो। मैं बहुत से आदर्शवादी युवाओं से मिलता हूं, जो मानते हैं कि कुछ तो किया जाना चाहिए।

लेकिन अगर आप यहां बैठकर कहें कि सबको खाना मिलना चाहिए, तो यह नहीं हो पाएगा। किसी को तो कोशिश करनी होगी। और यही सुनहरा मौका है, क्योंकि अब कामों में बहुत पारदर्शिता आ गई है, आरटीआई है, देश में एक सकारात्मक माहौल है।

अगर आप वाकई में कुछ करना चाहते हैं, तो जरूरी नहीं है कि इसमें 'फुल टाइम' के लिए ही घुस जाओ। आप इसे नौकरी करते हुए भी कर सकते हैं। आपके पास फिल्म देखने का टाइम होता है, पार्टी में जाने का, म्यूजिक सुनने का, लॉन्ग ड्राइव, परिवार के साथ वीकेंड मनाने का, नेट पर चैट करने का। आप एक घंटा स्वयंसेवा के लिए क्यों नहीं निकाल सकते? एक घंटे से भी फर्क पड़ता है।

बहुत से ऐसे लोग हैं, जो अपना पूरा जीवन इन समस्याओं के नाम कर देते हैं, आपको बस उनके पीछे चलना है।

अपनी-अपनी जंग

त्रिलोचन शास्त्री
एसोसिएशन फॉर डेमोक्रेटिक रिफॉर्म्स (एडीआर)

आईआईटी-आईआईएम स्नातक, त्रिलोचन शास्त्री कुर्सी पर बैठे उन आलोचकों में से एक हो सकते थे, जो राज्य की निराशा पर कोरी बहस करते रहते। लेकिन उनके सिंपल और हिम्मत के काम ने पीआईएल फाइल करके सामान्य जनजीवन के स्तर को कुछ ऊपर उठा दिया। और इससे धीरे-धीरे, लेकिन निश्चित तौर पर नेता चुनने की हमारी सोच में बदलाव आया है।

वह साल 1992 था--छात्र के तौर पर मेरा पहला साल।

और उनका--प्रोफेसर के तौर पर।

एमआईटी से आए एक नए-नए पीएचडी धारी, हम उन्हें फैकल्टी के सबसे चुस्त और प्रतिभाशाली प्रोफेसर के रूप में जानते थे। यकीनन वो उन बातों की कोई परवाह नहीं करते थे, जिनकी दूसरे प्रोफेसर करते थे, लेकिन वह परवाह करते किसकी थे?

यह मुझे एक दशक बाद पता चला, जब मैंने अखबार उठाकर सुप्रीम कोर्ट द्वारा दिया गया एक उल्लेखनीय फैसला पढ़ा। उसके तहत राजनेताओं के लिए अपनी संपत्ति और आपराधिक मामलों की सार्वजनिक घोषणा करना अनिवार्य माना गया गया।

ऐसी याचिका दायर करने की सनक आखिर उठी किसको होगी? उन्हीं प्रोफेसर को। यकीनन उन्होंने उन बातों की परवाह की जिससे दुनिया को हिलाया जा सके। और उनके जुनून ने दूसरों को भी अपने साथ आगे आने के लिए प्रेरित किया।

उनके प्रयासों की बदौलत ही आज हमारे पास एसोसिएशन फॉर डेमोक्रेटिक रीफॉर्म है (एडीआर)।

एडीआर की वजह से ही, जो भी चुनाव में खड़ा होता है, उसे अपनी संपत्ति का ब्यौरा देना होता है।

इसी की बदौलत, राजनेता धीरे-धीरे ही सही, लेकिन देश के प्रति जवाबदेह होंगे, उस देश के प्रति जिसकी सेवा की कसम वे खाते हैं।

एक आदमी की हिम्मत, जुनून और सिस्टम के प्रति की गई गुस्ताखी के कारण यह दुनिया और ज्यादा रहने लायक बन पाएगी।

मैं उनके ऑफिस में पीले रैक्सीन के सोफे पर बैठी सोच रही थी कि अभी उनसे कितना कुछ सीखना बाकी है--सिर्फ क्लास के भीतर ही नहीं, बल्कि बाहर भी।

अपनी-अपनी जंग

त्रिलोचन शास्त्री
एसोसिएशन फॉर डेमोक्रेटिक रिफॉर्म्स (एडीआर)

त्रिलोचन शास्त्री दिल्ली में पले-बढ़े हैं। 'मेरे माता-पिता, भाई और मैं 21 सालों से एक ही जगह पर रह रहे थे।'

उनका बचपन बहुत ही स्थिर था। दोनों भाई रोज सुबह सड़क पर चलकर जाते और माउंट सेंट मैरी स्कूल की बस पकड़ते। फिर, त्रिलोचन ने आईआईटी दिल्ली में दाखिला ले लिया, जो उनके घर से बस कुछ कदम की दूरी पर ही थी।

त्रिलोचन की जीवन में ऐसी कोई 'महत्वाकांक्षा' नहीं थी। कुछ तो पढ़ना है, तो चलो आईआईटी ही सही।

'उन दिनों में यह पांच साल का प्रोग्राम हुआ करता था। बहुत उल्लेखनीय तो नहीं, लेकिन जब आप सोलह साल के हों, और घर से पहली बार बाहर कदम रख रहे हों तो बात प्रोग्राम की नहीं होती, दुनिया को देखने के आपके नजरिए की होती है।'

सबकुछ बहुत ही बढ़िया रहा, लेकिन पांच साल खत्म होने पर त्रिलोचन के सामने एक बार फिर से वही सवाल था, 'अब क्या?' उनके सामने 3 विकल्प थे: नौकरी करो, आईआईएम जाओ या फिर अमेरिका। बिना किसी खास कारण के उन्होंने मैनेजमेंट की पढ़ाई करने का निर्णय लिया।

त्रिलोचन ने 1981 में आईआईएम अहमदाबाद में दाखिला लिया। वह बहुत गंभीर छात्र तो नहीं थे, लेकिन उन्होंने वहां बहुत अच्छा समय बिताया था।

'मैं जॉगिंग बहुत किया करता था... दरअसल मैंने दो मैराथन में भी भाग लिया था। मैं दोस्तों के साथ समय बिताता, खूब किताबें पढ़ता--लेकिन मैंने पढ़ाई को कभी बहुत गंभीरता से नहीं लिया।'

हां, लेकिन एक बात त्रिलोचन को हमेशा परेशान करती थी--जब वह आईआईटी में थे, तब भी--समाज की परेशानियां और गरीबी।

आईआईटी में ओरिएंटेशन के दौरान डायरेक्टर की कही हुई बात, त्रिलोचन को आज भी याद है, 'आप देश का भविष्य हो, सरकार प्रतिवर्ष प्रत्येक छात्र पर 50,000 रुपए खर्च कर रही है।' 1976 में यह एक बड़ी रकम थी!

फिर उन्होंने सोचा, 'मैंने यह पाने के लिए ऐसा क्या किया था। बस इसलिए कि मैं थोड़ा होशियार हूं, इसलिए सरकार को इतना पैसा हमारे ऊपर खर्च नहीं करना चाहिए।'

आईआईएमए में पहले साल के दौरान, एक प्रोफेसर थी निर्मला मूर्ति, उन्होंने त्रिलोचन को अपने ऑफिस में बुलाया। उन्हें उनकी सामाजिक विषयों में रुचि के बारे में पता था। उनके पास एक एनजीओ, सेवा मंदिर का समर प्रोजेक्ट था।

'तुम कर्नाटक, राजस्थान या बिहार में से कहां जाना चाहते हो?' उन्होंने पूछा।

'बिहार,' त्रिलोचन ने जवाब दिया।

'क्यों?' उन्होंने पूछा।

'क्योंकि वह बहुत चुनौतीपूर्ण जगह है,' त्रिलोचन ने कहा। उनके मन में था कि वहां समस्याओं का डिजनीलैंड उनकी मदद कर रहा होगा।

उन प्रोफेसर ने त्रिलोचन को राजस्थान भेजा, जो उतना ही रोमांचक था। आईआईएम के एक सीनियर बिस्वजीत सेन, जो संगठन के साथ काम कर रहे थे, उन्होंने त्रिलोचन को अपने साथ ले लिया।

'मैंने राजस्थान में दो महीने गुजारे, जो मेरे लिए बहुत ही सीखने वाला समय रहा। मैं कभी गांव में नहीं रहा था... और यहां मैं और आगे गया, उन्होंने हमारे लिए खेरवदा को चुना--जो उस समय देश का सबसे पिछड़ा इलाका था। वहां न कोई सड़क थी, न बिजली और न ही खाने को ठीक से कुछ मिलता

'मेरे माता-पिता ने मुझे कभी सलाह नहीं दी, न ही मैंने उनसे कभी कोई सलाह मांगी। मैं हमेशा से आजाद रहा हूं।'

था।'

त्रिलोचन ने सरकारी विभागों का सर्वे किया और उससे तो उन्हें और भी ज्यादा झटका लगा। उन्होंने महसूस किया कि सरकारी विभाग बिल्कुल काम नहीं करते हैं।

'उन दो महीनों ने जिंदगी के प्रति मेरे नजरिए को कई मायनों में बदल दिया।'

अंतर्दृष्टि।

लेकिन फिर, कैंपस में वापस आकर, त्रिलोचन फिर से दोस्तों के साथ मस्ती करने में व्यस्त हो गए। जब प्लेसमेंट का मौका आया, तो वह नौकरी करने को लेकर इतने इच्छुक नहीं थे।

'जहां तक पैसे बनाने की कोशिश करना या पैसे के लिए हाथ-पैर मारने का सवाल है, तो मुझे माफ कीजिए... यह सब मुझे बहुत बेवकूफी भरा लगता है (हंसते हुए)। इससे मुझे कोई रोमांच नहीं होता।'

लेकिन एक आदमी को कुछ तो करना होता है। तो त्रिलोचन किसी एनजीओ से जुड़ने के बारे में सोचने लगे। इससे बात नहीं बनी। दूसरा बेहतर विकल्प था कि वह किसी प्राइवेट सेक्टर से जुड़कर देश की सेवा करते।

ओएनजीसी के साथ बिताए हुए एक साल ने उन्हें मानने पर मजबूर कर दिया कि पब्लिक सेक्टर का विचार काफी बुरा है।

लेकिन चेयरमैन के ऑफिस से काम करने के अपने फायदे थे। ओएनजीसी इंडिया की बड़ी और सबसे ज्यादा मुनाफा कमाने वाली कंपनी थी। त्रिलोचन के बॉस--कोल वाही--बहुत पावरफुल इंसान थे।

'कोल वाही के बारे में दो बात थी--पहली, वह कड़ी मेहनत से काम करते थे। दूसरी, वह बहुत ही व्यावहारिक इंसान थे। बस उनके पास बैठकर, उन्हें देखने से बहुत कुछ सीखने को मिला।'

लेकिन इस दौरान, उन्हें एक निजी ट्रेजेडी से गुजरना पड़ा। उनके ओएनजीसी में जाने के बाद, जल्द ही उनके पिता का देहांत हो गया।

परिवार के लिए यह बहुत ही मुश्किल समय था। और 23 साल की उम्र में ही, त्रिलोचन के लापरवाह कंधों पर कुछ जिम्मेदारी भी आ गई।

'मेरे भाई पहले ही यूएस में पीएचडी कर रहे थे। मैं भी आगे पढ़ने की योजना बना रहा था, लेकिन तब मुझे महसूस हुआ कि मुझे मां के पास दिल्ली में ही रुकना चाहिए।'

उन्होंने कहा, 'मेरी चिंता मत करो। जाओ!'

त्रिलोचन ने विभिन्न प्रोग्रामों में आवेदन करना शुरू कर दिया और उन्हें एमआईटी में दाखिला मिल गया। दुनिया के सबसे बड़ी यूनिवर्सिटियों में से एक में पढ़ाई करना भी अपने आप में अनोखा अनुभव था।

'एमआईटी इतना बड़ा इंस्टीट्यूशन क्यों है--मैं अक्सर सोचता। यकीनन एक कारण तो उनकी कमाल की फैकेल्टी और बेहतरीन छात्र हैं, लेकिन कुछ इससे भी ज्यादा था। मैं अक्सर इसके बारे में सोचता और चर्चा करता, कुछ विचार मेरे दिमाग में घर कर गए।'

और फिर से त्रिलोचन ने बहुत से दोस्त बनाए और अपनी सैकंड हैंड कार से पूरे अमेरिका में घूमे। पढ़ाई के मामले में, वह पीएचडी को लेकर बहुत गंभीर नहीं थे। लेकिन थीसीस लिखने के मामले में, विषय भी उनकी पसंद का था, सो हो गया।

एक बार फिर सवाल था, अब क्या? उनके सामने सबसे बड़ा फैसला थाः 'क्या मुझे यहीं अमेरिका में रहना चाहिए, या भारत लौट जाना चाहिए?'

त्रिलोचन के दिल ने कहा, 'भारत।'

'जब मैंने अपने सलाहकार को बताया, तो वह दस सैकंड के लिए खामोश रहे। लेकिन अमेरिका में व्यक्तिगत स्वतंत्रता को बहुत महत्व दिया जाता है, इसलिए उन्होंने मुझे रोकने की कोशिश नहीं की।'

त्रिलोचन जनवरी 1992 में भारत लौट आए और आईआईएम अहमदाबाद में प्रोफेसर के तौर पर काम संभाला। अपने खाली समय में उन्होंने एनजीओ से संपर्क करने की कोशिश की, जानने के लिए कि आखिर हो क्या रहा है।

'मेरे मन विचार था कि किसी तरह सभी एनजीओ को साथ में आकर कुछ अच्छा काम करने की कोशिश करनी चाहिए।'

विचार अच्छा था, सोच भी अच्छी थी--लेकिन इसे कर पाना बिल्कुल आसान नहीं था। एनजीओ चलाने वाले लोग मजबूत धारणाओं के होते हैं। उन्हें एक साथ काम करने के लिए कहना बहुत मुश्किल था।

जिंदगी चलती रही।

त्रिलोचन शास्त्री, प्रोफेसर, पढ़ा रहे थे, पेपर लिख रहे थे, कभी-कभार ट्रेकिंग के लिए हिमालय भी चले जाते थे।

त्रिलोचन शास्त्री, कार्यकर्ता, कहीं नहीं बढ़ रहे थे। हालांकि उनके मन में विचार लगातार उमड़-घुमड़ रहे थे।

धीरे-धीरे उन्होंने खुद को एक मकसद से जुड़ा हुआ पाया। एक 'आशाहीन' मकसद।

दूसरे मध्यवर्गीय लोगों की तरह, त्रिलोचन भी देश में राजनेताओं द्वारा फैलाई *अव्यस्तता* से दुखी थे। प्रधानमंत्री तक आपराधिक मामलों में फंसे हुए थे। ऊंचे पद पर बैठे हुए सभी लोग देश को लूट रहे थे। लेकिन हमारे जैसे लोग और कर भी क्या सकते हैं?

त्रिलोचन ने तय किया कि वे पीआईएल फाइल करेंगे। उनका मानना था कि पब्लिक इंटरेस्ट लिटिगेशन राजनेताओं से उनके आपराधिक मामलों के बारे में पूछेगा, तो बदलाव के दरवाजे खुलेंगे।

दोस्त और सहकर्मी इस मामले में उदासीन थे। उनके भाई ने उन्हें 'मूर्ख' करार कर दिया था।

'लेकिन मुझे अभी भी यह अच्छा आइडिया लग रहा था,' त्रिलोचन याद करते हैं।

वह अहमदाबाद में वकीलों से मिले, सभी ने पीआईएल को सुप्रीम कोर्ट में ही फाइल करने की इजाजत दी।

अगर कोई वकील बिना फीस के केस लड़ने को तैयार हो भी जाए, तो उसके आने-जाने का खर्च कौन उठाएगा? एक प्रोफेसर की पगार में इतनी *ऐश* करने की सुविधा नहीं होती।

लेकिन त्रिलोचन को अहसास था कि कोई न कोई रास्ता निकल ही आएगा।

उन्होंने कार्यकर्ता एचडी शौरी, अरुण शौरी के पिता और 'कॉमन कॉज' के संस्थापक, से बात की। हालांकि शौरी ने अनेकों पीआईएल फाइल की थी, लेकिन उन्हें भी लग रहा था कि यह काम नहीं करेगी।

'मैंने उनकी बात विनम्रता से सुनी... लेकिन फिर भी मुझे अपना आइडिया सही लगा।'

और उन्होंने अपनी उम्मीद कायम रखी।

1998 में एक सरकार चुनी जा चुकी थी। यह 1999 में गिर गई और दोबारा चुनावों की घोषणा करा दी गई। त्रिलोचन ने महसूस किया कि सही समय आ गया है।

इस बार, उन्होंने अपने दोस्त अजीत रानाडे की मदद से दिल्ली में एक वकील ढूंढ़ लिया। वकील ने सलाह दी कि पीआईएल को किसी व्यक्ति की तरफ से नहीं, बल्कि एक एसोसिएशन की तरफ से फाइल किया जा सकता है।

'लेकिन यह एसोसिएशन होती क्या है? मैंने आईआईएमए की फैकेल्टी लिस्ट देखी, और अंदाजा लगाया कि इसमें किसकी दिलचस्पी हो सकती है। हमने 10 नाम छांटकर उन्हें फोन किया। उनमें से आठ राजी हो गए। अजीत रानाडे और सुनील हांडा* भी हमारे साथ जुड़ गए।'

दस लोग किसी तरह त्रिलोचन के आईआईएमए के ऑफिस में इकट्ठा हुए, और एसोसिएशन की कागजात पर दस्तखत कर दिए। एसोसिएशन फॉर डेमोक्रेटिक रिफॉर्म्स (एडीआर)।

और उनका पहला काम था पीआईएल फाइल करना।

पीआईएल फाइल करना, मतलब दिल्ली के कई चक्कर लगाना। जल्द ही त्रिलोचन को अहसास हो गया कि उनका वकील--हालांकि वह काफी मशहूर वकील था--उनसे बिना बात के ही चक्कर लगवा रहा है।

त्रिलोचन ने प्रशांत भूषण नाम के दूसरे वकील से बात की।

---

*   अजीत रानाडे आदित्य बिरला ग्रुप के साथ चीफ इकोनॉमिस्ट के रूप में काम करते हैं, सुनील हांडा की
कहानी *स्टे हंगरी स्टे फूलिश* के चैप्टर 9 में है। दोनों ही आईआईएमए के पूर्व छात्र हैं।

'मेरे पास हारने के लिए कुछ नहीं था...
क्या फर्क पड़ता था, क्या होगा?'

'तब तक मुझे इसकी बहुत समझ भी आ गई थी--जो अभी भी है--जिससे आप देश में (दुनिया में न सही) किसी से भी कॉन्टेक्ट कर सकते हो। आप इसे फोन करो, उसे फोन करो, इस-उस के जरिए, आप किसी का भी नंबर हासिल कर सकते हैं।'

हर कोई, किसी न किसी माध्यम से दूसरों को जानता है। थोड़ी मेहनत--और किस्मत--से आप किसी भी व्यक्ति तक पहुंच सकते हो। लेकिन आपके पास कहने को कुछ ऐसा होना चाहिए, कि वह बैठकर आपकी बात सुनने में दिलचस्पी ले।

जब त्रिलोचन शास्त्री ने प्रशांत भूषण को अपने मिशन के बारे में बताया, तो वह पांच मिनट में ही राजी हो गए: 'हां, यह किया जा सकता है।'

वह केस लेने को तैयार थे।

लेकिन एक दिन, जब वे आगे की प्लानिंग कर रहे थे, प्रशांत भूषण ने उन्हें कामिनी जायसवाल से मिलवाते हुए कहा, 'त्रिलोचन, आपका केस अब ये देखेंगी।'

त्रिलोचन को थोड़ा धक्का लगा लेकिन उन्हें भरोसा था कि कामिनी अच्छा काम करेंगी (जो समय के साथ सही साबित हुआ)।

जब कामिनी पीआईएल फाइल करने की तैयारी कर रही थीं, त्रिलोचन अपना होमवर्क करने में व्यस्त थे।

'मैंने नेट पर घंटों सर्च करके पता लगाया कि अमेरिका, यूके, फ्रांस, जापान में डिस्क्लोजर (खुलासे) की क्या प्रक्रिया होती है। हमने बहुत सी सामग्री इकट्ठी कर ली थी, जबकि कामिनी जायसवाल याचिका दायर करने की सारी कानूनी कार्यवाही पूरी कर रही थीं।'

नवंबर 1999 में त्रिलोचन की मां का देहांत हो गया।

दिसंबर 1999 में पीआईएल फाइल की गई।

कामिनी ने दिल्ली हाईकोर्ट में केस दर्ज कराया, जिससे कि अगर एडीआर केस हार जाता है, तो उसके पास सुप्रीम कोर्ट जाने का विकल्प खुला रहे।

'किस्मत से हम दिल्ली हाईकोर्ट में केस जीत गए और सरकार ने अपील कर दी। और यह ड्रामा अगले 18 महीनों तक चला।'

मई 2002 में सुप्रीम कोर्ट ने एक महत्वपूर्ण फैसला सुनाया कि उम्मीदवारों को अपनी शिक्षा, संपत्ति और आपराधिक मामलों (अगर कोई है तो) का ब्यौरा देना अनिवार्य है। फैसले को हर अखबार की मुख खबर बनाया गया और इसने वाकई में असंभव को संभव बना दिया।

सभी पार्टियों के राजनेता एक साथ आ गए, और उन्होंने एक चीज पर करार कर लियाः 'इस कानून को बदलना ही होगा।'

एक रणनीति के तहत के सभी दलों ने 8 जुलाई, 2002 को एक मीटिंग की। एक सप्ताह बाद, रिप्रेजेंटेशन ऑफ पीपल एक्ट के संशोधन हेतु एक ड्राफ्ट बिल सर्कुलेट किया गया। संक्षेप में, उसमें कहा गया 'हम इस सूचना को प्रसारित नहीं करेंगे। आखिरकार हम राजनेता हैं!'

तब तक, इस क्षेत्र में काम करने वाले काफी लोग आगे आ गए। उन्हें महसूस हो रहा था कि 'कुछ हो रहा था'। लोकसत्ता और ट्रांसपैरेंसी इंटरनेशनल जैसे एनजीओ और माया दारुवाला, कुलदीप नायर और एल सी जैन जैसे प्रभावशाली व्यक्तित्वों ने मदद का हाथ बढ़ाया।

'हम सबने मिलकर चर्चा की कि अगर बिल को लौटा दिया गया तो हमें क्या करना चाहिए, फैसला आ जाने के बाद हमारा एक्शन प्लान क्या होगा। हमने एक प्रकार का नेटवर्क विकसित करना शुरू कर दिया।'

नेटवर्क के कुछ लोग, बहुत से वैज्ञानिकों को जानते थे। उनके जरिए उन्होंने राष्ट्रपति भवन में डॉ. अबुल कलाम से मुलाकात का बंदोबस्त करवाया। डॉ. कलाम ने लगभग घंटेभर हमारे डेलीगेशन की बात सुनी और एडीआर के

'उन्होंने तरुण तेजपाल को फुसलाने की कोशिश की, उनके साथ बहुत सख्ती से भी पेश आए। मुझे लगता है कि वह बहुत दृढ़ इंसान हैं, और बहुत ही सम्मान दिए जाने योग्य हैं।'

एक सुझाव पर सहमत हो गए। जो था, बिल वापस करना।

यह सांकेतिक भाव था, लेकिन महत्वपूर्ण भी। यद्यपि, संविधान द्वारा दोबारा भेजे गए किसी बिल पर राष्ट्रपति को हस्ताक्षर करना अनिवार्य था। उनके पास कोई विकल्प नहीं था।

अगस्त 2002 में, एडीआर ने दोबारा सुप्रीम कोर्ट के पास जाने का निर्णय लिया और संशोधन की कानूनी मान्यता को चुनौती दी, जिसे राजनेताओं ने प्रस्तावित किया था। ऐसा संशोधन जो मतदाता को अपने प्रतिनिधि के बारे में बेसिक जानकारी देने से मना करता है।

छह महीने के रिकॉर्ड समय में सुप्रीम कोर्ट ने अपना फैसला सुना दिया। मार्च 2003 में, एडीआर की याचिका को समर्थन देते हुए, संशोधन को 'असवैधानिक' करार कर दिया।

यह एक बड़ी जीत थी, लेकिन असली काम तो बस शुरू ही हुआ था।

एडीआर ने तय किया कि गुजरात के 2003 के चुनावों को इस आंदोलन के 'लॉन्च' के रूप में लिया जाए। ऐसा आंदोलन जिससे मतदाताओं के मन में जागरूकता आए और उम्मीदवारों के मन में डर।

'हमने तय किया कि हम उम्मीदवारों द्वारा जारी की गई सूचनाओं को इकट्ठा करके इसे बड़े पैमाने पर प्रचारित करेंगे।'

एडीआर को लग रहा था कि उम्मीदवार ने जो डाटा पेश किया है--कानून के मुताबिक--वह रिटर्निंग प्रोफेसर के पास बस यूं ही पड़ा रहेगा। एडीआर ने तय किया कि वह खुद सूचना एकत्र करके, उसे मीडिया के द्वारा फैलाएगा।

लेकिन पहले, एक महत्वपूर्ण निर्णय लिया जाना था। आप ताकतवर, और खासी पहुंच रखने वाले नेताओं के खून और अपराध के रिकॉर्ड रिलीज करने जा रहे थे।

'क्या हमें वाकई में इसकी जरूरत है?' वकील ने पूछा।

हर कोई शांत था।

त्रिलोचन ने कहा, 'हां! हमें है।'

वकील ने कहा, '*हम* नहीं--किसी एक को खुद को जनता के सामने पेश करना होगा, आंदोलन के वक्ता के रूप में।'

बिना झिझक, बिना किसी डर के त्रिलोचन ने कहा, 'मैं करूंगा।'

'हर कोई दुविधा में था क्योंकि यह अंदाजा नहीं था कि क्या होने वाला था।'

गुंडो से भिड़ने का क्या अंजाम होगा?

'खैर, मैं सब जगह घूम रहा हूं, और अब तक तो किसी ने मुझे गोली नहीं मारी,' त्रिलोचन हंसकर कहते हैं।

मामला सुलझ गया, एक्शन प्लान तैयार था। पहला कदम था उच्चस्तरीय कमेटी का गठन।

'हमने रिटायर मुख्य न्यायाधीशों, आईएएस अधिकारियों, आईआईएम के भूतपूर्व निदेशकों, डीजीपी--गैर राजनैतिक पदों पर बैठे सभी प्रसिद्ध व्यक्तियों--को गुजरात इलेक्शन वॉच कमेटी बनाने के लिए आमंत्रित किया।'

एडीआर गुजरात के 8-10 मुख्य अखबारों के संपादकों से भी मिला।

'हमने गुजराती पर ज्यादा ध्यान केंद्रित किया, क्योंकि हमारे सर्वे से ज्ञात हुआ कि जो लोग अंग्रेजी पढ़ते हैं, वे वोट नहीं देते। तो हमने गुजराती और स्थानीय माध्यम पर ही ध्यान केंद्रित किया, और हम अपनी इसी रणनीति को हमेशा अपनाते हैं।'

इलेक्शन वॉच को सभी संपादकों की तरफ से पूरी मदद मिली। कुछ दोस्तों और शुभचिंतकों* से मिले फंड से कैंपेन ने कुछ अखबारों में इश्तेहार भी छपवाए। लेकिन ज्यादातर प्रचार मुफ्त में ही हुआ था।

लगभग सभी अखबारों--अंग्रेजी और गुजराती--में इस तरह की हेडलाइन आईं 'मोदी सरकार में 34 अपराधी!' टीवी चैनलों ने भी अपना काम बखूबी किया।

एडीआर ने सैंपल सर्वे भी किया--दूसरे एनजीओ के साथ--जिससे चुनावों में होने वाली खामियों का पता लगाया जा सके। मुंबई, दिल्ली, हैदराबाद, अहमदाबाद और बंगलुरु जैसे शहरों में सर्वे कराया गया। सर्वे से पता लगा कि मतदाता सूचियों में 40 प्रतिशत कमी है। इस डाटा को भी प्रेस में जारी किया गया।

'दरअसल चुनाव आयोग के अधिकारी हमारे ऑफिस आए और कहने

* पहले गुजरात इलेक्शन वॉच कैंपेन पर तकरीबन 15 लाख रुपए का खर्च आया।

लगे--इसका क्या किया जा सकता है!'

और इस सबमें कोई दबाव, कोई शोषण या कोई धमकी इत्यादि नहीं दी गई?

एकाध घटना--जैसे एक इंटेलीजेंस ऑफिसर त्रिलोचन के आईआईएम अहमदाबाद के ऑफिस में आ धमका।

'मुझे याद है मैं पहले उसे हल्के में लेने की कोशिश कर रहा था, लेकिन तभी मैंने तय किया कि मैं इसे ऐसे ही नहीं जाने दूंगा। सब कुछ सैकंड में ही हो गया।'

त्रिलोचन ने अधिकारी से कहा, 'आप कौन हैं, कहां से आए हैं--मुझे अपना आई-कार्ड दिखाओ।'

उन्होंने आगे कहा, 'जैसे ही आप मेरे ऑफिस से बाहर जाओगे, मैं गुजरात भर के 40 पत्रकारों और 300 एनजीओ वालों को ई-मेल कर दूंगा कि आपको आईबी डिपार्टमेंट से फलां अधिकारी ने मेरा शोषण करने के लिए भेजा है।'

अधिकारी लड़खड़ाया, 'नहीं सर, मैं तो बस अपनी ड्यूटी कर रहा था।'

मैंने कहा, 'तुम लोगों ने नौकरी कर करके देश का भट्टा बैठा दिया है... तुम यहां से निकल जाओ!'

वह चला गया और त्रिलोचन को फिर कभी ऐसे मेहमानों का सामना नहीं करना पड़ा। विदेश मंत्रालय के जॉइंट सेक्रेटरी ने एक बार फोन करके एडीआर के 'विदेशी फंड' के बारे में पूछा था।

त्रिलोचन ने जवाब दिया, 'हम विदेशों से पैसा लेते हैं, लेकिन सिर्फ भारतीय नागरिकों से ही।'

एडीआर के पास हर दाता के भारतीय पासपोर्ट की फोटोकॉपी रखी थी।

'एक पत्रकार ने मुझे बताया कि वास्तव में नेता एडीआर से डरे हुए हैं।'

क्यों?

'क्योंकि उन्हें समझ नहीं आ रहा कि इससे कैसे निबटा जाए।'

हुकुमरानों ने तय किया कि वे अपने काम से काम रखेंगे।

और सच बताया गया, राजनीति को साफ करने की उमंग में, गुजरात इलेक्शन वॉच ने अपनी तरफ से पूरी कोशिश की।

'हमारी रणनीति बस नागरिकों को प्रभावित करने की नहीं थी। हमारी रणनीति थी कि मीडिया के जरिए पॉलिटिकल पार्टियों पर दबाव बनाया जाए, जिससे वे ऐसे लोगों को अपना उम्मीदवार या मंत्री बनाए जाने से कतराएं।'

'बहुत प्रचार हुआ, लोगों ने कैंपेन के बारे में जाना, लेकिन जब बात बदलाव की आई, तो इसने कुछ नहीं किया।'

तो अब क्या?

त्रिलोचन पूरे देश में इस आंदोलन को ले जाना चाहते थे। एडीआर के एक सदस्य इससे सहमत नहीं थे। उन्होंने कहा, 'अगर यह आइडिया अच्छा होगा, तो खुद ब खुद फैलेगा। यह हमारा काम नहीं है कि हम ही इस जिम्मेदारी को उठाएं। देशभर का ठेका नहीं ले रखा है हमने।'

'मेरी सोच हमेशा से यही थीः देशभर का ठेका ले रखा है। मैंने तो लिया हुआ है।'

और इस प्रकार, आंदोलन पूरे देश में फैल गया।

एडीआर ने अहमदाबाद में एक कॉन्फ्रेंस की। उनका विचार था कि पूरे देश से एनजीओ वालों को गुजरात इलेक्शन वॉच का काम देखने के लिए आमंत्रित किया जाए। और उनसे भी उनके राज्यों में वहीं मॉडल अपनाने को कहा।

राजस्थान, मध्य प्रदेश, छत्तीसगढ़, मिजोरम और दिल्ली में चुनाव होने वाले थे। एडीआर इन्हीं राज्यों के एनजीओ पर ध्यान केंद्रित किए हुए था। उनकी रणनीति काम आई।

साल 2004 में, एडीआर ने दूसरी नेशनल कॉन्फ्रेंस आयोजित की, इस बार चुनाव सुधार पर। साल में एक बार मिलना महत्वपूर्ण था, जिससे आंदोलन को ऊर्जा मिलती रहे; सोच, विचार और योजना बनती रहे।

तब तक त्रिलोचन आईआईएम बंगलुरु में जा चुके थे।

एक दिन वह एडीआर की अगली कॉन्फ्रेंस कहां होनी है, इस पर सिर खपा रहे थे, तभी डीन ने सलाह दी, 'कैंपस में ही क्यों न कर लें?'

ओ, क्योंकि यह उत्तेजक विषय था। इससे इंस्टीट्यूट को कोई परेशानी तो नहीं होगी?

डीन ने कहा, 'नहीं, कोई प्रॉब्लम नहीं होगी।'

डायरेक्टर ने भी अपनी मदद दी। और इस प्रकार से आईआईएम, बंगलुरु के ऑडिटोरियम में, राजनीति में अपराधीकरण पर कॉन्फ्रेंस का आयोजन हुआ। उसमें मुख्य चुनाव आयुक्त, एनजीओ और फोर्ड फाउंडेशन के प्रतिनिधि भी आए।

जिससे नवंबर 2005 में फंडिंग का पहला राउंड भी पूरा हो पाया।

'हमें दो साल के लिए 200,000 डॉलर मिले। दरअसल यह रकम न तो बहुत ज्यादा थी, न बहुत कम। हमारे लिए ठीक थी।'

उनका 'बिजनेस प्लान' अगले दो सालों में इलैक्शन वॉच को उन सभी राज्यों में पहुंचाना था, जहां हाल-फिलहाल में चुनाव होने वाले हों।

फंड आने के साथ एडीआर का ढांचा और भी औपचारिक होता गया।

'इसका स्वरूप इसके ट्रस्टी ही थे--7 या 8। एक्टिव ट्रस्टी थे, सुनील हांडा, जगदीप चोकर, अजीत रानाडे और मैं। मैं चेयरमैन हूं और जगदीप सेक्रेटरी। हम सब बस संतुष्टि के लिए काम करते हैं--हमें कोई पैसे नहीं मिलते हैं। हमारे पास कुछ फुल-टाइम स्टाफ भी है।'

एडीआर का मुख्य ऑफिस दिल्ली में है--जहां सभी राजनीतिक गतिविधियां होती हैं। उनके शुरुआती स्टाफ में एक भीभू महापात्रा हैं, जिन्होंने रायपुर में इलैक्शन वॉच का काम संभाला था। वह पहले कॉमनवेल्थ ह्यूमन राइट्स इनीशिएटिव (सीएचआरआई) के साथ काम करते थे। भिभु ने संगठन का निर्माण किया और इसे दूसरे स्तर तक भी ले गए।

'भीभू को घूमना और जमीनीस्तर से जुड़े एनजीओ के साथ काम करना पसंद है--वे लोग उसे भिभुड़ा बुलाते हैं। वह बहुत सिगरेट पीता है, और रात में रम...'

और सिगरेट और रम साझा करते-करते भीभू ने एमपी, यूपी, बिहार, उड़ीसा, पश्चिम बंगाल में खासा नेटवर्क बना लिया। उनका विचार था कि पार्टनर के साथ काम करते हुए, उन्हें अपने राज्य में इलैक्शन वॉच चलाने की पूरी आजादी दी जाए। एडीआर का जोर सिर्फ एक बात पर हैः राजनैतिक रूप से

निष्पक्ष रहो।

आप इसे एक 'फ्रेंचाइज' मॉडल भी कह सकते हैं, जिसमें हर संगठन अपनी तरह से काम कर रहा है।

'हम बस मीडिया, चुनाव आयोग कमिश्नर और ऐसे ही संपर्क सूत्रों को आपस में साझा करते हैं।'

एडीआर सभी को नैतिक और प्रेरक समर्थन भी प्रदान करता है। और सिर्फ जुबानी ही नहीं, बल्कि खुद साथ में खड़ा रहकर। हर राज्य में जाकर, जमीनी लोगों के साथ समय बिताकर... दिन, सप्ताह, महीने!

'भीभू मुझसे ज्यादा सफर करता है लेकिन 2005 के चुनावों के दौरान, मैं भी कई बार बिहार गया था। क्योंकि उन्हें पहले कही हुई निर्मला मूर्ति की बात याद थी--अगर तुम बिहार में कुछ कर पाए, तो चीजें वाकई में बदलेंगी।'

त्रिलोचन ने तय किया कि वे सिर्फ पटना तक ही सीमित नहीं रहेंगे, बल्कि कई जिलों में भी वर्कशॉप और सभाएं आयोजित करेंगे।

'हर जिले में हम स्थानीय एनजीओ, स्थानीय व्यापारियों, वहीं के पत्रकार, कुछ कॉलेज के लैक्चरार और छात्रों को विभिन्न मसलों पर बात करने के लिए बुलाते। उनमें गजब का जोश देखने को मिला।'

जब लोगों को लगा कि उनकी आवाज सुनी जा रही है, तो उन्होंने समस्याएं बतानी शुरू कीं। और जब बहुत सी आवाजें साथ मिल गईं, तो बदलाव की चीख इतनी बुलंद हो गई कि सत्ता के कानों तक पहुंच सके।

बिहार में जागरूकता की प्रक्रिया 3-4 महीनों तक चली। और उसका प्रभाव भी दिखने लगा था।

मीडिया में अच्छी कवरेज मिली, खासकर दो स्थानीय चैनल--सहारा समय और ईटीवी बिहार।

'दोनों चैनलों पर पूरा दिन खबर चलती कि फलां आरजेडी विधायक पर दफा 302 के तहत मुकद्दमा चल रहा है, वगैरह।'

लेकिन क्या ये अपराधी दोबारा चुनाव जीत पाए? कुछ तो जीते, लेकिन कुछ हार भी गए। लेकिन यह मुख्य बात नहीं है। राजनैतिक नेतृत्व सचेत हुआ और उसने महसूस किया कि इस मामले को हल्के में नहीं लिया जा सकता।

'पंकज पचौरी, जो एनडीटीवी इंडिया पर *हम लोग* चलाते हैं, पटना आए। बिहार में हुए इस शो में सभी राजनैतिक पार्टियों ने भाग लिया और अपराधियों की जिस संख्या का वो बचाव कर रही थीं, उसकी खासी बखिया उधेड़ी गई।'

मीडिया की छानबीन इतने उच्चस्तर की थी कि नीतिश कुमार से बार-बार पूछा गया, 'आप इस मामले में क्या करने वाले हैं?'

आखिरकार, उन्हें घोषणा करनी ही पड़ी, 'हम ऐसे लोगों को मंत्री नहीं बनाएंगे।'

एक वादा जिसमें वह फंस गए।

तो बिहार के इतिहास में पहली बार ऐसी कैबिनेट बनी, जो कम से कम कागजों पर तो अपराधियों से मुक्त ही थी। और इसका श्रेय पूरी तरह से इलैक्शन वॉच, बिहार को जाता है।

एडीआर को 2007 में, यूपी में भी बड़ी सफलता मिली।

'मुझे याद है कि राहुल गांधी ने खुद हमारे कैंपेन ऑफिस में फोन किया। पहले उनके सचिव ने बात की, और फिर वो खुद लाइन पर आए। उन्होंने कहा कि कांग्रेस उम्मीदवारों के जो आंकड़े हैं वो मुझे भेज दो।'

त्रिलोचन के पास एल के आडवाणी के तरफ से भी ई-मेल आई, जिसमें लिखा था, 'आपकी रिपोर्ट के लिए बहुत-बहुत धन्यवाद।' अजीब बात है, क्योंकि जब एडीआर अपना केस लड़ रहा था, तो इन्हीं एल के आडवाणी--उप प्रधानमंत्री के तौर पर--उन्हें यह कहते हुए अमान्य करार कर दिया था कि 'वो लोग जिन्होंने कभी चुनाव तक नहीं लड़ा है, इलैक्शन सिस्टम को सुधारने की बात करते हैं।'

शायद इसीलिए वे सफल हुए।

विभिन्न राज्यों में इलैक्शन वॉच के अनुभव के जरिए, एडीआर के सामने अपने सच का पल भी आयाः 2009 के राष्ट्रीय चुनाव।

एडीआर ने अपनी सारी ताकत इसमें झोंक दी--एनजीओ पार्टनर, मीडिया समर्थक और तो और उन्होंने आमिर खान से इसके लिए एक कैंपेन भी करवा लिया। उसमें आमिर खान संदेश देते हैं--*नो क्रिमिनल्स इन पॉलिटिक्स*। राजनीति में अपराधी नहीं।

क्या इसका वैसा असर हुआ, जैसा चाहा था? हां या नहीं।

'गंभीर अपराधी जैसे मुख्तार अंसारी चुनाव हार गया। मैं यह नहीं कहता कि उसके हारने की वजह सिर्फ एडीआर ही रहा, लेकिन चुनावी परिणामों का बड़ा प्रभाव यही रहा कि या तो गभीर अपराधी चुनाव हार गए, या सुप्रीम कोर्ट ने उन्हें प्रत्यक्ष सीट लेने से मना कर दिया।'

तो 10 खून के आरोपी केस हार गए, लेकिन 1-2 खून के आरोपियों में से कुछ जीत गए। लेकिन एक बार फिर केंद्रीय मंत्रालय साफ रहा।

'2004 में, शिबू सोरेन जैसे लोग नेता बने और पार्टी भी उन्हें बचाने में लगी रही। यही बदलाव हुआ।'

यकीनन, एडीआर अब नए मसले उठा रहा है। जैसे अपनी संपत्ति का ब्यौरा देना। लेकिन राजनेता कैसे एक चुनाव से दूसरे के बीच अपनी संपत्ति का आंकलन कर पाते? इसके लिए एडीआर को एक बार फिर से कोर्ट जाकर लड़ाई लड़नी पड़ती।

इस दौरान पार्टी के अंदर लोकतंत्र* और फंड में पारदर्शिता जैसे मुद्दे भी उठने लगे।

'हमने आरटीआई फाइल किया कि राजनीतिक पार्टियों का इंकम टैक्स रिटर्न जनता की जानकारी में होना चाहिए। सेंट्रल सूचना कमीशन में चार महीने और दो सुनवाई के बाद, उन्होंने आखिरकार इसे सार्वजनिक कर ही दिया।'

दूसरा विचार है राजनेताओं पर नजर बनाए रखना--और सिर्फ चुनाव के समय पर ही नहीं। तो एडीआर यह ब्यौरा दर्ज करेगा कि कोई एमपी कितनी बार संसद में आया, क्या उसने किसी बहस में हिस्सा लिया और किस में, और उसने उसको मुहैया कराए फंड से क्या किया?

'आधारभूत रूप से, हमें पेंच को थोड़ा कसना होगा।'

इसकी शुरुआत एक आदमी के खड़े होने से हुई थी। अब यह नेशनल आंदोलन बन गया है।

आपने सोचा, 'नहीं, कभी नहीं हो सकता।' लेकिन यह हुआ।

'अगर आप मुझसे पूछो कि एडीआर सफल क्यों हुआ? तो मुझे लगता

* बीजेपी, कांग्रेस के शीर्षस्थ नेताओं ने राजनीतिक पार्टी सुधार बिल को मौखिक समर्थन दे दिया; इसका प्रारूप तैयार करने वाली कमेटी में एडीआर के त्रिलोचन शास्त्री भी शामिल हैं।

है इसके पीछे तीन चीजें थीं। पहली किस्मत...'

'दूसरी वो शुरुआती टीम--जगदीप, सुनील, अजीत और मैं--चार सक्रिय ट्रस्टी।'

'तीसरी थी कि हमारे पास बहुत स्पष्ट, प्रायोगिक नजरिया और बेहतर योजना थी। और हमने कभी भी पहले ही दिन से बढ़िया काम करने को लक्ष्य नहीं बनाया था। हमने बस शुरुआत की और चीजें धीरे-धीरे विकसित होती गईं, वैसे ही हम।'

और सोचो, इन सबके अलावा त्रिलोचन फुलटाइम नौकरी भी कर रहे थे--आईआईएम, बंगलुरु में बतौर प्रोफेसर व डीन।

'मैंने सब संभाल लिया... दरअसल मेरे पास तीन नौकरी थीं। मैं पढ़ा रहा था, एडीआर चला रहा था और अपना सप्ताहंत गांवों में बिताता था--जहां मैं दो एनजीओ का काम भी देख रहा था। कोई भी काम दूसरे से जुड़ा हुआ नहीं था! आपको वही करना चाहिए, जिसमें आपकी दिलचस्पी हो।'

सच है। लेकिन क्या आप इतनी सारी चीजें सही तरीके से कर सकते हैं? त्रिलोचन को इसका निश्चित तौर पर यकीन है। अकादमिक बोझ को वह हमेशा हल्के में लेते थे। पढ़ाया, शोध लिखी--वो सब उनके लिए आसान था।

एडीआर में शुरुआती साल मुश्किल के थे।

'मैं अब की बजाय, तब वहां ज्यादा समय बिताता था, जब वहां वास्तव में कुछ हो नहीं रहा था।'

क्योंकि अब वह संगठन है, और प्रतिभाशाली लोग उसका कार्यभार संभाल रहे हैं। एडीआर एक चुंबक की तरह है, जिसने काबिल लोगों को अपनी ओर आकर्षित किया।

'जो बंदा हमारा दिल्ली का ऑफिस संभाल रहा है, वह दो कंपनियों को शुरू करके बेच चुका है। वह कमाल का काबिल इंसान है--मुझे अब वहां की ज्यादा चिंता नहीं है। अब मेरी नजर सिर्फ नई चीजों पर है कि और क्या किया जा सकता है। और यकीनन फंड की तरफ भी।'

यह उनकी जिंदगी का तीसरा पहलू है, जो हमेशा त्रिलोचन को व्यस्त रखता है--और इन दिनों तो चार्ज भी।

'मैं हमेशा से ज्यादा से ज्यादा लोगों को गरीबी से बाहर निकालना चाहता हूं। यह मेरा सपना है।'

अहमदाबाद में, त्रिलोचन ने विकास कार्यों से जुड़ने की भी कोशिश की थी। लेकिन भाषा वहां उनकी सबसे बड़ी रुकावट बनी।

'मैं सीधे तौर पर ग्रामीण इलाकों में काम करना चाहता हूं, लेकिन मुझे गुजराती नहीं आती थी। मेरे पास एक विकल्प था कि मैं बैठकर भाषा सीखूं। लेकिन वह मेरे बस की बात नहीं।'

2001 में त्रिलोचन ने हैदराबाद में आईएसबी में काम करना शुरू किया। और अचानक, सारे दरवाजे खुलते चले गए।

'इसलिए क्योंकि मैं तेलुगु बोलता हूं।'

जल्द ही त्रिलोचन एक एनजीओ के ट्रस्टी बन गए और वर्ल्ड बैंक के प्रोजेक्ट के साथ जुड़ गए। वह आईएसबी की साथ सहज महसूस नहीं कर पा रहे थे, तो उन्होंने 2-3 महीनों में ही वह नौकरी छोड़ दी, लेकिन एपी में ही रहने का तय किया। अगले 7-8 महीने उन्होंने पूरे राज्य में घूमने में बिताए, अपने एक नियम के साथ।

'मेरे मन में साफ था कि मैं कोई किताब या अखबार नहीं पढ़ूंगा--मैं सीधे मैदान में उतरकर देखूंगा कि क्या हो रहा है। गरीब लोगों से बात करूंगा।'

वर्ल्ड बैंक प्रोजेक्ट के सीईओ एक आईएएस ऑफिसर थे। उन्होंने त्रिलोचन को बोर्ड में करार साइन करने के लिए बुलाया। उनका सिर्फ एक ही निवेदन थाः एक सेल फोन। और साथ ही उन्होंने कहा, 'मुझे कोई पैसा नहीं चाहिए।'

सीईओ ने पूछा, 'आपको पैसे क्यों नहीं चाहिए?'

त्रिलोचन ने जवाब दिया, 'मुझे गरीबी के बारे में कुछ पता नहीं है और मैं गरीबों के नाम पर पैसे बनाना नहीं चाहता!'

वर्ल्ड बैंक प्रोजेक्ट के ऑफिस 6 जिलों में थे और उन्हें बेस की तरह इस्तेमाल करते हुए त्रिलोचन हर गांव में गए--रेल से, कार से, एसटी बस से। जो नौजवान प्रोजेक्ट पर काम कर रहे थे--अधिकांश आईआरएमए स्नातक--त्रिलोचन को अपने आसपास देखकर खुश होते।

'मैं 2-3 बहुत ही सिंपल नतीजों पर पहुंचा। एक तो बहुत से प्रोजेक्ट्स

हैं, जो स्वास्थ्य, शिक्षा, सशक्तिकरण और ऐसी ही बातें करते हैं, लेकिन गरीबों की आय बढ़ाने के लिए कोई योजना नहीं है।'

'दूसरा मैंने उनके साथ काम करने का निर्णय लिया, जो सबसे ज्यादा दुखी हैं, जिनकी जरूरत ज्यादा बड़ी है।'

'आखिर में, मेरा मन एक बात को लेकर पूरी तरह साफ था--आज भी है--कोई सब्सिडी नहीं। हम कुछ भी मुफ्त नहीं देंगे।'

त्रिलोचन को महसूस हुआ कि ग्रामीण इलाकों में खेती ही जीविका का मुख्य साधन है। छोटे और हाशिये पर पहुंचे हुए किसानों के पास उसके अलावा कोई विकल्प भी नहीं होता। उदाहरण के लिए भारत में महज 30 प्रतिशत भूमि ही सिंचाई योग्य है, जबकि हाशिये के अधिकांश किसान गैर-सिंचाई वाले क्षेत्रों में रहते हैं।

अधिकांश किसान शहरों में आकर मजदूरी करने के लिए विवश हैं। हम उन्हें फ्लाई ओवर के नीचे सोते हुए देखते हैं और नफरत से अपना चेहरा दूसरी तरफ घुमा लेते हैं।

'देश में लगभग 600 मिलियन लोग इसी तरह जिंदगी बिताने पर विवश हैं--यह छोटी संख्या नहीं है--चूंकि हमारा उनसे कोई प्रत्यक्ष संपर्क नहीं है, इसलिए यह बात हम पर असर नहीं करती। लेकिन मुझ पर असर करती है, और मुझे लगता है, मरते दम तक करती रहेगी।'

त्रिलोचन परेशान थे कि वह कहां से काम शुरू करें।

'मैंने पाया कि उनके पास प्रचार का साधन नहीं है, तो मुझे इसके लिए ही प्रयास करने होंगे। उन्हें अपने उत्पाद का प्रचार करना नहीं आता।'

दूरदराज के गांव के एक छोटे किसान का उदाहरण लेते हैं, जिसके पास 20 बोरी अनाज है। वह इसे बेचना चाहता है, तो वह दलाल के पास जाता है। और वो लोग उसकी टोपी उतार देते हैं।

न सिर्फ वह ब्याज दर ऊंची देते हैं, बल्कि किसानों को वजन के नाम पर भी ठगा जाता है। 50 किलो वजन को वो साफतौर पर 40 किलो बताते हैं और किसान के पास उनके पास जाने के अलावा कोई विकल्प भी नहीं होता है। या तो वह उनका दिया भाव ले ले, या जाने दे।

त्रिलोचन का एनजीओ--सेंटर फॉर कलेक्टिव डूवलपमेंट या सहकार मित्र संस्था--किसानों को प्रोड्यूसर ग्रुप या को-ऑपरेटिव के रूप में संगठित करता है। अब दलाल को बेचने के बजाय, वे अपने को-ऑपरेटिव को माल बेचते हैं--सही बाजार और सही समय पर।

'अदिलाबाद में, जो महाराष्ट्र बॉर्डर का आदिवासी क्षेत्र है, इस साल को-ऑपरेटिव ने 35 लाख रुपए का मुनाफा कमाया। जिसका मतलब प्रत्येक सदस्य को 5000 रुपए से ज्यादा प्राप्त हुए। और हमने उन्हें कुछ भी मुफ्त नहीं दिया।'

दरअसल, किसानों को सोयाबीन की कीमतें बढ़ने का भी सीधा फायदा मिला।

सहकार मित्र संस्था ने आदिवासी क्षेत्र में भारत का पहला को-ऑपरेटिव *दल* मिल भी स्थापित किया। इसका मुहूर्त 15 मार्च 2009 को किया गया।

'इस सीजन में उन्होंने 11-12 लाख रुपए का मुनाफा कमाया। मैं सोचता हूं कि अगर सब इसी तरह चलता रहा, तो 3 साल में वे लोग अपने सारे लोन चुका देंगे।'

सहकार मित्र संस्था का 'हेड ऑफिस' हैदराबाद में है और वर्तमान में वह एपी के दो जिलों के 50 गांवों को कवर कर रहा है--जिससे लगभग 200 लोगों की जिंदगी पर असर पड़ता है।

'हम आसानी से इसे 20-30,000 लोगों तक बढ़ा सकते थे, अगर हम अपने *नो सब्सिडी* वाले मॉडल से न चिपके रहते। लेकिन एडीआर की तरह ही यहां भी स्पष्ट हैं कि कुछ चीजों में समझौता नहीं किया जा सकता।'

त्रिलोचन उसके सीईओ हैं, लेकिन उनके पास एक मजबूत टीम भी है, जो सारे काम को अंजाम तक पहुंचाती है। उनकी टीम में वे युवा हैं, जिन्हें चुनौतियां लेना पसंद है। और वे काम भी बेहतरीन कर रहे हैं।

'किस्मत से हमारा एक प्रोजेक्ट मैनेजर आदिवासी ही है, और उसने एमबीए भी किया हुआ है। और जो आदमी *दल* मिल को संभाल रहा है, उसने आईआरएमए से गोल्ड मैडल हासिल किया है। वह राजस्थान से है, एक मारवाड़ी है और उसका नाम बियानी है। बहुत ही होशियार है, और अपने काम से बहुत खुश भी है।'

और इस काम से वाकई में गांववाले सक्षम हो रहे हैं। उन्हें खुद पर निर्भर करने का विचार, वास्तव में चीजों को बेहतरीन में बदलने के काम आएगा।

शुरुआत में जब त्रिलोचन किसी नए गांव में जाते, तो लोगों को इकट्ठा करके बात करनी शुरू कर देते।

'मैं जाकर यह नहीं कहता कि मेरे पास समाधान है, क्या आपको यह पसंद आया?'

इसके बजाय, वह लोगों को खुद सोचने पर मजबूर करते हैं।

'हम रोजमर्रा की सामान्य बातों से शुरू करते हैं। हम बात करते हैं कि वहां कितने लोग रहते हैं, जमीन कितनी है, लोग करते क्या हैं...'

इस बीच त्रिलोचन पूछते हैं, 'आप फसल कहां बेचते हैं?'

वे बताते हैं, 'दलाल को।'

अगर वहां कोई ब्लैक बोर्ड होता, तो कोई उन्हें हिसाब लगाकर बताता कि दलाल उनके साथ कितना धोखा करता है। उससे पता चलता है कि एक किसान को दलाल से साल में लगभग 2000 रुपए की चपत लग जाती है।

'सच है, लेकिन हम कर क्या सकते हैं?' वे कहते।

फिर सब खामोश हो जाते।

फिर उनमें से कोई बुद्धिमान आदमी कहता, 'हम सबको साथ मिलकर कुछ करना चाहिए।'

तब सहकार मित्र संस्थान उन्हें मदद का प्रस्ताव देता।

'यह सब सामाजिक सरोकार हैं, जिन्हें महसूस किया जा सकता है। मैंने इसका कोई औपचारिक प्रशिक्षण नहीं लिया है।'

इस समाधान में भी बहुत सारी बाधाएं होती हैं, उनमें से एक तो जाति की ही है।

गांव की एक औपचारिक सभा स्कूल की इमारत में आयोजित की जाती है। चटाई पर, आगे की ओर संस्था कार्यकर्ता और ऊंची जाति के लोग बैठते हैं। पिछड़ी जातियां दीवार के सामने बैठती हैं, और दलित उसके भी पीछे।

'जो जो आता जाता है, अपनी निर्धारित सीट पर बैठ जाता है। और उन्हें उनकी जगह से कोई टस से मस नहीं कर सकता।'

'मेरी लिए शादी कभी भी प्राथमिकता नहीं थी, और न ही कभी मैंने इस दिशा में कोई प्रयास ही किया। ऐसा नहीं है कि मैंने सामाजिक कार्य करने का निर्णय लिया इसलिए मैंने शादी नहीं की।'

कुछ समय के बाद त्रिलोचन अपने स्टाफ के दूसरे सदस्य को सभा संभालने की जिम्मेदारी देकर बाहर जाते हैं। वह एक दलित के पास खड़े हो जाते हैं।

'मैं कहूंगा--बीड़ी-वीड़ी पिलाओ,' और बातें शुरू हो जाती हैं।

10 मिनट बाद वे बोलेंगे, 'हम आपकी बात मानते हैं लेकिन...'

'को-ऑपरेटिव हमें अच्छे पैसे देंगे। पर मार्च में मेरी बेटी की शादी है, और मुझे दस हजार रुपए उधार चाहिए। क्या आपका को-ऑपरेटिव मुझे पैसे उधार देगा?'

त्रिलोचन क्लीन बोल्ड हो जाते हैं, 'गिल्ली ही उड़ जाती है।'

समय के साथ वह इन समस्याओं से निबटना सीख गए, लेकिन फिर भी इसका कोई स्पष्ट फॉर्मूला नहीं है। आपको अपने कस्टमर, उसके माहौल को समझकर फिर काम करना पड़ता है।

त्रिलोचन मानते है कि दो जिलों में किए गए इस प्रयोग को पूरे देश में लागू किया जा सकता है। हाल ही में, नाबार्ड ने अनंतपुर में एक ऑयल मिल लगाने के लिए 70 लाख रुपए का लोन पास किया है।

'हमें सर दोराबजी टाटा ट्रस्ट, एचआईवीओएस (डच की दाता एजेंसी) और फोर्ड फाउंडेशन से पैसे मिलते हैं। लेकिन इसे अगले स्तर तक ले जाने के लिए, मैं 50 करोड़ रुपए इकट्ठा करने की कोशिश कर रहा हूं।'

अगर वो मिल जाते हैं, तो त्रिलोचन का कहना है कि वह नौकरी छोड़कर पूरी जिंदगी रूरल पावर्टी प्रोजेक्ट पर काम करते हुए बिता देंगे।

'मैं एक स्कोर्पियो खरीदूंगा और पूरे देश में घुमूंगा--छत्तीसगढ़ से शुरू करते हुए एमपी, झारखंड, बिहार, उड़ीसा और कर्नाटक। मेरा विचार है कि सभी एनजीओ को इकट्ठा करके जीविका के मसले पर काम किया जाए।'

बहुत से एनजीओ पहले ही एडीआर के लिए इलैक्शन वॉच पर काम कर रहे हैं।

'मैं कहूंगा, चलो इसे भी इसी तरह करते हैं। हमने को-ऑपरेटिव मॉडल की जांच कर ली है--यह अच्छा है। अब आप इसे अपने क्षेत्र में भी लागू कर दो।'

फिर कुछ दूसरे सपने भी हैं। जैसे पहाड़ों पर एक घर बनाना--जहां से आप बर्फ से ढंकी नंदा देवी की चोटी देख सकें--और अपने पसंदीदा विषय पर एक-दो किताबें लिख सके। राजनीति और गरीबी।

'कोई सोच सकता है कि आप किसके लिए लिख रहे हो... किस मकसद से। लेकिन मैं मानता हूं, जो आपके मन में आए लिखो--और बाकी की परवाह मत करो।'

और यही उनकी जिंदगी का लेखा-जोखा है।

✳

युवा उद्यमियों को सलाह

मेरी सलाह एक ही है--किताबें मत पढ़ो, किसी से सलाह मत लो। सीधे मैदान में जाओ, कुछ समय बिताओ और समस्याओं के बारे में खुद ही जानो।

अगर आप प्राथमिक शिक्षा की बात करते हैं, तो गांव या झुग्गियों में जाओ--बच्चों और उनके मां-बाप से बात करो। अगर आप गांव की गरीबी की बात करते हैं, तो सीधे गरीबों से ही पूछो। अगर महिलाओं के मसले की बात है, तो महिलाओं से ही बात करो।

आप जिंदगी में जो भी करना चाहते हो--भले ही वह सामाजिक उद्यमिता न हो--उसमें खुद को डुबो दो, वहीं रहकर सीखो और फिर एक बेहतर योजना बनाओ।

अगर आप किसी चीज के बारे में वाकई में गंभीर हो तो--बस उसे कर डालो।

मैं मानता हूं कि हर इंसान दूसरे से अलग है, और वह अपने साथ एक अलग ही अनुभव, और पिछली जिंदगी की मान्यताएं लेकर चलता है।

इसी को हम संस्कार कहते हैं। ये हमारी जिंदगी में महत्वपूर्ण भूमिका अदा करते हैं। और इसी पर मेरी या किसी और की जिंदगी चलती है।

प्यारी सी लड़की

शाहीन मिस्त्री
आकांक्षा

स्कूली समय में, शाहीन मिस्त्री अपने दोस्तों के साथ झोपड़पट्टी में रहने वाले बच्चों को पढ़ाने जाती थीं। एक कमरे की क्लास में 15 बच्चों को पढ़ाने से शुरू करते हुए, अब वे लोग 58 केंद्रों और 6 स्कूलों में 3500 बच्चों को पढ़ा रहे हैं। और भारत को बेहतर बनाने के लिए युवाओं को आगे आने के लिए प्रेरित कर रहे हैं।

1989 में, शाहीन मिस्त्री अंबेडकर नगर की झोपड़पट्टी में बच्चों को पढ़ाने जाती थीं। 1989 में, मैं भी रोज उसी झोपड़पट्टी के आगे से गुजरकर अपने कॉलेज जाया करती थी।

शाहीन ने झोपड़पट्टी में जाकर वहां रहने वाले लोगों से संपर्क किया।

मैंने बस के बड़े से शीशे से झोपड़पट्टी को देखा, और दिन की दूसरी बातों के बारे में सोचते हुए आगे बढ़ गई।

शाहीन का दिल खुला था और मेरा बंद।

शाहीन ने तय किया कि उन्हें ही आगे आकर बदलाव की पहल करनी होगी, जबकि मैं और मेरे जैसे करोड़ों मध्यवर्गीय इंसान सोचते हैं कि यह उनका काम नहीं है।

शाहीन की कहानी मेरी आत्मा को झकझोरती है। यह बताती है कि किसी भी काम को करने के लिए कोई उम्र तय नहीं होती।

न ही ज्यादा अमीर होने की जरूरत होती है।

न ही कोई खास सुविधाएं चाहिए होती हैं।

अपनी जिंदगी को 'कुछ खास' काम के प्रति समर्पित करने के लिए।

और आप भी अपने तरीके से ऐसा कर सकते हैं। शाहीन में जहां जोश और जुनून है, वहीं वह व्यावहारिक और संयमी भी हैं। वह सोशल वर्क करती हैं, लेकिन वह कहीं से भी किसी टिपिकल सोशल वर्कर जैसी नहीं लगतीं।

शाहीन में पर्सनल स्टाइल और डिग्निटी की समझ है--उनका अपना एक स्टाइल है।

वोल्टास कंपाउंड के आकांक्षा ऑफिस में, हम कारपेट पर आलथी-पालथी मारकर बैठे थे। 'आपको कोई तकलीफ तो नहीं होगी?' उन्होंने पूछा। 'ऐसे बैठना सेहत के लिए बहुत अच्छा होता है... आरामदायक भी।'

लेवी की हल्की सी टाइट जींस पहने हुए मैं यह बात इतनी आराम से नहीं कह सकती थी। लेकिन इससे ज्यादा बेचैनी तो उनकी कहानी सुनते हुए महसूस होती है।

इसने मुझे सोचने पर मजबूर किया, 'क्यों मेरा जन्म और पालन-पोषण भारत में हुआ, इस बारे में मैंने कभी उनके जैसा क्यों नहीं सोचा, किसी झोपड़पट्टी के बच्चे के बारे में क्यों मैं उनके जैसा नहीं सोच पाई?'

प्यारी सी लड़की

शाहीन मिस्त्री
आकांक्षा

शाहीन मिस्त्री एक ऐसा बच्चा जिसका कोई 'स्थायी पता' नहीं है।

एक ऐसा बच्चा, जो पूरी दुनिया को अपना कह सकता है।

'मेरा जन्म बॉम्बे में हुआ, मेरे मम्मी-पापा भी वहीं पले-बढ़े, वहीं के स्कूल में पढ़ाई की...'

हालांकि जब वह बस कुछ महीनों की ही थीं, उनके पिता--सिटीबैंकर--का तबादला कई शहरों में हुआ और शाहीन ने अपना दूसरा जन्मदिन एक नए देश--लेबनान में मनाया।

'हम तीन साल तक बेरूत में रहे--मेरे भाई का जन्म वहीं हुआ। जब युद्ध छिड़ा तो हम ग्रीस आ गए। दरअसल हम ग्रीस में छुट्टियां मनाने गए थे, और फिर वहां से कभी वापस नहीं आ पाए।'

शाहीन ने ग्रीस में ही अपनी स्कूली शिक्षा शुरू की और फिर वह इंडोनेशिया--जकार्ता--आ गए, जहां उन्होंने 8वीं तक की पढ़ाई की। तब तक शाहीन कई स्कूल बदल चुकी थीं।

'मैं लगभग 10 अलग-अलग स्कूलों में पढ़ी हूं; फ्रेंच स्कूल से शुरू करके, फिर इंग्लिश, फिर अमेरिकन और फिर इंटरनेशनल स्कूल सिस्टम। भारतीय स्कूलों को छोड़कर, तब तक मैं सब स्कूल में पढ़ाई कर चुकी थी।'

फिर उनका परिवार यूएस आ गया, जहां शाहीन ने ग्रीनविच एकेडमी--कनेक्टिकट में एक प्राइवेट गर्ल्स स्कूल--में दाखिला लिया। हाईस्कूल के

बाद, उन्होंने टफ्ट्स यूनिवर्सिटी में दाखिला ले लिया।

'बचपन में हम अक्सर बॉम्बे वापस आते रहते क्योंकि मेरे दादा-दादी, नाना-नानी के अलावा हमारा पूरा परिवार यहीं था। अगर हम हर साल नहीं तो दो साल में तो जरूर आते।'

और गर्मियों की यह छुट्टियां सिर्फ मजे में ही नहीं निकलती थीं। 12 साल की उम्र से ही शाहीन नेत्रहीनों के हैप्पी होम स्कूल में स्वयंसेवा करने लगी थीं।

'दरअसल मेरी मां, बधिर लोगों के स्कूल ईएआर की एक संस्थापक थीं... तो बस बड़े होते हुए मैं वह सब देख रही थी।'

जब शाहीन 18 साल की थीं, टफ्ट्स विश्वविद्यालय के सैकेंड ईयर में, तो छुट्टियों के दौरान भारत आने पर उन्होंने अपने एक फैसले से सबको चौंका दिया।

'मैंने तय कर लिया कि मुझे भारत में ही रहना था।'

क्यों? खैर, इसकी भी अपनी ही कहानी है।

'क्योंकि, उस समय तक मैं समझ गई थी कि मुझे बच्चों और जानवरों से प्यार है--उन दोनों ही क्षेत्रों में मेरी दिलचस्पी थी। दरअसल मेरे लिए बड़ी दुविधा यह थी कि मुझे बच्चों के साथ काम करना चाहिए या जानवरों के।'

उस समय तक शाहीन को अपने 'बेघर' होने का भी अहसास होने लगा था। हालांकि वह भारतीयता को तो महसूस नहीं कर रही थीं, लेकिन उनमें भारत के प्रति एक खिंचाव सा था। अमेरिका का ऐशो-आराम का जीवन और भारत की हर गली में बिखरी गरीबी का विरोधाभास उन्हें बेहद तकलीफ दे रहा था।

यहां रहकर किसी भी तरह के बदलाव का काम करना आसान नहीं होने वाला था।

'हाईस्कूल में जहां से मैंने ग्रेजुएशन की थी, वहां बात करने का सिर्फ एक ही टॉपिक था, कि तुम्हारे 16वें जन्मदिन पर तुम्हें किस साइज की कार गिफ्ट मिलने वाली है! तो जब मैं भारत आती, तो इससे विपरीत स्थिति को जान पाती। जब मैं 18 की थी, तो इसका मुझ पर काफी प्रभाव पड़ चुका था।'

शाहीन ने खुद से पूछा, 'मैं वापस क्यों जा रही हूं?'

उनके दिल ने जवाब दिया, 'तुम यहां जो भी करोगी--शायद--वह वहां किए गए किसी भी काम से ज्यादा उपयोगी होगा।'

'मैं ऐसी जगह से आई थी, जहां मेरी समझ में सब लोगों के पास सबकुछ था... और फिर ऐसे हालातों को देखा, जहां जीने लायक भी संसाधन नहीं थे। तो मुझे समझ आया कि मेरी समझ कितनी कम थी।'

इस फैसले में 'दिमाग' से ज्यादा 'दिल' का हाथ था। क्यों न इसे ही आजमा लिया जाए?

उन्होंने पहले एक साल के लिए सोचा--उनके पास अगले साल टफ्ट्स जाने का विकल्प था। इससे उन्हें घरवालों को समझा पाना आसान हो गया।

'मैंने मम्मी-पापा को बताया कि मुझे एक साल के लिए कोशिश करने दो, फिर देखते हैं। अगर जरूरत हुई तो मैं वापस आ जाऊंगी।'

शाहीन के घर वाले मान गए, हालांकि उन्हें चिंता थी कि शाहीन का इंडिया के अच्छे कॉलेज में एडमिशन हो पाएगा या नहीं। आखिरकार, कॉलेज शुरू हुए तीन महीने बीत भी चुके थे।

'मैं पहले जेवियर कॉलेज में गई, क्योंकि मेरे माता-पिता उसी कॉलेज से पढ़े थे, तो मैंने सोचा कि अगर मैं वहां से पढ़ूंगी तो उन्हें अच्छा लगेगा।'

उन्होंने कहा, 'तुम्हें जेवियर में एडमिशन नहीं मिल सकता... एडमिशन टाइम पहले ही खत्म हो गया है और अब तो तुम वहां के प्रिंसिपल से भी नहीं मिल पाओगी।'

जब दरवाजे बंद हो जाते हैं, तो खिड़की की तलाश होती है। शाहीन ने भी यही किया। वह 'पीछे के दरवाजे' का इस्तेमाल करते हुए फादर एमिल डी'क्रूज के ऑफिस में पहुंच गईं।

शाहीन ने कहा, 'मैं सच में कुछ करना चाहती हूं और भारत में रहकर कुछ अच्छा करना चाहती हूं... यह तो नहीं पता कि क्या करना है, लेकिन करना तो है। तो प्लीज आप मुझे एडमिशन दे दीजिए।'

'फादर उस अल्हड़ लड़की को देखकर एकदम चौंक गए, उन्हें भी शायद मैं थोड़ी अलग लगी होंगी। और शायद मैनेजमेंट कोटे से मुझे एडमिशन मिल

गया।'

जवाब में 'न' नहीं सुनना ही किसी भी उद्यमी की सबसे बड़ी निशानी है।

शाहीन ने जेवियर में दाखिला लिया और उन्हें अपने आसपास एक नए ही जहान का अनुभव हुआ।

'मैं सच में इस शहर को अपने कजिन और परिवार की नजरों से अलग देखना चाहती थी। तो मैं *द टाइम्स ऑफ इंडिया* के ऑफिस गई और उनके रिपोर्टर से मिलकर कहा कि क्या मैं आपकी इंटर्न बन सकती हूं... मैं बस दो महीनों के लिए आपके साथ काम करना चाहती हूं?'

और इस तरह शाहीन की दूसरे भारत को देखने के सफर की शुरुआत हुई। वह कोर्ट, जेल, पुलिस स्टेशन गईं--और उनमें पूरी तरह से रम गईं। उसी दौरान शाहीन को सेंट जेवियर की सोशल सर्विस लीग--एसएसएल--का पता चला। एक दिन वे लोग झोपड़पट्टी (कफ परेड में अंबेडकर नगर) के दौरे पर जा रहे थे। शाहीन ने उनके साथ जाने की पेशकश की।

'मैं वहां गई तो उनके साथ थी, लेकिन किसी तरह मैंने अपनी ही राह ढूंढ़ ली... वे उस दिन औरतों और स्वास्थ्य को लेकर कुछ काम कर रहे थे। लेकिन मैं अपनी ही उम्र की उस लड़की से मिली, उसका नाम संध्या था।'

'वह उन लोगों में से ही थी... मुझे अचानक ही उससे एक जुड़ाव महसूस हुआ। उसकी मुस्कान में बहुत आत्मीयता थी।'

शाहीन हिंदी का एक भी शब्द नहीं बोल पाती थीं।

संध्या को अंग्रेजी का एक भी शब्द नहीं आता था।

लेकिन जब दिल आपस में बात करने लगते हैं तो जुबान बंद हो जाती है। दिल की एक अपनी ही जुबान होती है।

संध्या ने अपनी छोटी सी झोपड़ी में शाहीन का स्वागत किया और यहीं पर उस युवती को वह मिल गया, जिसकी तलाश न जाने उन्हें कब से थी। घर से दूर एक घर।

'हर रोज कॉलेज खत्म होने के बाद मैं उसके घर पहुंच जाती। कुछ दिनों बाद कुछ बच्चों ने वहां आकर कहा--दीदी हमें अंग्रेजी सिखाओ। और कुछ मांएं

अपने बीमार बच्चों को लेकर आईं कि उन्हें अस्पताल ले जाने में उनकी मदद कर दो।'

तो शाहीन ने खुद अकेले ही कई तरह के छोटे-मोटे काम करने शुरू कर दिए, और संध्या के ही घर में एक क्लास खोलकर बच्चों को इंग्लिश भी सिखाने लगीं। उन्हें इस काम में मजा आने लगा।

'मैं रिसर्च करके चीजें समझने की कोशिश करती, अपने स्कूल के दिनों की चीजें याद करके उन्हें बच्चों को सिखाती।'

अब शाहीन अपना कॉलेज खत्म होने का इंतजार करने लगीं, जिससे वह रोज उन बच्चों के साथ 3-4 घंटे बिता सकें। यह 1989 की बात है।

गर्मियों की छुट्टियों में, शाहीन अपने परिवार से मिलने गईं--वे लोग सउदी अरेबिया आ गए थे--और अचानक से सबकुछ उन्हें असहज लगने लगा।

'मैंने सोचा कि कुछ लोगों को अपने ऊपर निर्भर करवाकर, मैं क्या कर लूंगी। जब मैं अगले साल यूएस वापस चली जाऊंगी तो क्या होगा? क्या इससे किसी की मदद हो पाएगी?'

शाहीन को महसूस हुआ कि अगर वह वाकई में कुछ करना चाहती हैं, तो उससे ज्यादा लोगों को लाभ मिलना चाहिए। कुछ ऐसा जिससे वाकई में उन लोगों की जिंदगी बदल सके।

'तो मैं इस निर्णय के साथ वापस आई कि मुझे काम तो यहीं रहकर करना है, लेकिन क्या काम यह तब तक तय नहीं था। यह तो था कि गरीब बच्चों को ही आगे लेकर चलना है। हालांकि सिर्फ मन में ही तय करने से ही अब मैं चीजों को दूसरे नजरिए से देख पा रही थी।'

एक दोस्त के साथ मिलकर, शाहीन ने झोपड़पट्टी के आसपास घूमकर एक सर्वे किया।

'हम 400-500 परिवारों से मिले, बस यह जानने के लिए कि अगर हम कुछ करना चाहें तो उन्हें हमसे किस प्रकार की मदद चाहिए होगी?'

दो चीजें निकलकर आईं। एक तो थी रहने की समस्या (उन दिनों झुग्गियों का उन्मूलन आम बात थी, और उसमें मानवीयता को भी दरकिनार कर दिया जाता था)। जब बीएमसी अपना काम निबटाकर हटती, तो वह जगह ऐसी लगती

जैसे अभी यहां कोई बड़ी लड़ाई हो चुकी हो।

दूसरी समस्या थी उन लोगों पर बच्चों को पढ़ाने के लिए दबाव बनाना, जिससे वे झुग्गियों से बाहर आ जाएं।

'और उन्हें पढ़ाना तो और भी मुश्किल काम लगता है, क्योंकि रोज ही एक-दो नए बच्चे आ जाते हैं, और क्लास के बीच-बीच में भी कोई किसी बच्चे को काम के लिए बुलाने आ जाता है।'

शाहीन जिन बच्चों के साथ काम कर रही थी, वे कभी स्कूल नहीं गए थे। और उन्होंने महसूस किया कि जब तक वह कोई स्कूल देखेंगे नहीं, तब तक वह वहां जाना भी नहीं चाहेंगे।

तभी उन्हें वह आइडिया आया। क्यों न एक ऐसी जगह का इंतजाम किया जाए, जहां बच्चे हर शाम आ सकें।

बहुत से स्कूलों में छुट्टी होने के बाद क्लासें खाली पड़ी रहती हैं, जिनका इस काम के लिए इस्तेमाल किया जा सकता था। बस जरूरत थी तो ऐसे स्वयंसेवी की जो यह काम कर सकें। जैसाकि कहा भी जाता है कि किसी भी चैरिटी की शुरुआत घर से ही होती है। इसलिए शाहीन ने भी अपने जेवियर वाले दोस्तों से ही मिलने का फैसला किया।

'मैं वापस कॉलेज गई और सब छात्रों को इकट्ठा करके अपना यह विचार उनके सामने रखा। ज्यादा हैरान करने वाली बात तो यह थी कि उनमें से 98 प्रतिशत छात्र वाकई में कुछ करना चाहते थे।'

और वो इसलिए यह नहीं कर रहे थे, क्योंकि वह अपने भविष्य के बारे में फैसला नहीं कर पा रहे थे। न ही उनकी सोच ऐसी थी कि इतनी बड़ी समस्या के लिए एक छोटे से कदम से कुछ नहीं किया जा सकता।

इसलिए जब शाहीन ने कहा कि अपनी जिंदगी में सब काम करते हुए–फिल्में, दोस्त, कॉलेज का काम--आप सप्ताह में 2-3 घंटे किसी की जिंदगी बनाने के

'मुझे अच्छी तरह याद है, जब मैंने पहली बार उन बच्चों का घर उजड़ते देखा था। वे बुलडोजर आगे बढ़ाते जाते हैं, उन्हें कोई परवाह नहीं होती कि रास्ते में पिल्ला बैठा है या बच्चा।'

लिए नहीं दे सकते? सबका जवाब था 'हां'।

हर उद्यम के लिए जरूरी होता है: *साथी हाथ बढ़ाना*, तो सामाजिक कार्यों में भी यह जरूरी है।

तो 'शिक्षकों' का बंदोबस्त हो गया था। अब बड़ा मसला जगह की तलाश था। शाहीन 20 स्कूलों में गईं और उन सभी ने कोई भी फालतू सा कारण देकर मना कर दिया।

एक प्रिंसिपल, जो नन थीं, ने कहा, 'वो मछुआरों के बच्चे हैं, वे हाथ में कांच की चूड़िया पहनते हैं, इससे हमारे डेस्क खराब हो जाएंगे।'

'न' कहने के कई और भी रचनात्मक तरीके थे!

दूसरे ने कहा, 'यह अच्छा विचार है लेकिन बहुत क्रांतिकारी है। अगर हमारे बच्चे भी उन बच्चों के इस्तेमाल किए हुए डेस्कों पर बैठेंगे तो वे बीमार हो सकते हैं।'

हर 'न' शाहीन को अपने काम के लिए और ज्यादा दृढ़ बनाती जा रही थी।

'मुझे सच में बहुत गुस्सा आ रहा था। आज के समय में भी कोई बेसिक शिक्षा के विचार को क्रांतिकारी कैसे कह सकता था?'

आखिरकार 21वां स्कूल–होली नेम हाईस्कूल–आकांक्षा का पहला सेंटर बना।

'फादर इवो डिसूजा कमाल के इंसान थे। मैं अभी भी सोचती हूं कि जैसे कोई अचानक आपके बचाव में आगे आ गया हो। और आपको उन्हें अपना केस समझाने की भी जरूरत नहीं पड़ती। वो बस आपसे जुड़ जाते हैं।'

फादर इवो ने शाहीन को देखा और कहा, 'क्या हुआ?'

उन्होंने कहा, 'मैं बहुत से स्कूलों में गई, लेकिन मुझे कहीं भी एक क्लासरूम नहीं मिला।'

न तो बाथरूम चाहिए था, न सामान रखने के लिए स्टोर, बस एक क्लासरूम की दरकार थी।

'मैं सामान लेकर आऊंगी, क्लास साफ करूंगी, और अपना सामान समेटकर चली जाऊंगी। हमें बस बच्चों को पढ़ाने के लिए एक जगह की जरूरत है।'

फादर ने कहा, 'जरूर--तुम कब से पढ़ाना चाहोगी?'

शाहीन ने कहा, 'कल से।'

क्योंकि वह उन्हें दोबारा सोचने और फिर मना करने का मौका नहीं देना चाहती थीं। और इस तरह आकांक्षा का बीज अंकुरित हुआ। एक छोटे से गमले में, प्यार और लगन के पानी से।

शाहीन ने बच्चों का एक समूह बनाया, जेवियर से स्वयंसेवियों को लिया और क्लासें शुरू कर दीं। यकीनन, स्वयंसेवियों को पता नहीं था कि पढ़ाना क्या है। वह अच्छा ही था, क्योंकि फिर उन्होंने अपने तरीके ही तलाश कर लिए। और यह उन बच्चों के लिए भी अच्छा था, जो कभी किसी स्कूल में गए ही नहीं थे।

'हम रविवार को एक-दूसरे के घर बैठकर, आगे क्या करना है, उस पर विचार करते। वहीं हमने तय किया कि हर सप्ताह हम उन्हें गणित और भाषा का ज्ञान देंगे।'

बीस साल गुजर जाने के बाद आज आकांक्षा एक अगले ही स्तर पर है--'इसका पाठ्यक्रम बहुत ही मददगार है'। लेकिन इनमें से कुछ बेसिक आइडिया अभी भी वही हैं, जिन्हें इसकी शुरुआत में अपनाया गया था।

'हम चाहते थे कि पढ़ाई असरदार तो हो, लेकिन सबसे पहले हमें बच्चों का दोस्त बनना होगा। उन्हें जिंदगी में मजे की जरूरत है, तो हमें वह पढ़ाई में देना है, ताकि वे मन लगाकर सीख सकें।'

दरअसल आकांक्षा के मुख्य लक्ष्य में पढ़ाई की भूमिका कम थी। वे चाहते थे कि यहां आकर बच्चे 'अच्छा समय' बिता सकें। उनका मकसद था कि हर बच्चे को बचपन जीने का हक है, तो यहां उन्हें ऐसी जगह मिलनी चाहिए--भले ही दिन में 2-3 घंटे के लिए ही सही--जहां वे वास्तव में खुद को बच्चा समझ पाएं।

एक ऐसी जगह, जहां वो सुरक्षित हों, उनका ध्यान रखा जाए, और खूब सारे मजे भी किए जाएं।

'धीरे-धीरे जरूरतें बढ़ीं और हमने सोचना शुरू किया कि उन्हें ऐसी पढ़ाई की जरूरत है, जिससे उन्हें नौकरी मिल सके।'

*'उनमें से कुछ बच्चों को मैंने तब पढ़ाना शुरू किया था, जब वे 3
या 4 साल के थे। और आज वे उन्हीं कॉलेजों में पढ़ रहे हैं, जहां
कभी मैं और मेरे दोस्त पढ़ा करते थे।'*

आकांक्षा औपचारिक रूप से 1991 में अस्तित्व में आया। 1992 में, शाहीन ने सेंट जेवियर से स्नातक कर ली और वह आगे की पढ़ाई करने मैनचैस्टर यूनिवर्सिटी गईं।

लेकिन किस्मत से आकांक्षा की टीम मजबूत और समर्पित थी, जिससे उसका काम चलता रहा।

'मेरे पास स्वयंसेवकों का नियमित ग्रुप था और मेरी एक दोस्त भी, आरती, जो आज भी मेरे संपर्क में है। अब वह बंगलुरु में है। जब मैं नहीं होती हूं तो वह हमारी लीडर होती है।'

उस समय आकांक्षा के स्वयंसेवक घर-घर जाकर, बच्चों को निकालते, उन्हें नहलाकर, कपड़े पहनाकर स्कूल लेकर आते।

'आरती इन सबके बारे में बड़े मजेदार खत लिखा करती। जैसे *आज वो बच्चा स्कूल आया, जो बहुत दिनों से नहीं आ रहा था। और आज हम दस बच्चों को स्कूल में खींचकर लाए।* ये सब हमारी बड़ी उपलब्धियां थीं।'

1993 में, शाहीन भारत लौट आईं। और अपने बाहर के अनुभव से उन्होंने आकांक्षा की खूब मदद की।

'मेरी डिग्री एजुकेशन में थी, लेकिन यह टीचिंग डिग्री नहीं थी। यह विकासशील देशों में एजुकेशन प्रोजेक्ट प्लान करने के बारे में थी। मजे की बात है कि मैंने अपनी थीसिस भारतीय शिक्षा के विकास में कॉलेज छात्रों की भूमिका के बारे में लिखी थी।'

इन शुरुआती आइडिया का बड़ा भाग 'टीच फॉर इंडिया'* के विचारों के समान ही था। उसकी चुनौती थी कि कैसे भारत में युवाओं को शिक्षा में बदलाव लाने के लिए प्रेरित किया जाए?

---

*   यह *टाइम्स ऑफ इंडिया* के टीच इंडिया कैंपेन से भिन्न है। देखें www.teachforindia.org

लेकिन यह काफी बाद की बात है। लौटने पर शाहीन की चिंता थी कि आकांक्षा को ज्यादा औपचारिक संगठन कैसे बनाया जाए। शुरुआती चार सालों में यह बस स्वयंसेवकों और छात्रों के दम पर ही चला था, अब वह उसे नया रूप देना चाहती थीं।

'मैं वापस आई और मैंने कुछ अलग निर्णय लिए। हमें पता था कि स्वयंसेवक हमारी सबसे बड़ी ताकत हैं, लेकिन सिर्फ उन पर ही निर्भर रहने के कुछ नुकसान भी थे। तब हमने कुछ व्यावसायिक टीचर नियुक्त करने का निर्णय लिया।'

शिक्षक-छात्र अनुपात को आसान बनाने के लिए, बच्चों को उम्र के हिसाब से बांट दिया गया। अपना स्तर बढ़ाने के लिए शाहीन ने वह काम किया जो अब तक नहीं किया था। उन्होंने इसके लिए कुछ पैसा उठाया।

अब तक, आकांक्षा को पैसों की जरूरत नहीं पड़ी थी।

स्वयंसेवक मुफ्त में पढ़ाते थे। जगह भी मुफ्त थी। सिर्फ एक बस का खर्च था, जो कफ परेड से कोलाबा में स्कूल तक जाती थी। उसका खर्च 20 हजार रुपए सालाना था। इतने पैसे तो वो आपस में अपने परिवार और दोस्तों से ले लेते थे।

'ऐसे ही हम स्टेशनरी का सामान भी ले लेते थे।'

लेकिन शिक्षण का व्यवसायीकरण करने का मतलब था पगार। तो शाहीन ने एक स्कीम शुरू की 'स्पॉन्सर ए सेंटर'। होली नेम के बाद आकांक्षा ने और भी सेंटरों में अपने पैर पसारे। इसकी शुरुआत तो धीमी रही, लेकिन फिर यह तेजी से फैला।

एक क्लास में 15 बच्चों से बढ़कर, आकांक्षा 1998 में 8 सेंटरों और 480 बच्चों तक जा पहुंचा। 2002 से आकांक्षा ने पुणे में भी काम करना शुरू कर दिया।

'स्पॉन्सर ए सेंटर स्कीम बहुत अच्छी थी, क्योंकि इसमें बहुत ज्यादा पैसों की जरूरत नहीं थी--लगभग 2 लाख रुपए सालाना--और इससे दाता खुद को सीधा जुड़ा हुआ महसूस करता।'

तो यह एक तरह से 'निजी' बंधन था। इससे दाताओं और लाभार्थियों

के बीच एक भावनात्मक संबंध बन जाता।

बहुत से लोगों का आकांक्षा से जुड़ने का यही कारण है कि यह बहुत सिंपल है, और आदर्श होते हुए भी यथार्थवादी है।

'हमारा विचार था कि ये बच्चे अनौपचारिक स्कूलों में पढ़ें। इसके साथ ही कि हम बच्चों की जिंदगी कैसे बदल सकते हैं?'

प्रोग्राम को सालों में बहुत ही व्यवस्थित ढंग से विकसित किया गया है। जैसे एक शेफ बहुत ही मेहनत और धैर्य से सूप तैयार करता है।

उनके मुख्य विषय गणित और अंग्रेजी ही थे। जिससे उनमें आत्मविश्वास और आत्मसम्मान उत्पन्न हो सके।

'हमें हर काम में अपने मूल विचार *अच्छे समय* को भी शामिल करना था। सारे प्रोग्राम और एक्टिविटी उसी से जुड़े थे। और जैसे-जैसे हमारे बच्चे बड़े होने लगे, हमने सोचा बात सिर्फ शिक्षा या चरित्र निर्माण की ही नहीं है, हमें उन्हें नौकरी के हिसाब से भी तैयार करना होगा। तो हमने उसे अपना चौथा लक्ष्य बना लिया।'

'जैसा कि मैंने पहले भी कहा कि हमारा स्कूल कोई औपचारिक स्कूल नहीं था, तो इसलिए अब बच्चों को 10वीं का इम्तेहान देने की जरूरत थी। तो हम उसे अपने लक्ष्य में कैसे जगह दे सकते थे? हमने अब बच्चों को अतिरिक्त क्लासें देनी शुरू कीं, उनमें ज्यादा पढ़ने की आदत डाली। तो अब हमारे ये पांच लक्ष्य थे, जिन पर हमें उन बच्चों को पहुंचाना था।'

लेकिन फिर भी सोच वही थी कि यह 'पूरक' है, इसे फिर से दोहराना आसान था, क्योंकि इस मॉडल का बड़ा भाग अभी भी उपलब्ध संसाधनों का ही उपयोग कर रहा था।

'आज भी हम कुछ स्कूलों में 1000-1500 रुपए महीने का किराया देते हैं, लेकिन यह सच है कि हमारी ज्यादातर जगहें मुफ्त की हैं। और अभी भी हमारे साथ बहुत से स्वयंसेवक काम कर रहे हैं।'

उनका विचार था कि कुछ नया बनाने के बजाय उपलब्ध संसाधनों को ही एकत्र करके इस्तेमाल करना।

फिर लगभग पांच साल पहले शाहीन के मन में सवाल उठने लगा कि

क्या इतना पर्याप्त था।

'आज भी हम देखते हैं कि बच्चे जिंदगी की जद्दोजहद में हमसे अलग हो ही जाते हैं।'

बच्चे झोपड़ियां टूटने पर अपने गांव वापस चले जाते हैं। और उनके मां-बाप कभी उन्हें वापस लाने के बारे में गंभीरता से नहीं सोचते, क्योंकि आखिरकार है तो यह एक पूरक प्रोग्राम ही।

'फिर हमने कहा, अगर हम सच में स्कूल बनाने की कोशिश ही कर रहे हैं तो क्यों एक सिस्टम के तहत काम किया जाए, और कुछ स्कूलों को टेकओवर कर लिया जाए? तो हमारा अब सबसे पहला काम--और मुझे लगता है कि आकांक्षा अगले कुछ सालों में *अडोप्ट ए स्कूल* प्रोजेक्ट पर ही काम करने वाला है।'

हालांकि यह *टू मिनट नूडल्स* के जैसा झटपट होने वाला काम नहीं था। इसे कई दौर में अंजाम दिया जाना था। पहले तो सिस्टम को समझने की कोशिश करना था, फिर शिक्षकों को प्रशिक्षण देकर, आकांक्षा शिक्षकों को सिस्टम में रखना था। और फिर, वास्तव में एक स्कूल को टेकओवर करके चलाना था।

'हमारे पास एक मजेदार मॉडल था और वह बॉम्बे और पुणे में शुरुआती दौर में सफल भी रहा था। और हमारी उम्मीद है इन स्कूलों को और बढ़ाने की जिससे ये बच्चे भी दिखा सकें कि अगर समान मौके मिलते हैं तो ये बच्चे भी किसी से कम नहीं हैं।'

'और हम इन स्कूलों *आइसलैंड ऑफ एक्सीलेंस* बनाने की कोशिश नहीं कर रहे हैं, जहां आप बस अलग दिखने के लिए पैसे डालते जाओ। हमारा मकसद सिर्फ सरकार द्वारा मुहैया कराए गए पैसों से कुछ अलग और बेहतर करने से है। हमें सतही चीजों के बजाय स्कूलों में निवेश करना चाहिए, जिससे समाज की उपलब्धि उसके बच्चों में दिख सके।'

अब तक, आकांक्षा छह स्कूलों को 'टेक ओवर' कर चुका है।

यह काफी प्रेरक है, लेकिन 18 सालों के सफर के बाद, आकांक्षा इस प्रोग्राम के प्रभाव को कैसे आंकता है?

'अच्छा सवाल है,' शाहीन ने कहा। वैसे तो मानव जीवन पर इस प्रभाव

को किसी नाप से नहीं आंका जा सकता, लेकिन फिर भी थाह लेना जरूरी होता है। इससे आपको साल दर साल आगे बढ़ने में मदद मिलती है।

आकांक्षा के भी खुद को मापने के कई पैमाने हैं। जैसे कि छात्रों की उपलब्धि।

'हम साल के मध्य और अंत में बच्चों का इम्तेहान लेते हैं। इस पूरे डाटा को संभालकर रखा जाता है, और हम उसे जांचते हैं। यह आंतरिक मूल्यांकन है, लेकिन इसकी जांच उन्हें पढ़ाने वाले शिक्षक नहीं करते, जिससे तटस्थता बनी रहे।'

आकांक्षा अपने 60 सेंटरों पर 'मॉडल ऑडिट' भी कराती है।

'हम हर महीने विभिन्न संभावनाओं पर विचार भी करते हैं, जिसे हम *मॉडल सेंटर मीटिंग* कहते हैं। हम इन सवालों पर चर्चा करते हैं कि अपने सेंटर को लेकर आपका क्या विजन है? और पूरी टीम उस लक्ष्य को हासिल करने के लिए क्या करने वाली है?'

उन संभावनाओं में क्लास डिसप्ले से लेकर स्वयंसेवियों के ज्यादा प्रभावी योगदान पर चर्चा होती है। आप अपने बच्चों को कितनी अच्छी तरह से समझ सकते हैं। ये सारी सूचनाएं आकांक्षा के ऑफिस में आती हैं और वे लोग इसे पूरी टीम के साथ साझा करते हैं।

मजे की बात है कि आकांक्षा स्कूल अब एजुकेशन इनिशिएटिव या ई-आई पर भी काम कर रहे हैं। यह बच्चों को 'ऐसेट' टेस्ट करवाती है।

'हम अपने बच्चों के लिए मानदंड कैथोलिक स्कूलों की तरह ही बनाते हैं।'

तो आकांक्षा के बच्चों का प्रदर्शन कैसा रहता है? शाहीन को लगता है कि अभी कुछ भी कहना ज्यादा जल्दी होगी, क्योंकि अभी तो नए स्कूलों को नर्सरी के स्तर पर शुरू किया गया है, जबकि ऐसेट भी तीसरी क्लास के बाद किया जाता है।

'लेकिन हमने चार साल पहले पुणे* में तीसरी, चौथी और पांचवीं क्लास के साथ स्कूल शुरू किया। जब हमने उन बच्चों का मूल्यांकन किया तो वे राष्ट्रीय

* थर्मेक्स सोशल इनीशिएटिव फाउंडेशन के सहयोग से

औसत से 50-70 प्रतिशत नीचे थे। उनके साथ सालभर मेहनत करके हमने उनमें से कुछ को राष्ट्रीय औसत तक पहुंचाया। कुछ उससे नीचे थे। तो यह एक प्रभावशाली तरक्की थी।'

लेकिन मेरे लिए ज्यादा प्रभावशाली थे आकांक्षा के भूतपूर्व छात्र।

'दरअसल हमारे यह रिसर्चर कैम्ब्रिज यूनिवर्सिटी से आए हैं, जिन्होंने *इम्पेक्ट एसेसमेंट स्टडी* नाम का यह शोध किया। उन्होंने हमारे पूर्व छात्रों पर नजर रखी और उनकी तुलना दूसरे स्कूल के छात्रों और दूसरे वर्ग के बच्चों से की।'

अभी संख्या कम है (लगभग 150) लेकिन नतीजे चौंकाने वाले हैं।

आकांक्षा के 87 प्रतिशत बच्चे एसएससी परीक्षाओं में बैठते और पास होते हैं।

58 प्रतिशत बच्चे कॉलेज गए--उनमें से कुछ अब स्नातक हैं।

'पढ़ने के अलावा वे सभी कुछ काम भी करते हैं, क्योंकि यह उनकी जरूरत है। उनमें से बहुत से आज पार्टटाइम जॉब करते हुए 15-20 हजार रुपए महीना कमा रहे हैं। ऐसा इसलिए क्योंकि वे अंग्रेजी बोलने में अच्छे हैं। और उनमें आत्मविश्वास भी है।'

किसी भी शिक्षक के लिए सबसे बड़ा ईनाम उसके छात्र की सफलता ही है। और शाहीन ने यह राह इसलिए ही चुनी थी, क्योंकि उन्हें बच्चों और पढ़ाई से प्यार है। लेकिन क्या अब भी उन्हें पढ़ाने का समय मिल पाता है?

'नहीं, बिल्कुल नहीं। और मुझे इससे चिढ़ है। मैं अब यही सोचती हूं। दरअसल मैं 2-3 दिन पहले किसी से कह भी रही थी कि मेरा मन करता है कि वापस क्लास में जाकर पढ़ाना शुरू कर दूं।'

पिछले दो सालों में यह मुश्किल हो गया है--शाहीन का ध्यान अब विकास और विस्तार पर है। वह विभिन्न प्रोग्रामों के प्रबंधन में लगी हैं।

'लेकिन जब भी मुझे मौका मिलता है, मैं क्लास में जाकर पढ़ाना शुरू कर देती हूं... हालांकि अभी मेरे पास अपने बच्चों का कोई ग्रुप नहीं है।'

काम से जुड़े रहना भी उतना ही महत्वपूर्ण है और शाहीन उसके हर पहलु से बहुत करीब से जुड़ी हुई हैं।

'मुझे लगता है इससे आपको पता चलता है कि आप यहां क्यों हो और

क्या कर रहे हो। तो मैं अपना निजी समय भी उन बच्चों के साथ बिताती हूं, खासकर बड़े बच्चों के साथ, जिनके साथ मैंने सीधे काम किया था। उनमें से बहुत से बच्चे आकांक्षा ऑफिस में काम करते हैं।'

एक स्तर पर इसमें अब भी निजता है, लेकिन यकीनन अब इस संगठन का स्तर बहुत व्यापक हो गया है। आकांक्षा में अब 700 लोग हैं, जिनमें 350 स्वयंसेवक है, जो नियमित रूप से आते हैं।

60 केंद्रों पर 120 शिक्षक नियुक्त हैं। फिर स्टाफ भी है, जो सेंटर की देखरेख करते हैं, समाजसेवक, हेल्प ग्रुप (उन बच्चों की मांएं, जो समुदाय से जोड़ने में मदद करती हैं)।

'हमारे पास मैनेजर की भी छोटी सी टीम है। एक हेड बॉम्बे में है और एक पुणे में। और उनका एक सीईओ भी है, जो मैं नहीं हूं क्योंकि मैं अब वहां से बाहर आ गई हूं।'

क्यों?

'मैं *टीच फॉर इंडिया* सेट कर रही हूं।'

'टीच फॉर इंडिया' 'टीच फॉर अमेरिका' से प्रेरित है। यह एक ऐसा प्रोग्राम है, जो यूएस के युवा स्नातकों को दो साल के लिए इनर-सिटी स्कूलों में पढ़ाने के लिए आमंत्रित करता है। इसका मकसद था युवाओं को इस महत्वपूर्ण मुद्दे के प्रति संवेदनशील बनाना और उन्हें नेतृत्व का अनुभव प्रदान करना।

लेकिन ऐसा नहीं था कि उन्होंने 'टीच फॉर अमेरिका' के बारे में जाना और उसकी नकल यहां करने को तैयार हो गए। यह एक अलग मामला है।

'हमारे एक ग्रुप ने इस समस्या के समाधान पर सोचना शुरू किया। यह सही है कि आकांक्षा कुछ हजार बच्चों के जीवन में परिवर्तन लाने की कोशिश कर रहा है, लेकिन आप देखिए कि समस्या इससे कही ज्यादा बड़ी है।'

'और आपको आकांक्षा के बच्चों को बड़ा होते देख प्रेरणा मिलती है। आप सोचते हैं--हर बच्चे में संभावनाएं छिपी हैं।'

तब शाहीन ने गंभीरता से सोचना शुरू किया कि एक व्यवस्थागत परिवर्तन लाने के लिए क्या किया जाना चाहिए।

'मेरा मानना था कि शिक्षा का अन्य कोई विकल्प है ही नहीं। बच्चे को

'भारत में युवाओं के दो वर्ग हैं, एक तो वे जो टीवी और दूसरों पर चिल्लाते रहते हैं और दूसरे वे जो वाकई में कुछ करना चाहते हैं। उनके लिए 'टीच फॉर इंडिया' ही सब कुछ है।'

पढ़ाने में लंबा समय लगता है, बहुत सी कोशिशें, और आप शिक्षक की जगह नहीं ले सकते। इन सबमें शिक्षक मुख्य स्तंभ है।'

'तो ये जानते हुए यह मुश्किल है, लेकिन महत्वपूर्ण है, और इसी के जरिए बड़े स्तर पर परिवर्तन लाया जा सकता है--तो हमने इस बारे में बात करनी शुरू की।'

संयोग से उसी समय, 'टीच फॉर अमेरिका' के कुछ पूर्व छात्र आकांक्षा आए थे।

शाहीन शिक्षा के लिए उन युवाओं के जोश से दंग थीं। वे युवा जो कुछ भी कर सकते थे, उन्होंने अपने लिए दुनिया के सबसे चुनौतीपूर्ण क्लासों में पढ़ाने का काम चुना। और वे उस अनुभव के बारे में बड़े गर्व से बात करते हैं।

तब शाहीन अमेरिका गईं, 'टीच फॉर अमेरिका' के बारे में ज्यादा जानने के लिए, और उसके संस्थापक वेंडी कॉप से मिलीं। शाहीन ने वेंडी को भारत आकर यहां की स्थिति समझने के लिए आमंत्रित किया कि क्या यहां भी वैसा ही मॉडल लगाया जा सकता है?

जवाब था हां, और नहीं।

'टीच फॉर इंडिया ने टीच फॉर अमेरिका के कुछ मूलभूत सिद्धांतों को अपनाया है। जैसे कि यह लोगों का आंदोलन है, इसमें आप लोगों के जरिए ही पढ़ाते हैं। आपको इन युवाओं को बहुत प्रेरित करना होता है, जिससे कि वे क्लासरूम में पूरी दक्षता के साथ खड़े हों।'

'इस आंदोलन का सबसे महत्वपूर्ण भाग है कि आप क्लासों में शिक्षकों को नहीं भेजते। आप अपनी अगली पीढ़ी को नेतृत्व की कमान सौंपते हैं।'

यह प्रोग्राम टीचिंग में दक्ष हो चुके इन युवाओं के बिजनेस, टैक्नोलॉजी,

एंटरटेनमेंट और सरकारी कैरियर में सफलता के लिए जाना जाता है। और जब ये अगले स्तर पर जाकर नेतृत्व संभालते हैं तो समाज में परिवर्तन लाने की ओर अग्रसर होते हैं।

लेकिन अगर इस प्रोग्राम के सार की बात करें तो, 'टीच फॉर इंडिया' का अपना एक यूनिक मॉडल है।

जनवरी 2009 में, 'टीच फॉर इंडिया' ने पहली बार आवेदन लिए थे। देशभर से 2 हजार युवाओं ने इसके लिए अपने सीवी भेजे थे। नए स्नातक, सॉफ्टवेयर इंजीनियर, इंवेस्टमेंट बैंकर--सबका विचार टीचिंग के जरिए समाज को कुछ देने का था। साथ ही एक अलग तरह का अनुभव भी हासिल होता।

'हमने पहले चक्र में *टीच फॉर इंडिया* के लिए 87 फैलो चुने। दूसरे चक्र में हमारे पास 6 हजार एप्लीकेशन आईं, जिसमें से 150 छात्रों का चयन किया गया।'

चुने हुए उम्मीदवारों को मुंबई के छोटे स्कूलों और पुणे के नगर निगम स्कूलों में पढ़ाने का काम सौंपा गया। 'तो यह पहली दो जगह थीं, हमारा विचार अगले पांच सालों में इस योजना को पूरे देश में फैलाना है।'

किसी भी उद्यमी के लिए विस्तार सबसे बड़ी चुनौती होती है। एक पॉइंट पर यह सिर्फ दृढ़ता और प्रतिबद्धता से परे फंड पर भी निर्भर करती है।

'यह तो सबसे बड़ी चिंता है। आकांक्षा को एक ट्रस्ट के रूप में रजिस्टर करवाया गया है, लेकिन आप सही कह रही हैं--निवेश के लिए एक तयशुदा रणनीति पर चलना पड़ता है।'

अकांक्षा के लिए ज्यादा पैसा एक-दूसरे से इसके बारे में सुनकर ही आया है। क्योंकि लोग बच्चों को देख सकते थे, और स्वयंसेवक, जो इस प्रोग्राम से जुड़े थे, वे भी सबसे इसकी प्रशंसा करते थे।

फिर शाहीन की अपनी अच्छाइयां, उनके परिवार की पृष्ठभूमि और संपर्कों ने बहुत से दरवाजे खोल दिए, और पर्स भी।

'शुरुआत में ज्यादातर सपोर्टर सिटीबैंक फैमिली से ही थे--वो लोग जो मेरे पापा के साथ काम करते थे, जिन्होंने मुझे बड़ा होते देखा था। वे सोचते थे--चलो हममें से कोई तो अच्छा काम करने की कोशिश कर रहा है, नहीं तो

हर कोई बस बैंक में काम करने के लिए हाथ-पैर मारता है।'

जब आप शाहीन से बात करते हैं, आप उनकी गंभीरता से प्रभावित हुए बिना नहीं रह सकते। किसी भी अच्छे संचालक की तरह वह आपके ध्यान पर पकड़ बनाए रखती हैं। और उन्होंने अपनी इस योग्यता का फायदा उठाया।

'मुझे लगता है कि मुझे अलग-अलग देशों में रहने, और अलग-अलग तरह के लोगों से मिलने का भी फायदा मिला। तो मैं आसानी से अपनी बात रख पाती थी। मुझे पता है, बहुत से लोग सम्मोहक काम करते हैं, लेकिन उसमें जरा सी और पटुता मिला दी जाए, तो पैसे मिलने में आसानी हो जाती है।'

'टीच फॉर इंडिया' की रणनीति इससे थोड़ी अलग है। इस प्रोग्राम के लिए शुरुआती पैसे फाउंडेशन से आए, जबकि इसकी नींव आकांक्षा बोर्ड से आए पैसों से रखी गई थी। लेकिन अब पैसों का बंदोबस्त दूसरे संसाधनों से हो जाता है। और इस मामले में भी काम तो ऐसा ही है, जो दिमाग के बजाए दिल को छूता है।

'हमारा जोर इस पर है कि अगर आप *टीच फॉर इंडिया* के लिए दान दे रहे हैं, तो आप सिर्फ क्लास में एक टीचर ही नहीं मुहैया करा रहे, बल्कि आप अगली पीढ़ी के विकास और उनकी नेतृत्व क्षमता बढ़ाने के लिए भी काम कर रहे हैं।'

'मुझे लगता है कि लोग समझ रहे हैं कि आगे की पीढ़ी में नेतृत्व क्षमता की कमी आती जा रही है। तो इसलिए भी यह महत्वपूर्ण निवेश है।'

'स्पॉन्सर ए सेंटर' की तरह शाहीन ने अब 'स्पॉन्सर ए फैलो' स्कीम शुरू की है। जहां हर दाता को दो साल के लिए छह लाख रुपए देने होते हैं। इसमें फैलो का वेतन--20 हजार रुपए महीना--के साथ ट्रेनिंग इत्यादि की लागत भी शामिल है।

'अगर आप इसे क्लास में एक टीचर मुहैया कराने की नजर से देखें तो यह रकम ज्यादा है। लेकिन अगर आप समझें कि इन पैसों से देश को ऐसा युवा मिलने वाला है, जिसमें सामाजिक मुद्दों के प्रति संवेदनशीलता है तो आप पाएंगे कि यह रकम कुछ नहीं है।'

'टीच फॉर इंडिया' की सबसे बड़ी चुनौती ही यही है कि इसकी लागत

बहुत ज्यादा है--यह पुराने आकांक्षा के जुगाडू मॉडल से भिन्न है।

'सोचो, अगर आप सर्वश्रेष्ठ, होनहार और प्रतिबद्ध लोगों को काम पर रखते हैं, तो आपके काम का प्रदर्शन किस स्तर का होगा। तो हमें जरूरत होती है उच्च कैलिबर वाले स्टाफ की।'

यह काफी रोचक है कि जब 18 साल की शाहीन ने इस राह को अपने लिए चुना तो उनके मन में कोई घबराहट नहीं थी। सफल होने के बाद उस प्रतिष्ठा को बनाए रखना काफी मुश्किल होता है।

और यह तो कमाल की प्रतिष्ठा है। आकांक्षा ब्रांड हमेशा अपने मूल से बड़ा होता गया।

'आकांक्षा के पास महज 3,500 बच्चे हैं, तो यह वैसे तो बड़ा ऑर्गेनाइजेशन नहीं है। लेकिन अगर इसकी गुणवत्ता और बच्चों पर पड़ने वाले इसके प्रभाव को आंका जाए तो यकीनन यह बड़ा संगठन है।'

शाहीन कहती हैं कि उन्होंने कभी इसे ब्रांड बनाने के बारे में नहीं सोचा था (हालांकि वह अब 'टीच फॉर इंडिया' को ब्रांड बनाने की कोशिश कर रही हैं।)। बस सब अपने आप होता गया, बस इसके आर्ट ऑक्शन और वार्षिक आकांक्षा म्यूजिक की अच्छी साख के कारण। इन दोनों की ही शुरुआत बच्चों की भलाई के मकसद से की गई थी।

'हमारे बच्चे बहुत सुंदर उत्पाद और कार्ड बनाते हैं। इसने इसे ब्रांड बनाने में इतना सहयोग दिया, जितना हमने सोचा भी नहीं था।'

उनका म्यूजिक प्रोग्राम भी बेहद सफल रहा।

'एक बार फिर से, हमारा लक्ष्य सिर्फ आकांक्षा के बच्चों पर ही था। हम शहर को दिखाना चाहते थे कि हम म्यूजिक में भी अच्छा कर सकते हैं। हम चाहते थे कि वो यह सोचकर आएं कि *ये कोई चैरिटी शो की तरह होगा!* लेकिन जब वो यहां से जाएं तो कहें--*वाह! आपको तो इन्हें दूसरे देशों में भी परफॉर्मेंस को मौका देना चाहिए।*'

प्रोग्राम के पीछे की लगन और ईमानदारी--और यह तथ्य कि वे अलग और अनोखे थे--ने मीडिया को भी अपनी तरफ आकर्षित किया। लिहाजा, ब्रांड आकांक्षा को इसके लिए एक रुपया भी खर्च नहीं करना पड़ा।

लगन और ईमानदारी ने टीम मेंबरों को आकर्षित करने में भी महत्वपूर्ण भूमिका निभाई।

'लोग जो चाहते हैं, उसमें उन्हें मालिकाना हक देने से काफी मदद मिलती है। हमारे पास अद्भुत लोगों का समूह है, उनमें काम करने का जुनून है। दूसरी चीज है सही लोगों का चुनाव, जो हमारे सिस्टम में पूरी तरह सही बैठें। लोगों में जिम्मेदारी की भावना पैदा करना और उन्हें लक्ष्य हासिल करने के लिए प्रेरित करना।'

और फिर लोगों को काम के परिणाम से चौंका देना।

'एक इंसान जो पांच सालों से हर रोज क्लास में पढ़ा रहा हो, हो सकता है वह इससे ऊब जाए... लेकिन अगर आप उसे सुव्यवस्थित एलुमिनी (भूतपूर्व छात्र) दिखाएंगे, जिसका जीवन इस काम से निखरा है, तो यकीनन वह और ऊर्जा से काम को कर पाएगा।'

आपका संगठन भले ही समाजिक कार्य से प्रेरित हो, लेकिन आर्थिक प्रेरणा वो तथ्य है, जो लोगों को आपके साथ काम करने के लिए तैयार करती है। और अगर आप अच्छे लोगों के साथ काम करना चाहते हो, तो आपमें उनकी पगार देने की क्षमता होनी चाहिए--भले ही मार्केट रेट पर न हो--लेकिन फिर भी एक डिसेंट रकम तो बनती ही है।

शाहीन इस बात से सहमत हैं।

'मुझे भी लगता है कि यह इस क्षेत्र की सबसे बड़ी चुनौती है। जब तक आप लोगों को सही पगार नहीं देते हैं, तब तक इस क्षेत्र में बेस्ट टैलेंट को खींच पाना मुश्किल है। इसका यह मतलब नहीं है कि आप पांच बेस्ट लोगों के लिए पैसे इकट्ठा कर रहे हो। आपके पास सैंकड़ों कर्मचारी होते हैं, तो यह एक जटिल प्रक्रिया है।'

'मैं बच्चों के लिए काम करती हूं, तो समय की कोई परेशानी नहीं है। ऐसा नहीं है कि मैं किसी नौकरी पर सुबह जाकर, रात को घर में घुस रही हूं। या काम के दौरान में अपने बच्चों का फोन नहीं ले सकती।'

आकांक्षा की सोच इस पर काम करने की थी।

'इसमें हमारी शुरुआत बहुत खराब थी। हम किसी को भी, कुछ भी देने की स्थिति में नहीं थे। फिर हमने कुछ लोगों को नाममात्र की राशि देनी शुरू की। लेकिन अब हम धीरे-धीरे लोगों को पगार देने की स्थिति में आते जा रहे हैं।'

शाहीन को भी पगार मिलती है। शुरुआत में यह बहुत कम थी। अब पर्याप्त है।

और आकांक्षा को अपना जीवन समर्पित करने का उनके निजी जीवन पर क्या असर पड़ा? क्या शाहीन ने 'संतुलन' नाम की चीज ढूंढ़ ली है।

'मैं बहुत व्यवस्थित तो नहीं हूं,' वह स्वीकारती हैं। 'मेरी दो बेटियां हैं, 5 साल की सना, और 10 साल की समारा।'

उन्हें इसके लिए समय कब मिला, मैंने पूछा और वह हंसकर कहती हैं--'मैं जानती हूं आपका क्या मतलब है।'

हां, वह आखरी दिन तक भी काम कर रही थीं, और उन्होंने बाद में भी कोई छुट्टी नहीं ली थी।

'मैं सच में एक मीटिंग में थी, जब मुझे लेबर पेन शुरू हुए और मैं वहीं से अस्पताल पहुंची। और एक सप्ताह बाद ही मैं घर पर वापस काम कर रही थी।'

क्या शाहीन को कभी पछतावा होता है?

'मैं चाहती हूं कि मेरी बेटियां जाने कि मैं अपनी जिंदगी में संभावनाएं तलाश करने की कोशिश कर रही हूं। मैं नहीं चाहती कि वो मुझे परफेक्ट मां मानें, मुझे पता है जब मैं उनकी बर्थडे पार्टी में नहीं होती, तो वे नाराज होती हैं। लेकिन मेरे लिए और भी जरूरी काम हैं।'

शाहीन को उम्मीद है कि जब उनकी बेटियां बड़ी होंगी और अपनी मां के बारे में बात करेंगी तो वे अपनी मां को ऐसे इंसान के रूप में देखेंगी, जिसने कुछ करने के लिए बहुत मेहनत की है, और उसे वाकई लोगों की परवाह है।

'यही तो वह धरोहर है, जो मैं अपने पीछे छोड़कर जाना चाहती हूं।'

और किस्मत से, वह कहती हैं, उनकी बेटियां कमाल की हैं।

'उन्होंने कभी मुझे अहसास नहीं कराया कि मैं उनके साथ नहीं हूं। वे

बहुत एडजस्ट करती हैं, आत्मनिर्भर हैं, और नई चीजें करने के प्रति उनका नजरिया रचनात्मक है।'

'तो कहीं न कहीं मुझे यह ठीक लगता है। लेकिन कहना पड़ेगा कि सब चीजों के लिए समय निकाल पाना बहुत मुश्किल होता है और यही सबसे ज्यादा थकाने वाली बात है।'

उनकी भी एक दिनचर्या है।

'मैं हर सुबह उनके साथ होती हूं, उन्हें तैयार करती हूं। लगभग हर शाम मैं उनके साथ बिताती हूं और रात में मैं बाहर जाना पसंद नहीं करती।'

अपने काम से शाहीन दिन में दो घंटे का ब्रेक भी ले पाती हैं। या फिर उन्हें सुलाकर देर रात तक काम भी कर लेती हैं।

'मैंने अपने आप में ही एक संतुलन बना लिया है,' वह कहती हैं। 'मैं उनके साथ अपनी मनमर्जी से समय बिताती हूं और जो उनके लिए जरूरी होता है, वह कर पाती हूं। लेकिन यह औपचारिक वाला संतुलन नहीं है।'

शाहीन खुशकिस्मत हैं कि उनके पास मदद के बहुत हाथ हैं–उनके माता-पिता, जो अब भारत में ही रहते हैं।

'मैं अपने मम्मी-पापा के घर को बेस होम की तरह इस्तेमाल करती हूं। तो बच्चे स्कूल से वहीं आते हैं और फिर वहीं से अपने ट्यूशन इत्यादि के लिए जाते हैं। तो शाम को 7-7.30 तक वो वापस आते हैं, और फिर हम अपने घर चले जाते हैं।'

'और मेरे साथ बहुत सालों से एक प्यारी सी लड़की भी रहती है, जो सच में कमाल की है। वह बहुत मेहनती है, और बच्चों को बहुत चाहती भी है। और जब मैं शहर से बाहर होती हूं, तो सच में मेरे बच्चे बहुत खुशकिस्मत हैं कि उनके पास दस लोग हैं, जिनके साथ वह रात को रुक सकते हैं, इनमें उनके कजिन और दोस्त भी शामिल हैं।'

शाहीन मानती हैं कि उनकी स्थिति बुरी नहीं है, वह फिर भी व्यवस्थित हैं। लेकिन एक बात, एक आदमी, जिसका कहीं भी जिक्र नहीं हुआ, उसके बारे में एक बार तो बात करनी ही पड़ती है। हालांकि यह समझ आ गया था कि उसकी 'अलग' प्राथमिकताएं रही होंगी।

'एक समय मुझे लगा कि सब फिसल रहा है और मैंने समझते हुए दोबारा संभलने की कोशिश की। मॉम को हमेशा से लगा कि मैं ठीक तरह से नहीं संभाल पा रही हूं, लेकिन आप वही करते हैं, जो कर सकते हैं!'

शाहीन मिस्त्री ने अपरंपरागत विकल्प को चुना। और यही उनके जीने का तरीका भी है।

'दरअसल मेरा तलाक तो मेरी पहली बच्ची के जन्म से पहले ही हो गया था। हमारी शादी को चार साल हो गए थे, और जब मैं छह महीने की प्रेग्नेंट थी तो हमारा तलाक हो गया। दरअसल मैं बच्चों को अपने लिए ही लाई थी। यकीनन समारा की वजह से हम कुछ समय तक संपर्क में रहे लेकिन फिर...'

उन्होंने यह बात बहुत सपाट लहजे में कही, जैसे बीते जमाने की बात हो। मैं और जानना चाहती थी...

लेकिन उनसे कुछ और पूछना सही नहीं होता।

शाहीन के साथ बिताए समय में मैं यही कह सकती हूं कि वो कहीं से भी रूढ़िवादी नहीं हैं। अपने कपड़ों से भी नहीं... जो किसी एनजीओ वाले के हिसाब से बहुत फैशनेबल हैं।

'आप किसी सामाजिक कार्यकर्ता की तरह नहीं लगतीं,' मैंने कहा। मतलब झोला-काजल-कुर्ता वगैरह...

'मैंने शुरू में कोशिश की थी--जब मैंने कॉलेज जाना शुरू किया तो मैं बस खादी की साड़ियां ही पहनती थी। और एक बार तो बहुत ही अजीब हो गया। मेरी बेस्ट फ्रेंड--जब वो मुझसे पहली बार मिली--मेरे पास आई और मुझसे पूछा कि क्लास कहां है। उसने सोचा कि मैं प्रोफेसर हूं!'

उन दिनों शाहीन पर कोई धुन सवार थी, लेकिन आज वह अपने रूप में बहुत खुश हैं। जींस और हॉल्टर टॉप में वह किसी भी सेमिनार में आरामदायक महसूस करती हैं।

'वापस आने पर मैंने महसूस किया कि आपमें खुद को पहचानने की योग्यता होनी चाहिए। आप किसी और की तरह बनने की कोशिश कुछ देर तो कर सकते हैं, लेकिन ज्यादा देर तक आप दूसरे की खाल में सांस नहीं ले पाएंगे।'

हालांकि हममें से अधिकांश अपना जीवन इसी तरह जीते हैं। दर्शक, यात्री या नींद में चलने वालों की तरह। जिंदगी के मंच पर।

शाहीन ने अपनी स्क्रिप्ट खुद लिखी है, अपना रोल खुद निभा रही हैं, वही दिखा रही हैं जो वो हैं।

और इसीलिए वो हमारे लिए प्रेरणा हैं।

✳

युवा उद्यमियों को सलाह

मैं मानती हूं कि जो आप करना चाहते हैं, उसमें आपका पूरा यकीन होना चाहिए। मुझे पता है कि यह सुनने में बहुत घिसा-पिटा लगता है, लेकिन अपने इतने साल के अनुभव से मैंने यही जाना है कि जिस चीज को आप बुरी तरह चाहते है, वो सचाई का रूप ले ही लेती है।

मैंने देखा है कि जब आप किसी चीज को लेकर ज्यादा सवाल जवाब करते हैं, तो आपके मन में उसे लेकर संदेह होने लगता है। तो आप न उस तक पहुंचने की कोशिश करते हैं, और न पहुंच पाते हैं।

कुछ टीचर बच्चों को कहते हैं, 'मुझे तुम पर पूरा भरोसा है। दुनिया भले ही तुम्हें कुछ भी कहे, या तुम्हारे साथ जैसा भी व्यवहार करे, लेकिन मुझे पता है कि तुममें काबिलियत है।'

यह भरोसा बच्चे को अपने बारे में सोचने का नया नजरिया देता है।

जिंदगी में आपको भरोसे के बल पर बढ़ना ही पड़ता है, किसी चीज के लिए जुनून की हद तक जाना ही पड़ता है, तभी वह जुनून और भरोसा कायम रह पाते हैं।

यह बात किसी भी चीज पर लागू होती है—फिर चाहे वह कैरियर की बात हो या जिंदगी की।

मैं सोचती हूं कि लोग कोई छोटा काम नहीं करना चाहते। लेकिन कुछ भी बड़ा करने के लिए पहले आपको छोटे कदम ही उठाने पड़ते हैं।

किसी दिन, तुम ट्रक में किताबें भरकर इन झुग्गियों में आओ, और देखो कि सच्चा ज्ञान कहां से आ रहा है। कभी-कभी आंखें खोलने के लिए ऐसे दौर से भी गुजरना चाहिए।

आजादी का नया पड़ाव

अरविंद केजरीवाल
परिवर्तन

आईआरएस ऑफिसर के तौर पर अरविंद केजरीवाल ने अपने ही विभाग के खिलाफ एक लड़ाई छेड़ दी थी। यह आंदोलन--'परिवर्तन' के झंडे तले--बाद में नागरिकों को सशक्त बनाने के लिए आरटीआई (राइट टू इंफॉर्मेशन एक्ट) का अगुआ बना। अरविंद का सपना 'सच्चा लोकतंत्र', जहां शासन की बागडोर एक बार फिर से आम आदमी के हाथ में हो।

अरविंद का माथा चिकना और बिना लकीरों का है। ऐसा माथा किसी ऐसे इंसान का होना, जो अक्सर सिस्टम के साथ अपना माथा फोड़ता रहता है, एक चमत्कार ही माना जाएगा।

यहां तक कि 'भ्रष्टाचार', 'राजनेता' या फिर 'देश' के बारे में की जाने वाली साधारण बातचीत भी हम सबको निराश कर देती है। सभी कुछ निराशावादी और उदास लगने लगता है।

लेकिन अरविंद किसी और ही मिट्टी के बने हैं। पिछले दस सालों में उन्होंने 'सिस्टम' की भिन्न शाखाओं के साथ लड़ाई छेड़ी है। उनके प्रयासों ने अपने कुछ निशान तो छोड़े ही हैं, कुछ छोटे बदलाव भी हुए हैं--लेकिन अभी एक लंबा सफर बाकी है।

हालांकि, वह खुशमिजाज है। और यकीनन चिड़चिड़े तो नहीं हैं।

'असली मुद्दा भ्रष्टाचार नहीं है--वह तो सिर्फ लक्षण है। हमें तो लोकतंत्र की इमारत पर काम करना है, सचाई और ईमानदारी के साथ।'

यही काम वह 'परिवर्तन' के साथ कर रहे थे। आरटीआई के हथौड़े और 'जवाबदेही' की कील के साथ, अरविंद ने एक आंदोलन का निर्माण तो कर दिया है।

लेकिन उन्हें और हाथों की जरूरत है, इस कील को और दीवारों पर ठोकने के लिए। चीजों को अपनी जगह पर पहुंचाने के लिए।

ताकि आजादी की इस हवा में यह देश सांस ले सके।

आमीन

आजादी का नया पड़ाव

अरविंद केजरीवाल
परिवर्तन

अरविंद केजरीवाल का जन्म हरियाणा के हिसार जिले के सिवनी गांव में हुआ।

'मेरे पिता इलैक्ट्रिकल इंजीनियर थे। वह नौकरी बदलते रहते थे, इसलिए मैंने कई स्कूलों में पढ़ाई की। लेकिन आखिरकार, वह जिंदल स्ट्रीप्स लिमिटेड में काम करने लगे, तो 8वीं क्लास से मेरी पढ़ाई हिसार में ही हुई।'

पढ़ाई में सर्वश्रेष्ठ, लेकिन खेलों में जीरो रहे अरविंद का शुरुआती रूझान मेडिसन की तरफ था।

'10वीं क्लास तक मेरे मन में डॉक्टर बनने की ही चाह थी। मन में कहीं मैं इसके जरिए हमेशा से लोगों की सेवा करना चाहता था।'

लेकिन एक सीनियर ने उन्हें बताया था कि जो भी करना वो उस क्षेत्र के बेस्ट इंस्टीट्यूट से ही करना। लेकिन एम्स में सीटें बहुत सीमित थीं। क्यों न इसके बजाय इंजीनियरिंग को ही अपना लिया जाए?

इस तरह अरविंद आईआईटी खड़गपुर पहुंच गए। और 1989 में मैकेनिकल इंजीनियरिंग की डिग्री पूरी करने के बाद, वह टाटा स्टील में काम करने लगे।

'मैंने टाटा स्टील के साथ तीन सालों तक काम किया, और किसी तरह इस बीच मैंने सिविल सर्विस के एग्जाम भी दिए।'

पहले ही प्रयास में, अरविंद आईआरएस (इंडियन रेवेन्यू सर्विस) की परीक्षा में पास हो गए। लेकिन उनका मन आईएएस का था, तो उन्होंने दोबारा परीक्षा दी और इस बार भी वह लिखित पेपर में पास हो गए।

इस बीच अरविंद ने टाटा स्टील के एचआर डिपार्टमेंट में जाकर अपना ट्रांसफर सोशल वैलफेयर डिपार्टमेंट में करने का निवेदन किया।

उन्होंने कहा, 'ऐसा नहीं हो सकता।'

तो अरविंद नौकरी छोड़कर मदर टेरेसा मिशनरी के साथ काम करने लगे।

अचानक ही समाज सेवा का विचार मन में कैसे आया?

'मुझे इस बारे में पता ही नहीं चला,' वह कहते हैं।

यूपीएससी का रिजल्ट मार्च में आने वाला था। अरविंद ने अगले चार महीने बोडोलैंड के आदिवासी क्षेत्रों में ईसाई मिशनरियों के साथ काम करते हुए बिताए। फिर उन्होंने कुछ समय रामकृष्ण मिशन के साथ बिताया।

फिर, इंटरव्यू की कॉल आ गई और अरविंद वापस घर आ गए--हरियाणा। लेकिन, वह बहुत से गांवों में गए थे और उन्होंने 'नेहरू युवा केंद्र' के साथ भी कुछ काम किया था।

'वह समय सीखने से कुछ ज्यादा था। मैं बहुत से संगठनों में गया था और देखा कि वे किस प्रकार काम करते हैं। उस समय मेरे दिमाग में बहुत से सवाल आए, लेकिन फिर मैं इंटरव्यू के लिए वापस आया और एक बार फिर आईआरएस के लिए ही मेरा चुनाव हुआ।' इस बार उन्होंने काम करना शुरू कर दिया, और इस तरह से उनके 'सफर' का भी अंत हो हुआ। आईआरएस--या इंकम टैक्स डिपार्टमेंट जैसा कि आम लोग इसे जानते हैं--का काम एक ढर्रे का काम था।

'मुझे काम करने में मजा आ रहा था। लोग कहते थे, अगर आप ईमानदार हो तो जल्द ही लोगों के निशाने पर आ जाओगे। लेकिन मेरे साथ ऐसा कभी नहीं हुआ। मुझे कई अच्छी पोस्टिंग मिलीं और कभी किसी ने मेरे काम में दखल नहीं दिया। न ही कभी मुझे गलत काम करने को कहा गया।'

लेकिन दिमाग की तहों में अभी भी पुराने सवाल कुलबुला रहे थे।

दिल्ली के आर्चबिशप ने एक बार कहा था, 'हमारे देश की बड़ी समस्या यह नहीं है कि हर्षद मेहता ने 3000 करोड़ रुपए चुराए हैं, बल्कि वह सोच है जब आम आदमी रिश्वत के 200 रुपए देता है और इसे सही मानता है।' यह पूरे देश की मनोवृति दर्शाता है। लेकिन इसके बारे में क्या किया जा सकता

'आईएएस एग्जाम देते हुए आप सोचते हैं कि आप दुनिया बदल सकते हैं। लेकिन जब आप वास्तव में नौकरी करने लगते हैं, तो अहसास होता है कि ऐसा कुछ नहीं होना वाला।'

है? अक्सर यह विचार अरविंद को आ घेरते।

'एक आदमी जो ईमानदारी से जीवन जीना चाहता है, उसके लिए हमारे देश में कोई विकल्प ही नहीं है। क्या हम उसे वह विकल्प मुहैया करा सकते हैं?'

बहुत सोच और चर्चाओं के बाद, अरविंद ने निर्णय लिया कि लोगों को यह बताना काफी नहीं है कि 'रिश्वत मत दो'। उनके सामने कोई दूसरा विकल्प देना होगा।

'चलो लोगों को बताते है कि अगर कोई सरकारी अधिकारी आपसे रिश्वत मांगे तो मत दो। हम आपका केस लेंगे और आपका काम मुफ्त में कराएंगे।'

'परिवर्तन' ऐसी संस्था बनी जहां कुछ बृद्धिजीवी लोग एक साथ मिलकर काम करने लगे।

'हमने इंकम टैक्स डिपार्टमेंट से ही काम करना शुरू किया और यह अच्छे से चला।'

उस समय तक अरविंद इंकम टैक्स डिपार्टमेंट में ही काम कर रहे थे--और एक तरह से उसी के खिलाफ। यकीनन उनके इस काम के बारे में बस परिवार वालों और कुछ नजदीकी मित्रों को ही पता था। परिवर्तन ने पहला काम किया दिल्ली के कमिश्नर से मुलाकात करने का।

'हम आपके सामने ऐसे मामले लाएंगे, जहां रिश्वत मांगी गई हो,' उन्होंने कहा।

कमिश्नर ने कहा, 'मैं आपकी मदद करूंगा।'

परिवर्तन ने दिल्ली में बैनर और होर्डिंग लगा दिए, *आम आदमी* को नसीहत देते हुए कि अगर आई-टी डिपार्टमेंट का कोई भी अधिकारी आपसे रिश्वत मांगे तो आप इस फोरम से संपर्क करें।

'जिस पल ये बैनर सामने आए, तभी अधिकारियों ने फैसला कर लिया कि वो उन पर पुताई करवा देंगे। तो उन्होंने हमारा पूरी तरह से त्याग कर दिया। सार्वजनिक रूप से चीफ कमिश्नर ने कहा कि इस कैंपेन के पीछे कुछ चिड़चिड़े सीए और दलाल काम कर रहे हैं।'

फिर भी, उनके पास बहुत से केस आए। परिवर्तन ने वे केस सामूहिक रूप से इंकम टैक्स प्राधिकरण के पास जमा करवाए। इसके साथ ही उन्होंने इन केसों की एक लिस्ट संसद सदस्यों, वित्त मंत्री और मीडिया के पास भी भेज दी।

'उदाहरण के लिए, *फाइनेंशियल एक्सप्रेस* ने आधे पेज की स्टोरी इन केसों पर छापी कि क्यों लोगों को उनका रिफंड नहीं मिल पाता।'

इससे विभाग पर बहुत दबाव पड़ा और नतीजतन परिवर्तन द्वारा भेजे गए केसों को वो जल्द से जल्द निबटाने लगे। 'लेकिन, इससे विभाग के काम करने के तरीके पर कोई असर नहीं पड़ा।'

परिवर्तन कैंपेन का काम जनवरी 2000 में शुरू हुआ। अगस्त आते-आते अरविंद को महसूस होने लगा कि उनकी ये कोशिशें और भी बड़े स्तर पर होनी चाहिए। उन्होंने ऐसे मुद्दों को उठाने का निर्णय लिया, जिससे समाज का बड़ा तबका प्रभावित होता हो। वह मुद्दा था बिजली।

'अगस्त 2000 में, हमने यही काम दिल्ली विद्युत बोर्ड के साथ करना शुरू किया। हमने लोगों से कहा कि वे रिश्वत न दें बल्कि हमारे पास आएं। परिवर्तन आपके मामले बिल्कुल मुफ्त में निबटाएगा।'

दिल्ली विद्युत बोर्ड के चेयरमैन--जगदीश सागर--बहुत मददगार थे। उन्होंने अपने ऑफिस में एक एग्जीक्यूटिव इंजीनियर की नियुक्ति की और कहा कि जो भी मामले परिवर्तन के जरिए आएंगे, उन पर तुरंत कार्यवाही होनी चाहिए।

कैंपेन के हिस्से के रूप में, परिवर्तन के सदस्य--जिनमें अरविंद भी शामिल थे--दिल्ली विद्युत बोर्ड के गेट पर बैठकर पैम्फलेट बांटा करते। ऐसे ही एक समय पर, टाटा स्टील का एक पूर्व सहकर्मी उनके पास आया, और उनसे कहा, 'तुम यहां क्या कर रहे हो?'

उसे लगा कि अरविंद खराब दौर से गुजर रहे हैं, उसने कहा, 'अगर तुम

चाहो, तो मैं टाटा स्टील में बात कर सकता हूं, और वे तुम्हें दोबारा काम पर रख लेंगे!' एक बार, इंकम टैक्स डिपार्टमेंट के एक सीनियर ने उन्हें नेहरू प्लेस में पैम्फलेट बांटते हुए पकड़ लिया।

लेकिन इनमें से कोई भी 'ऑफिसर अरविंद, नागरिक केजरीवाल' की दोहरी जिंदगी को हिला नहीं सका।

'2000 के आखिर में, मैंने नवंबर 2001 तक की स्टडी लीव ले लीं, और हम अपने काम में लगे रहे।'

दो साल पूरे होने पर, अरविंद सोच रहे थे कि हम आखिर इस तरह कब तक काम करते रहेंगे?

एक शहर के दो विभागों का काम संभालने पर ही परिवर्तन पूरी तरह से व्यस्त था। हां, कोशिशें रंग ला रही थीं, खासतौर पर विद्युत बोर्ड के मामले में।

'एक समय में बिजली अदालत के सामने हर महीने अक्सर 50 से ज्यादा केस पेंडिंग पड़े होते थे। हमारे आने के बाद, वह संख्या घटकर 3 या 4 रह गई।'

लेकिन, परिवर्तन इस तरह कितने लोगों की मदद कर सकता था? एक संगठन कितने विभागों को संभाल सकता था? कितने अधिकारियों से वे मिल सकते थे?

'मैंने महसूस किया कि हम लोगों को सशक्त नहीं बना रहे हैं। हम भी बिचौलिए ही बनकर रह गए हैं, बस दलालों से भिन्न, क्योंकि हम पैसे नहीं लेते।'

सिस्टम पर इसका रत्ती भर भी असर नहीं पड़ा था।

जब अरविंद इन मामलों में अपना सिर खपा रहे थे, तब सरकार ने दिसंबर 2001 में, दिल्ली में आरटीआई एक्ट पास कर दिया।

'हमने एक्ट की एक कॉपी ली और पाया कि यह तो बहुत ताकतवर

'परिवर्तन रजिस्टर्ड एनजीओ है। दरअसल आपको समाजिक कार्य करने के लिए खुद को रजिस्टर करवाने की जरूरत नहीं होती।'

हथियार है। लेकिन, कोई इसके बारे में नहीं जानता!'

एक्ट में लिखा था कि हर विभाग के पास एक अधिकारी होगा, जिसे 'कॉम्पिटेंट अथॉरिटी' कहा जाएगा। कोई भी नागरिक संबंध विभाग में कोई जानकारी लेने के लिए एप्लीकेशन जमा कर सकता है। और उस विभाग को एक निश्चित अवधि में उसका जवाब देना ही होगा।

अरविंद ने उसका टेस्ट लेने का निर्णय लिया कि यह काम भी करता है या नहीं। उन्होंने डीएसआईडीसी (दिल्ली स्टेट इंडस्ट्रीयल डूवलपमेंट कॉरपोरेशन), डीवीबी (दिल्ली विद्युत बोर्ड) और एमसीडी (म्यूनिसिपल कॉरपोरेशन ऑफ दिल्ली) में एप्लीकेशन भेजी।

'इन सभी विभागों में अधिकारियों को पता भी नहीं था कि कॉम्पिटेंट अथॉरिटी होती क्या चीज है। दरअसल उन्हें तो यह भी नहीं पता था कि दिल्ली में ऐसा कोई एक्ट पास भी हुआ है।'

परिवर्तन ने अधिकारियों को एक्ट की कॉपी दी। उससे भी कुछ नहीं हुआ। तो, उन्होंने जनवरी 2002 में मुख्यमंत्री को लिखा। मुख्यमंत्री ने विभिन्न सरकारी विभागों के अधिकारियों की एक मीटिंग बुलाई। शीला दीक्षित ने कहा, 'आरटीआई एक कानून है, और इसे लागू करना आवश्यक है।'

उसके अगले महीने लक्ष्मी नगर के कोई अशोक गुप्ता परिवर्तन के पास अपना केस लेकर आए। उन्होंने बिजली के कनेक्शन के लिए 2 साल पहले एप्लाई किया था। उनसे 5000 रुपए की रिश्वत देने को कहा गया।

'पहले हम ऐसे मामलों को ले लेते थे। लेकिन इस बार, हमने आरटीआई एप्लीकेशन भरी और उनसे उसे जमा करवाने को कहा।'

एप्लीकेशन जमा करवाने के दस दिन बाद विद्युत बोर्ड से एक अधिकारी उनके घर आया और कहा, 'आपका कनेक्शन पास हो गया है।'

यह तो बहुत ही हैरानी की बात थी। क्योंकि परिवर्तन के जरिए जाने वाले मामलों के निपटान में भी अक्सर दो महीनों का समय लग जाता था।

'तबसे हमने शिकायती मामले लेना बंद कर दिया। जब कोई हमारे पास आता तो हम आरटीआई फॉर्म भरने और जमा करवाने में उसकी मदद कर देते। और इस तरह जल्द ही उनकी समस्या का समाधान हो जाता।'

अगले तीन महीनों में, परिवर्तन ने 200 एप्लीकेशन फॉर्म भरवाने में मदद की। और सभी मामले--जिनमें ज्यादातर सालों से पेंडिंग थे--15 से 20 दिन में निबटा दिए गए।

'हमने दूसरे सरकारी विभागों में भी आरटीआई का इस्तेमाल करने का निर्णय लिया। अगर आप किसी कानूनी मामले में फंसते हैं तो आरटीआई का इस्तेमाल करें--यह रिश्वत से ज्यादा बेहतर काम करता है। यही हमारा लोगों को संदेश था।'

मार्च 2002 में अरविंद ने अरुणा रॉय और *जनसुनवाई* के बारे में पढ़ा, जो वह बीवार (राजस्थान) में चलाती हैं। वह उनसे मिलने गए और एमकेएसएस (मजदूर किसान शक्ति संगठन) के काम के बारे में भी समझा।

एमकेएसएस आरटीआई का इस्तेमाल पंचायत स्तर के भ्रष्टाचार से निबटने में कर रहा था। विभिन्न सरकारी योजनाओं को मिलने वाले फंड का बहुत सा भाग वास्तव में दलालों और बाबुओं द्वारा ही हजम हो जाता था। रोजगार गारंटी योजना की सबसे बड़ी समस्या ही झूठे दस्तखत करके सारा पैसा निबटा जाना है। सेवा कार्य बस कागजों में दर्ज होता है और पैसे का खर्च भी बस कागजों तक ही सीमित हो जाता है।

'एमकेएसएस पंचायतों से सूचना लेकर, सभा आयोजित करता है। उस सभा में गांववाले और अधिकारी सभी मौजूद होते हैं। फिर सभी जान सकते हैं कि वास्तव में काम हुआ या नहीं।'

अरविंद को महसूस हुआ कि यह वास्तव में जोरदार काम है। उन्होंने तय किया कि दिल्ली में भी इसे लागू किया जाना चाहिए।

'हमारा ऑफिस सुंदर नगरी में है, जो एक झुग्गी क्षेत्र है। हमने तय किया कि आरटीआई कि जरिए विभिन्न विभागों ने सुंदर नगरी और सीमापुरी में जो काम करवाया है उसकी लिस्ट निकलवाएंगे।'

'हम लोगों से कहते कि हमारे पास आओ और उनका मामला निबट जाता। लेकिन जैसे ही हम सीन से हटते तो मामला वही ढाक के तीन पात। यह हमारी चिंता का सबसे बड़ा विषय था।'

इसमें सामान्य से ज्यादा समय लगा।

'वहां बड़े माफिया ने हमारे काम में कई रोड़े अटकाए। तो वह काम आसानी से नहीं हो पाया। लेकिन हम भी पीछे नहीं हटे और आखिरकार हमें 182 कॉन्ट्रेक्ट्स की लिस्ट मिली।'

परिवर्तन ने उस सूचना को ब्लॉक, गलियों और लोकल क्षेत्र के हिसाब से बांटा। जगह-जगह उन्होंने ड्रम बजाकर, लोगों को इकट्ठा कर इस बारे में बताया।

उन्होंने कहा, 'एमसीडी का दावा है कि उन्होंने तुम्हारे घरों के सामने की सड़क बनाने पर दो करोड़ रुपए खर्च किए हैं। पचास लाख रुपए शौचालय के नाम पर खर्च किए गए।'

लोगों ने सामने आकर इसका विरोध किया, 'यह सब धोखा है, यहां तो ऐसा कोई काम हुआ ही नहीं!'

लोगों में इसे लेकर बहुत नाराजगी और विरोध बढ़ा। फिर परिवर्तन ने एक जनसुनवाई आयोजित की, जहां अधिकारियों और स्थानीय एमएलए की उपस्थिति में कॉन्ट्रेक्ट पढ़े गए।

आखिरकार यह पाया गया कि 64 कॉन्ट्रेक्ट्स को मिले 1.3 करोड़ रुपयों में से 70 लाख रुपए गायब थे। 29 इलैक्ट्रिक मोटरें लगाने का खर्च दर्ज किया गया था, जिसमें से एक भी नहीं लगाई गई थी। 29 हैंडपंप लगाने का दावा था, जिसमें से 15 गायब थे।

ऐसी बहुत सी सड़कें थीं, जिनका अस्तित्व सिर्फ कागजों तक ही सीमित था। 'इस तरह हमने हर कॉन्ट्रेक्ट की पड़ताल की। इसके बाद हमने एक रिपोर्ट तैयार की, जिसमें हर उस आइटम का जिक्र था, जिसे लगाया जाने का दावा था। हमने उस रिपोर्ट की एक कॉपी मुख्यमंत्री और एमसीडी के कमिश्नर को भी दी।'

हैरानी की बात है कि इस पर भी कोई कार्यवाही नहीं की गई। न ही कोई सस्पेंड हुआ। आधे मन से एक-दो आदेश पास हुए। लेकिन व्यवस्थागत बदलाव सिर्फ कागजों के लिए ही था।

'हमारा पहला सुझाव था कि जिस भी समय कोई नया प्रोजेक्ट पास होता

है तो उसकी सूचना पब्लिक नोटिस बोर्ड पर दी जानी चाहिए। ऐसा प्रोजेक्ट जो पास तो होता है, लेकिन कभी लागू नहीं होता।'

परिवर्तन ने दिल्ली हाईकोर्ट में एक पीआईएल दर्ज की, जिसमें एक्शन लेने का निवेदन किया गया। कोर्ट के निर्देशन में एक एफआईआर भी दर्ज की गई। वह केस जिला न्यायालय में पिछले आठ सालों से लड़ा जा रहा है।

'उससे भी कुछ हासिल नहीं हुआ।'

यकीनन, निराशाजनक। लेकिन परिवर्तन ने कोशिशें करना जारी रखा। इससे सुंदर नगरी में भी बहुत सी ऊर्जा उत्पन्न हुई। अब लोग परिवर्तन के पास आकर कहने लगे हैं, 'हम भरे हुए नालों से परेशान हैं, लेकिन पहले हमें खाने के लिए खाना चाहिए।'

तो परिवर्तन ने मामले को पीडीएस के पास ले जाने का निर्णय किया। जिसे आम भाषा में हम राशन की दुकान कहते हैं।

'हमारे पास एक मामला आया जिसमें एक गरीब महिला, त्रिवेणी--जिसकी मासिक आय 400-500 रुपए थी--को राशन मिलने में दिक्कत आ रही थी। या तो दुकान बंद होती, या माल खत्म हो गया होता।'

यह तो तब जबकि त्रिवेणी के पास अंत्योदया--गरीबों में भी सबसे गरीब--राशन कार्ड था।

परिवर्तन ने उसकी आरटीआई फॉर्म भरकर, जमा करने में उसकी मदद की। एप्लीकेशन में त्रिवेणी देवी के नाम पर पिछले तीन महीनों में जारी किए गए कैश मेमो की कॉपी मांगी गई।

'एक महीने बाद उन्हें जवाब मिला कि उन्हें हर महीने 25 किलो गेहूं और 10 किलो चावल दिया गया है। यकीनन, यह सब झूठी जानकारी थी!'

लेकिन इससे पहले कि कोई कार्यवाही की जाती, दुकानदार उनके पास पहुंच गया। उसने उनसे माफी मांगी और हर महीने राशन देने का वादा भी किया।

अरविंद ने तय किया कि जब एक परिवार के साथ ऐसा हुआ है, तो पूरे क्षेत्र का क्या हाल होगा? परिवर्तन ने सीमापुरी क्षेत्र की सभी 17 राशन की दुकानों से पिछले छह महीने के राशन वितरण की सूची मांगी।

'उस समय पूरा प्राधिकरण एक हो गया। वे जानते थे कि अगर यह सूचना सार्वजनिक की गई तो हंगामा हो जाएगा।'

उन्होंने कहा, 'वे रिकॉर्ड नहीं दिए जा सकते, क्योंकि वह दुकानदार की संपत्ति है। सरकार का उन पर कोई नियंत्रण नहीं है।'

परिवर्तन ने इसके खिलाफ अपील की और वह जीत गया। फिर, दुकानदार हाईकोर्ट गए और उन्हें उस पर स्टे ऑॅर्डर मिल गया।

'एक समय में हमारे खिलाफ दिल्ली में 132 स्टे ऑर्डर थे।' आखिरकार स्टे ऑर्डर हटते गए और रिकॉर्ड को सार्वजनिक करना पड़ा। लेकिन इसके लिए परिवर्तन के कार्यकर्ताओं को बहुत मार खानी पड़ी।

'एक लड़की का गला चीर दिया गया; हमारे रिकॉर्ड चला दिए गए। काफी तमाशा हुआ। दिल्ली के फूड कमिश्नर का बाहर तबादला कर दिया गया...' परिणामस्वरूप, सुंदर नगरी के लोगों ने राशन की दुकानों का बायकाट कर दिया और आखिरकार दिल्ली सरकार को सिस्टम में कुछ बदलाव करने पड़े।

अब, राशन विभाग में आपको आरटीआई फाइल करने की कोई जरूरत नहीं है। किसी भी शनिवार को आप 2 से 5 बजे के बीच जाकर रिकॉर्ड देख सकते हैं।

अगर वहां कोई विवाद होता है, तो दुकान उसी समय बंद कर दी जाएगी। 'जब यह ऑर्डर शुरू में पास हुआ तो फूड कमिश्नर बहुत मददगार थे, और काफी सारी राशन की दुकानें बंद की गईं। लेकिन समय के साथ विभाग कार्यालय खुद ही एक संग्राम भूमि बनता गया।'

300-400 दुकानदारों का एक समूह दुकान के बाहर खड़ा होकर लोगों को रिकॉर्ड चैक करने से रोकता। और जो जबरन अंदर आने की कोशिश करते उनकी पिटाई होती।

'एक बार फिर, मैं मानूंगा कि कुछ इलाकों में लोगों को राशन मिल रहा है। लेकिन मुझे नहीं लगता कि इससे व्यवस्था में कोई बड़ा बदलाव आया है।' लेकिन हर असफलता और 'अधूरी सफलता' अरविंद को और आगे बढ़ने के लिए प्रेरित करती है। और अच्छे, बेहतर समाधान के लिए।

फिर, परिवर्तन ने 'पानी के निजीकरण' का मुद्दा उठाने का फैसला किया।

'नवंबर 2004 में, मैंने अखबार में एक लेख पढ़ा कि दिल्ली सरकार पानी का निजीकरण करने जा रही है। बहुत से एनजीओ उनके इस कदम के खिलाफ आवाज उठा रहे थे, तो हमने इसके बारे में ज्यादा जानकारी हासिल करने का निर्णय लिया।'

परिवर्तन ने इस प्रोजेक्ट से जुड़े सभी रिकॉर्ड चैक करने के लिए आरटीआई फाइल की। छह महीने बाद, उन्हें इस प्रोजेक्ट से जुड़े 10,000 कागजात की कॉपी मिली।

'इस प्रोजेक्ट को वर्ल्ड बैंक निवेश कर रहा था, और बहुत ही गुप्त रूप से इस पर पिछले छह वर्षों से काम किया गया था। हमने इस प्रोजेक्ट को पढ़ा और पाया कि अगर यह लागू हो जाता है, तो यह बहुत ही भयानक होगा। और यह हम होने नहीं दे सकते थे।'

परिवर्तन ने ये कागजात आईआईएम अहमदाबाद और आईआईएम बंगलुरु भेजे। आईआईएमबी के 35 प्रोफेसरों और आईआईएमए के 15 प्रोफेसरों ने इस प्रोजेक्ट को कैंसल करने के लिए प्रधानमंत्री को पत्र लिखा।

'इस पर काफी हो-हल्ला हुआ। हमने बहुत सारे पैम्फलेट बनवाकर पूरी दिल्ली में बंटवाए कि *आपका पानी दावं पर है।* आखिरकार दिल्ली सरकार को यह प्रोजेक्ट वापस लेना पड़ा।'

'अब ये सभी चीजें--पानी का निजीकरण, भ्रष्टाचार, रिश्वतखोरी, राशन--हमें सोचने पर मजबूर कर रही थीं। बहुत से ऐसे क्षेत्र हैं, बहुत सी ऐसी समस्याएं हैं, जहां आरटीआई एक महत्वपूर्ण हथियार है। लेकिन सिर्फ एक परिवर्तन के जरिए यह लड़ाई नहीं लड़ी जा सकती!'

अरविंद ने अपनी लड़ाई में और लोगों को भी शामिल करने का निर्णय लिया। अपने मिशन को आंदोलन में बदलने का फैसला किया।

2006 में, परिवर्तन ने एक कैंपेन शुरू किया 'ड्राइव अगेंस्ट ब्राइब' (रिश्वत के खिलाफ चलो)। कैंपेन में एक विचार का प्रचार किया गया था: 'रिश्वत मत दो, अपने अधिकार के लिए आरटीआई का इस्तेमाल करो।'

'हमने देशभर के एनजीओ से संपर्क किया और उनके सहयोग को अपने साथ मिलाया। 1500 स्वयंसेवियों को तैयार किया गया और आठ मीडिया हाउस

'अगर आप लोगों को आंदोलन में जोड़ना चाहते हैं, तो पैसा और समय लोगों का ही होना चाहिए। तभी वे उसे अपना आंदोलन समझ पाएंगे।'

भी हमारा साथ देने को तैयार हो गए, जिनमें *एनडीटीवी, हिंदुस्तान टाइम्स, द हिंदू* और क्षेत्रिय अखबार शामिल थे।'

1 जुलाई से 15 जुलाई 2006 तक इन स्वयंसेवकों ने देशभर के 55 शहरों में हेल्प सेंटर लगाए, जिससे लोगों को आरटीआई की महत्ता और उसे भरना सीखा सकें।

'15 दिनों में, 22000 आरटीआई एप्लीकेशन भरी गईं। हमने कई सफलताएं भी हासिल कीं--कई मामलों में महीनों, सालों तक अटका रहने वाला काम 3-4 दिन में पूरा हो गया!'

वह अनुभव आंखें खोल देने वाला था, कई मायनों में। परिवर्तन कोई रजिस्टर्ड एनजीओ नहीं था, तो इसे कोई कॉरपोरेट या डूवलपमेंट एजेंसी फंड नहीं दे रही थी। लोगों के मन में अक्सर संदेह होता कि यह संगठन इतने बड़े पैमाने पर काम कैसे कर पा रहा है।

लेकिन पैसों की कमी--रोक-टोक से अलग--ने वास्तव में मदद को उनकी तरफ आकर्षित किया।

उदाहरण के लिए, जब परिवर्तन किसी एनजीओ से मिलता, तो पहला सवाल यही उठता, 'पैसे कहां से आएंगे?'

अरविंद का जवाब सीधा था, 'आपका शहर है, आपका देश है, आपकी लड़ाई है... आपको ही सब कुछ करना है।'

और एनजीओ अपना पैसा लगाते।

इसी तरह, मीडिया ने उन्हें मुफ्त में विज्ञापन दिए, अच्छे काम के लिए।

'एक दिन हमने हिसाब लगाया--बहुत से शहर, बहुत से लोग, बहुत से स्वयंसेवक--बजट तो आसानी से 15-20 करोड़ रुपए हो जाता।'

वास्तव में परिवर्तन ने महज 80,000 रुपए ही लगाए थे।

'दूसरी चीज जो हमने चाही थी कि परिवर्तन इन सबमें पीछे रहकर ही काम करेगा। क्योंकि वह सबका कैंपेन था।'

परिवर्तन के पास बस चार फुल-टाइम कर्मचारी थे, और उनके महीने का खर्च था 40,000 रुपए। वह पैसा तो स्वतंत्र दाताओं से आ जाता था।

'लोगों के चलने से चलता है,' अरविंद इसे इस तरह देखते हैं।

2006 कई मायनों में महत्वपूर्ण साल रहा। उस साल आखिरकार अरविंद ने आईआरएस को पूरी तरह छोड़ दिया था। स्टडी लीव, अनपेड लीव और स्पेशल लीव लेने के बाद, उन्होंने आखिरकार फरवरी 2006 में, औपचारिक रूप से इस्तीफा दे दिया।

उसी साल अरविंद को उत्कृष्ट नेतृत्व के लिए *रेमन मैग्ससे अवॉर्ड* भी दिया गया। इससे उनके काम को एक पहचान मिली, और उसे एक दूसरे स्तर पर ले जाने का मौका।

'पानी का निजीकरण एक समस्या की अनौपचारिक प्रतिक्रिया थी। मुझे महसूस हुआ कि हमें एक ऐसे सिस्टम की जरूरत है, जहां हम शासन के विभिन्न पहलुओं के बारे में खुलकर जान सकें।'

इसके लिए अरविंद ने एक ऑफिस 'पब्लिक कॉज रिसर्च फाउंडेशन' (पीसीआरएफ) खोला, जिसमें उन्होंने मैग्ससे अवॉर्ड में मिली रकम को लगाया। रिसर्च के अलावा यह फाउंडेशन 'आरटीआई अवॉर्ड' भी उन व्यक्तियों, कमिश्नरों और ऑफिसरों को देती है, जो सूचना के अधिकार क्षेत्र में अभूतपूर्व काम कर रहे हैं।

'हमने पाया कि देश में 104 इंफोर्मेशन कमिश्नरों ने 52,000 ऑर्डर पास किए थे और उन सबको रैंक में विभाजित किया।' यकीनन इससे विवाद भी उत्पन्न हुआ।

'लेकिन वह रेटिंग उनके रिकॉर्ड के आधार पर ही की गई थी,' वह बताते हैं।

आरटीआई अवॉर्ड को नारायण मूर्ति और टाटा ट्रस्ट ने फंड दिया था।

बेशक आरटीआई एक बेहद मजबूत औजार है, और इसका उपयोग अच्छे कार्यों के लिए ही होना चाहिए। लेकिन अभी भी एक बड़े सवाल ने सिर उठा

रखा था।

'आप जहां भी जाओ, वहां बहुत सारी परेशानियां मौजूद हैं। बिजली, पानी, सड़क... लेकिन इन सबमें जो एक आम समस्या है वह है संचालन की कमी।'

यह 'लोकतंत्र'--जिस पर हम सबको बड़ा नाज है--दरअसल एक ढोंग से ज्यादा कुछ नहीं है।

'परेशानी यह है कि आप जाते हैं और पांच साल में एक बार वोट डाल आते हैं। उसके बाद, नागरिक के रूप में आपकी शासन में कोई भागीदारी नहीं होती। कोई आपको पूछता नहीं!'

पिछले दो सालों से, पीसीआरएफ इस विषय पर शोध कर रहा है। दूसरे देशों में किस प्रकार की शासन प्रणाली है? प्राचीन और मध्यकालीन भारत में शासन के कौन से तरीके प्रचलित थे? और इन सबसे जो निकलकर आया वह बहुत चौंकाने वाला था।

'हम मानते हैं कि लोकतंत्र आधुनिक विचारधारा है, लेकिन लोकतंत्र तो भारत में बुद्ध के समय में भी विद्यमान था,' अरविंद दावा करते हैं। दरअसल, वैशाली दुनिया का पहला 'गणतंत्र' था।

'जब मैं गणतंत्र की बात करता हूं, तो आपके दिमाग में सबसे पहला ख्याल आता है चुनाव। लेकिन चुनाव लोकतंत्र नहीं हैं। हम चुनावों को लोकतंत्र से जोड़ देते हैं।'

बुद्ध के समय में, वैशाली में, कोई चुनाव नहीं होते थे। राजा का बेटा ही अगला राजा बन जाता था, लेकिन इन राजाओं का महत्वपूर्ण मामलों में कुछ या ना के बराबर ही दखल होता था। लगभग सभी निर्णय ग्राम सभा में ही लिए जाते थे।

शासन की यह पद्धति 1860 तक चली, फिर इसे अंग्रेजों द्वारा समाप्त

'अगर मैं आपको बताऊं कि देश में हजार करोड़ का घोटाला हो गया, तो यह बस एक कहानी है। लेकिन अगर मैं आपसे कहूं कि आपके सामने जो कच्ची सड़क है, नगर निगम के मुताबिक उसे पिछले साल बनाया गया था, तो आपका खून उबलने लगेगा।'

'कुछ लोग शिक्षा में काम कर रहे हैं, कुछ अस्पताल बनवा रहे हैं;
मैं कहता हूं कि सबको लोकतंत्र को वास्तविक रूप देने की
दिशा में काम करना चाहिए। तब सब कुछ
अपनी सही जगह पर आ जाएगा।'

कर दिया गया और उन्होंने 'कलेक्टर सिस्टम' लागू कर दिया।

'सभी शक्तियां, जो पहले लोगों के पास थीं, बाद में कलेक्टर को सौंप दी गईं। मानव जीवन के हर भाग को विभागों में बांट दिया गया; शिक्षा विभाग, स्वास्थ्य विभाग, सिंचाई विभाग इत्यादि।'

बदकिस्मती से, आजादी के समय हमने सिस्टम में कोई बदलाव नहीं किया। हमने बस अंग्रेज कलेक्टर की जगह भारतीय कलेक्टर को बिठा दिया!

'जब आप दूसरे देशों का अध्ययन करते हैं--उदाहरण के लिए अमेरिका--वहां स्थानीय या देश के स्तर के निर्णय जनता द्वारा लिए जाते हैं। वहां नियमित रूप से टाउन हॉल मीटिंग आयोजित की जाती हैं, जहां आप अपने जीवन से जुड़ी चीजों पर निर्णय ले सकते हैं।'

और अपने चुनिंदा अधिकारी की जिम्मेदारियों पर भी पकड़ रखते हैं।

'मुझे नहीं लगता कि हमारी सरकार देश में कहीं भी अपने नागरिकों से ऐसी चीजों के बारे में पूछती है!'

जब परिवर्तन ने शीला दीक्षित से मुलाकात की, तो उन्होंने कहा, 'लोग पानी का निजीकरण चाहते हैं।'

अरविंद ने सामने से कहा, 'लोग नहीं चाहते।'

तो लोग चाहते हैं या नहीं इसका फैसला कौन करेगा?

'अगर आप पूरी दिल्ली में मोहल्ला सभा करवाएं, दिल्ली को छोटे-छोटे भागों में बांटकर लोगों को मासिक सभाओं में बुलाए, तो वे बता सकते हैं कि उन्हें पानी का निजीकरण चाहिए या नहीं।'

और इन मोहल्ला सभाओं में आए लोगों की सामूहिक आवाज ही जनता की आवाज बन जाएगी।

'हमने इस तरह के लोकतंत्र का सपना देखा है--हम इसे स्वराज कहते हैं। गांधीजी भी इसी के बारे में बात करते थे; यह देश छह लाख गांवों का एक संघ होना चाहिए, और हर गांव अपने आप में एक गणतंत्र होगा।'

तो जबकि आरटीआई का काम चालू है, तो परिवर्तन का ज्यादा ध्यान और समय स्वराज पर केंद्रित है। दिल्ली में, प्रयोग के तौर पर स्वराज की विचारधारा को लागू किया जा चुका है।

'हमने कुछ पार्षदों, अच्छे लोगों से बात की, जिन्हें हमारे विचार पसंद आए और वह इसे अपने क्षेत्र में लागू करने को तैयार हो गए। हमने 40,000 लोगों के वार्ड को दस भागों में बांट दिया। हर भाग को मोहल्ला कहा गया, जिसमें लगभग 4000 मतदाता आते थे।'

पहली मोहल्ला सभा का आयोजन पहले शनिवार को; दूसरी का दूसरे शनिवार को और फिर आगे इसी तरह अगले शनिवार को आयोजित किया जाता रहा। इस तरह आप दस सप्ताह में 40,000 मतदाताओं तक पहुंच जाएंगे।

सभा से पहले पार्षद हर परिवार को पत्र लिखेगा, जिसमें उन मुद्दों का जिक्र होगा जिन पर सभा में चर्चा की जानी है।

'आप आएं और मुझे बताएं कि क्या करना है।'

एक सभा में लगभग 150 लोग साथ आएंगे। पार्षद अपने साथ स्थानीय अधिकारियों जैसे सफाई इंस्पेक्टर, बागबानी इंस्पेक्टर, पानी इंस्पेक्टर, बिजली इंस्पेक्टर। हर अधिकारी आपको अपना बजट बताएगा और आपको अपनी प्राथमिकताओं के आधार पर तय करना है कि पैसा कहां खर्च किया जाना चाहिए।

'यह दो क्षेत्रों में शुरू किया जा चुका है--त्रिलोकपुरी और सुंदर नगरी में। अब हम इसे हर जगह लागू करना चाहते हैं!'

इसका परिणाम बहुत ही बढ़िया रहा। अब लोगों के पास अपनी आवाज है। 'अगर आप इन सभाओं में आते हैं, तो आप देख सकते हैं कि कभी तो पूरा प्रोजेक्ट ही वहीं पास हो जाता है!'

यह पार्षद के लिए भी आंखें खोलने वाला अनुभव था। सुंदर नगरी में, पार्षद ने कहा कि उनके पास 70 लाख रुपए का बजट था।

'उसमें तो कुछ हो ही नहीं सकता,' उन्होंने कहा।

फिर लोगों ने जूनियर इंजीनियर से पूछा, 'आपका कितना बजट है।' उन्होंने कहा, 'बहुत है। आप बताओ क्या करना है...'

बजट पूरे मोहल्ले में पक्की सड़क बनवाने के लिए काफी होता है। अगर कॉन्ट्रेक्टर इसे अपनी जेबों में भरने के बजाए सड़कों पर लगाए तो।

'आप देखेंगे कि लोगों की मांगें उतनी ज्यादा नहीं हैं!' अरविंद कहते हैं।

किसी को सड़क पर स्ट्रीट लाइट चाहिए--बल्ब की लागत आती है 3000 रुपए। कोई चाहता है कि सड़कों के गड्ढे भरे जाएं--उसकी लागत है 20,000 रुपए। तो 12-14 लाख रुपए का बजट सबका ख्याल रखने के लिए काफी होता है।

'अब, मोहल्ला सभा सब पर निगरानी रखती है। कॉन्ट्रेक्टर को तब तक पैसे नहीं दिए जाते, जब तक लोग उनके काम से संतुष्ट न हों।'

और आखिरकार, मोहल्ला सभा में ही तय होता है कि गरीबों के कल्याण के लिए मिलनी वाली योजनाओं का लाभ किसे मिलना चाहिए। ऐसी योजना में किसी परिवार को 1000 रुपए महीना मिलता है--इतनी रकम किसी झोपड़ी में रहने वाले परिवार के लिए काफी बड़ी होती है।

लेकिन 200 लोगों की भीड़ में किसी का भी हाथ इसके लिए नहीं उठा। सबने एक महिला की तरफ इशारा करके कहा, 'वह सबसे ज्यादा गरीब है, उसे ये पैसे दे दो।'

'पूरे समाज के सामने खड़े होकर पैसे मांगने के लिए सच में आपकी जरूरत सबसे बड़ी होनी चाहिए। सबको अपनी इज्जत प्यारी होती है--कोई भीख नहीं मांगना चाहता!'

लोग आमतौर पर अच्छे होते हैं--और उनकी इस अच्छाई को ही सीढ़ी बनाया जाना चाहिए।

'हमारा सपना है कि पूरी दिल्ली इन मोहल्ला सभाओं से ही चले। विधानसभा में पास होने वाले बिलों का निर्णय भी लोगों को ही करना चाहिए।'

लेकिन सबसे पहले हमें ऐसे कानून की जरूरत है, जो मोहल्ला सभाओं को संस्थागत कर सके। इस बीच, परिवर्तन पार्षदों और नागरिकों तक अपने विचार पहुंचा रहा है।

पार्षद धीरे-धीरे बोर्ड पर आने लगे हैं--तिगड़ी खानपुर से दो और जहांगीरपुरी से पांच...

'उनको वोट नजर आ रहे हैं।'

लेकिन यह दोधारी तलवार है। एक बार जब आप जाना-पहचाना चेहरा बन जाते है, लोगों के प्रति जवाबदेह हो जाते हैं, तो आपको काम करके दिखाना पड़ता है। फिर धंधा-पानी कहां से आएगा?

'यह बड़ा मजेदार होगा। जिस दिन 30 या 40 पार्षद इस योजना को लागू करने को तैयार हो जाएंगे, मोहल्ला सभाएं निशाने पर आ जाएंगी। कब और कैसे यह तो केवल वक्त बताएगा। लेकिन तब यह उन लोगों पर निर्भर होगा कि वे कितनी मजबूती से अपने अधिकारों को बचाना चाहते हैं।'

इसे भविष्य के लिए रख छोड़ते हैं। इसमें संघर्ष, दरार, यहां तक कि जान का खतरा भी...

'जब उस लड़की का गला चीरा गया, वो हमारे लिए बहुत मुश्किल समय था। हमने सोचा कि हम क्या कर रहे हैं, और क्यों, हम कहां जा रहे हैं, क्या इससे कुछ हासिल भी हो पाएगा?'

जवाब भी उस लड़की ने ही हमें दिया। उस पर परिवार का बहुत दबाव था कि वह परिवर्तन छोड़ दे, शादी करके घर बसा ले। लेकिन उसने अपने परिवार से ही सवाल किया।

'अगर मैं नहीं करूंगी तो कौन करेगा। कोई अमेरिका से आकर तो हमारे देश को सुधारने वाला नहीं।'

और इससे सबका मुंह बंद हो गया।

'आपको इसे मानना ही पड़ेगा--यह तो लड़ाई का ही एक भाग है।'

उनके पास कानून का सहारा लेने का भी विकल्प था, लेकिन अरविंद अच्छी तरह जानते थे वो कितना बेमानी होगा।

'जब भी हम पर हमले हुए, हमने केस दर्ज कराया। लेकिन फिर हमें उसे वहीं छोड़कर आगे बढ़ गए।'

क्योंकि उस मामले को आगे बढ़ाने का मतलब होता कि बस अपनी सारी जिंदगी अदालतों के चक्कर ही काटते रहो।

'और अगर हम हर किसी को सजा दिलवाने में लगे रहेंगे, तो इससे हमारे मकसद को कोई फायदा नहीं होगा। क्योंकि जिन लोगों ने हम पर हमला किया वो तो बस सिस्टम के मोहरे ही तो थे। उन्हें सजा देने से सिस्टम बदलने वाला तो नहीं था।'

दमदार शब्द, प्रेरक भी, लेकिन एक पल के लिए मैंने रुककर सोचा कि वह कैसे यह सब संभालेंगे। क्या क्रांति महज प्यार और ताजी हवा के भरोसे आ सकती है?

'जैसा कि मैंने कहा यह आंदोलन लोगों का है। मुझे एआईडी (एसोसिएशन फॉर इंडिया'स डृवलपमेंट) से फैलोशिप मिली हुई है।'

और फिर, उनके परिवार का समर्थन तो है ही।

'मेरी पत्नी आईआरएस के साथ हैं। और नहीं, मैं जो भी करता हूं, उसका उनके कैरियर पर असर नहीं पड़ता...'

फिर भी, वह सब आसान तो नहीं रहा होगा।

'शुरुआत में, काफी विरोध था। अब उन्होंने इसे स्वीकार कर लिया है। अगर आप उनके नजरिए से देखें तो शुरू में उन्हें बड़ा झटका लगा होगा।'

जैसा कि वह सिस्टम के साथ कर रहे हैं। जोर का झटका। लेकिन अंधेरे से उजाले की तरफ का सफर शुरू हो गया है...

लोगों की ताकत और हौसले के साथ।

✳

युवा उद्यमियों को सलाह

पहली और सबसे जरूरी चीज है विचार। हां, भ्रष्टाचार अपने आप में एक समस्या है; लेकिन बस एक पॉइंट पर ही मत कूद पड़ो। बहुत सारे मुद्दे आपस में उलझे हुए हैं। दूसरा, हम में से ज्यादातर सोचते हैं, 'मैं स्वतंत्र व्यक्ति हूं और मेरा एक परिवार है।' और हम अपने परिवार के लिए कुछ भी करते हैं। लेकिन हमारे मन में वैसी ही भावना अपने देश के लिए नहीं होती।

जैसे, हमारे सामने 'वोट फॉर कैश' स्कैंडल आया। एमपी बिके हुए थे। मुझे लगता है कि भारतीय लोकतंत्र में यह सबसे बड़ा दाग है।

मैंने अपने बहुत से दोस्तों से कहा, 'चलो इंडिया गेट चलकर विरोध करते हैं।' उन्होंने जवाब दिया, 'जाने से क्या होगा, कुछ होता तो है नहीं।'

मुझे लगता है कि भले ही कुछ न हो, लेकिन हमारे चुप बैठने से तो चीजे और बिगड़ेंगी ही। कम से कम कुछ लोग तो विरोध में शामिल हो, जिससे हमारी आवाज सुनी जा सके।

जब हम कोई फिल्म देखने जाते हैं, क्या तब हम पूछते हैं कि फिल्म देखने से कोई फायदा होगा?

तो जैसे हम अपने परिवार के कल्याण की जिम्मेदारी उठाते हैं, उसी तरह हमें देश के कल्याण के बारे में भी सोचना चाहिए। अगर हम नहीं सोचेंगे तो लोकतंत्र को बचा पाने का कोई विकल्प नहीं रह जाएगा। यह ढह जाएगा।

लोकतंत्र की सलामती के लिए *कुछ होता है या नहीं, हमें भागीदार बनना ही पड़ेगा*।

मैं आपसे यह नहीं कह रहा कि परिवर्तन का हिस्सा बन जाओ। मैं आपसे किसी भी चीज में भाग लेने के लिए नहीं कह रहा। अपनी पसंद की राह चुनो और किसी चीज का तो हिस्सा बनो। कुछ भी जो आपको आकर्षित करे, प्रेरित करे।

मन की आंखें

भूषण पूनानी
ब्लाइंड पर्सन्स एसोसिएशन (बीपीए)

युवा एमबीए भूषण पूनानी ने ब्लाइंड पर्सन्स एसोसिएशन में काम करके एक पारंपरिक कैरियर की राह चुनी। वह देखना चाहते थे कि क्या प्रबंधन के नियम सामाजिक क्षेत्र पर भी लागू हो सकते हैं। 31 साल बाद, बीपीए ने अपने लिए जो पैमाना निर्धारित किया है, उसे देखते हुए इसका जवाब 'हां' ही मिलता है।

जब भी मैं किसी नेत्रहीन व्यक्ति को देखती हूं, तो मेरी पहली प्रतिक्रिया वहां से नजरें हटा लेने की होती है।

'यह इंसान कैसे अपनी रोज की जिंदगी जी पाते हैं, जबकि उनके सामने तो हमेशा के लिए एक घनी अंधेरी रात है?'

आप बस एक पल के लिए अपनी आंखें बंद कीजिए, और जान जाइए।

बीपीए कैंपस में, भूषण पूनानी का ऑफिस ढूंढ़ते हुए, शायद ऐसे विचार मुझ अकेली के मन में ही आ रहे थे।

जल्द ही मैं ब्लाइंड पर्सन्स एसोसिएशन के काम के बारे में और ज्यादा जान जाऊंगी। और एक स्कूल, एक छोटे से वोकेशनल सेंटर से शुरू हुए इसके सफर के मल्टी-कैंपस, मल्टी-मूवमेंट तक पहुंचने के सफर के बारे में भी।

एक ऐसा मूवमेंट, जिससे न सिर्फ भारत, बल्कि दुनिया भर के अक्षम लोगों के जीवन में सम्मान का भाव आया।

इस मूवमेंट की जड़ में थे भूषण पूनानी। आईआईएम अहमदाबाद से स्नातक, भूषण पूनानी बीपीए से शिक्षक या सामाजिक कार्यकर्ता के रूप में नहीं जुड़े, बल्कि वह इस क्षेत्र में यह परखने के लिए आए कि मैनेजमेंट के नियम सामाजिक क्षेत्र में कितने कारगर साबित होते हैं।

जवाब निश्चित तौर पर हां है, लेकिन अभी काफी कुछ ऐसा है, जिसे किया जाना बाकी है। मिशन का यही भाव भूषण--और बीपीए की टीम--को पंजों के बल खड़ा रखता है।

अपनी मुलाकात खत्म होने पर मैं हैरान थी कि कितने युवा एमबीए होंगे, जो 5.1 लाख रुपए की पगार से संतुष्ट होंगे और इसके साथ 30 साल का कैरियर काट लेंगे?

प्रेम और स्नेह, संतुष्टि और रात में सुकून की नींद। यह वो 'पर्क्स' हैं, जो भूषण को अपने कैरियर में मिले हैं।

ये ऐसी चीजें हैं जिसे लंबी कार और मोटे बोनस लेने वाले लोग भी ढूंढ़ते हैं...

और पाते हैं कि अपना पूरा पैसा देने पर भी इसे खरीदा नहीं जा सकता।

मन की आंखें

भूषण पूनानी
ब्लाइंड पर्सन्स एसोसिएशन (बीपीए)

भूषण पूनानी का जन्म हरियाणा के एक छोटे से शहर हांसी में हुआ।

'मैंने हिंदी माध्यम के सरकारी स्कूल से पढ़ाई की--जैसे आजकल के स्कूल होते हैं। उनका विशेष जोर बस पास होकर आगे की क्लास में जाने पर होता है।'

लेकिन, भूषण हमेशा से कुछ अलग थे। पढ़ाई में बहुत होशियार होने की वजह से उन्हें चौथी क्लास से ही राज्य से स्कॉलरशिप मिलने लगी थी। जिसका मतलब था कि सरकार हर महीने आपको किताब खरीदने के लिए 10 रुपए देगी।

'60 के दशक में यह बड़ी रकम थी,' वह मुस्कुराकर बताते हैं।

पढ़ाई के अलावा, भूषण राज्य स्तर के टेबल टैनिस खिलाड़ी भी थे।

अपनी पीढ़ी के बहुत से होशियार युवकों की तरह भूषण भी डॉक्टर बनना चाहते थे। लेकिन, सिर्फ 3 नंबर की वजह से उन्हें मेडिकल कॉलेज में सीट नहीं मिल पाई।

'वास्तव में हमारे पास पूरे साल कैमिस्ट्री टीचर ही नहीं थे, तो हमें प्रैक्टिकल का कोई आइडिया नहीं हो पाया,' वह कुछ मायूसी से याद करते हैं।

तो दूसरे विकल्प क्या थे? 'बायो' का छात्र होने के नाते भूषण करनाल से प्रसिद्ध डेरी हस्बेंड्री कोर्स करने के काबिल थे। उन्होंने उसके लिए आवेदन

किया और उनका नंबर आ गया।

'यह वो इंस्टीट्यूट था, जो राज्य से केवल दो छात्रों को लेता था और उन्हें मैनेजर के तौर पर इस तरह तैयार करता था कि वे डेयरी डूवलपमेंट और डेयरी टैक्नोलॉजी को संभालने में पूरी तरह माहिर हो जाएं।'

करनाल में भी भूषण ने यूनिवर्सिटी टॉप की। उन्हें स्नातक होने पर दो गोल्ड मैडल मिले--एक तो अपने बैच में सबसे ज्यादा नंबर लाने के लिए और दूसरा इस कोर्स में अब तक के सर्वाधिक नंबर लेने के लिए।

भूषण को मिल्कफूड ने मिल्क प्रोक्योरमेंट डिविजन का हेड बनाने के लिए चुन लिया। यह एक स्नातक के लिए बड़ी बात है, जिसे काम का कोई अनुभव भी नहीं था। यद्यपि भूषण बहुत बढ़िया काम कर रहे थे, लेकिन उन्हें अहसास हो गया था कि यह उनकी पसंद का काम नहीं है।

'मैंने पोस्ट ग्रेजुएशन करने का निर्णय लिया। मेरे फिर से काफी अच्छे नंबर आए और मैं उन पांच छात्रों में शामिल था, जिन्हें एनिमल ब्रीडिंग और जेनेटिक्स में पीएचडी करने के लिए आईसीएआर फेलोशिप मिली थी। यह तो वैसे भी मेरा पसंदीदा विषय था।'

इस दौरान भूषण ने आईआईएम में भी आवेदन दिया था, जहां उनका नंबर आ गया। उन्होंने वह करने का तय किया। लेकिन पहले दिन से ही उन्हें अपने पसंदीदा क्षेत्र के बारे में पता था--ग्रामीण विकास।

'मैंने पंजाब के गांवों में सालभर काम किया। हमारी नजर में पंजाब बहुत संपन्न राज्य है, वहां कृषि की बहुलता है। लेकिन फिर भी मैंने देखा कि लोग किस तरह बदहाली में जीवन जी रहे हैं।'

हैरानी की बात नहीं है कि भूषण ने अपनी गर्मियों की पढ़ाई बिहार के सिमदेगा के आदिवासी क्षेत्र में की। उन्होंने रंजीत गुप्ता और रवि मथई जैसे प्रोफेसरों के साथ भी काफी करीब से काम किया। रवि मथई आईआईएमए के रूरल डूवलपमेंट प्रोजेक्ट के अग्रेता थे।

जब प्लेसमेंट का समय तो यह साफ हो चुका था कि भूषण सामान्य व्यापारिक जॉब नहीं कर सकते थे।

'तो उस साल के प्लेसमेंट ब्रोशर में एक एडिशनल कॉलम भी था--गैरपारंपरिक

'अगर पंजाब जैसे संपन्न राज्य में इतने ज्यादा गरीब लोग हैं, और उनका इतना शोषण हो रहा है, तो आप अंदाजा लगा सकते हैं कि बाकी जगहों का क्या हाल है।'

नौकरी।

ऐसी एक नौकरी प्लेसमेंट के दूसरे दिन मफतलाल ग्रुप ने ऑफर की थी। कंपनी को किसी ऐसे व्यक्ति की जरूरत थी, जो उनकी रूरल डूवलपमेंट डिविजन को संभाल सके। और भूषण उसके लिए आदर्श थे।

'मैंने उन्हें बताया कि मैं 15 जून से काम पर आऊंगा और वापस घर चला गया। लेकिन बदकिस्मती से उसी साल मफतलाल ग्रुप में बटवारा हो गया--1979 में--और उन्होंने इस प्रोजेक्ट को ही बंद कर दिया।'

कंपनी ने भूषण के पास एक खत भेजा कि वे अपना प्रस्ताव वापस लेते हैं। तो वह वापस अहमदाबाद लौट आए, दूसरे विकल्प तलाश करने के लिए--एक तो सरकारी था और दूसरा एनजीओ।

तब मनुभाई शाह ने भूषण से संपर्क किया। वह आईआईएम अहमदाबाद में मेहमान के तौर पर आए थे।

मनुभाई ने उनसे कहा, 'मेरे पास तुम्हारे लिए एक बहुत ही अलग नौकरी है--क्या तुम देखना चाहोगे?'

भूषण ने कहा, 'हां, जरूर।'

मनुभाई ने जवाब दिया, 'एक संगठन है--नेत्रहीन स्कूल--उसे मैनेजर की जरूरत है। अगर तुम चाहो, तो मैं इंटरव्यू की व्यवस्था करा सकता हूं।'

द ब्लाइंड पीपल्स एसोसिएशन (तब उसे ब्लाइंड मैन्स एसोसिएशन या सीधे तौर पर 'ब्लाइंड स्कूल' ही कह दिया जाता था।) को एक बड़े जर्मन संगठन सीबीएम से अनुदान मिलता था। उनकी शर्त थी कि वे एक प्रोफेशनल मैनेजर को नियुक्त करें।

मैनेजर के पहले पांच सालों की पगार और इंफ्रास्ट्रक्चर मदद उन्हें सीबीएम उपलब्ध कराएगा। यह दिलचस्प हिसाब था।

भूषण डॉ. जगदीश के पटेल, बीपीए के जनरल सेक्रेटरी से मिले और काम करने के लिए राजी हो गए।

लेकिन, सिर्फ तीन महीने बाद।

'मैंने प्रोफेसर रंजीत गुप्ता से वादा किया था कि मैं उनके कोटा के प्रोजेक्ट में मदद कराऊंगा। मुझे वह वादा निभाना था।'

इस दौरान, उनके पास आईआईएम अहमदाबाद के निदेशक, डॉ. व्यास का फोन आया।

डॉ. व्यास ने कहा, 'मुझे यह जानकर धक्का लगा कि तुम एक ब्लाइंड स्कूल में काम करने वाले हो--अंधेरे में छलांग लगा रहे हो। क्या तुम्हें यकीन है कि तुम्हारा निर्णय सही है?'

निदेशक को खास चिंता इस बात की थी, क्योंकि कुछ सालों पहले उस स्कूल के बारे में कुछ अफवाहें उड़ी थीं।

भूषण ने जवाब दिया, 'सर, मेरे पास दो बेहतरीन डिग्री हैं। अगर फिर भी मैं अपने भविष्य की चिंता करता हूं, तो या तो उन डिग्रीयों में कुछ कमी है या फिर मुझ में।'

लेकिन, प्रायोगिक रूप से, भूषण ने दो साल का लक्ष्य निर्धारित किया था।

'अगर मुझे नौकरी में दिलचस्पी होती तो मैं काम चालू रखता। नहीं तो मैं दूसरे अवसर की तलाश में निकल पड़ता।'

दो साल 'गंवाना'--एक लंबे कैरियर में--इतनी बड़ी बात भी नहीं थी।

डॉ. व्यास युवक की प्रतिबद्धता से सहमत थे।

'मुझे अपने काम के बारे में बताते रहना,' उन्होंने जाते हुए कहा। 'मैं जानना चाहूंगा कि तुम्हारा प्रदर्शन कैसा है।'

और इस तरह, 14 सितंबर 1979 को भूषण बीपीए में मैनेजर के तौर पर आ गए। उस समय उनकी तनख्वाह? वह नहीं जानते थे, क्योंकि उन्होंने इस बारे में पूछा भी नहीं था।

'मेरे बॉस ने मुझे एक सप्ताह बाद बुलाया और कहा--अरे तुम कितने मूर्ख हो। तुमने काम करना शुरू कर दिया और यह भी नहीं पूछा कि हम तुम्हें कितनी पगार देने वाले हैं।'

भूषण ने जवाब दिया, 'मैंने आप पर छोड़ा है। मुझे यकीन है कि आप मुझे इतनी पगार तो दे ही देंगे, जिससे मेरा अहमदाबाद जैसे शहर में गुजारा हो सके।'

बॉस नेकदिल इंसान थे और उन्होंने भूषण की पगार गुजरात सरकार के निदेशक जितनी तय की। लगभग 7000 रुपए (बेसिक), और साल के लगभग 1 लाख रुपए।

'यह उससे काफी कम थी, जितनी मैं यहां आने से पहले ले रहा था। लेकिन पगार मेरे लिए कभी भी चिंता का विषय नहीं रही।'

महत्वपूर्ण बात थी कि काम दिलचस्प था। दरअसल चुनौती भरा था।

1979 में, बीपीए बहुत ही छोटा संस्थान था, लगभग 80-90 स्टाफ वाला। जिसके प्रमुख हरीश पांचाल थे। एक इंजीनियर और भूतपूर्व मैनेजर।

'हमारे पास एक ब्लाइंड स्कूल था, क्लास पहली से लेकर बारहवीं तक, एक वर्कशॉप और एक वोकेशनल ट्रेनिंग सेंटर। उससे लगभग 250-300 लोगों को फायदा मिल रहा था और हमारे पास सरकार से मिलने वाले अनुदान के अतिरिक्त जनता से मिलने वाली दान राशि भी थी।'

बीपीए का बैंक डिपोजिट लगभग 10 लाख रुपए थे, जिसमें से संगठन लगभग 7 लाख रुपए उपयोग में ला सकता था। संस्थान को बने हुए 25 साल से भी ज्यादा समय हो गया था, हालांकि वस्त्रपुर कैंपस सिर्फ 1964 में बना था।

अब सवाल था कि क्या एक युवा मैनेजमेंट स्नातक इसकी गतिविधियों का दायरा बढ़ा सकता था?

'सकारात्मक बात यह थी कि जबकि दूसरे आईआईएम वालों को काम करने में समस्याओं का सामना करना पड़ता था, वहीं मेरे बॉस जगदीश पटेल बहुत ही कमाल के इंसान थे।'

एक ऐसे इंसान जो दूर की सोच रखते थे, समझदार थे और करिश्माई व्यक्तित्व के मालिक थे।

'उन्होंने मेरी हरसंभव मदद की,' भूषण बताते हैं। 'और किस्मत से वह पुराने विवादों को याद रखने वालों में से नहीं थे। उन्हें सिर्फ मेरे काम से मतलब

'लोग मेरे बीपीए में जाने से ज्यादा खुश नहीं थे। वे सोचते थे कि ऐसी नौकरी करने से व्यवसायिक रूप से आपका नाम खराब हो जाता है।'

था।'

बीपीए में, अध्यक्ष के रूप में अरविंद लालभाई के होने से भी एक व्यवसायिक नजरिया आया।

दूसरा, गुजरात एक बहुत परोपकारी शहर है। दान देना यहां जीवन जीने का तरीका है, खासकर जैन समुदायों में।

'यहां हमेशा से ही देने की भावना रही है और इससे पहले दिन से ही हमारे संगठन को बहुत फर्क पड़ा।'

तीसरा, हालांकि बीपीए छोटा संगठन था लेकिन ईमानदारी और पारदर्शिता इसके मजबूत स्तंभ रहे। उस समय में किसी एनजीओ के लिए यह दुर्लभ था।

'ट्रस्टी यहां पैसा बनाने के लिए नहीं आए हैं। उन्हें संस्थान से कोई आर्थिक लाभ नहीं था।'

और इससे भी ऊपर यह एक 'नया' क्षेत्र था।

'अक्षमता एक नया विकसित होता क्षेत्र था, जिसमें काफी कुछ किया जाना बाकी था। तो हमें तेजी से फैलने की क्षमता मिली।'

साल भर में भूषण को अहसास हो गया कि आगे बढ़ने के दो तरीके हैं। पहला--इंस्टीट्यूट में गतिविधियां बढ़ाई जाएं। लेकिन अधिक लोगों तक पहुंचने के लिए, संगठन को कुछ अलग हटकर सोचना होगा।

तब 'प्रोजेक्ट' का विचार उत्पन्न हुआ। लोग संस्थान के पास आएं, इसके बदले संस्थान को लोगों के पास जाने की कोशिश करनी होगी।

और इस दो-धारी तलवार पर बीपीए आज तक चल रहा है।

लेकिन जिस पहली चीज की आपको जरूरत थी--जब आप किसी मिशन की स्थापना करते हैं--वह है सक्षम और प्रतिबद्ध लोगों का साथ आना। नई टीम में आने वाला ऐसा पहला सदस्य बनीं बीके स्कूल ऑफ मैनेजमेंट की युवा

स्नातक नंदिनी रावल।

'नंदिनी को आराम से कोई भी ज्यादा पगार वाली नौकरी मिल सकती थी, लेकिन उन्होंने बीपीए को चुना,' भूषण बताते हैं।

एक सुबह उन्होंने भूषण को फोन करके कहा, 'क्या मैं आपसे मिलने आ सकती हूं? अगर आपके पास कोई जगह खाली हो तो मैं आपके साथ काम करना चाहूंगी।'

भूषण ने जवाब दिया, 'आपको भगवान ने ही हमारे पास भेज दिया है। हम किसी व्यक्ति की तलाश में थे जो हमारे प्रोजेक्ट का संचालन करके उन्हें आगे ले जाए।'

नंदिनी ने प्रस्ताव मान लिया और इस प्रकार से प्रोजेक्ट की शुरुआत हुई, जिसमें सिर्फ नेत्रहीन ही नहीं गूंगे-बहरे और विभिन्न अक्षमताओं वाले लोगों को कवर किया गया। इस प्रोग्राम की खास बात थी सीबीआर पर जोर। सीबीआर मतलब कम्यूनिटी बेस्ड रिहेब्लिटेशन (समुदायों पर आधारित पुनर्स्थापना)।

'हमारा पहला प्रोजेक्ट 19 फरवरी 1982 में गुजरात के ढोलका में और कर्नाटक के चिकमंगलुर जिले में शुरू किया गया। इसमें स्थानीय साझेदारी पर जोर था।'

बीपीए का काम एक लोकर पार्टनर की तलाश करना था--क्षेत्र की ग्रामीण विकास संस्था। उस संस्था को ही उस क्षेत्र की लोकल एजेंसी बनाकर काम शुरू कर दिया जाता।

'हम उन्हें पहले तीन साल में प्रोजेक्ट के लिए पैसे देने का भरोसा देते। उन्हें 10-15 लोगों की टीम बनानी होती--फील्ड वर्कर, सुपरवाइजर और शिक्षकों की।'

बीपीए अपने लोगों को भेजकर इस टीम को प्रशिक्षित करता। सालों में भिन्न राज्यों के लिए 'मास्टर ट्रेनर' तैयार हो गए।

फील्ड स्टाफ का काम ऐसे लोगों की तलाश था, जिनमें किसी भी प्रकार की अक्षमता हो, उनके लिए सारी औपचारिकताएं पूरी करके वे उन्हें संस्था द्वारा दी जा रही सुविधाएं उपलब्ध करवाते।

'अक्षम लोगों के लिए कई तरह की योजनाएं होती हैं, लेकिन लोग उनके

बारे में जानते नहीं हैं। हमारा प्रोजेक्ट सक्षमता को विकसित करना ही था। कुछ प्रशिक्षण और कुछ सहायता के जरिए वे लोग भी दूसरों की तरह ही काम कर सकते हैं।'

और इस प्रक्रिया में समाज के *बोझ* को उसकी संपत्ति में बदल दिया जाता।

लेकिन इस तरह के फैले हुए मॉडल को संभाल पाना आसान होता है क्या? हां भी और न भी। अगर लोकल एजेंसी--या एजेंट--समर्पित है तो हां।

'मैं आपको एक उदाहरण देता हूं। विरामगाम अहमदाबाद से 80 किमी. दूर है, वहां रमीला जैन नाम की एक डॉक्टर रहती हैं। विरामगाम के लॉइंस क्लब से हमने उनके बारे में जाना, और उन्हें काम की जिम्मेदारी सौंपी।'

रमीलाबेन ने एक लोकल ट्रस्ट बनाया, लेकिन वह काम बीपीए के सिस्टम के तहत ही करता है।

'हमने प्रोग्राम का निरिक्षण किया, अपने लोगों को महीने की मीटिंग के लिए भेजा और उनसे हालात का जायजा लिया। हम फील्ड वर्करों को नए-नए कोर्स भी करवाते रहते हैं।'

रमीलाबेन 1985 से बीपीए के साथ हैं। अब वह एक आंखों का अस्पताल चलाती हैं, हड्डियों के अस्पताल के लिए काम करती हैं और शिक्षा व विटामिन की गोलियां बांटने का भी काम संभालती हैं।

'जो भी काम हम विरामगाम में कर पाए हैं, उनका सारा श्रेय रमीलाबेन को ही जाता है।'

यकीनन दस रमीलाओं में एक जितेंद्र भी निकल ही आता है।

'वह बहुत ही स्मार्ट था, योगा टीचर था और साधुओं के जैसे कपड़े पहनता था। हम उससे बहुत प्रभावित हुए और उसे घोडाडोंगली में एक एजेंसी खोलने के लिए कहा। यह जगह मध्यप्रदेश में इटारसी के पास पड़ती है।'

एक सुबह, वह एक महिला कार्यकर्ता के साथ भाग गया।

'मैंने इसलिए काम करना शुरू किया क्योंकि मैं देखना चाहता था कि मैनेजमेंट में जो बातें मैंने सीखी हैं, वे विकास के क्षेत्र में कितनी उपयोगी हैं। यह अपने ज्ञान को परखने जैसा था।'

ऐसी ही एक और घटना में, प्रोजेक्ट हैड ने पैसों की हेर-फेर करना शुरू कर दिया। उसने कार्यकर्ताओं को पूरी पगार नहीं दी।

'उदाहरण के लिए, हम कार्यकर्ताओं को देने के लिए 1500 रुपए देते लेकिन वह उन्हें 1000 रुपए देकर उनसे 1500 पर साइन करवा लेता था। कभी-कभी वे अपने परिवार के सदस्यों को ही कार्यकर्ता के नाम पर पैसे देते, या नकली वाउचर बना देते।'

और ऐसी समस्याएं कहीं पर भी हो सकती हैं--गुजरात, जहां बीपीए की स्थानीय उपस्थिति दमदार है, से लेकर दूर दराज के राज्यों जैसे उड़ीसा, मेघालय इत्यादि कहीं भी। लगातार नजर बनाए रखना और अपने कान खुले रखना ही इससे बचने का तरीका है।

'हम फील्ड स्टाफ के साथ अच्छा संबंध विकसित कर लेते। अगर कुछ भी गलत होता, तो वो हमें इसकी जानकारी दे देते।'

जिस पल बीपीए की नजर के सामने कुछ गड़बड़ आती, उसी वक्त एजेंसी को खत्म कर दिया जाता।

'हां, किसी प्रोजेक्ट को बीच में बंद करने पर हमें आर्थिक नुकसान होता, लेकिन हम सड़े हुए अंडों को संभालकर नहीं रख सकते थे।'

जब तक दुनिया में नेकदिल और पाक नियत की इंसान हैं, तब तक बीपीए को यकीन है कि उनकी कोशिशें बेकार नहीं जाएंगी।

हां, इस तरह के विकेंद्रित मॉडल को सफलतापूर्वक चलाने के लिए आपको सेंटर पर अच्छी टीम की जरूरत होती है। आपसी तालमेल, फंड इकट्ठा करना और अच्छा नेतृत्व प्रदान करने के लिए।

'जब हमने फंड-रेजिंग डिविजन शुरू की तो हमारे साथ सोशल वर्क में मास्टर, नौतमा शुक्ला ने काम करना शुरू किया। विमल थवानी नाम की महिला, जो एमएस यूनिवर्सिटी में सोशल वर्क की टीचर थीं, ने भी हमारे साथ वोकेशनल काउंसलर के रूप में काम करना शुरू किया।'

बीपीए ने जो भी नई डिविजन बनाई, उसमें काम करने के लिए प्रोफेशनल्स को नियुक्त किया गया। जैसे कोई कंपनी चुनिंदा लोगों को अपने साथ जोड़कर विकास के लिए आगे निकलती है। और जैसे कोई डिविजन बढ़ी, तो उसके

मैनेजर और अच्छा काम करने के लिए प्रशिक्षण प्राप्त करते चले गए।

जैसे अंकित पॉल, जिन्होंने स्कूल ऑफ सोशल वर्क, इंदौर से एमएसडब्ल्यु किया है, और जिनकी पृष्ठभूमि पत्रकारिता की भी रही है। जब वह अहमदाबाद आए तो, बीपीए के साथ सीबीआर प्रोग्राम के कोर्डिनेटर के तौर पर काम करने लगे।

'साल भर में ही हमने उन्हें अमेरिका भेज दिया, दुनिया के बेस्ट इंस्टीट्यूट से साल भर का कोर्स करने के लिए। वह हमारे बड़े संसाधन बने और सेंस इंटरनेशनल, यूके के एनजीओ के प्रमुख हैं।'

कुछ ही कंपनियां होंगी जो अपने एक्स-कर्मचारियों को इतने गर्व के साथ याद करती होंगी। यकीनन बीपीए कुछ अलग है।

'अखिल ऑलराउंडर थे; वह फोटोग्राफी करते, गाड़ी भी चलाते, मेहमानों को भी ले आते। वह घड़ी की तरह बस काम करते रहते। उन्हें किसी दूसरी जगह भेजना, मतलब एक बहुत अच्छे कर्मचारी से हाथ धो बैठना।'

लेकिन भूषण मानते हैं कि अगर लोगों को कोई मौका मिलता है, तो उन्हें आगे बढ़ने के लिए प्रेरित करना चाहिए।

'दरअसल, मैं उस कमेटी में भी था, जिसमें उन्हें दूसरी जगह भेजने का फैसला लिया गया था,' वह मुस्कुराते हैं।

और उन्हें इस बात का भी यकीन है कि आप जो देते हैं, उससे ज्यादा आपको मिलता है। अखिल के जाने के कुछ ही समय बाद, पोलिटिकल साइंस की पृष्ठभूमि वाली महिला बीपीए में आईं।

'चूंकि उनका सामाजिक कार्य की कोई पृष्ठभूमि नहीं थी, तो हमने उन्हें पहले तीन महीने का प्रशिक्षण दिया।'

छह महीने में ही ब्रहदा शंकर ने अखिल का काम पूरी तरह से संभाल लिया था। और वह एक पहलु में तो उनसे भी बेहतर साबित हुईं--बच्चों के साथ संपर्क बनाने में।

'ब्रहदा हमारी *लो विजन* की स्पेशलिस्ट बन गईं। अब वह त्रिवेंद्रम में हैं, और वहां से नेशनल ऑर्गेनाइजेशन के लिए काम कर रही हैं।'

सालों में, बीपीए अपने ही पुराने कर्मचारियों के लिए एक संस्थान बन

गया। वो लोग जो शारीरिक तौर पर तो वहां से चले गए, लेकिन उनका मन वहीं रह गया।

हसमुखभाई ठक्कर का उदाहरण लेते हैं--सालों तक बीपीए के फुल-टाइम लीगल ऑफिसर रहे। एक समय आया, जब बीपीए के पास सुलझाने के लिए नाममात्र के ही कानूनी मसले थे।

ठक्करभाई ने कहा, 'सर मेरे पास यहां अब करने के लिए ज्यादा काम नहीं है। अगर आपको कोई ऐतराज न हो तो अब मैं अपनी लीगल प्रैक्टिस शुरू कर दूं।'

भूषण ने कहा, 'जरूर।'

लेकिन हसमुखभाई ने जोड़ा, 'मैं बीपीए नहीं छोड़ सकता, मैं हर शनिवार को आऊंगा और देखूंगा कि सब ठीक चल रहा है या नहीं।'

ठक्करभाई को हर महीने 2980 रुपए का टोकन चैक मिलता है, जो उनकी कमाई का छठा भाग ही है।

'वह बस नाममात्र की पेमेंट हैं। वह कहते हैं कि यह चैक उनको बीपीए से जोड़े रखता है। दरअसल उनकी पत्नी भी बीपीए के लिए स्वंसेवक का काम करती हैं और हर महीने संगठन के लिए 10-12,000 रुपए का फंड जमा करती हैं।'

बीपीए के एलुमिनी लगातार वहां आते रहते हैं और विभिन्न प्रोग्रामों में सलाहकार की भूमिका निभा जाते हैं। कुछ फंड जमा करने में मदद करते हैं।

'जैसमिन अनिरुद्ध हमारे लिए दुबई में फंड जमा करती हैं, दीपिका जोशी यूएस में, अशोक कुमार अब इंडियन रेड क्रॉस, गुजरात के प्रमुख हैं। उन्होंने बीपीए को 20 लाख रुपए से ज्यादा का अनुदान दिया था, जब हमने आंखों का अस्पताल बनवाया था।'

यह ऐसा ही है कि आप बीपीए में आ तो सकते हैं, लेकिन जा नहीं

'दुनिया के विकासशील भागों में सामाजिक संरचना लगभग समान है, तो हमारा कम्यूनिटी रिहेब्लीटेशन का विचार काम कर जाता है--थोड़े से क्षेत्रीय संशोधन के साथ--चीन से लेकर जाम्बिया तक।'

'मेरे ज्यादातर दोस्त और सहपाठी लगभग एक करोड़ रुपए का पैकेज ले रहे हैं। और मैं आपको बता सकता हूं कि उनमें से किसी को भी रात में चैन की नींद नहीं आती।'

सकते।

'स्टाफ की सालाना आय बहुत कम है,' भूषण सहमत होते हैं।

इसके तीन कारण हैं। पहला, तनख्वाह पांचवें वेतन आयोग की सिफारिशों के अनुसार निर्धारित हैं--दूसरे एनजीओ से तो काफी बेहतर है।

'दूसरा, यहां काम करने की पूरी आजादी है, जिस तरह से आप चाहें। इससे काम में स्वामित्व का भाव आता है।'

तीसरा, स्टाफ के सदस्यों को भारत और विदेशों में होने वाले सेमिनारों और कोर्स के माध्यम से प्रोफेशनल रूप से विकसित होने का मौका मिलता है।

'जब हम बात कर रहे हैं, तब बीपीए के चार सदस्य विदेश में पढ़ाई कर रहे हैं। वे ह्यूमन राइट्स, लीडरशिप और मल्टीपल डिसेब्लिटी पर यूएस, यूरोप और जापान में कोर्स कर रहे हैं।'

इसे संभव बनाने के लिए बीपीए फोर्ड फाउंडेशन जैसी एजेंसियों के साथ काम करता है।

हल्के मूड में भूषण कहते हैं, 'मजेदार बात यह है कि मैं खुद कभी अमेरिका नहीं गया हूं, लेकिन बीपीए से कम से कम दस लोगों को वहां पढ़ने के लिए भेज चुका हूं। जब वे लोग वापस आते हैं, तो उनमें काम करने की काफी एनर्जी होती है।'

और जो कुछ उन्होंने सीखा होता है, उसे काम में लाने के लिए बेताब होते हैं।

सब कुछ बढ़िया चल रहा है, लेकिन रिजल्ट का क्या? बीपीए की उपलब्धि क्या हैं; उनके काम का क्या प्रभाव पड़ा?

भूषण बताते हैं, 'जब मैंने काम करना शुरू किया, तब हमारा सिर्फ एक कैंपस था। अब गुजरात राज्य में हमारे 8 कैंपस हैं। 10 लाख रुपए के बजट

वाला संगठन आज 20 करोड़ रुपए से ज्यादा का बजट रखता है।'

लेकिन यह आंकड़े पूरी कहानी नहीं कहते।

'सीबीआर प्रोजेक्ट को बीपीए बस कोर्डिनेट करता है, पैसा सीधे फंडिंग पार्टनर से लोकल एजेंसी तक पहुंचा दिया जाता है। तो इसका हमारे हिसाब* पर कोई असर नहीं पड़ता।'

यह सारी व्यवस्था किसी खास कारण के तहत ही की गई होगी।

'हम बहुत ज्यादा पैसे को संभालने से बचना चाह रहे थे, इससे आप में ऐसा भाव आ जाता है कि अरे हमीं तो सब संभाल रहे हैं।'

बीपीए ऐसे प्रोजेक्ट के लिए ट्रेनिंग, कोडिनेशन, कुछ स्टाफ और हार्डवेयर के ही पैसे लेता है। हालांकि गुजरात के बाहर बीपीए का सहयोग शुरुआती दो सालों तक ही रहा।

'यकीनन, हम ट्रेनिंग के लिए चले जाते हैं, और जब उन्हें कोई परेशानी होती है, वह हमसे संपर्क कर सकते हैं।'

लेकिन उनका मंत्र स्थानीय लोगों को सक्षम करने का ही है।

'दरअसल बीपीए ने एक डूअर ऑर्गेनाइजेशन से नेटवर्क ऑर्गेनाइजेशन तक का सफर तय किया है। हमारी मुख्य ताकत अब ट्रेनिंग और कोर्डिनेशन में है।'

जैसे-जैसे संगठन विकसित होता है, उसका इंफ्रास्ट्रक्चर भी। पहले बीपीए के पास एक जनरल सेक्रेटरी, एक वर्क मैनेजर और एक ट्रस्ट हुआ करता था।

'अब हमारे पास पांच स्वतंत्र ट्रस्ट हैं। हर ट्रस्ट में एक बोर्ड ऑफ डायरेक्टर है, लेकिन ये सभी बीपीए परिवार का ही हिस्सा हैं।'

पांचों ट्रस्ट अलग-अलग प्रकार की गतिविधियों में लगे हैं। जैसे, नेशनल इंस्टीट्यूट फॉर ब्लाइंड--गुजरात ब्रांच--एक नेटवर्क ऑर्गेनाइजेशन है, जिसकी ब्रांच हर जिले में है। सद्भावना ट्रस्ट नॉन-डिसेब्लिटी प्रोजेक्ट है, जबकि सेंटर फॉर ब्लाइंड बिजनेस एक्टिविटी के लिए है।

'हम यहां से हर साल 8 करोड़ रुपए का फर्नीचर बनाकर बेचते हैं।'

---

* बीपीए सीबीआर के प्रोजेक्ट को 125 जगहों पर कोर्डिनेट करता है, साथ ही गुजरात के 225 तालुकों में भी। इसने चीन, एसई एशिया और अफ्रीका में भी फील्ड स्टाफ को प्रशिक्षित किया है।

'हमारे आंखों के अस्पताल में, आप जानकर हैरान रह जाएंगे कि गरीब लोग भी फीस देने की जिद करते हैं। अगर उनके पास पैसे नहीं होते, तो वे अपने खेत से कुछ सामान हमारे अस्पताल में दे जाते हैं।'

इस बिक्री से होने वाला मुनाफा बीपीए के सालाना बजट का 10 प्रतिशत होता है। और बाकी बेलैंस?

'अगर मैं चारों ट्रस्ट को एक साथ करके देखूं, तो सरकार से मिलने वाली मदद 20-25 प्रतिशत है, विदेशों से आने वाला पैसा 20-30 प्रतिशत है। दूसरे 10-12 प्रतिशत निवेश से आता है और बाकी जनता द्वारा दिया जाने वाला दान है।'

धीरे-धीरे, बीपीए कॉरपोरेट को भी दस्तक देने की योजना बना रहा है। और अपने सर्विस मॉडल को वे सिर्फ चैरिटी से हटाकर 'सेल्फ पेमेंट' पर करना चाहते हैं।

'हमारे आंखों के अस्पताल में, आप जानकर हैरान रह जाएंगे कि गरीब लोग भी फीस देने की जिद करते हैं। अगर उनके पास पैसे नहीं होते, तो वे अपने खेत से कुछ सामान हमारे अस्पताल में दे जाते हैं।'

यह मानव सम्मान की अभिव्यक्ति है। इसी भावना से बीपीए अपने अधिकांश प्रोग्राम संचालित करता है।

'हम अक्षम लोगों को रोजगार के योग्य बनाना चाहते हैं, ताकि वे सामान्य जीवन जी सकें।'

इसलिए बीपीए के छात्रों को आईआईटी में प्रशिक्षण दिया जाता है, जबकि शारीरिक रूप से अक्षम लड़कियों को ब्यूटीशियन के कोर्स के लिए तैयार किया जाता है। दृष्टि से बाधित लोगों को फिजियोथैरेपी सिखाई जाती है, और वे बीपीए के स्टेट-ऑफ-द-आर्ट फिजियोथैरेपी सेंटर में काम करते हैं। जहां राज्य के संपन्न लोगों का आना-जाना लगा रहता है।

'हम बहुत बड़ी आईटीआई चलाते हैं, हमें सरकार ने नई और आधुनिक

बिल्डिंग बनाने के लिए पैसे दिए।'

आखिर में, बीपीए सरकार द्वारा चालित और खुद में समर्थ एनजीओ है।

'अगर तुम किसी एनजीओ के पास जाओ, तो उनका एक ही रोना था--*ये ग्रांट नहीं मिला, वो नहीं मिला।* लेकिन हमें ऐसी कोई समस्या नहीं है।'

जितने भी पैसे की जरूरत होती है, बीपीए सुनिश्चित करता है कि वह उपलब्ध हो। जरूरी बात है कि पेपर वर्क सही होना चाहिए।

'हमारे बहुत से ट्रस्टियों का उठना-बैठना मंत्रियों और सचिवों के साथ रहता है, तो कभी-कभार हम अनुदान सही समय पर मिलने के लिए उस प्रभाव का भी इस्तेमाल कर लेते थे,' वह बताते हैं।

काम आसान नहीं है, लेकिन मुश्किल भी नहीं है।

'भगवान मेरे साथ हैं--मैं कभी भी अकेला नहीं हूं--वह हमेशा मेरी मदद करने के लिए हैं।'

और उनकी मदद के लिए उनकी जिंदगी में एक और मजबूत स्तंभ है--हंसा।

'मेरी पत्नी हंसा गुजराती हैं और पेशे से वह वकील हैं। हम शादी से पहले भी दोस्त थे, तो हमारी आपसी समझ बहुत अच्छी है।'

भूषण का काम करने का समय बहुत लंबा और व्यस्त होता है।

'मैं आमतौर पर सुबह 9.30 से रात 8.30 तक ऑफिस में होता हूं। यहां तक कि संडे को भी मैं दोपहर 2.30 बजे तक काम करता हूं।'

लेकिन हंसा समझती हैं कि यह सिर्फ उनकी नौकरी नहीं है, बल्कि एक मिशन है। और उन्होंने हमेशा इसके साथ एडजस्ट किया है।

'और वह मुझसे ज्यादा कमाती हैं, लेकिन मेरे लिए कमाई कभी महत्वपूर्ण मसला नहीं रहा है।'

दोनों की एक बेटी है--शचि--जिन्होंने अभी हाल ही में लॉ की डिग्री पूरी

'हम लोकल एम्पावरमेंट में विश्वास करते हैं। अगर बीपीए पैसे लेकर प्रोजेक्ट के लिए खर्च करता है, तो वह हमारा प्रोजेक्ट कहलाएगा। लेकिन अगर रमीलाबेन पैसे लेकर, प्रोजेक्ट पर लगाती हैं, तो यह उनका प्रोजेक्ट होगा। इससे काम में स्वामित्व का भाव आता है।'

'मुझे यह बताने में कोई शर्म नहीं है कि मेरी पगार आईआईएम के किसी फ्रेशर से भी कम है--इसके मेरे लिए कोई मायने नहीं हैं। मुझे बस शाम को दो रोटी चाहिएं, तीसरी रोटी मेरे लिए जहर है।'

की है।

'वह कभी जिद्दी या मांग करने वाली बच्ची नहीं रही। वास्तव में वह बहुत ही सिंपल और जमीन से जुड़ी बच्ची है।'

इतनी ज्यादा कि एक बार भूषण उन्हें बंगलुरु में डिनर पर लेकर जा रहे थे, जहां वह इंटर्नशिप कर रही थीं। उन्होंने कहा, 'पापा, यह रेस्टोरेंट बहुत महंगा लग रहा है। आप यही रुको, मैं रेट पता करके आती हूं।'

आखिर में, पापा और बेटी ने फूड कोर्ट में खाना खाया। इसलिए नहीं कि वे खाना *अफोर्ड* नहीं कर सकते थे, बल्कि इसलिए कि उन्हें इतने पैसे खर्च करने में कोई तुक नहीं लगा।

'ईमानदारी से कहूं तो मेरी पगार इतनी भी कम नहीं है। मुझे 5.1 लाख रुपए सालाना मिलते हैं।'

और एक ठीक-ठाक घर, कार, सिंपल खाने और सामान्य जरूरतों के लिए यह पर्याप्त है। इससे ज्यादा और आदमी को क्या चाहिए?

भूषण जानते हैं कि उनके पिता--स्वर्गीय भगत चेला राम, जिन्होंने अथक समाज सेवा का काम किया--को उन पर गर्व होता। लेकिन आजकल के अति महत्वाकांक्षी मां-बाप और बच्चे क्या ऐसा ही सोचते हैं?

आईआईएम अहमदाबाद के सालाना समारोह में भूषण ने अपने विचार सीईओ और कॉरपोरेट के छात्रों के साथ साझा किए। और उन्होंने बात की कि किस तरह पैसे के कोई मायने नहीं होते--आखिर में जरूरत होती है संतुष्टि और आराम की, जो दूसरों के जीवन में अंतर लाकर ही पाया जा सकता है।

'वे कहते हैं कि हम एक मिलियन लोगों के लिए नौकरी पैदा करते हैं। या कि हजारों करोड़ की संपत्ति जमा करते हैं। वह उनके लिए ही अच्छा है।'

भूषण ने ज्ञान, नेटवर्क और सक्षमता की संपदा जोड़ी है।

'हमने मैनेजमेंट के नियमों को विकास के कामों में लगाया है। हमने हजारों लोगों के दिलों में जगह पाकर, उनके जीवन को सुधारा है। और उनके लिए सामान्य जीवन को संभव बनाया है।'

एक अच्छा जीवन दूसरों के लिए--दूसरों के साथ।

मन की इंजीनियरिंग ने बाकी सब को अप्रासंगिक बनाया है।

आपको बस अपने अंदर देखकर, सच जानने की जरूरत है।

✳

युवा उद्यमियों को सलाह

ज्यादा शोध मत करो, ज्यादा सोचो मत। बस घर से बाहर निकलो और इधर-उधर देखो। अपने आंख और कान खुले रखो--किसका बच्चा है, जो अनपढ़ है, या कौन स्कूल नहीं जा रहा? हो सकता पास में एक वृद्ध महिला हो, जिसे मोतियाबिंद है। हो सकता है किसी फेरीवाले के बच्चे को कैंसर हो।

ऐसे किसी भी इंसान को देखो, उससे पूछो कि उसे क्या चाहिए। और फिर अपनी क्षमता के अनुसार उसकी मदद करो। हो सकता है कि उस व्यक्ति को सिर्फ सही मार्गदर्शन की ही आवश्यकता हो।

मैं आपको एक उदाहरण देता हूं। अहमदाबाद में ऐसे 10 अस्पताल हैं, जो मुफ्त में मोतियाबिंद का ऑपरेशन करते हैं, लेकिन लोगों को इसके बारे में पता नहीं होता। अगर आप ऐसे किसी व्यक्ति को जानते हैं, तो बस आपको उससे इतना कहना है, 'आओ, मेरे स्कूटर पर बैठो, मैं तुम्हें नागरी अस्पताल ले जाकर, तुम्हारा ऑपरेशन करवा देता हूं।'

देखा जाए तो इसमें कितने पैसे लगेंगे! नागरी अस्पताल से आना जाना 80 रुपए में हो जाएगा और उस व्यक्ति को अपनी आंखें फिर से वापस मिल जाएंगी।

दिखावा मत करो, और न सिर्फ विकास की बातें ही करो। अगर आप किसी पास के सरकारी स्कूल के बच्चे की किताबों, फीस और यूनिफॉर्म के पैसे देते हैं, तो आपको साल में 1000 रुपए से ज्यादा नहीं देने होंगे।

महत्वपूर्ण है कि आप ऐसे एक भी इंसान की जिंदगी में कुछ फर्क ला पाओ।

आध्यात्मिक पूंजीवादी

सेवा का मार्ग भले ही पुराना रास्ता लगे, लेकिन आज भी ऐसे इंसान हैं, जो इसे चुनते हैं। क्योंकि वे मानते हैं कि निस्वार्थता और ईमानदारी से आप हर सीमा को पार कर सकते हैं।

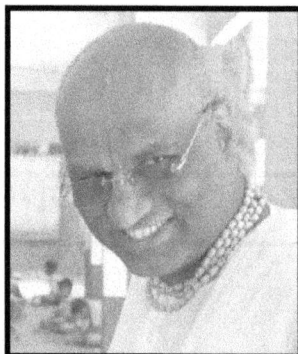

दिव्य आहार

मधु पंडित दास
अक्षय पात्र

आईआईटी के छात्र के रूप में, मधु पंडित एक बार खुदकुशी के मुहाने पर पहुंच गए थे। फिर, उन्होंने कृष्ण को जाना और आध्यात्मिकता की राह को अपना लिया। इस्कॉन बंगलुरु के प्रमुख के रूप में, मधु आज अक्षय पात्र के अग्रेता हैं। एक ऐसा आंदोलन, जो मिशनरी भाव में आधुनिक प्रबंधन के समावेश से रोज 10 लाख बच्चों का पेट भर रहा है।

इस्कॉन बंगलुरु मेरे अब तक के देखे हुए इस्कॉन टैंपलों में सबसे भव्य है।

साथ ही उतना ही शांत भी।

मैं अक्षय पात्र के एग्जीक्यूटिव डायरेक्टर (मार्केटिंग) श्रीधर वैंकट के ऑफिस में बैठी थी। उन्होंने मुझे 'वैदिक' चाय पीने को दी।

आपने देखा, यहां नियमित चाय और कॉफी का चलन नहीं है।

हम मधु पंडित दास से मिलने का इंतजार कर रहे थे, वह इस्कॉन बंगलुरु के अध्यक्ष और अक्षय पात्र फाउंडेशन के ट्रस्टी हैं। अक्षय पात्र दुनिया का सबसे बड़ा मिड-डे मील प्रोग्राम है, जिसके तहत हर रोज 10 लाख स्कूली बच्चों को भोजन कराया जाता है।

इस इंटरव्यू को लेकर मेरे मन में कुछ संदेह था। क्या यह सिर्फ मंदिर की तरफ से की जाने वाली मानव सेवा थी? कहीं यह उनके 'व्यवसाय' का भाग तो नहीं थी?

बिल्कुल नहीं। इस देश में फैले हुए लाखों मंदिर, जो करोड़ों का दान लेते हैं, उनमें से कितने मंदिर ऐसे काम के लिए आगे आते हैं? बस सौ में से कोई एक।

और जब वे यह करते हैं, तो अपनी तरफ से अपना सर्वश्रेष्ठ देने की कोशिश करते हैं। संसाधनों और सिस्टम के चलते वे सीमित होकर रह जाते हैं। अक्षय पात्र के विपरीत।

अक्षय पात्र विज्ञान और अध्यात्म का संयोजन है। रसोई का डिजाइन, हिसाब-किताब, मार्केटिंग सब वैज्ञानिक पद्धति से की गई है। लेकिन इस काम में मिशनरी भाव इसके आध्यात्मिक आधार के कारण आता है। विभिन्न स्तर पर हरे कृष्णाओं के किए गए समर्पण और प्रतिबद्धता के कारण।

जब मैं मधु पंडित को सुन रही थी, तो सोच रही थी कि वो ऐसे संत हैं, जिन्होंने कभी फरारी की इच्छा नहीं की। एक ऐसे इंसान जिन्होंने अपने अस्तित्व के सवाल का समाधान पा लिया है, लेकिन फिर भी उनकी तलाश जारी है।

बहुत ही साधारण सवालों के लिए।

'इस देश में कितने भूखे बच्चे हैं?'

'क्या कल हम उनमें से किसी एक और बच्चे का पेट भर पाएंगे?'

यही तो अक्षय पात्र का जादू है, एक ऐसा बर्तन जो कभी खाली नहीं होता।

हर किसी के हिस्से का निर्धारण उस सर्वशक्तिमान सत्ता के द्वारा किया जा चुका है। लेकिन उसे पकाने का काम यहां होता है, इस धरती पर।

दिव्य आहार

मधु पंडित दास
अक्षय पात्र

मधु पंडित दास का जन्म नागरकोइल में हुआ, लेकिन परवरिश बंगलुरु में।

'मेरे पिता इंडियन इंस्टीट्यूट ऑफ साइंस में वैज्ञानिक थे। मैंने कक्षा 4 तक की पढ़ाई बंगलुरु में ही की और फिर मेरे पिता का ट्रांसफर इसरो, त्रिवेंद्रम में हो गया।'

मधु को सेंट जोसफ स्कूल, बंगलुरु से सेंट जोसफ स्कूल, त्रिवेंद्रम में भेज दिया गया। स्कूल में उनकी विज्ञान में खास रुचि थी और इसके लिए वह अतिरिक्त पढ़ाई भी करते थे--कोर्स से बाहर--ब्रिटिश लाइब्रेरी में जाकर।

'इसके अलावा मेरी अगर किसी में दिलचस्पी थी, तो वो थी शतरंज। मेरे पिता शतरंज के अच्छे खिलाड़ी थे, तो मैंने शतरंज उन्हीं से सीखी। तब मैं चौथी क्लास में पढ़ता था।'

स्कूल में सीनियर ईयर्स के दौरान मधु ने तीन बार त्रिवेंद्रम जूनियर डिस्ट्रिक्ट चैंपियनशिप जीती थी। और एक साल--उन्हें स्पष्टतया नहीं पता कि कौन सा साल--मधु शतरंज में स्टेट जूनियर चैंपियन भी रहे थे।

'तो इस दौरान मेरा पूरा फोकस साइंस और शतरंज पर ही था। मैं पढ़ाई के प्रति उतना गंभीर नहीं था।'

जब वह नौवीं क्लास में आए, तो उनके पिता ने उन्हें शतरंज खेलने से मना कर दिया। उसकी वजह से मधु की पढ़ाई बहुत प्रभावित हुई थी।

'और मुझे यकीन नहीं होता कि एक ही साल में उसमें काफी सुधार भी

हो गया।'

10वीं क्लास के बोर्ड के इम्तेहान के दौरान मधु उन चुनिंदा छात्रों में से थे, जिन्होंने गणित विषय में 100 नंबर प्राप्त किए थे। प्री-डिग्री कोर्स के दौरान मधु ने त्रिवेंद्रम साइंस क्लब में दाखिला ले लिया। जल्द ही उनकी रुचि थ्योरिटिकल फिजिक्स में होने लगी।

'मुझे महसूस हुआ कि अगर मैं और फिजिक्स समझना चाहता हूं, तो उसके लिए मुझे और मैथ्स पढ़ना होगा। आधुनिक फिजिक्स की भाषा तो आप जानती ही होंगी। तो, मैंने कोर्स से बाहर खुद पढ़ाई करनी शुरू कर दी।'

इसी दौरान मधु नेशनल साइंस टैलेंट सर्च स्कॉलरशिप भी जीत चुके थे। यह स्कॉलरशिप इस नजरिए से भी महत्वपूर्ण थी कि इसमें पास होने वाले स्कॉलर्स को सभी आईआईटी और बीआईटीएस पिलानी, बिना एंट्रेंस एग्जाम के एडमिशन ऑफर करता था।

मधु ने आईआईटी बॉम्बे को चुना और उसमें पांच साल के एमएससी फिजिक्स कोर्स में दाखिला ले लिया। यह वर्ष 1976 की बात है।

'मैं बहुत रोमांचित था क्योंकि मैंने सोचा कि यह बेस्ट इंस्टीट्यूट था और और मैं बस अपने पसंदीदा विषय में पूरी तरह डूब जाना चाहता था।'

लेकिन उनके हाथ सिर्फ निराशा ही लगी।

'आईआईटी का माहौल, ओ माई गॉड! मुझे वह पसंद नहीं आया क्योंकि वहां बहुत कॉम्पिटीशन था, और सब कुछ बस ग्रेड पर ही चलता था। हो सकता है कि इंजीनियरिंग के लिए यह सही हो, आपके दिमाग की कसरत के लिए। लेकिन मेरे लिए यह सही नहीं था।'

मधु ने दो साल बहुत ही हताशा में पार किए।

'मैं फिजिक्स पढ़ रहा था और मुझे लगा कि मैं तो फिजिक्स पढ़ ही नहीं पा रहा हूं। मैं बस क्लासें लेता, ट्यूशन जाता और सब कुछ बस पेपर लिखने के हिसाब से दिमाग में उड़ेला जा रहा था।'

और दो साल खत्म होने पर, मधु ने सिविल इंजीनियरिंग में जाने का निर्णय लिया। थोड़ी कम लोकप्रिय ब्रांच, इसलिए वहां कॉम्पिटीशन भी कुछ कम होता। वह किसी आसान कोर्स में दाखिला लेना चाहते थे, जिससे वह अपनी पसंद

> 'आइंस्टाइन ने अपने सापेक्षतावादी सिद्धांत से विज्ञान की संस्था को
> हिलाकर रख दिया था। लेकिन अपनी मृत शैया पर
> भी वह सच के साथ संघर्ष करते रहे।'

के हिसाब से फिजिक्स पढ़ सकें।

'मैं क्लास लेता, ट्यूटोरियल से गुलटी मार जाता और आईआईटी की लाइब्रेरी में रात 10 बजे तक बैठकर पढ़ता,' आंखों में शरारत लिए वह बताते हैं।

लेकिन फिजिक्स के लिए इस प्यार के पीछे कुछ और बात थी, कुछ ज्यादा गहन। बचपन से ही मधु के मन में एक सवाल उमड़ता रहता था, 'किसी भी वस्तु का मूल कारण क्या है?'

'साइंस को लेकर भी मैं इसीलिए रोमांचित था कि वह हर तर्क के पीछे तर्क ढूंढ़ता है। तो बस मैं भी उस खोज की प्रक्रिया में शामिल हो गया।'

और आईआईटी में प्रवेश के बाद, मधु ने जीवन को इसी नजरिए से देखना शुरू कर दिया। फिजिक्स की खोज उन्हें दर्शन की गहराइयों में ले आई।

'देखिए, जब एक वैज्ञानिक परमाणु को समझने की कोशिश करता है, तो वह पाता है कि यह इलैक्ट्रॉन, प्रोटॉन और न्यूट्रॉन के संयोजन से बना है। फिर उसे अहसास होता है कि उसके केंद्र में और भी बहुत से कण होते हैं। और वे सब एक क्रम और संतुलन में साथ आते हैं।'

प्रकृति में बहुत सारी सुंदरता और संतुलन है--शायद इसका कोई निर्माता होगा? हालांकि यह सवाल कभी मधु के दिमाग में नहीं आ पाया था। विज्ञान के सिपाही के रूप में, वह किसी अव्यैक्तिक तर्क की तलाश में थे।

एक अपरिवर्तनीय, सारभूत कण, केवल एक, एकीकरण का सिद्धांत जिससे *सबकुछ* को व्याख्यायित किया जा सकता है। कुछ ऐसा है जो आज भी भौतिकशास्त्रियों के हाथ से बच निकल रहा है।

हर 'तर्क का तर्क' की इस पहेली में डूबने के कारण, स्वाभाविकतया मधु के ग्रेड पर असर पड़ा।

'हर जगह मुझे बहुत अच्छे नंबर मिले, लेकिन यहां आईआईटी में मैं एक औसत छात्र बनकर रह गया।'

दूसरे शब्दों में, 'फाइव पॉइंट समवन' (चेतन भगत का लोकप्रिय उपन्यास, जिस पर बहुचर्चित हिंदी फिल्म *3 इडियट* भी बनी)।

मधु स्मोकिंग करने लगे, और फिर, अपने चौथे साल के आखरी पेपर में कुछ अलग घटित हुआ।

'अब तक मैं बहुत सारी दर्शन की किताबें पढ़ चुका था। ज्यादातर पाश्चात्य दर्शन की, क्योंकि मुझे संस्कृत नहीं आती थी।'

ऐसी ही एक किताब थी बर्टेंड रसेल की, जिसने तो बस लोहे पर आखरी हथौड़े का काम किया।

रसेल ने कहा, 'अगर मुझे दोबारा जीने का मौका मिले, तो मैं कभी दर्शन को हाथ नहीं लगाऊंगा। कारण साफ है कि इतने सालों से मैं जिस चीज की तलाश में लगा था, वो सच भी है या नहीं। जो मैं अपनी आंखों से देखता हूं उसका अस्तित्व है या नहीं, वह सत्य है या नहीं?'

अगर बर्टेंड रसेल जैसा आदमी, सालों अपना दिमाग खपाने के बाद अपने हाथ खड़े कर ले, तो मधु के लिए इसमें क्या उम्मीद हो सकती थी?

इस पॉइंट पर आकर मधु--और त्रिवेंद्रम से ही आए एक सहपाठी ने--इस सब का अंत करने का निर्णय लिया।

'इससे क्या फर्क पड़ता है कि हम जिएं या मर जाएं? इन आईआईटी वालों ने हमारी जिंदगी को उलझाकर रख दिया था। हम उनकी मेन बिल्डिंग से कूदकर उनका नाम खराब करके रखने वाले थे।'

यह ग्रेड, या कैरियर, या एकतरफा प्यार के लिए नहीं था। यह उस सवाल के लिए था, जिसका कोई जवाब ही नहीं था--जीवन, ब्रह्मांड और इन सबका अर्थ।

अस्तित्व को लेकर हताशा।

'अगर आदमी कुछ करने की ठान ले तो वह कुछ भी कर सकता है। इसलिए हम पूरी तरह से यह जानने के लिए उत्सुक थे कि सच क्या है? और हम उसे खोज क्यों नहीं पा रहे हैं?'

लेकिन जब एक बार उन्होंने खुदकुशी का निर्णय ले लिया, तो सारी समस्याओं का अंत हो गया। खुदकुशी से एक रात पहले मधु आखरी बार लाइब्रेरी में गए और यूं ही एक अलग तरह की किताब उठा ली। वह इस्कॉन के संस्थापक श्रील प्रभुपाद की किताब थी, रंगीन चित्रों के साथ।

'मैंने वह किताब पहले भी देखी थी, लेकिन उसमें कहानियों के अलावा कुछ नहीं था--तो मैंने वो वापस रख दी थी। पहले मैं सत्य की तलाश में था, न कि कहानियों की!'

लेकिन उस दिन मधु ने कुछ हल्का-फुल्का पढ़ने का निर्णय लिया था। और इसीलिए उन्होंने वह चिकने पन्नों वाली रंगीन किताब उठा ली थी। उस पर कृष्ण की तस्वीर थी, वह उसे अपने कमरे में ले आए। उन्होंने उसे पढ़ना शुरू कर दिया।

पांच मिनटों में ही, मधु फूट-फूटकर रो रहे थे। वो आंसू खुशी के थे।

वह रो रहे थे, 'माई गॉड! मुझे यकीन नहीं हो रहा कि यह इतना सादा था, मैं तो ऐसा सोच भी नहीं पाया।'

'सच' बहुत सीधा था। भगवान--या कृष्ण--ही हर तर्क के पीछे का तर्क थे। एक ऐसा इंसान, जो अनंत नामोंवाला, निर्विकार, ऊर्जावान और हर जगह लिप्त हैं।

'मैं पढ़ता रहा और फिर मुझे अहसास हुआ कि मैं नहीं मर सकता। मेरे पास जीने का मकसद है।'

यह प्रकटीकरण मधु को 22 साल की उम्र में हुआ।

'उसके बाद प्रभुपाद की हर किताब को मैंने किसी लोभी की तरह पढ़ डाला और दुनिया के प्रति मेरा जो नजरिया था, वह पूरी तरह बदल गया।'

मधु विज्ञान की सीमाएं जानते थे। वो सीमाएं जो पांच तत्वों की परिभाषा में निहित हैं।

'लेकिन बहुत सी चीजें उससे परे हैं। उदाहरण के लिए, मन। हम सब जानते हैं कि हम अपने मन का इस्तेमाल करते हैं और मन का अस्तित्व है, लेकिन कोई उसे देख नहीं सकता। इसीलिए मन का विज्ञान--या मनोविज्ञान--को पूरी तरह से विज्ञान नहीं माना जाता!'

यह वैदिक दृष्टिकोण नहीं है।

'हमारी भगवद्गीता और भगवतम् हमें 'शरीर', 'मन', 'बुद्धि' और 'अहं' मानता है। तो यहां आत्मा का पदानुक्रम है।'

विस्तार में जाए बिना, हम बस यही कहना चाहेंगे कि मधु की दुनिया का दायरा बढ़ गया था।

यकीनन, वह मानते हैं कि विज्ञान पांच तत्वों से आगे नहीं जा सकता। क्योंकि उसके आगे वह अपनी वस्तुनिष्ठता खो देगा। लेकिन इसका यह मतलब नहीं है कि विज्ञान से आगे कुछ है ही नहीं।

'वेदांत स्व का विज्ञान है। शरीर ही हमारी प्रयोगशाला है। आपके प्रयोग आपके जीवन से ही जुड़े हैं। इसलिए मैं अभी भी एक वैज्ञानिक हूं--बस कार्यक्षेत्र बदल गया है।'

अब इसमें आत्मा, जागरूकता और चेतना भी आ जुड़े हैं।

'संक्षेप में कहें तो हम यह शरीर नहीं हैं, हम अनंत हैं। और यह यहीं खत्म नहीं हो जाता, हम उस सर्वोच्च अनंत के ही भाग हैं।'

इस नए ज्ञान को अपने में समाहित करते हुए मधु ने अपनी बीटेक पूरी करके, एमटेक में दाखिला ले लिया। खासकर इसलिए कि वह आईआईटी की लाइब्रेरी से अलग नहीं होना चाहते थे। हालांकि उन्होंने एमटेक पूरी नहीं की।

'बीच में ही मैंने अपना जीवन प्रभुपाद के मिशन को समर्पित करने का निर्णय ले लिया। मैंने इस्कॉन से जुड़ने का फैसला कर लिया।'

मधु के पिता--जो खुद भी एक धार्मिक इंसान थे--इससे परेशान थे।

'तुम इस उम्र में यह क्यों कर रहे हो? संन्यास वृद्धावस्था के लिए है।'

मधु ने जवाब दिया, 'यह अलग है। मैं अध्यात्म को विज्ञान के तरह ले रहा हूं, ज्ञान की तलाश में। मैं कोई साधु बनकर धर्म से नहीं जुड़ रहा हूं।'

यकीनन, वह बैठे रहकर दार्शनिक बन सकते थे लेकिन मधु अपने ज्ञान को जीना चाहते थे। ऐसा करने के लिए उन्हें पहले प्रक्रिया का हिस्सा बनना था।

'हाइड्रोजन और ऑक्सीजन को एक निश्चित दबाव व तापमान पर लाकर पानी बनाया जाता है। उसी तरह, एक साधक बनने के लिए आपको अपने

> **'जब हम एक निश्चित स्तर को पार कर लेते हैं, तो संगठन महज साधन बनकर रह जाता है। हम सोचते हैं कि भगवान ही उस संगठन के जरिए हमारी देखभाल कर रहे हैं।'**

मन और मन को भी अनुरूप बनाना पड़ता है।'

संक्षेप में, आपको अनुशासन की जरूरत होती है। सुबह 3.30 बजे उठने का अनुशासन, फिर नहा-धोकर पांच घंटे आध्यात्मिक अभ्यास में बिताने का अनुशासन।

'अनुशासन को आपका मन* शुद्ध करने के हिसाब से डिजाइन किया गया है। यह भक्ति योग का विज्ञान है।'

यद्यपि इस्कॉन कृष्ण भक्ति का प्रचार करते हैं, लेकिन इसका मतलब शब्दशः कृष्ण से ही नहीं है।

'भगवद्गीता में कृष्ण को ऐतिहासिक व्यक्तित्व के रूप में वर्णित किया गया है, लेकिन शास्त्रों में कृष्ण का अर्थ है, सबको आकृष्ट करने वाला। और भगवान की प्रकृति भी सबको आकर्षित करने वाली होनी चाहिए।'

इस्कॉन ने भी कृष्ण को वैश्विक भगवान के रूप में मान्यता दी है, न की हिंदू भगवान के रूप में। और इस्कॉन में काम करने वाले इंसान का मकसद मानवता की सेवा है।

'स्व को जानने की प्रक्रिया का एक भाग निस्वार्थ रूप से काम करना भी है। यहां यही सिखाया जाता है। कोई चाहे वह पुजारी हो, किताबें बेचता हो, या फिर प्रबंधन में हो, लेकिन यहां सबको पूरे समर्पण से काम करना है। आध्यात्मिक ज्ञान के लिए समर्पण आवश्यक है।'

प्रक्रिया में, खोजकर्ता खुद को उच्चस्तर के अनुभव पर पाता है।

'जब तक हम अपनी सोच में आत्मकेंद्रित रहते हैं, तब तक हम अध्यात्म का विस्तार नहीं माप सकते। इसीलिए अनुशासन, जिसमें सुबह की साधना और

---

* इसके अतिरिक्त हरे कृष्णाओं को नशे, मांसाहार, अवैध शारीरिक संबंध और जुआ इत्यादि के लिए भी मना होता है।

समर्पित कार्य शामिल है, हमारे अंदर से *मैं* को खत्म करता है।'

आपकी सीमा भगवान तक होने लगती है, फिर मानवता में और आखिर में आप पाते हैं कि सब एक ही है।

यकीनन, आत्मबोध एक सफर है। मधु के लिए, औपचारिक रूप से इस सफर की शुरुआत 1981 में हुई थी। छह महीने बाद, उन्होंने दीक्षा ग्रहण कर ली थी। सिर मुंडाए, गेरुआ वस्त्र पहने मधु पंडित 'दास' अब *हरे कृष्णा* थे।

'दो साल तक मैं दक्षिण भारत के दूर-दराज गांवों का सफर करता रहा, वहां भगवद्गीता पर आख्यान देता और इस्कॉन की किताबें वितरित करता। मैंने इस्कॉन त्रिवेंद्रम में भी काम किया। फिर 1983 में, मैं बंगलुरु आया, और यहां सेंटर शुरू करने का काम संभाला।'

तब तक, मधु ने भक्तिलता से शादी भी कर ली थी। भक्तिलता चिन्मया स्कूल, चेन्नई की हेडमिस्ट्रेस होने के साथ-साथ एक मिशनरी भी थीं। वह भी अपनी नौकरी से इस्तीफा देकर इस्कॉन मूवमेंट से जुड़ गईं।

बंगलुरु में इस्कॉन सेंटर की शुरुआत दो बेडरूम के घर से हुई। लेकिन मधु ने उसके लिए बड़ा प्लान सोच रखा था।

'जब मैं इस्कॉन से जुड़ा तो मेरा विचार बड़ी चीजें करने का था। मैंने कभी बीच में हार नहीं मानी, फिर बात चाहे शतरंज की हो, फिजिक्स की या किसी और चीज की!' वह शान से कहते हैं।

यह बात किसी 'आध्यात्मिक' इंसान से सुनना कुछ अजीब लगता है। लेकिन वह आगे अपनी बात समझाते हैं।

'प्रभुपाद ने आध्यात्म ज्ञान और सेवा के लिए जो भी ज्ञान दुनिया को दिया है, उसे फैलाया जाना चाहिए। यह मानवता के लिए बहुत बड़ा उपहार है।'

लेकिन यह 'उपहार' बस ऐसे ही आपकी झोली में नहीं आ गिरता; इसे

'श्रील प्रभुपाद का निर्देश है कि किसी भी इस्कॉन मंदिर के 15-20 किमी. के दायरे से कोई भी भूखा नहीं जाना चाहिए। तो यही अक्षय पात्र शुरू करने में हमारी प्रेरणा बना।'

अर्जित करना पड़ता है। और श्रील प्रभुपाद का जीवन मधु के लिए प्रेरणा का बड़ा स्रोत रहा।

'वह ऐसे इंसान हैं, जो 70 साल की उम्र में सिर्फ 40 रुपए लेकर अमेरिका गए थे। उन्होंने एक अनजान परिवेश में रहते हुए, आसपास के लोगों का रूपांतरण किया।'

दरअसल, समस्त इस्कॉन संस्थान का निर्माण ही ग्यारह वर्षों--1966 से 1977 के बीच--की अल्पअवधि में हुआ। उन्होंने ऐसा कैसे किया होगा?

जवाब सीधा है--या जटिल--यह आपकी सोच पर निर्भर करता है।

'जब आपका काम निस्वार्थ भाव से प्रेरित होता है, तो आपकी सीमा भी आकाश की तरह असीमित होती है। आप पर कर्मों का बंधन नहीं होता। अगर आप पूरे मन से प्रयास करते हैं तो उसका परिणाम भी आने लगता है।'

कारण, प्रयास और परिणाम--आपको इन तीन चीजों की जरूरत होती है। लेकिन आपका काम फल की इच्छा से परे होना चाहिए। इसकी शुरुआत कहीं से भी की जा सकती है।

इस्कॉन बंगलुरु में यह शुरुआत एक उलझन से हुई। सरकार ने ट्रस्ट को एक 'मूल्यहीन' जमीन देने का प्रस्ताव दिया।

साइट देखते हुए एक भक्त ने टिप्पणी की, 'हम यहां मंदिर नहीं बना सकते--यहां आसपास की फैक्टरियों की वजह से बहुत प्रदूषण है, और यहां आने की कोई पक्की सड़क भी नहीं है!'

मधु शांत रहे। वह चट्टानों के बीच में एक गीली मिट्टी वाली जगह देख रहे थे। वो जगह, जहां तुलसी के पौधे उग रहे थे।

उन्होंने उस भक्त से कहा, 'प्रदूषण मत देखो, सड़क मत देखो, उन तुलसी के पौधों को देखों। इसी जगह पर भगवान के चरण पड़ेंगे, यह उन्हीं के लिए चुनी गई है।'

और ऐसा ही हुआ भी। वह बेकार जमीन मंदिर के जादुई परिसर में बदल गई। 'कुछ नहीं' से 'सब कुछ' का जादू रंग लाया।

'किसी भी उद्यमी के दिमाग में, वर्तमान सचाई और उसे लेकर आगे देखा गया विजन होता है। फिर दिमाग उसी प्रकार काम करने लगता है, सचाई विजन

के और नजदीक होती चली जाए।'

इस्कॉन बंगलुरु के लिए जो विजन देखा गया, वो था उसे एक सुंदर और आधुनिक मंदिर का रूप देना। इसके लिए फंड आम लोगों ने ही दिया।

'इस मंदिर का अधिकांश निर्माण व्यक्तिगत दान से ही हुआ। हमारे पास एक अनोखी योजना थी--सुदामा सेवा, जिसके तहत हम प्रतिदिन एक रुपया लेते, तो फिर कोई भी--चाहे वह अमीर हो या गरीब--अपना योगदान इसमें दे सकता था।'

बूंद-बूंद करके, ऐसे 30 करोड़ रुपए जमा किए गए।

'हमारे पास सैकड़ों मजदूर थे, जिनकी साइट पर रहने की व्यवस्था करने के लिए शेड डाले गए। जो भी पैसे इकट्ठे होते जाते, उन्हें हर हफ्ते निर्माण कार्य में लगा दिया जाता।'

मंदिर परिसर--जैसा वह आज खड़ा है--का मुहूर्त 1996 में किया गया। शुरुआत में--जैसा कि हर इस्कॉन मंदिर में होता है--उनका मकसद भगवद्गीता और कृष्ण के प्रचार-प्रसार पर था।

और यकीनन जो भक्तगण दर्शन के लिए आते थे, उनका ध्यान रखा जाता था। आप मंदिर से बिना प्रसाद लिए बाहर नहीं जा सकते।

मार्च 2000 में, एक दिन, दो सज्जन मधु पंडित के ऑफिस में पहुंचे। उनमें से एक इंफोसिस के सीएफओ, मोहनदास पाई थे।

मोहनदास ने कहा, 'स्वामीजी यह बहुत अच्छी बात है कि आप रोज यहां इतने सारे लोगों को खाना खिलाते हैं। आप आसपास के स्कूलों के बच्चों को क्यों नहीं खिलाते?'

उन्होंने बताया कि यह तमिलनाडु में बहुत लोकप्रिय प्रोग्राम है, इस योजना की शुरुआत स्वर्गीय एमजीआर ने की।

मधु पंडित ने कहा, 'जरूर, क्यों नहीं? मेरे पास रसोई की व्यवस्था तो है, लेकिन खाना भेजने के लिए गाड़ी नहीं है।'

वहीं बैठे-बैठे मोहनदास ने उन्हें एक की जगह दो गाड़ियों के लिए हां कर दी। मीटिंग खत्म हो गई और वह सज्जन चले गए।

फिर मधु बैठकर कागज पर हिसाब लगाने लगे कि इस काम के लिए

कितना खाना पकाना पड़ेगा।

'जोश में मैंने कह दिया था कि हम उतना खाना देंगे जितना कि गाड़ियों में आ सके। अब, मुझे अहसास हुआ कि उन्होंने हमें दो लॉरियां दे दी थीं।'

हिसाब से पता लग रहा था कि उन गाड़ियों को भरने के लिए हमें रोज 10 टन खाना तैयार करना पड़ेगा। यहां तक कि इस्कॉन जितने बड़े रसोई के लिए भी यह मात्रा बहुत ज्यादा थी।

'फिर मैंने सोचा कि 15-20 दिनों में ही खाने की कीमत दो ट्रकों की कीमत से ऊपर हो जाएगी।'

मधु ने कभी लागत का हिसाब लगाया ही नहीं था! यह अपने आप में अजीब बात है...

'आप कह सकते हैं, जहां भगवान का हाथ होता है, वहां राहें खुद ब खुद जुड़ती चली जाती हैं, खासतौर पर ऐसे कामों में। आमतौर पर लोग कहते हैं कि अगर आप तारों को निशाना बनाए तो चांद तो छूकर आ ही सकते हैं। लेकिन मेरे अनुभव में, भगवान की सेवा में जो चाहोगे, वही मिलेगा!'

संक्षेप में, आकाश को लक्ष्य बनाओ और आप उससे भी आगे निकल जाओगे।

'ऐसा होने के लिए कभी-कभी लापरवाही भी अच्छी होती है। क्योंकि अगर आप लापरवाह होंगे, तो आपको डर नहीं लगेगा। अगर मैं मोहनदास के सामने रहते पूरा हिसाब लगा लेता--आर्थिक हिसाब--तो मैं हां कहने में झिझकता।'

अब वह जुबान दे चुके थे, तो उन्हें उसे रखना ही था।

'सबसे पहले मैंने एक अलग रसोई बनाई। जून 2000 में, हमने पायलट प्रोजेक्ट की शुरुआत की और हर रोज 1500 स्कूली बच्चों को खाना खिलाया।'

इस प्रोग्राम के तहत पांच स्कूलों को कवर किया गया। जल्द ही उनकी चर्चा होने लगी और कई स्कूल अपने बच्चों को खाना खिलाना चाहते थे।

'दो महीनों के समय में ही हमारे पास बहुत सारी एप्लीकेशन आने लगीं, जिनमें आसपास के 100,000 बच्चों को खिलाने की विनती थी। और यह सब बस बंगलुरु के आसपास के ही स्कूल थे!'

कुछ ही किलोमीटर के क्षेत्र में, बहुत से बच्चे भूखे ही स्कूल जाते थे।

'किताबों में बहुत सी बड़ी-बड़ी बातें लिखी होती हैं कि अगर आप चाहो तो, अगर आप बड़ा सोचो, ऊंचा सोचो, तो आप जो चाहो वो पा सकते हो। यह सच नहीं है। कर्मों का लेखा-जोखा भी साथ चलता है।'

यह हमारे लिए बहुत ही सदमे की बात थी।

बिना किसी सचेत निर्णय, या रणनीति के प्रोग्राम का दायरा बढ़ने लगा। सिर्फ चार महीनों में ही इस्कॉन की रसोई से 10,000 बच्चों को पोषक आहार मिलने लगा।

और यह भोजन सिर्फ व्यक्तिगत दान से ही चल रहा था। जिसे पाना आसान नहीं था।

'हमारे पास कोई सरकारी मदद नहीं थी। बस हमें भरोसा था कि किसी भी तरह अगले भोजन के पैसे आ ही जाएंगे।'

और यकीनन ऐसा ही हुआ। लेकिन अगर--एक दिन भी--ऐसा नहीं होता तो?

संदेह के ऐसे ही एक पल में, मधु भगवान के आगे खड़े थे, और उनसे मार्गदर्शन की विनती कर रहे थे। तभी, सारे संदेह खत्म हो गए।

उन्होंने विश्व की मां, राधा से कहा, 'आप अनेकों अनेक बच्चों का पेट भर सकती हो, मैं क्यों इसकी चिंता करूं? मैं बस अपनी पूरी कोशिशें लगा दूंगा।'

और उन प्रयासों के तहत कई समझदारी पूर्ण निर्णय लिए गए। जैसे कि इस प्रोग्राम को संभालने के लिए एक अलग संस्थान बनाया गया।

'अलग पहचान बनाने के साथ, प्रबंधन में कोई कंफ्यूजन नहीं रह गया। और उससे भी महत्वपूर्ण था कि हम निश्चित कर देना चाहते थे कि किसी के भी साथ कोई मतभेद नहीं होना चाहिए।'

इसका दूसरा कारण था कि ऐसे संस्थान के तहत कॉरपोरेट जगत से आसानी से फंड लिया जा सकता था। और स्पष्ट था कि ज्यादा से ज्यादा बच्चों

को खाना खिलाने के लिए व्यक्तिगत दान पर्याप्त नहीं था।

'हम जानते थे कि कॉरपोरेट पैसे के मामले में पारदर्शिता और पूरा हिसाब चाहते थे। इसलिए हम अपने अकाउंट का ऑडिट कराने के लिए केपीएमजी को लाए।'

इस पर मोहनदास पाई की मोहर बहुत प्रभावशाली रही। वह ट्रस्टी के रूप में निजी तौर पर इससे जुड़े। इंफोसिस--कंपनी के रूप में--काफी बाद में अक्षय पात्र के साथ जुड़ा।

इससे मेरे मन में एक महत्वपूर्ण सवाल आया, 'यह नाम किसने सुझाया?'

'यह बहुत ही रोचक घटना रही,' मधु बताते हैं।

'हुआ यूं कि एक बार मुझे डॉ. मुरली मनोहर जोशी से मिलना था। वह उस समय मानव संसाधन विकास मंत्री थे।'

मधु ने कहा, 'हम एक मिड-डे मील प्रोग्राम चला रहे हैं, जिसमें रोज 5000 बच्चों को खाना खिलाते हैं।'

उन्होंने जवाब दिया, 'ओ यह तो अक्षय पात्र बन गया है।'

महाभारत में, 'अक्षय पात्र' वह बर्तन था, जिसमें रोज असीमित खाना आ जाता था।

'तो जब उन्होंने वह शब्द कहे, मैंने सोचा कि भगवान मुझे बता रहे हैं कि हमारे मिशन का यही नाम होना चाहिए।'

बेहद खूबसूरत और अर्थपूर्ण नाम। और अपने नाम की तरह ही यह बर्तन भी कभी खाली नहीं हुआ।

'दरअसल यह दिव्य कार्य है। आर्थिक समझ रखने वाला कोई भी इंसान यह सुनकर चौंक जाएगा कि हमारे पास कोई जमा पूंजी नहीं है। हम रोज कुआं

'कभी-कभी कार्य तो निस्वार्थ भाव से शुरू किया जाता है, लेकिन कहीं मन में ख्याल आता है कि क्या मुझे नाम या शोहरत पाने की जरूरत है। आपको उस ख्याल का भी त्याग कर देना चाहिए। फिर भगवान किसी महान कार्य के लिए आपको साधन की तरह उपयुक्त करने लगते है।'

'अक्षय पात्र की विश्वसनीयता बनाने के लिए हमने उद्योग जगत के सभी नियमों का पालन किया। हमारी प्रतिबद्धता, लगन और नित प्रयास ही हमारी संपदा है।'

खोदकर, रोज पानी पीनेवालों में से हैं।'

अक्षय पात्र के एक मील को तैयार करने और डिलीवर करने की लागत 5.50 रुपए आती है। शुरुआत में, संस्थान ही सारा खर्च उठाता था। लेकिन, अब ऐसा नहीं है।

28 नवंबर 2001 को सुप्रीम कोर्ट ने एक ऑर्डर जारी करके 'समस्त भारत के सभी राज्यों के प्रत्येक सरकारी और सरकार की सहायता से चलने वाले प्राथमिक स्कूलों में मिड-डे मील को अनिवार्य कर दिया है।'

इस प्रकार अक्षय पात्र भी सरकारी सब्सिडी का पात्र बन गया। हालांकि आज भी उनकी ओर से दी जाने वाली लागत, उनका पूरा खर्च वहन नहीं कर पाती।

'सरकार हमें एक मील के लिए 3.00 रुपए देती है, लेकिन हमारी लागत है 5.50 रुपए। तो हम लगभग 2 रुपए हर मील पर अपनी तरफ से लगाते हैं।'

शुरुआती दिनों में, जब 30,000 बच्चों को खिलाया जाता था, तब रोज का खर्च 60,000 रुपए आता था। आज जब इस प्रोग्राम के तहत 10 लाख बच्चों को खिलाते हैं, तो रोज 20 लाख रुपए खर्च होते हैं।

हालांकि आज तक उन्हें कभी भी पैसों की तंगी नहीं हुई। मेहनत का जादू, प्रतिबद्धता और लगन से किसी न किसी तरह पैसा आता ही रहा।

'शुरुआत में, हमें बहुत संघर्ष करना पड़ा। उस समय हमने एक स्कीम भी शुरू की, जहां पर आप साल में 1200 रुपए देकर एक बच्चे के खाने का खर्च उठा सकते थे।'

यूएस में रजिस्टर्ड एक गैर-मुनाफा वाले संस्थान ने चैतन्य चित्रांगा दास के साथ मिलकर घर-घर जाकर फंड इकट्ठा किया।

> **'कुछ भी करने के लिए तीन चीजों की जरूरत होती है–ज्ञान, बल और क्रिया। इन गुणों को आप हासिल कर सकते हैं, इनका जन्मजात होना जरूरी नहीं है।'**

लेकिन बहुत से चैरिटेबल संस्थान ऐसे प्रयास करते हैं। अक्षय पात्र उनसे अलग कैसे है। मिशनरी और कॉरपोरेट दोनों से जुड़ा होने के कारण संस्थान को दोनों क्षेत्रों की ऊर्जा मिलती है।

जैसे आधुनिक काल में अवतरित होने वाले *नरसिम्हा* आधुनिक राक्षस (भूख) का वध करने आए हों।

'हमारे साथ मिशनरी ट्रस्टी हैं, लेकिन हमारे अधिकांश ट्रस्टी बाहरी हैं। उन्होंने संस्थान में पारदर्शिता और जवाबदेही को बनाए रखा है।'

और नहीं, यह आवश्यक नहीं है कि वह इस्कॉन के भक्त ही हों। उनकी सोच बस कुछ अच्छा करने की है, अपनी दक्षता को किसी कल्याण के कार्य में लगाने की।

इसी तरह, रसोई जहां मेहनत जरूरी हैं–और रोज की प्रतिबद्धता–मिशनरियों द्वारा संभाली जाती है। लोग, जो सुबह जल्दी उठने के लिए जाने जाते हैं, सुबह तीन बजे उठकर अपना काम संभाल लेते हैं।

लेकिन तकनीक और व्यवसायिक दक्षता ने इस रसोई को ऊंचे स्तर पर पहुंचा दिया है। एक गैस और कुछ ब्रास के बर्तनों वाली यह रसोई अब 18 केंद्रीकृत आधुनिक रसोई में तब्दील हो गई है।

'हुबली डिस्ट्रिक्ट* में रसोइए रोज 180,000 बच्चों का खाना बनाते हैं,' मधु खुश होकर बताते हैं। इसमें पंद्रह टन चावल और 26,800 लीटर सांबर पकाया जाता है–और सब छह घंटे से कम समय में पकाया जाता है।

लेकिन, कोई फिक्स फॉर्मुला नहीं है। जैसे प्रोग्राम को गांव के स्तर पर बढ़ाया गया, तो रसोई को भी विकेंद्रीकृत किया गया।

---

* हुबली किचन को 2004-5 में इंफोसिस फाउंडेशन और सुधा मूर्ति व गुरुराज देशपांडे के 10 करोड़ रुपए के अनुदान से शुरू किया गया था।

'हमने अप्रैल 2005 में, बारां जिले के पांच गांवों के 600 आदिवासी बच्चों को खाना खिलाने का प्रोजेक्ट शुरू किया। हर गांव में महिलाओं का एक स्वयं-सेवा समूह तैयार किया और वहां की महिलाओं को सफाई, खाना पकाने और पोषण सभी पहलुओं के लिए प्रशिक्षित किया।'

इस स्तर के काम के लिए समर्पण के साथ-साथ प्रशिक्षित व्यक्तियों से दिशा-निर्देश की भी जरूरत होती है।

2006 में, श्रीधर वैंकट ने अपनी आईटी की नौकरी छोड़कर, एक्जीक्यूटिव डायरेक्टर के रूप में अक्षय पात्र से जुड़ने का फैसला कर लिया। वह फाइनेंस, मार्केटिंग और सप्लाई चेन संभालने वाली टीम के प्रमुख बन गए। यह समाज सेवा तो है ही, लेकिन इसमें दक्षता, महत्वाकांक्षा के साथ कॉर्पोरेशन की भी जरूरत होती है।

मिशनरी के पहलू पर, अक्षय पात्र को चंचलपति दास संभालते हैं, जो 1984 से *हरे कृष्णा* हैं। संगठन में 2500 कर्मचारी और 50 मिशनरी हैं, जो काम संभालते हैं।

'हमें यह बताते हुए खुशी होती है कि हमने 2010 तक 10 लाख बच्चों को खाना खिलाने का लक्ष्य रखा था, जिसे हमने 2009 में ही पूरा कर लिया,' मधु कहते हैं।

अक्षय पात्र का अगला लक्ष्य है 2020 तक 50 लाख बच्चों को खाना खिलाना।

वो सब तो ठीक है, लेकिन क्या किसी बच्चे को खाना खिलाना इतना ही महत्वपूर्ण है? क्या किसी खाली पेट को भरने का महत्व मानवता से आगे है? पहला जवाब तो 'हां' ही है।

शिक्षा विभाग, कर्नाटक सरकार ने मिलकर अक्षय पात्र प्रोग्राम पर एक गहन शोध किया। शोध के आंकड़ों से पता चलता है कि 99.61 प्रतिशत छात्रों का मानना है कि वे अब पढ़ाई में ज्यादा ध्यान देने लगे हैं।

दूसरे शोध--एसी नीलसन ओआरजी एमएआरजी ने पाया कि स्कूल में बच्चों की उपस्थिति बढ़ने के साथ उनकी सीखने की क्षमता में भी सुधार हुआ है।

लेकिन, यह सब अच्छे प्रभाव है, लेकिन यह किसी सोची-समझी रणनीति

का परिणाम नहीं है।

मधु चहकते हुए बताते हैं, 'मैं आपको स्पष्ट बताता हूं कि मेरा ऐसा कोई सपना नहीं था कि बहुत सारे बच्चे पढ़ें, उनके पेट में खाना हो। दरअसल हमारा ध्यान इस समस्या पर था ही नहीं...'

मीलों के सफर की शुरुआत भी एक छोटे कदम से ही होती है। एक साधारण बातचीत, एक सादा विचार। भले ही आप बिना किसी तैयारी के चलो, बिना किसी नक्शे के, लेकिन किसी मोड़ पर आपकी राह खुद ही लय तलाशने लगती है। और हमसफर उसमें आकर जुड़ते जाते हैं।

अक्षय पात्र ने न सिर्फ लाखों बच्चों के जीवन को बदला, बल्कि मंदिर के चरित्र को भी। इसने इस्कॉन बंगलुरु* को खास बनाया, उसे भावनाएं दीं।

'सोचो, हमारा इतना बड़ा मंदिर... किसी सामाजिक पहल के बिना। वह कैसा दिखता?'

अगर दूसरे मंदिर भी ऐसा सोचने लगेंगे, तो भगवान के लिए सच में वही स्वर्ग बन जाएगा।

और दुनिया भी स्वर्ग सी हसीन हो जाएगी।

✳

---

* इस्कॉन बंगलुरु और इस्कॉन मुंबई में कानूनी विवाद चल रहा है। मामला अभी कोर्ट में है।

युवा उद्यमियों को सलाह

अपनी मदद करो और भगवान आपकी मदद करेगा। जब हम खुद अपनी मदद कर रहे हैं, तब हमें कोई भी कदम अपने लक्ष्य या मिशन से भिन्न दिशा में नहीं उठाना चाहिए। मेरा मानना है कि उद्यमिता या कुछ बनाना सीखा जा सकता है। यह एक प्रक्रिया है और आप दूसरे लोगों को भी इसमें प्रशिक्षित कर सकते हैं। अपने ज्ञान, बल और क्रिया का इस्तेमाल करके अपने सपने को सच का स्वरूप प्रदान कीजिए।

वह इंसान जो सबकुछ अपने लिए, अपने परिवार के लिए, या फिर अपने देश के लिए करना चाहता है, उसमें और उस इंसान में क्या फर्क है जो किसी बड़े कारण के लिए निस्वार्थ भाव से कुछ करता है? दोनों की प्रक्रिया भी वही है। लेकिन कर्म का सिद्धांत विभिन्न लक्ष्यों के लिए भिन्न प्रकार से काम करता है।

वह इंसान जो निस्वार्थता से काम करता है, वह कर्म के बंधन से नहीं बंधा है। रोज के जीवन में भी जब आप फल की इच्छा रखे बिना काम करना शुरू करते हैं, तभी से आप कर्म से ऊपर उठने लगते हो।

वेदों में लिखा है कि हर किसी की नियति निर्धारित है, लेकिन हममें से हर कोई उस पथ पर अपनी मर्जी से चलने के लिए मुक्त है। तो अपनी सीमा तक हमें हाथ-पैर मारते रहना चाहिए।

भगवद्गीता में भी लिखा है, 'कर्म किए जा, और फल की इच्छा मत कर।' क्यों? क्योंकि इसके पीछे और भी बहुत से कारण है।

आप अपने प्रयासों के साथ आगे बढ़ते हुए अकेले नहीं होते हैं। आपकी पृष्ठभूमि, अतीत में किए गए आपके कर्म, सब मिलकर आपको मिलने वाले फल में अहम भूमिका निभाते हैं। यह ज्ञान हमारी भारतीय संस्कृति में है। बदकिस्मती से, पाश्चात्य शिक्षा के प्रभाव में हम इससे दूर होते जा रहे हैं।

जब एक बार आप भगवान से अपना संबंध खोजकर उन्हें अपना सर्वस्व सौंप देते हैं, और कहते हैं, 'भगवान, आपने मेरी नियति का निर्धारण किया है। मैं उन तक पहुंच जाऊंगा।'

यही जिंदगी है और आप देखोगे कि वह हमेशा कर्मों से परे आपका मार्गदर्शन करते चलते हैं।

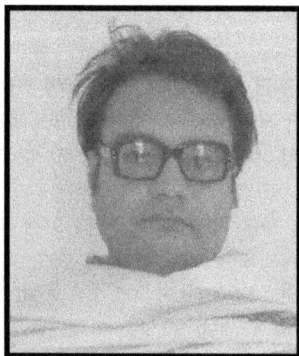

हम सब एक हैं

विनायक लोहानी

परिवार आश्रम

आईआईएम कलकत्ता से स्नातक, विनायक ने कॉरपोरेट भारत से मुंह मोड़कर कुछ मानवता की सेवा करने का निर्णय लिया। वह कुछ है *परिवार आश्रम*, अनाथों, आदिवासियों और देह व्यापार करने वाले लोगों के बच्चों के लिए एक घर। आज विनायक 500 से ज्यादा बच्चों के घर का नेतृत्व करते हैं।

अगस्त की एक चिपचिपी दोपहर; हमने बस अपना तीन घंटे लंबा इंटरव्यू अभी खत्म ही किया था, और एक बहुत भरा-पूरा बंगाली लंच भी।

मुझे थोड़ी सुस्ती आ रही थी; विनायक लोहानी को नहीं। अपने चकाचक सफेद धोती-कुर्ते में, वह हमेशा की तरह तरोताजा नजर आ रहे थे। मुझे परिवार आश्रम का कैंपस दिखाते हुए।

पहले, स्कूल बिल्डिंग। फिर भिन्न-भिन्न होस्टल। लड़के और लड़कियां, हर उम्र और साइज के मस्ती से अपना संडे मना रहे थे। इधर-उधर खेलते हुए, जो हमें देखकर जोर से हैलो कहते।

हमने मेडिकल रूम देखा, गेम रूम और टीवी रूम। बहुत बड़ी लाइब्रेरी और प्रभावशाली क्रिकेट मैदान।

'अब हम निवेदिता हाउस चलेंगे,' विनायक ने कहा। पास ही की एक और बिल्डिंग, जहां कुछ और बच्चे रहते थे।

मुझे नहीं लग रहा था कि हमें वो देखना जरूरी है। क्या यह ऐसी ही बिल्डिंग नहीं होगी? जब हम उधर की तरफ बढ़े और विनायक ने एक ही सांस में उन बच्चों का परिचय दिया, तो अचानक मुझे अहसास हुआ--ये बच्चे बस बच्चे नहीं हैं, ये उनके *अपने* बच्चे हैं।

और किसी भी गर्वित पिता की भांति वह उनसे मुझे मिलवाना चाहते थे।

परिवार कोई संस्थान नहीं है, यह वाकई में एक कुटुम्ब है।

दुनिया को बेहतर बनाने के लिए यह एक मिशन है, प्यार की शक्ति के साथ।

हम सब एक हैं

विनायक लोहानी
परिवार आश्रम

विनायक लोहानी का जन्म और पालन-पोषण भोपाल में हुआ।

'मेरे पिता मध्य प्रदेश कैडर में आईएएस थे। तो क्लास 12वीं तक, मैं भोपाल में ही रहा और वहां से आईआईटी खड़गपुर आया।'

आईआईटी के बाद विनायक ने इंफोसिस, बंगलुरु में सालभर बिताया। दूसरे सॉफ्टवेयर इंजीनियर की तरह उन्होंने कैट में आवेदन दिया।

'मैं वास्तव में एमबीए नहीं करना चाहता था, लेकिन यह एक प्रकार की चुनौती थी कि परीक्षा को सफलतापूर्वक पास किया जाए। और जब आईआईएम कोलकाता में मेरा दाखिला हुआ, तो मैंने सोचा ओके यह भी करके देख लेते हैं।'

हालांकि, पहले दो महीनों में ही, विनायक को महसूस हो गया था कि आईआईएम उनके लिए नहीं था। 'मैंने महसूस किया कि इस कैरियर का जो सबसे ऊंचा पॉइंट था, वो भी मुझे संतुष्ट नहीं कर पाएगा। तो इस कोर्स में से मेरी दिलचस्पी खत्म हो गई।'

सांस्कृतिक तौर पर भी विनायक वहां सहज नहीं हो पा रहे थे। नैतिकता के जिस ब्रह्मांड में उनका पालन-पोषण हुआ था, वह इससे बिल्कुल भिन्न था। विनायक के पिता पहली पीढ़ी के सिविल सर्वेंट थे, वह पीढ़ी जिसमें आदर्श और राष्ट्रीयता की भावना कूट-कूट कर भरी थी।

'मैं गांधी, जयप्रकाश नारायण और विनोबा भावे का प्रशंसक रहा हूं, जिन्होंने

गांवों में जाकर आम आदमी के लिए काम किया। दूसरी तरफ आईआईएम का फोकस पूरी तरह कॉरपोरेट सेक्टर पर ही रहता है, यहां विस्तृत मसलों के बारे में कोई जानकारी नहीं होती।'

आईआईएमसी में अटेंडेंस जरूरी नहीं थी, तो विनायक अपना ज्यादा समय कलकत्ता के सांस्कृतिक और बौद्धिक जीवन को पता करते हुए बिताते। वह एनजीओ चलाने वाले बहुत से लोगों से भी मिले।

'महत्वपूर्ण समय तब आया, जब दूसरे साल की शुरुआत में प्लेसमेंट प्रक्रिया में मेरा नाम नहीं दिया। इससे मुझे प्री-प्लेसमेंट टॉक में शामिल न होने की छूट मिल गई, जिसमें मुझे कोई दिलचस्पी थी ही नहीं!'

और इस तरह अपना मनचाहा प्राप्त करने की खोज शुरू हो गई। जो आप चाहते ही नहीं थे; उससे आपको निकाल दिया गया, और आप उस अनजाने की खोज के लिए स्वतंत्र हो गए। यही वो चीज है, जो आप वाकई में चाहते हैं।

साल खत्म हुआ और विनायक तब भी तय नहीं कर पा रहे थे। वह आईआईएमसी के कैंपस में पीएचडी प्रोग्राम के दोस्तों के साथ घूमते और गहन चर्चा करते। आखिर में, उन्होंने कुछ सफर करने का निर्णय लिया; वो देखना चाहते थे कि कुदरत ने कौन सा काम उनके लिए चुना है।

'जून 2003 में मैं वाराणसी गया, जहां मेग्सेसे पुरस्कार प्राप्त संदीप पांडे[*] ने शासक पार्टी, बीजेपी के खिलाफ सत्याग्रह शुरू किया था।'

विनायक को कारण की उतनी परवाह नहीं थी, लेकिन वह जमीनी स्तर पर काम करने का अनुभव लेना चाहते थे। इस दौरान उन्होंने यूपी के एक दलित गांव, मध्य प्रदेश के ग्रामीण संगठन और कोलकाता में मदर टेरेसा मिशनरी ऑफ चैरिटी के साथ समय बिताया।

'मैंने महसूस किया कि ऐसे बहुत से लोग हैं, जिन्होंने जमीनी स्तर के काम करने को अपना लक्ष्य बनाया है। ऐसे ही एक इंसान जिनसे मैं मिला, वह थे ब्रदर जेवियर। एक पादरी जो जिस्म का धंधा करने वाली महिलाओं के

---

[*]   संदीप पांडे 'आशा फॉर एजुकेशन' नाम का एनजीओ चलाते हैं, और मेधा पाटेकर की अध्यक्षता वाले एनएपीएम (नेशनल एसोसिएशन फॉर पीपल'स मूवमेंट) का भी हिस्सा हैं।

'मैं खुद को आगे और आगे बढ़ता हुआ पा रहा था। बौद्धिक फ्रेम से निकलकर मानवता और उससे भी आगे पूरे समर्पण से जीव मात्र की सेवा और प्रेम की ओर।'

बच्चों के लिए एक स्मॉल होम चलाते थे।'

ब्रदर जेवियर का काम देखकर विनायक के मन में भी उम्मीद का एक बीज अंकुरित हुआ।

'मुझे भी कुछ ऐसा ही शुरू करना है--अनाथों, बेघर बच्चों और सड़क व रेलवे स्टेशन पर लावारिस पड़े बच्चों के लिए एक घर बनाना है।'

इसे कहीं न कहीं तो, भले ही छोटे पैमाने पर, लेकिन चालू तो करना ही था। सवाल था कहां?

उस समय, विनायक जॉन नामक एक आदमी से परिचित थे, जो आईआईएमसी में नाइट कैंटीन चलाता था। जॉन तीन सालों से मिशनरी ऑफ चैरिटी के साथ भी काम कर रहा था और विनायक को उसकी क्षमताओं पर पूरा भरोसा था।

'मैंने जॉन की मदद करके उसे मध्य प्रदेश के गांव में एक छोटे से स्कूल का प्रिंसिपल बनवाया। लेकिन उसने कभी संस्थागत सैटअप में काम नहीं किया था, इसलिए वह चल नहीं पाया और वह लौटकर कोलकाता आ गया।'

जॉन विनायक के नए संगठन* का पहला कर्मचारी बन गया। हालांकि न तो संगठन का कोई नाम था, न ऑफिस, और न ही कोई मजबूत प्लान था कि संस्था का रूप कैसा होने वाला है। लेकिन विनायक ने अपना फील्ड वर्क शुरू कर दिया था--वह अपनी समझ, संपर्क और योजना बनाने में मसरूफ थे।

आईआईएम के नाम की वजह से विनायक को एनजीओ के सीनियर लोगों से मिलने में मदद मिली। ऐसे दो संगठन थे सीआईएनआई (चाइल्ड इन नीड इंस्टीट्यूट) और संलाप, जो कोलकाता के रेडलाइट एरिया में काम करने वाली महिलाओं के लिए काम करते थे।

* परिवार एजुकेशन सोसायटी का रजिस्ट्रेशन जुलाई 2003 में हुआ। विनायक इसके फाउंडर सेक्रेटरी थे और सुनीता सिंह सेनगुप्ता, आईआईएम कोलकाता की प्रोफेसर, इसकी अध्यक्ष बनीं।

किसी तरह से वेश्यावृति में लिप्त महिलाओं की दुर्दशा विनायक को आहत कर जाती थी।

'किसी महिला का इस तरह से शोषण होता देख मेरी आंखों में आंसू आ जाते थे। मैं गुरुदत्त की *प्यासा* में वहीदा रहमान द्वारा निभाई भूमिका से भी खासा प्रभावित हुआ था।'

विनायक ने ऐसी महिलाओं के बच्चों के लिए घर बनाने की संभावना पर चर्चा करनी शुरू की।

'क्या आप ऐसे जरूरतमंद बच्चों के बारे में मुझे बता पाएंगे?' उन्होंने पूछा।

'हजारों बच्चे हैं,' उन्होंने जवाब दिया। 'तुम कितनों को रख सकते हो?'

यहां मदद की वाकई में जरूरत थी, लेकिन क्या विनायक ऐसा कर पाएंगे? किसी संगठन में कार्यकर्ता की भूमिका निभाना एक बात है, लेकिन वहीं 24 घंटे किसी संगठन को चलाना दूसरी!

किसी भी रिहायशी जगह को संचालित करने के लिए सबसे पहले जमीन की जरूरत होती है। पैसे न होने के बावजूद भी विनायक ने बहुत सी जगहें देखीं। 15 लाख रुपए में कुछ भी उपलब्ध नहीं था।

'मैंने एक बिजनेस प्लान बनाने का निर्णय लिया, क्योंकि आईआईएम में हमें यही सिखाया जाता था। फिर मैंने कॉरपोरेट सेक्टर के लोगों से अपॉइंटमेंट लेकर उन्हें अपना आइडिया बेचने की कोशिश की।'

विनायक इसमें बिल्कुल भी अच्छे नहीं थे। रूखे फोन कॉल करके, किसी अजनबी से सीएसआर के नाम पर मदद मांगने में वह बिल्कुल भी सहज नहीं हो पा रहे थे। 'मैंने इसमें तीन महीने बिताए, लेकिन कुछ भी नहीं हुआ। दरअसल, काम कहीं भी आगे नहीं बढ़ पाया था।'

13 नवंबर 2013 को बात कुछ आगे बढ़ी।

'मुझे वह दिन याद है क्योंकि आईआईएमसी में वह एलुम्नी-रीयूनियन डे था। मुझे एलुम्नी से बात करने के लिए बुलाया गया था, जिससे मैं अपने प्रोजेक्ट के लिए मदद ले सकूं।'

विनायक वहां सुबह 8 बजे ही पहुंच गए, और उन्होंने चार घंटे तक इंतजार

‘आप अपने 40 बच्चों की चिंता करो--बाकी दुनिया का बोझ उठाने की कोई जरूरत नहीं है।’

किया।

फिर एलुम्नी संभालने वाले प्रोफेसर बाहर आए और कहने लगे, ‘ओह! मैं तो तुम्हारे बारे में भूल ही गया था...’

‘उस समय मुझे बहुत अपमान और शर्मिंदगी महसूस हुई। फिर वह मुझे अंदर ले गए और बहुत ही हल्के तरीके से मेरा परिचय कराया, जैसे कोई ऐसे ही स्वयंसेवा क्षेत्र से आया हो।’

विनायक का मन अपनी बात रख पाने का नहीं हुआ; वह शांति से घर चले आए। उस दोपहर, अपने किराए के छोटे से कमरे में लेटे हुए वह बेहद निराश थे। उन्हें एक बार किसी की कही हुई बात याद आई।

आईसीआईसीआई बैंक के सीएसआर हेड ने एक बार उनसे वैंकट कृष्णन* नाम के आदमी का जिक्र किया था, जिनके साथ बैंक बहुत समय से काम कर रहा था।

‘वैंकट का फोन नंबर मेरे पास कई हफ्तों से पड़ा था, लेकिन आखिरकार उस दोपहर को मैंने उनसे बात करने का फैसला किया।’

वैंकट ने बहुत ही आसान सा सुझाव दियाः ‘तुम अपने हर बैचमेट को खुद क्यों नहीं लिखते--उससे योगदान देने को कहो।’

और विनायक ने यही किया। 15 लोगों ने जवाब दिया, और हैरानी की बात यह थी कि इन लोगों से विनायक की नाममात्र की या बिल्कुल बातचीत नहीं थी। इससे विनायक में आत्मविश्वास आया और उन्होंने आईआईएम कलकत्ता की वेबसाइट पर जाकर इसके सारे पूर्व छात्रों से संपर्क करने का फैसला किया।

इंफोसिस के दिनों के विनायक के एक रूममेट--जो अब यूएस में काम कर रहे थे--ने उन्हें 500 डॉलर देने का प्रस्ताव दिया।

लेकिन विनायक तब तक पैसे नहीं लेना चाहते थे, जब तक बच्चे न आएं;

* वैंकट कृष्णन *गिव इंडिया* के संस्थापक (चैप्टर 22: *स्टे हंग्री स्टे फूलिश*)

जब तक प्रोजेक्ट शुरू न हो जाए। और यही तो हो नहीं रहा था...

सर्दी की एक दोपहर में, विनायक शौकेर बाजार की एक दुकान में अपने रोज के दाल-भात खा रहे थे। वह सामने मेज पर बैठे एक लड़कों की बातों में व्यस्त थे।

'लड़के ने कहा कि वह मर्चेंट नेवी में काम करता है और मदर टैरेसा मिशनरी ऑफ चैरिटी के साथ भी काफी करीब से जुड़ा है।'

उससे भी ज्यादा जरूरी, उसने विनायक को मि. दास के बारे में बताया। वो पहले मिशनरी थे और अब आईआईएम से आठ किमी. दूर अंतला में डायमंड हार्बर रोड पर बेघर लोगों के लिए एक घर चलाते हैं। दास 30-35 मानसिक रूप से पीड़ित लोगों की देखभाल करते हैं, जो उन्हें सड़क पर, बस स्टैंड और रेलवे स्टेशन पर पड़े मिले थे।

'मैं दास से मिलने गया और उन्हें अपने विचार के बारे में बताया--बच्चों के लिए एक घर, जो किसी संस्थान की तरह नहीं बल्कि एक परिवार की तरह ही होगा। उन्होंने बहुत प्रोत्साहित किया।'

दास ने आसपास के जरूरतमंद बच्चों को वहां भेजने का भी भरोसा जताया।

'मैं हैरान था क्योंकि उस समय मेरे पास अपने बारे में दिखाने के लिए कुछ भी नहीं था। और फिर भी कोई था, जिसे मुझ पर भरोसा था और वह मेरी मदद करने के लिए तैयार था।'

विनायक ने कोलकाता आकर जल्द से जल्द एक जगह ढूंढ़ने का निर्णय लिया, जिससे काम शुरू किया जा सके। क्यों न एक बिल्डिंग को किराए पर ही ले लिया जाए? एक ठीक-ठाक जगह 11,000 रुपए के मासिक किराए पर मिल रही थी। इतना तो विनायक कैट कोचिंग में लैक्चर देकर पूरे महीने में भी नहीं कमाते थे।

'मैं एरुडाइट और टाइम के पास गया और उनके सामने अतिरिक्त क्लास लेने का प्रस्ताव रखा। लेकिन फिर भी हमें शुरुआती सैटअप बनाने के लिए पैसों की जरूरत थी। मैंने अंदाजा लगाया कि मात्र 10 बच्चों की देखभाल करने पर 30-35,000 रुपए महीने का खर्च आएगा।'

और यह सारी व्यवस्था करने के लिए इतना समय नहीं था। 31 दिसंबर

2003 को, विनायक के एक मित्र, मुनीष ठाकुर* ने सुझाव दिया, 'जल्दबाजी नहीं करो--2-3 महीने बाद काम शुरू कर लेना।'

लेकिन विनायक को चिंता थी कि वह दास का भरोसा खो बैठेंगे। 'हम बात करते थे--अब हमें शुरू करना ही होगा,' उन्होंने तय किया। 7 जनवरी 2004 को, विनायक ने सुबह एरुडाइट में लैक्चर दिया। 10 बजे वह बस लेकर अंतला गए, और दास द्वारा सुझाए तीन बच्चों को लेकर आ गए।

जब वह उन्हें लेकर जाने लगे, दास ने कहा, 'विनायक, तुम नए जीवन में प्रवेश करने जा रहे हो। अब तुम वापस नहीं जा सकते।'

इस एक लाइन ने विनायक पर ना मिटने वाला असर किया।

'मुझे अपनी जिम्मेदारी का अहसास हुआ--यह आपका अपना बच्चा होने जैसा था। मैं किसी *रोमांचक* सफर पर नहीं निकला था।'

कोलकाता में, घर के नाम पर बहुत ही साधारण सी व्यवस्था की गई थी। बिस्तर, कंबल और एक रसोइया--पड़ोस की ही एक महिला, जिन्हें विनायक पहले से जानते थे।

'हमने बहुत ही साफ-सुथरा और घरेलू सा इंतजाम किया था। मैं अपना किराए का कमरा छोड़कर यहीं रहने आ गया।'

17 जनवरी 2004 को 'टुमॉरो'स फाउंडेशन' नाम के एनजीओ ने 10 बच्चे और भेज दिए। दो दिन बाद दास ने और तीन बच्चे भेज दिए। इस तरह आनन-फानन में 16 बच्चे जमा हो गए।

विनायक ने एक बैंक अकाउंट खोला और जिन्होंने मदद देने का वादा किया था, उनसे पैसे भेजने को कहा। उन्होंने भेजा भी। तीन लाख के करीब रुपए जमा हो गए।

फरवरी में, *परिवार* पर एक छोटा सा लेख *हिंदुस्तान टाइम्स* में छपा। कोलकाता के एक व्यापारी, जिनका नाम मि. रविन्द्र चामड़िया था, उन्होंने लेख पढ़कर विनायक को फोन किया। उन्होंने इस नेक काम के लिए हर महीने 25,000 रुपए देने का वादा किया।

'उस समय मेरे काम का पैमाना बहुत छोटा था, चीजें भी पूरी तरह से

*   मुनीष ठाकुर आईआईएमसी में एफपीएम के छात्र थे; अब वह एक्सएलआरआई में प्रोफेसर हैं।

'मैंने संस्थाओं की बजाय व्यक्तिगत लोगों से फंड लिया। संस्था पहले आपकी सफलता सिद्ध होने का इंतजार करती है, और व्यक्ति आप पर भरोसा करके आपके कामों से प्रेरित होकर दान देते हैं।'

सुनिश्चित नहीं थीं... मैं बहुत ही भावुक था कि किस प्रकार एक अजनबी ने मुझ पर भरोसा दिखाया था।'

'स्थिर' आय आने के साथ विनायक ने तय किया कि उन्हें अब काम और बड़े पैमाने पर करना होगा। उन्होंने सैक्स वर्कर के बच्चों पर ध्यान केंद्रित करने का फैसला किया, खासकर लड़कियों पर। 12 मार्च 2004 को ऐसे 26 बच्चे और हमारे परिवार का हिस्सा बन गए। एक ही दिन में बच्चे 16 से 42 हो गए।

तब विनायक ने न सिर्फ अपने पूर्व सहपाठियों बल्कि आईआईएम के सभी पूर्व छात्रों के पास एक न्यूजलैटर भेजा। मदद के लिए और ज्यादा संदेश और चैक आने लगे।

'इसी बीच हम बच्चों को उनकी उम्र के हिसाब से क्लास के लिए तैयार करने लगे। मैं उनका दाखिला अच्छे स्कूल में करवाना चाहता था, जैसे कोई भी पिता अपने बच्चों के लिए चाहता है।'

तीस बच्चों का दाखिला क्लास पहली से चौथी तक में करवा दिया गया।

मई 2004 में *आउटलुक* मैग्जीन ने *परिवार* पर एक लेख प्रकाशित किया। इससे और ज्यादा लोग संपर्क में आए, इनमें से मुंबई के रमेश कचोलिया महत्वपूर्ण रहे।

'रमेश कमाल के इंसान हैं। संक्षेप में आप कह सकते हैं कि वह बहुत से सफल आदमियों के गुरु और मार्गदर्शक हैं। वह एक अनौपचारिक संगठन *मुंबई ग्रुप ऑफ फ्रेंड्स* चलाते हैं।'

मुंबई ग्रुप ऑफ फ्रेंड्स में कई जाने-माने लोग शामिल हैं। यह ग्रुप बहुत सी जमीनी स्तर की संस्थाओं की मदद करता है।

मि. कचोलिया ने अगस्त 2004 में, विनायक को मुंबई बुलाया, उनके काम

के बारे में बात करने के लिए।

'हर 2-3 महीने में यह ग्रुप* इकट्ठा होता है। उन्होंने इस मीटिंग को *गेट टूगेदर विद परपज* का नाम दिया है। जहां पर वे लोग भिन्न संस्थानों के साथ बात करके उन्हें मदद देने का विचार करते हैं।'

सारी मेहनत रंग लाने लगी।

दिसंबर 2004 तक हर रोज नए लोग विनायक को ई-मेल लिखने लगे। वे कहते कि उन्होंने उनके काम के बारे में सुना है और वे किसी तरह से उनकी मदद करना चाहते हैं। पहले तीन महीने में (जनवरी-मार्च 2004) परिवार ने 7.5 लाख रुपए जमा किए थे। मार्च 2004 तक उनके पास 83 लाख रुपए आ गए।

विनायक ने तय किया कि अब उन्हें जमीन खरीदनी चाहिए, ताकि इन इंतजामों को स्थायित्व दिया जा सके।

'यह जमीन, जहां परिवार आश्रम खड़ा है, यह मेन रोड से थोड़ी दूर है। शुरुआत में हमने 20 लाख रुपए में दो एकड़ जमीन ली थी।'

जनवरी 2005 में, अलग-अलग फेज में निर्माण काम शुरू किया गया। अगले छह महीनों में हमने 12-15 लाख लागत वाली तीन बिल्डिंग बनाने का लक्ष्य रखा। हर नई इमारत बनने के साथ छात्रों की संख्या में भी वृद्धि होने लगी। साल खत्म होते-होते उनके पास दोगुना छात्र आ गए--67 से 144।

लेकिन बात सिर्फ संख्या की ही नहीं थी। परिवार आश्रम का मकसद ही एक कुटुंब की तरह रहने का था। ओर विनायक की पहली प्राथमिकता थी कि सबको समान अवसर मिलें।

'मेरा पालन-पोषण एक मिडिल क्लास परिवार में हुआ, हमारा जीवन साधारण था, लेकिन पढ़ाई के नाम पर कभी समझौता नहीं किया गया। सही मार्गदर्शन, पढ़ाई की सामग्री सब हमेशा उपलब्ध रही।'

परिवार का मकसद भी अपने बच्चों को उनकी क्षमता और इच्छा के अनुसार, जहां तक वो चाहें पढ़ाने का था। जो ज्यादा होशियार थे वो डॉक्टरी और इंजीनियरिंग कर सकते थे; औसत छात्रों को डिप्लोमा कोर्स या आईटीआई

---

*   2008-09 में मुंबई ग्रुप ऑफ फ्रेंड्स ने 20 करोड़ रुपए की मदद दी थी।

'जिस समय मैंने परिवार शुरू किया, तभी मैंने तय कर लिया था कि मैं शादी नहीं करूंगा। तभी से यही मेरा परिवार बन गया...'

करवाया जा सकता था।

'शिक्षा की लय *परिवार* के रोम-रोम में बसी है। अब सुबह 7.00 से 9.30 बजे तक हम बच्चों की पहली क्लास ले लेते हैं। फिर बच्चे नाश्ता करके स्कूल के लिए तैयार हो जाते हैं।'

शुरुआती दौर में आए लगभग सभी बच्चे नियमित स्कूलों में पढ़ाई कर रहे हैं। लेकिन 2007 में, परिवार ने अमर विद्यापीठ नाम से अपना ही स्कूल खोल लिया।

कारण साफ थाः जब परिवार में बच्चों की संख्या 200 से ज्यादा हो गई, तो पास के स्कूलों में इतनी सीटें उपलब्ध नहीं थीं।

अब तक, विनायक परिवार के बच्चों की तुलना दूसरे पढ़े-लिखे परिवारों से भी कर रहे थे।

'हमारे बच्चे दूसरे बच्चों से अच्छा प्रदर्शन कर रहे थे। तो हम निश्चित थे कि हमारा ब्रिज कोर्स*, ट्यूटरशिप प्रोग्राम सब अच्छा प्रभाव ला रहे थे।'

इसने विनायक को परिवार कैंपस में ही स्कूल खोलने का आत्मविश्वास दिया। आज इस स्कूल में 256 बच्चे पढ़ते हैं, वर्तमान में इसमें क्लास चार तक की ही पढ़ाई होती है। 57 बच्चे नियमित स्कूल में जाते हैं, जबकि बाकी के बच्चे 6-12 महीने के ब्रिज कोर्स कर रहे हैं।

कुल मिलाकर, परिवार में 500 बच्चों की देखभाल की जाती है। और यह संख्या निरंतर बढ़ रही है। लेकिन नहीं, इसे इस तरह से नियोजित नहीं किया गया था...

साल 2007 में, विनायक ने तय किया कि परिवार को आदिवासी इलाकों

---

* ब्रिज कोर्स बच्चे को उसकी उम्र के हिसाब से अकादमिक लेवल तक लेकर आता है। जैसे 9 साल के बच्चे को चौथी क्लास में जाने के लिए तैयार कर दिया जाता है, भले ही उसने पहली से तीसरी क्लास तक पढ़ाई न की हो।

में भी ले जाना चाहिए।

'कुछ जगह ऐसी हैं, जो निश्चित तौर पर पूरी दुनिया से कटी हुई हैं, जहां विकास के नाम पर कुछ भी नहीं हुआ है। मैंने उन लोगों के लिए कुछ करने का निर्णय लिया।'

परिवार ने वेस्ट मिदनापुर जिले के बेलापहाड़ी क्षेत्र में साबर कबीले के साथ काम करने का निर्णय लिया। उनका विचार था कि परिवार के जैसा ही एक संस्थान शुरू किया जाए, जिसका फोकस न सिर्फ बच्चों पर हो बल्कि स्वास्थ्य और जीविका की समस्या को भी समाहित किया जाए।

'आठ महीनों तक परिवार ने 35 गांवों पर गहन फील्ड वर्क किया। इसमें जागरूकता के साथ-साथ चावल बांटने का काम भी शामिल था, खासतौर पर बारिश के दिनों में, जब भूख से मरने के ज्यादा मामले सामने आते हैं।'

लेकिन विनायक इस सबके बीच एक जरूरी बात पर गौर करना तो भूल ही गए। बेलापहाड़ी--या लालगढ़--क्षेत्र पर नक्सलियों की मजबूत पकड़ है। यहां तक कि जब परिवार ने बच्चों की पहचान करके उनके लिए काम करने का फैसला लिया, तभी नक्सली बीच में आ धमके।

'हमारे कुछ लोगों को बंदूक की नोक पर बंदी बना लिया गया--हम अपने 3-4 आदमियों को हमेशा-हमेशा के लिए खो देने वाले थे!' विनायक याद करके बताते हैं।

किस्मत से ऐसा नहीं हुआ, लेकिन इस घटना से परिवार के रास्ते में बड़ी रुकावट आ गई। 150 बच्चे जिन्हें परिवार ने चुना था, वे सितंबर 2008 में ही कोलकाता आ पाए।

विनायक स्वीकार करते हैं कि वह सरल और आदर्शवादी हैं।

'नक्सलवादी भारत के लोकतंत्र में विश्वास नहीं रखते। वे केंद्रिय भारत से लेकर पश्चिम मध्य प्रदेश, गुजरात से लेकर पश्चिम बंगाल तक के वन प्रदेश पर अपना एकछत्र नियंत्रण चाहते हैं।'

'सामान्यतः मध्यवर्गीय परिवार दूसरे खर्चों में कटौती करके, शिक्षा में पैसा लगाता है। *परिवार* भी ऐसा ही कुटुंब है।'

'ज्यादातर संस्थान एक निश्चित उम्र तक बच्चों की जिम्मेदारी उठाते हैं, लेकिन हम तो कुटुंब हैं। और भारत में, मां-बाप अपने बच्चों को 18 साल का होने पर घर से बाहर नहीं निकाल देते हैं!'

600 में से 100 से ज्यादा जिलों को नक्सल प्रभावित घोषित कर दिया गया है, ये वो क्षेत्र हैं, जहां पुलिस का भी नियंत्रण नहीं है।

'यहां तक कि राज्य के गुप्तचरों द्वारा हमें भी आउटसाइडर ही माना गया। इसके अलावा मुझे यह भी लगता है कि नक्सलवादी डर गए होंगे, कि जब लोगों की समझने की क्षमता विकसित होगी, तो उन पर से उनकी पकड़ कम हो जाएगी...'

और लोगों को अपनी तरफ आकर्षित करने में तो परिवार पूरी तरह माहिर है। 24 घंटे का संस्थान चलाने के लिए पूरी तरह से समर्पित टीम की आवश्यकता होती है। और विनायक ऐसे लोगों को अपने साथ जोड़ने में सक्षम हैं--वे उन्हें प्रेरित करते हैं कि मानवता की सेवा कैसे की जाती है।

'लोग मुझसे पूछते हैं कि आपने यह क्यों शुरू किया? मैं बस इतना ही कह सकता हूं कि यही मेरी नियति है, यही मेरा मिशन है। और इस मिशन ने बहुत से आदर्शवादी पुरुषों और महिलाओं को मुझसे जुड़ने के लिए प्रेरित किया।'

वे शहरों से आते हैं, गांवों से आते हैं। स्नातक हैं, यहां तक स्कूल की पढ़ाई को बीच में छोड़ने वाले भी हैं। युवा हैं, वृद्ध हैं। सबकी भावना एक ही है: खुद को एक बड़े उद्देश्य के लिए समर्पित कर देने की।

'मैं अपने लोगों को *सेवाव्रती* कहता हूं, ऐसे लोग जिन्होंने सेवा का प्रण लिया है। वे सभी असाधारण लोग हैं, मुझसे मिलने से पहले ही वे असाधारण थे... मैंने तो बस उनकी पहचान करके उन्हें परिवार आश्रम से किसी न किसी रूप में जोड़ लिया!'

न तो विनायक, न ही उनकी टीम के पास ऐसे किसी संस्थान को चलाने का अनुभव था। न ही उन्होंने बाल मनोविज्ञान या चाइल्ड काउंसलिंग पर कोई

डिप्लोमा ही किया है। लेकिन साफ दिल और नेक मकसद के चलते सब संभव होता चला गया।

आज परिवार के पास 35 फुलटाइम सेवाव्रती हैं, जिसमें 10 लोगों की पुरानी लीडरशिप टीम भी शामिल है। जैसे बेलपहाड़ी का पूरा आंदोलन पुलकदा (पुलक बनर्जी) की अध्यक्षता में हुआ था। एक ऐसे सेवाव्रती जिन्हें लोगों को सही जगह पर लगाने के लिए जाना जाता है।

'निमाई साहा और संध्या नाग ऐसे लोग हैं, जिनका संस्थान बनाने में योगदान अमूल्य है।'

इस सबके केंद्र में है वो विचार जिसने *परिवार* बनाया, यह न सिर्फ अच्छा नाम है, बल्कि यही तो उनके रहने का तरीका है।

'किसी बच्चे को परिवार में महज दाखिल करने से हम कुछ भी नहीं पा सकते थे। यह सिर्फ बच्चों को बचाने के बारे में नहीं है, बल्कि उनका भविष्य, उन्हें एक नया जीवन देने के बारे में है।'

इस परिवार के मुखिया विनायक हैं, जिन्हें सब प्यार से दादा बुलाते हैं।

'मेरी दुनिया, मेरी कल्पना का केंद्र बच्चे ही हैं। मैं आंखें बंद करके अधिकांश बच्चों को पहचान सकता हूं--सिर्फ उनकी आवाज सुनकर ही। वास्तव में शुरुआती 200 बच्चों की तो मैं परिवार में आने की तारीख भी बता सकता हूं।'

मैं उस प्यार, उस बॉडिंग की कल्पना कर सकती हूं, जिससे यह सब संभव हो पाता है।

जैसे मेरे विचारों को पढ़ते हुए विनायक ने बताया, 'जो प्यार मुझे मिला है, वो दुनिया में ज्यादा लोगों को नसीब नहीं होता। कितने ऐसे लोग होते हैं, जिन्हें इतने ज्यादा लोग, इतना दिल से चाहते हैं...'

जो भी विनायक करते हैं वह परिवार के साथ ही करते हैं, परिवार के

'हम हर रोज उन्हें 4-5 घंटे पढ़ाते हैं, स्कूल के टाइम के अलावा हम यह करते हैं। क्योंकि हम नहीं चाहते कि उनकी पढ़ाई में कोई बाधा आए।'

'लोग मुझसे पूछते हैं कि आपकी मैनेजमेंट की पढ़ाई कैसे इसमें
आपकी मदद करती है? मैं कहता हूं कि इसने मुझे
आईआईटी और आईआईएम का तमगा दे दिया है,
जिससे कुछ दरवाजे खोलने में मदद मिलती है।'

लिए ही करते हैं। 'मैं अपने बच्चों को घुमाने के लिए ले जाता हूं। हम कॉलेज
की गलियों में जाते हैं, या फिर किताबों के लिए ऑक्सफोर्ड। हम पार्क, म्यूजियम,
चिड़ियाघर इत्यादि भी जाते हैं।'

इसके अलावा वह कोलकाता--और कभी-कभी मुंबई--में सिर्फ दाताओं के
समूह से मिलने के लिए ही अकेले जाते हैं। जैसे रमेश कचोलिया का ग्रुप। तभी
वह मुंबई में रह रही अपनी दो बहनों से भी मिल लेते हैं।

'दरअसल शुरुआती सालों में, मैंने खुद को अपने सभी रिश्तेदारों व दोस्तों
से दूर कर लिया था। मेरा पूरा ध्यान अपनी इस नई जिंदगी पर ही केंद्रित था।'

विनायक की सोच सरल है। उनकी ऊर्जा ही उनकी पूंजी है; ज्यादा बाहरी
लोगों के आने से उसमें खलल पड़ता है।

'यकीनन,' वह मुस्कुराते हैं। 'पिछले दो सालों में मैं ज्यादा उदार हो गया
हूं, अब मैं खुलकर अपनी बात पर चर्चा व तर्क कर सकता हूं। मैं अपने हालात
में पूरी तरह सहज हो गया हूं।'

स्वामी विवेकानंद के लेखों का भी विनायक पर गहरा असर पड़ा है।

'स्वामी विवेकानंद का संदेश है कि हर इंसान में दिव्यता है, कि हर इंसान
में निश्चित रूप से क्षमताएं हैं, और परिवार भी इसी विषय पर केंद्रित है।'

दिल में इसी विश्वास के साथ विनायक अपने बच्चों और टीम के सदस्यों
को संभालते हैं, और अपने दाताओं और समर्थकों को भी। और इसका फर्क
साफ दिखाई देता है।

मंदी के दौरान जब हर एनजीओ पर असर पड़ा था, तब परिवार के दाताओं
ने उसका साथ नहीं छोड़ा था। वास्तव में, 2008-09 में परिवार की आय बढ़ी
ही थी--3.61 करोड़ से 4.5 करोड़ रुपए।

'हमारे मुख्य समर्थक परिवार को अपने घर की तरह ही देखते हं। क्या मंदी में आप अपने बच्चों की पढ़ाई में कमी करेंगे? नहीं न। इसी तरह हम अपने बच्चों, अपने मिशन से जुड़े हुए हैं।'

माहौल कुछ भावुक हुआ, तो विनायक एक बच्चे की तरह खिलखिलाकर हंस दिए। परिवार एक जिम्मेदारी है। गंभीर काम है। लेकिन विनायक एक पिता की ही तरह कुछ मनमौजी भी हैं। वह अपने बच्चों के साथ हर उस चीज को साझा करते हैं, जिससे वह प्यार करते हैं।

रोजर फेडरर से लेकर, जिनका ग्रैंड स्लैम टाइटल का जश्न पटाखे छुड़ाकर मनाया गया था, माइकल जैक्सन तक, जिनकी मृत्यु पर शोक के साथ उनके संगीत को सुना गया था।

'उनका जीवन कुछ विवादास्पद रहा, लेकिन उनके संगीत ने मुझे बेइंतहा खुशी दी है। जब उनकी मृत्यु हुई तो, बच्चों ने एक पुण्यस्थान बनाकर उनकी उपलब्धियों को सलाम किया!'

फिर वहां क्रिकेट का भी इतिहास रहा।

'दो दिन पहले ही हमने डॉन ब्रेडमैन का जन्मदिन मनाया; पिछले साल हमने उनकी जन्मशताब्दी मनाई थी। हमारे पास एक बहुत ही शानदार क्रिकेट टीम भी है और मेरे बच्चे बैट-बॉल से खेलने में प्रशिक्षित हैं।'

वास्तव में, आश्रम के सामने की क्रिकेट पिच का रखरखाव वही क्यूरेटर करते हैं, जिन्होंने कभी ईडन गार्डन की पिच संभाली थी!

क्रिकेट की तरह ही जीवन में भी हमें गुगली का सामना करना पड़ता है। कई ऐसे जटिल मामले होते हैं, जिनका परिवार की तरह ही हिम्मत से सामना करना पड़ता है।

'हमारे पास कुछ मामले ऐसे आए कि आवारा लड़के स्कूल जाती हुई लड़कियों को रास्ते में छेड़ते थे--उससे सख्ती से निबटा गया।'

वास्तव में, जब बच्चे बड़े हो जाते हैं, तो जिम्मेदारी और बढ़ जाती है।

'और कई मायनों में तो हमें और भी ज्यादा सतर्क रहना पड़ता है। क्योंकि कोई भी घटना पूरे संस्थान की छवि को खराब कर सकती है।'

ऐसी एक दुखद घटना थी मार्च 2008 में एक लड़के का डूबकर मरना। यह

> 'महिलाएं मेरी प्रेरणा का बड़ा स्रोत रहीं, जिनका शोषण किया जाता है, जो पीड़ित हैं, जो रोज के जीवन में सम्मान के लिए लड़ रही हैं। उनकी तुलना में तो मुझे लगता है कि मैंने कुछ भी नहीं किया है।'

हादसा होली समारोह के दौरान हुआ, जब एक खुशी का माहौल त्रासदी में बदल गया। जो लड़का डूबा वह परिवार में आने वाले शुरुआती बच्चों में से ही था।

इससे पूरे आश्रम पर बहुत प्रभाव पड़ा; विनायक खुद डिप्रेशन में चले गए थे।

'2-3 सप्ताह तक मैं कुछ काम नहीं कर सका। मैं बस खुद से यही पूछता रहा कि ऐसा कैसे हो गया...'

हालात को और बदतर बनाने के लिए पुलिस और प्रशासन का झमेला भी खड़ा हो गया।

'अगर ऐसी कोई घटना किसी के घर में होती है, तो लोग जाकर उन्हें सांत्वना देते हैं। हमारे मामले में तो मानो सवालों की बाढ़ ही आ गई थी...यहां तक कि आरोपों की भी।'

विनायक ने महसूस किया कि उन्हें खुद को दोबारा खड़ा करना ही होगा। क्योंकि जिंदगी चलती रहती है। और हर अनुभव, हर घटना से आप कुछ न कुछ सीखते ही हैं।

'साधारण से साधारण इंसान में भी आप असाधारणता देख सकते हैं,' विनायक कहते हैं।

'मैं मानव के हर भाव से प्रेरित हूं, भले ही वे लड़ रहे हों, या अपनी काबिलियत दिखा रहे हों।'

लड़ना है तो अच्छे के लिए लड़ो, जितना हो सके दूसरों को रोशनी दिखाओ। विनायक लोहानी यही मानते हैं; एक बच्चे की भी जिंदगी बदलकर आप दुनिया बदल सकते हैं।

✳

युवा उद्यमियों को सलाह

ऐसा नहीं है कि कुछ अच्छा या मानवतावादी करने के लिए आपको ऐसा ही संस्थान खोलना पड़ेगा। सच पूछो तो यह सब सकारात्मक सोच और दूसरे प्राणियों का भला सोचने का ही परिणाम है।

मुझे साधारण लोगों और साधारण हालातों में असाधारणता खोजने के लिए सकारात्मक नजरिए की जरूरत होती है।

यह बहुत ही आम बात लगेगी, लेकिन मेरे पास इसके अलावा आपसे कहने को कुछ भी नहीं है। जब मैंने शुरू किया था, तब मैं नहीं जानता था कि काम कैसे करना है। मुझे बस इतना पता था कि मुझे यह काम करना है। तो बहुत से अच्छे लोगों ने मेरी मदद की और मेरे साथ काम करके इसे संभव बनाया।

मैं इतने आभार के लिए शुक्रगुजार हूं।

मुझे लगता है कि ईमानदारी और समर्पण का कोई विकल्प नहीं है। ईमानदारी की ताकत, सच की ताकत... यही आखिर में काम आती है। ईमानदारी से मेरा मतलब स्वार्थ या फिर अपनी इच्छा के लिए जोड़-तोड़ नहीं करना है।

कभी-कभी कुछ लोगों में भावुक बोद्धिकता स्वतः होती है, वे लोगों की भावनाओं की कद्र करना जानते हैं। इस ताकत से जिम्मेदारी का भी भाव आता है। और मैं मानता हूं कि अच्छे काम में स्थिरता जिम्मेदारी और भावुक बौद्धिकता के संयोग से आती है।

ज्ञान की मशाल

शिरिष जाधव
बेलूर मठ

शिरिष जाधव आईआईटी से स्नातक हैं, वह जानते थे कि वह किसी पारंपरिक कैरियर के लिए नहीं बने हैं। कुछ समय तक उन्होंने सामाजिक कार्य किया लेकिन उनके मन की आवाज उन्हें मठ की तरफ पुकार रही थी। त्याग के पथ पर, शिरिष ने एक ज्योत जलाई। स्वार्थ के अंधेरे में उन्होंने उम्मीद की मशाल जलाई।

शिरिष से संपर्क कर पाना मुश्किल काम है।

वह उन दुर्लभ प्राणियों में से हैं, जो सैलफोन लेकर नहीं चला करते।

लेकिन उससे भी दुर्लभ है आईआईटी स्नातक का महंत की राह पर चल पड़ना।

शिरिष जाधव विवेकानंद यूनिवर्सिटी, बेलूर मठ के रजिस्ट्रार हैं। जब वह अकादमिक मामलों में नहीं उलझे होते, तो उन्हें क्लास में देखा जा सकता है--या लैब में--कंप्यूटर साइंस पढ़ाते हुए।

'मैं नहीं जानता कि आप मेरा इंटरव्यू क्यों लेना चाहती हैं,' शिरिष स्वाभाविक अनिच्छा से कहते हैं।

लेकिन हम दृढ़ रहे, और उनके कैंपस के शुद्ध वातावरण में हमने मुलाकात की।

एक कमरे में, जिसमें से बगीचा दिखाई देता है, हवा में चहचहाते पक्षी, और शिरिष का इंतजार करते हुए हम। साधारण सा नाश्ता, जिसे रसोइये के प्यार से परोसने के तरीके ने और भी खास बना दिया।

तय किए हुए समय पर, शिरिष आ पहुंचे।

वह न तो विश्वस्त हैं, और न ही संदेही।

मुंडे हुए सिर और भगवा वस्त्रों में वह भिक्षुक की भांति लगते हैं।

लेकिन बंद आंखों से भी, आप उनकी उपस्थिति को महसूस कर सकते हैं।

शिरिष की प्रकाशित स्थिरता और चेतना। उनका ठहराव, जो स्वाभाविक रूप से किसी को भी आकर्षित कर लेता है।

जब आप खुद को दूसरों से अलग करके देखते हैं, तभी आपको आत्मज्ञान के अभ्यास की आवश्यकता होती है...

जिंदगी के साथ एकाकार होने के लिए, और उसी एकाकार में जीने के लिए,

क्योंकि सब सिर्फ हम ही हैं, कोई भी दूसरा नहीं है।

ज्ञान की मशाल

शिरिष जाधव
बेलूर मठ

शिरिष जाधव का जन्म और पालन-पोषण रायपुर में हुआ।

'मेरे माता और पिता दोनों ही इंजीनियर थे। मेरी मां रायपुर इंजीनियरिंग कॉलेज में पढ़ाती थीं और पिता भिलाई स्टील प्लांट में काम करते थे।'

बचपन से ही शिरिष और उनकी तीन बहनें अपने माता-पिता के साथ रामकृष्ण मिशन आश्रम, रायपुर में जाया करती थीं। और वे स्वामी आत्मानंद महाराज से काफी प्रभावित थे।

'मेरे पिता रायपुर इंजीनियरिंग कॉलेज में पढ़ाई करने के दौरान रायपुर आश्रम में ही ठहरे थे। इसलिए वह रामकृष्ण मूवमेंट से बहुत जुड़े हुए थे।'

हालांकि शिरिष ने सेंट पॉल्स एचएस स्कूल--ईसाई मिशनरियों द्वारा चलाया जाने वाला लड़कों का हिंदी मीडियम स्कूल--में दाखिला लिया। उनके प्रधानाचार्य, जॉन सेमुअल--असाधारण और समर्पित इंसान थे। उनका भी शिरिष और उनके द्वारा चुने गए मार्ग पर खासा प्रभाव था।

'मैं स्कूल में पीछे बैठा करता था। मतलब मैं बहुत शरारती था--लड़ाई करना और मैंने स्कूल से भागकर क्रिकेट मैच भी बहुत देखे।'

उन दिनों में हर कोई साइकिल से ही स्कूल आता था। ऐसे में कोई कैसे बीच में साइकिल उठाकर भाग सकता था? आसानी से--स्कूल की दीवार से अपनी साइकिल बाहर फेंक दो।

'मेरी कद-काठी अच्छी थी, तो साइकिल बाहर फेंकने वालों में से एक

मैं था,' शिरिष हल्की सी मुस्कान के साथ याद करके बताते हैं।

एक दिन, भारतीय हॉकी टीम रायपुर आई हुई थी। ज़फ़र इक़बाल, मोहम्मद शाहिद--उस समय के बड़े नाम थे। शिरिष और उनके कुछ दोस्तों ने क्लास बंक करने का निर्णय लिया और मैच देखने का प्रोग्राम बनाया।

हालांकि इस बार, किसी तरह से चौकीदार ने उन्हें भागते हुए देख लिया। वह चिल्लाया, 'कौन है... कौन भाग रहा है?'

लड़कों में से एक डरकर वापस स्कूल भाग गया। चौकीदार ने उसकी साइकिल पर ताला लगाकर, चाबी प्रिंसिपल को दे दी। सभी चारों लड़कों को प्रिंसिपल के सामने पेश किया गया, लेकिन जॉन सैमुअल ने बस शिरिष को ही डांट-फटकार लगाई।

'तब मुझे अहसास हुआ कि वह मुझे विशेष रूप से चाहते हैं,' शिरिष ने कहा। 'आप देखिए, मेरी मां ने भी वहीं से पढ़ाई की थी।'

दरअसल, उस समय, रायपुर में लड़कियों के लिए कोई भी स्कूल नहीं था--तो उनके लिए खासतौर से वहां पढ़ाई का इंतजाम किया गया था।

प्रिंसिपल सैमुअल ने कहा, 'शिरिष, मुझे तुमसे यह उम्मीद नहीं थी--यहां तक कि तुम्हारी मां को भी मैंने ही पढ़ाया है।'

'इसका मुझ पर काफी असर पड़ा। अगर वह सिर्फ मुझे ही भला-बुरा कहते, तो शायद इसका मुझ पर उतना असर नहीं पड़ता। लेकिन उन्होंने मेरी मां का संदर्भ देते हुए मुझे झिड़का, इससे मेरे दिल को धक्का लगा।'

इसके बाद से, शिरिष ने पढ़ाई पर ज्यादा ध्यान देना शुरू कर दिया। उन्होंने बोर्ड एग्जाम में अच्छा प्रदर्शन किया और आईआईटी जेईई और स्टेट इंजीनियरिंग प्रवेश परीक्षा में भी अच्छी रैंक हासिल की। यह उन दिनों, रायपुर के लिए बड़ी बात थी।

आखिरकार, शिरिष ने आईआईटी कानपुर के कंप्यूटर साइंस विभाग में दाखिला लिया।

'आप किस आईआईटी में पढ़ेंगे, क्या कैरियर लोगे, भारत में इसका फैसला मां-बाप ही करते हैं,' वह इस बात को मानते हैं। 'तो इस तरह से आईआईटी कानपुर का जीवन शुरू हुआ। मैं खुशकिस्मत था कि मुझे आईआईटी कानपुर

'आईआईटी का माहौल अब काफी बिगड़ गया है। यह बहुत पाश्चात्कृत होता जा रहा है—बहुत स्वार्थी और कैरियर को वरीयता देने वाला। मुझे नहीं लगता कि यह देश या स्वास्थ्य के लिए ठीक हैं, साथ ही यह समाज के लिए भी घातक है।'

जाने का मौका मिला, क्योंकि वहां पढ़ाई का माहौल बहुत ही बढ़िया था।'

शिरिष पढ़ाई में बहुत अच्छे थे, लेकिन उन्होंने कभी कैरियर बनाने पर ध्यान नहीं दिया।

'मुझे पैसों या भविष्य की चिंता नहीं थी। मेरे मन में साफ था कि ये चीजें जिंदगी में उतनी महत्वपूर्ण नहीं है।'

स्वामी विवेकानंद के शब्द उनके अंदर गूंज रहे थे, और उन्हें दिशा दिखा रहे थे।

'अपने दूसरे साल से ही मैं एंटी-रैगिंग कैंपेन से जुड़ गया। फिर तीसरे साल में मैं विवेकानंद समिति के संपर्क में आया। दरअसल, संगठन पूरी तरह से खत्म ही हो गया था, तो हम सबने मिलकर उसमें फिर से जान डालने का प्रयास किया।'

समिति के तहत हमने पहला काम किया कि पास के गांव के बच्चों को पढ़ाना। भारुसराय नाम का वह गांव, आईआईटी कानपुर की बॉन्ड्री के पास ही स्थित है। हालांकि वह काफी पिछड़ा हुआ गांव है।

'वहां दलितों और गैर दलितों के बीच काफी गहरी खाई थी। गांव में चार स्कूल थे, लेकिन दलित वहां पढ़ने के लिए नहीं जा सकते थे।'

शिरिष और उनके दोस्तों ने दलित बच्चों को अनौपचारिक रूप से पढ़ाना शुरू कर दिया। साथ ही उन्होंने गांव के सरकारी स्कूलों, जो बंद ही थे, को भी फिर से शुरू करने का प्रयास किया।

'वहां तीन शिक्षक थे, जो हर महीने तनख्वाह लेते थे, लेकिन पढ़ाने के लिए कभी एक क्लास में भी नहीं जाते थे। हमने शिक्षा विभाग में शिकायत दर्ज कराई और उनसे स्कूल में आकर देखने को कहा। यकीनन उन लोगों को

यह पसंद नहीं आया।'

स्कूल खुलता तो था, लेकिन उसमें पढ़ाई नहीं होती थी। बच्चे भी आते थे, लेकिन वे जल्द ही अनौपचारिक क्लास के लिए जमा होने लगे। पहले साल में, सप्ताह में दो बार क्लास लगाई गई, लेकिन जल्द ही यह रोज लगने लगी।

'हमने 10 स्वयंसेवी छात्रों के साथ काम करना शुरू किया, लेकिन जैसे-जैसे समय बीता, कुछ लोग छोड़कर जाने लगे,' शिरिष याद करके बताते हैं।

लेकिन पांच समर्पित स्वयंसेवकों और एक जुनूनी कैंपस निवासी--मिसेज विजया रामचंद्रन*--के साथ आने से काम जारी रहा। बच्चों को पढ़ाने के अलावा, स्वयंसेवकों के समूह ने सफाई और स्वास्थ्य जैसे मसलों पर भी काम शुरू किया।

'दरअसल, तीन सालों में हमने गांव के सारे बच्चों को टीके लगा दिए थे, जिसमें काफी मेहनत लगी। क्योंकि पहली बार इंजेक्शन देना आसान होता है, दूसरी बार में वे आपको देखते ही भाग जाते हैं। तब हमें उन्हें मिठाई की रिश्वत देनी पड़ती!'

कोशिशें उस स्तर पर पहुंची कि एक समय स्वयंसेवक कानपुर शहर भर की बस्तियों में लगभग दर्जन भर अनौपचारिक 'स्कूल' चला रहे थे। जोश और ऊर्जा के अलावा, ऐसे किसी काम में पैसों की भी जरूरत होती है। यह फंड आईआईटी छात्रों और प्रोफसरों से लिया जाता।

'हमने होस्टल मैस में एक रजिस्टर रख दिया, लोग उसमें कुछ रकम लिख देते, जिसे हम बाद में होस्टल से ले लेते।'

इन सब प्रयासों से क्या हासिल हुआ? कहना मुश्किल है। ज्यादातर छात्र पांचवीं के बाद पढ़ना छोड़कर, अपने माता-पिता के साथ मजदूरी करने लग गए।

'कुछ बच्चे, ज्यादातर लड़कियां, कॉलेज भी गए। दरअसल, उनमें से एक--दूजाबाई--ने तो बीए पूरी करके गांव में पढ़ाना भी शुरू किया। लेकिन ज्यादातर कम से कम लिखना-पढ़ना तो सीख पाए!'

और इतना ही कारण आगे बढ़ने के लिए काफी था...

* आईआईटी कानपुर, फिजिक्स विभाग के प्रो. आर रामचंद्रन की पत्नी और भूतपूर्व राष्ट्रपति आर वैंकटरमन की बेटी

इसी दौरान, शिरिष ने अपनी बीटेक पूरी कर ली, लेकिन उन्हें अहसास हुआ कि उनकी पारंपरिक कैरियर में कोई दिलचस्पी नहीं थी। उन्होंने आईआईटी कानपुर के, पीएचडी प्रोग्राम में दाखिला ले लिया। लेकिन कोर्स के दौरान ही उन्होंने समाज सेवा के कार्य करने का फैसला ले लिया।

'मैंने फरवरी में बीटेक खत्म की और पोस्ट ग्रेजुएट प्रोग्राम जुलाई से शुरू होना था। तो उन तीन महीनों में मैंने और मेरे सहपाठी, आलोक अग्रवाल ने नर्मदा बचाओ आंदोलन में भाग लिया।'

'लेकिन यद्यपि आलोक ने आंदोलन में ही टिकने** का निर्णय लिया, वहीं शिरिष पीएचडी करने के लिए आईआईटी लौट आए। साथ ही वह गांवों में स्वंसेवक के रूप में काम करते रहे।'

अलग सोच का होने की वजह से, वह अक्सर प्रशासन की पकड़ में भी आ जाते। एक बार तो उन्हें आईआईटी कानपुर में फैकल्टी पद का भी प्रस्ताव दिया गया।

शिरिष ने अपने डिपार्टमेंट के प्रमुख से पूछा, 'आपको अपने विभाग में एक और सनकी आदमी की क्या जरूरत है?'

एचओडी ने जवाब दिया, 'तुम बहुत आदर्शवादी हो--जैसे कि लोग जवानी के दिनों में हुआ करते हैं। बाद में तुम हमारे विभाग की पूंजी साबित होंगे।'

लेकिन शिरिष ने मना कर दिया। क्यों? क्योंकि उनकी नियति उन्हें कहीं और ले जा रही थी। और यह नियति थी दुनिया का त्याग कर साधु की तरह जीने की।

लेकिन यह कैसे हुआ? वहां कोई 'आहा' पल नहीं था, और न ही कोई ऐसी घटना, जिससे वह निर्णय ले पाए हों। वह एक क्रमिक विकास था।

'मैंने इसके बारे में बहुत गहराई से सोचना शुरू किया, जब मैं अपनी पीएचडी कर रहा था। बीटेक के दिनों के मेरे बहुत से दोस्त, पास होकर अमेरिका चले गए थे।'

अकेले दिनों और शांत रातों में, शिरिष सोचते रहे कि संन्यासी बनना कैसा

** आलोक अग्रवाल वर्तमान में *नर्मदा बचाओ* आंदोलन के सचिव हैं और मेधा पाटेकर के करीबी सहयोगी भी।

'बहुत बार हम भूल जाते हैं, पैसा लक्ष्य नहीं हो सकता। यह बस कुछ हासिल करने का साधन है।'

होता है।

'लेकिन मैं हमेशा दुविधा में था। कभी मैं सोचता कि मुझे सामाजिक कार्यकर्ता बन जाना चाहिए। कभी अकादमी में ही रहने का मन होता। तो 3-4 साल तक यही सब विचार मेरे मन में घुमड़ते रहे।'

तो संन्यासी बनने की तरफ उन्हें आखिरकार किस बात ने राजी किया? क्यों कोई इंसान, बौद्धिक स्तर पर कहता है, 'पैसा महत्वपूर्ण नहीं है', जबकि कोई इंसान मानता है कि त्याग ही संसार है?

'मुझे पूरा विश्वास है कि इसमें हमारे पूर्व कर्मों का भी प्रभाव होता है। क्योंकि मेरे निर्णय को तर्क की कसौटी पर नहीं कसा जा सकता,' शिरिष बताते हैं।

इन्हीं संस्कारों की वजह से शिरिष 1994 में बेलुर मठ घूमने गए थे।

'दरअसल मैं यहां साधु बनने के लिए नहीं आया था--मैं बस यह जगह देखने आया था। लेकिन हमारे अध्यक्ष--स्वामी आत्मास्थानंदजी महाराज--मेरी वास्तवकि आकांक्षा को भांप गए।'

उन्होंने पूछा, 'तुम कहां से आए हो और यहां कब तक ठहरोगे?'

शिरिष ने जवाब दिया, 'एक महीना।'

स्वामीजी ने एक ब्रह्मचारी को बुलाया और उससे शिरिष को 'पीपीटीसी' में ले जाने को कहा।

शिरिष को कोई आइडिया नहीं था कि पीपीटीसी* क्या था--वह बस चुपचाप चले गए।

वहां, ब्रह्मचारी ने कहा, 'यह तुम्हारी धोती है और यह प्लेट। तुम खुद अपने कपड़े और बर्तन धोओगे।'

शिरिष को लगा कि 'मेहमान' के तौर पर यह कुछ अजीब बर्ताव है, लेकिन

* पीपीटीसी मतलब प्री-प्रोबेशनर्स ट्रेनिंग सेंटर, एक भिन्न रिहायश क्षेत्र जहां नए ब्रह्मचारी रहते थे।

उन्होंने चुपचाप बात मान ली। शाम को, स्वामीजी ने नए आए ब्रह्मचारियों के लिए क्लास रखी थी।

वहां उन्होंने शिरिष को बताया, 'कोई यहां एक महीने के लिए रहने नहीं आता... जिस क्षण तुमने यह इच्छा जाहिर की थी, मैं समझ गया कि तुम साधु बनने के लिए आए हो।'

और इस तरह, बिना किसी सचेत प्रयास के, शिरिष ने संन्यासी जीवन में कदम रखा।

उनके परिवार ने इस खबर को किस तरह लिया?

'निश्चित तौर पर, हर मां-बाप चाहते हैं कि पड़ोसी का बच्चा साधु बने, लेकिन उनका अपना बेटा नहीं!' वह तटस्थता से कहते हैं।

तो फिर क्या हुआ?

'कुछ नहीं, वे क्या कर सकते थे! मैं पहले ही तय कर चुका था, और मैं राह पर चल निकला...'

वह राह आसान है। एक बार, आप संसार का त्याग कर दो, आपका सफर शुरू हो जाता है। दस साल ब्रह्मचारी की तरह जीवन बिताने के बाद आप शपथ लेकर, भगवा वस्त्र धारण कर सकते हैं। और आखिरकार, खुद को पाने के बाद, मानवता की सेवा करने के बाद--आप मुक्ति की राह पर चल पड़ते हो। जीवन-मरण के चक्र को पीछे छोड़ते हुए।

'हमारे दर्शन में पुनर्जन्म की धारणा बहुत महत्वपूर्ण है। अगर आपका दोबारा जन्म नहीं होना हो, तो नीति की कोई जरूरत ही नहीं है!'

यावत जिवेत सुखम् जिवेत, ऋणम् कृत्वा घ्रितम पिबेत, भस्मभूतस्य देहस्य पुर्नागमनम् कुतः ...

'मतलब जब तक आप जीते हो, खुशी से रहो। आप उधार लेकर भी घी खाते हो, क्योंकि जब तुम्हारी मृत्यु हो जाएगी, तो तुम्हें भस्म होना है, यह

'मेरा कोई बैंक अकाउंट नहीं है और मैं पूरी तरह से अपने खाने, कपड़े, दवा के संगठन पर ही निर्भर हूं। लेकिन मुझे इसकी तनिक भी चिंता नहीं है।'

वापस नहीं आता। वास्तव में यह यथार्थवादी नजरिया है।'

पाश्चात्यवादी नजरिया।

लेकिन आखिरकार, यहां तक कि वो भी जो निस्वार्थ भाव से दूसरों की सेवा करते हैं--और ऐसा करके--अपनी ही सेवा करते हैं। स्नेह का बंधन तोड़कर, वे अपने लक्ष्य के कुछ और करीब पहुंच जाते हैं--और आत्मा को शरीर के पिंजरे से मुक्त कर देते हैं।

संन्यासी मार्गदर्शक की तरह होते हैं--वे हम जैसे अंधेरे में फंसे लोगों को रौशनी दिखाते हैं। हम जो माया के भ्रम में फंसे हुए हैं।

'संन्यासी लोगों को दिखाते हैं कि त्याग के जरिए भी मार्ग की तलाश की जा सकती है। मैं यह नहीं कह रहा कि हर किसी को संन्यासी बन जाना चाहिए, लेकिन ऐसे भी लोग होने चाहिए, जो त्याग की राह चुनें। नहीं तो पूरा समाज ही भौतिकवादी बन जाएगा...'

दरअसल, त्याग के बिना तो कुछ भी हासिल नहीं किया जा सकता। और यह हम सब पर रोजमर्रा के जीवन में लागू होता है।

'उदाहरण के लिए, अच्छा छात्र बनने के लिए भी आपको त्याग करने पड़ते हैं। आपको टीवी, फिल्मों और गली क्रिकेट का त्याग करना पड़ता है। आपको अपना पूरा ध्यान पढ़ाई पर ही लगाना होता है।'

अगर आप खिलाड़ी हो तो भी आपको त्याग करना पड़ता है। आपको अपना समय प्रशिक्षण और अभ्यास में लगाना पड़ता है।

'किसी भी ऊंचे लक्ष्य की प्राप्ति के लिए आपको त्याग करना पड़ता है। और अगर आप ऊंचे लक्ष्यों को नहीं अपनाते हैं, तो समाज जहां का तहां ही रह जाएगा।'

त्याग का लक्ष्य--स्वामी विवेकानंद के शब्दों में--आत्ममोक्षार्थम (आत्म-तुष्टि) और जगधित्याचा (विश्व का हित) है। यह सुनने में झूठ प्रतीत हो सकता है, कि आप दूसरों के लिए काम करते हुए, फल प्राप्त करो।

'क्योंकि गहराई से देखें, तो आत्मा सब जगह है। वही आत्मा जो मेरे अंदर है, वही तुम्हारे अंदर है--तो मैं तुम्हारी अनदेखी करके खुद के बारे में नहीं सोच सकता। इस एकता की वजह से, खुद के बारे में सोचते हुए, मुक्ति असंभव

है।'

जिस मुक्ति की वह बात करते हैं, वह 'निर्वाण' नहीं है।

'हमारी मुक्ति का अर्थ मौजूदगी है। वास्तव में हमारा अस्तित्व है, लेकिन हमारा अस्तित्व हमारी सच्ची प्रकृति के लिए ही है।'

हम्म।

'लेकिन आपको उन बातों को ज्यादा गंभीरता से लेने की कोई जरूरत नहीं है,' वह बताते हैं।

आप मानें या ना मानें--लेकिन आप 'देने की खुशी' का अनुभव खुद ही कर सकते हैं। और फिर उसका चमत्कार देखिए।

'दरअसल रामकृष्ण मिशन* में हमारे चार लक्ष्य बताए गए हैं: अन्नदान, ज्ञानदान, प्राणदान और मोक्षदान। अन्नदान का मतलब खाना देने से है, ज्ञानदान का मतलब शिक्षा, प्राणदान का मतलब स्वास्थ्य सेवा और मोक्षदान धर्म से।'

हर इंसान जो मिशन से जुड़ता है, इन चार गतिविधियों में से एक को चुनता है। पीएचडी के साथ, शिरिष को ज्ञानदान के लिए चुना गया। लेकिन इस काम का मकसद मार्कशीट, डिग्री से परे है। इसका मकसद सक्षमता है।

एक प्रसिद्ध घटना है, जब स्वामी विवेकानंद से पूछा गया, 'आप महिलाओं की समस्याओं के बारे में क्या सोचते हैं?'

उन्होंने जवाब दिया, 'क्या मैं महिला हूं, जो आप मुझसे उनकी समस्याओं के बारे में पूछ रहे हैं? उन्हें शिक्षा दो और फिर वह खुद अपनी समस्याओं का समाधान ढूंढ़ पाएंगी।'

इसी भाव के चलते ज्ञानदान को अपनाया गया है।

यकीनन, शिक्षा की परिभाषा भी अपने आप में बहस का विषय है।

'स्वामीजी चरित्र निर्माण की शिक्षा के बारे में बात करते हैं। आज, अधिकांश जगहों पर शिक्षा पैसे बनाने के मकसद से दी जा रही है।'

तो क्या सब बेकार है?

'नहीं, महत्वपूर्ण यह है कि लोगों ने शिक्षा के बारे में सोचना शुरू कर दिया है। तो पैसे बनाने के बाद उन्हें अहसास होगा कि पैसा ही सबकुछ नहीं

---

* रामकृष्ण मिशन आंदोलन का मुख्यालय बेलुर मठ है। ज्यादा जानकारी के लिए देखें www.belurmath.org

है और फिर वे कुछ और की तलाश करेंगे।'

यह बहुत ही भिन्न तरह का आशावाद है! अलग नजरिया है। संन्यासी में बहुत धैर्य होता है। वह बीज बोता है, पौधों की देखभाल करता है, खूबसूरत बगिया बनाता है। और फिर जो फूल उसमें उगते हैं, वो दिखने में तो एक से होते हैं, लेकिन उनकी महक भिन्न होती है।

यह शांति और समर्पण की महक है।

'रामकृष्ण मिशन के स्कूल ऐसे अलग-अलग नहीं है। लेकिन वे उन्हें चलाने की शैली में भिन्न हैं, जैसे हर स्कूल को होना भी चाहिए!'

और यही बंगाल में दुर्लभ है। ज्यादातर टीचर 'पार्टी काम' में लगे रहते हैं और वास्तव में स्कूल में पढ़ाते नहीं हैं। बच्चों को कुछ सीखने के लिए प्राइवेट ट्यूशन लेनी पड़ती है।

'रामकृष्ण मिशन के स्कूलों में नियमित क्लास होती हैं। और हम शिक्षकों को क्लास के बच्चों को ट्यूशन पढ़ाने की इजाजत नहीं देते। तो हम दूसरे स्कूलों, दूसरे लोगों को दिखा रहे हैं कि किस तरह शिक्षा को बांटना चाहिए।'

यही कारण है रामकृष्ण मिशन के स्कूलों की मांग ज्यादा होती है।

'जब छात्र यहां होते हैं, तो कभी-कभी वे चिढ़ जाते हैं, क्योंकि हम सुबह-शाम प्रार्थना करवाते हैं, अनुशासन ज्यादा है और पढ़ाई के मामले में भी सख्त हैं। लेकिन जब वो बड़े होते हैं--मां-बाप बनते हैं--तो वे अपने बच्चों को हमारे स्कूलों में ही भेजना चाहते हैं।'

क्या यह पर्याप्त है? शायद नहीं। लेकिन *नंबर* न तो शिरिष के और न ही रामकृष्ण मिशन का लक्ष्य हैं।

'हमारे पास सीमित श्रम है--और इसकी हमेशा समस्या बनी रहती है। क्योंकि हर कोई संन्यासी* नहीं बनता! तो मुख्य रूप से हम राह दिखा रहे हैं, और समाज को बस उस पर चलना है। समाज की समस्या है, तो समाधान भी समाज को ही देखना होगा। यही तो वेदांत कहता है।'

मेरा एक मन इन सब मुश्किल तर्कों को पचाने की कोशिश कर रहा था,

---

* पिछले 20 सालों में, रामकृष्ण मिशन में संन्यासियों की संख्या में बहुत कम बढ़ोतरी हुई है, 1200 से 1400

तो दूसरा मन कह रहा था कि यह सब सच है। भगवान भी उन्हीं की मदद करता है, जो खुद अपनी मदद करते हैं। और कभी-कभी हमें सिर्फ एक रौशनी की जरूरत होती है, जो हमारे अंदर के अंधेरे को दूर कर सके।

लेकिन हर लैंप को तेल भी चाहिए।

आप जितना भी दोगे, उससे ज्यादा आपको मिलेगा...

✳

युवा उद्यमियों को सलाह

मुझे लगता है, निस्वार्थता ही वह चीज है, जिसके लिए किसी को प्रयास करना चाहिए। आप एक बार इसे हासिल कर लेते हैं, तो दूसरी चीजें खुद ब खुद आपके पास आ जाएंगी। भले ही आप आध्यात्मिक हों या नहीं। भौतिक और आध्यात्मिक दोनों तरह की चीजें आपके पास आएंगी। किसी भी प्रकार की दक्षता के लिए 'मैं' के बारे में ज्यादा मत सोचो।

स्वामी विवेकानंद हमेशा युवाओं को प्रेरित करते थे, क्योंकि युवा कुछ भी कर सकते हैं। वृद्ध सिर्फ बैठकर अंतहीन चर्चाएं ही कर सकते हैं। क्योंकि गरीबी, निरक्षरता हटाने के लिए वास्तव में काम करने की जरूरत होती है। वे दार्शनिक चर्चाओं से दूर नहीं की जा सकतीं।

मैं बहुत आशावान हूं कि आज के युवा ज्यादा चुनौतियों से भरे हैं। मेरी पीढ़ी और मुझसे पहले की पीढ़ी थोड़ी सुस्त थी। दरअसल, हमारी सोच थी कि गोरा आदमी हमसे बेहतर है। लेकिन आज की पीढ़ी में यह हीन भावना है ही नहीं। वे मानसिक रूप से मजबूत हैं। सकारात्मक हैं।

वे किसी भी समस्या का समाधान ढूंढ़ सकते हैं।

संपर्क करने के लिए

किताब में वर्णित किसी भी उद्यमी से संपर्क करने के लिए आप नीचे दिए ई-मेल, वेबसाइट पर संपर्क कर सकते हैं। जवाब पाने के लिए आपको अपने सवाल या कमेंट साफ भाषा में लिखने होंगे। आप अपनी तरफ से कुछ भी योगदान देने के लिए स्वतंत्र हैं।

1. बिंदेश्वर पाठक -- sulabhinfo@gmail.com
www.sulabhinternational.org

2. अनीता आहूजा -- info@conserveindia.org
www.conserveindia.org

3. विनीत राय -- vineet_rai@aavishkaar.org
www.aavishkaar.org

4. सुमीता घोष -- sumita@rangsutra.com
www.rangsutra.com

5. सलोनी मल्होत्रा -- saloni@desicrew.in
www.desicrew.in

6. इशिता खन्ना -- Spiti Ecosphere - ishita@spitiecosphere.com
www.spitiecosphere.com

7. हरीश हांडे -- Selco - harish@selco-india.com
www.selco-india.com

8. संतोष पारुलेकर -- Pipal Tree - sparulekar@pipaltreeventures.com
www.pipaltreeventures.com

9. दीनबंधु साहू -- Project Chilka - dbsahoo@hotmail.com

10. आनंद कुमार -- Super 30 - mail@super30.org
www.super30.org

11. ध्रुव लाकरा -- Mirakle Courier - dhruv.lakra@miraklecouriers.com
www.miraklecouriers.com

12. माधव चवन -- Pratham - madhavchavan@gmail.com
www.pratham.org

13. अंशु गुप्ता -- Goonj - anshu@goonj.org
www.goonj.org

14. त्रिलोचन शास्त्री -- ADR - tsastry@gmail.com
www.adrindia.org

15. शाहीन मिस्त्री -- Akanksha & Teach for India - shaheen@teachfor
india.org
www.akanksha.org & www.teachforindia.org

16. अरविंद केजरीवाल -- Parivartan - parivartan_india@rediffmail.com
www.pcrf.in

17. भूषण पूनानी -- Blind Person's Association (BPA) - blinabad1@bsnl.
in
www.bpaindia.org

18. मधु पंडित दास -- Akshaya Patra - mpd@iskconbangalore.org
www.akshayapatra.org

19. विनायक लोहानी -- Parivaar Ashram - vinayak@parivaar.org
www.parivaar.org

20. शिरीष जाधव -- Belur Math - sarvottamananda@gmail.com
www.belurmath.org